JN190716

# 皇位継承事典

神武天皇から昭和天皇まで

吉重丈夫
*Takeo Yoshishige*

PHPエディターズ・グループ

【天壌《てんじよう》無窮《むきゆう》の神勅《しんちよく》】

「豊葦原《とよあしはら》の千五百秋《ちいほあき》の瑞穂《みずほ》の国は、是《こ》れ吾《あ》が子孫《うみのこ》の王《きみ》たるべき地《くに》也。宜しく爾皇孫《いましすめみま》、就《ゆ》きて治《しら》せ。行矣《さきくませ》、宝祚《あまつひつぎ》の隆《さか》えまさむこと、当《まさ》に天壌《あめつち》と倶《とも》に窮《きわま》り無かるべし」

（『日本書紀』神代）

# はしがき

一昨年（皇紀二六七六年＝平成二十八年〈二〇一六年〉）七月十三日、NHKが今上陛下の「生前退位」ということをスクープとして大々的に報じ、その後全ての報道機関が揃《そろ》って同じことを報じ始めた。「生前退位」なる言葉は皇位継承の歴史の中では使われたことがない。この言葉を聞いて違和感を持った方は多いはずである。こんな言葉は存在しないからである。この言葉は陛下に失礼であり、不敬でもある。

全ての報道機関が揃って同じことを報じ始めたら、そのことの裏に何かが隠されているとよくいわれる。今回もそのことを疑う。

その後間もない平成二十八年八月八日、今上陛下は以下のように「お言葉」（詔勅《しょうちょく》）を発せられた。

「戦後七十年という大きな節目を過ぎ、二年後には、平成三十年を迎えます。

私も八十を越え、体力の面などから様々な制約を覚えることもあり、ここ数年、天皇としての自らの歩みを振り返るとともに、この先の自分の在り方や務めにつき、思いを致すようになりました。

本日は、社会の高齢化が進む中、天皇もまた高齢となった場合、どのような在り方が望ましいか、天皇という立場上、現行の皇室制度に具体的に触れることは控えながら、私が個人として、これまでに考えて来たことを話したいと思います。

即位以来、私は国事行為を行うと共に、日本国憲法下で象徴と位置づけられた天皇の望ましい在り方を、日々模索しつつ過ごして来ました。伝統の継承者として、これを守り続ける責任に深く思いを致し、更に日々新たになる日本と世界の中にあって、日本の皇室が、いかに伝統を現代に生かし、いきいきとして社会に内在し、人々の期待に応えていくかを考えつつ、今日に至っています。

　そのような中、何年か前のことになりますが、二度の外科手術を受け、加えて高齢による体力の低下を覚えるようになった頃から、これから先、従来のように重い務めを果たすことが困難になった場合、どのように身を処していくことが、国にとり、国民にとり、また、私のあとを歩む皇族にとり良いことであるかにつき、考えるようになりました。既に八十を越え、幸いに健康であるとは申せ、次第に進む身体の衰えを考慮する時、これまでのように、全身全霊をもって象徴の務めを果たしていくことが、難しくなるのではないかと案じています。

　私が天皇の位についてから、ほぼ二十八年、この間《かん》私は、我が国における多くの喜びの時、また悲しみの時を、人々と共に過ごして来ました。私はこれまで天皇の務めとして、何よりもまず国民の安寧と幸せを祈ることを大切に考えて来ましたが、同時に事にあたっては、時として人々の傍らに立ち、その声に耳を傾け、思いに寄り添うことも大切なことと考えて来ました。天皇が象徴であると共に、国民統合の象徴としての役割を果たすためには、天皇が国民に、天皇という象徴の立場への理解を求めると共に、天皇もまた、自らのありように深く心し、国民に対する理解を深め、常に国民と共にある自覚を自らの内に育てる必要を感じて来ました。こうした意味において、日本の各地、とりわけ遠隔の地や島々への旅も、私は天皇の象徴的行為として、大切なものと感じて来ました。皇太子の時代も含め、これまで私が皇后と共に行《おこな》って来たほぼ全国に及ぶ旅は、国内のどこにおいても、その地域を愛し、その共同体を地道に支える市井《しせい》の人々のあることを私に認識させ、私がこの認識をもって、天皇として大切な、国民を思い、国民のために祈るという務めを、人々への深い信頼と敬愛をもってなし得たことは、幸せなことでした。

天皇の高齢化に伴う対処の仕方が、国事行為や、その象徴としての行為を限りなく縮小していくことには、無理があろうと思われます。また、天皇が未成年であったり、重病などによりその機能を果たし得なくなった場合には、天皇の行為を代行する摂政を置くことも考えられます。しかし、この場合も、天皇が十分にその立場に求められる務めを果たせぬまま、生涯の終わりに至るまで天皇であり続けることに変わりはありません。

天皇が健康を損ない、深刻な状態に立ち至った場合、これまでにも見られたように、社会が停滞し、国民の暮らしにも様々な影響が及ぶことが懸念されます。更にこれまでの皇室のしきたりとして、天皇の終焉に当たっては、重い殯《もがり》の行事が連日ほぼ二ヶ月にわたって続き、その後喪儀《そうぎ》に関連する行事が、一年間続きます。その様々な行事と、新時代に関わる諸行事が同時に進行することから、行事に関わる人々、とりわけ残される家族は、非常に厳しい状況下に置かれざるを得ません。こうした事態を避けることは出来ないものだろうかとの思いが、胸に去来することもあります。

始めにも述べましたように、憲法の下《もと》、天皇は国政に関する権能を有しません。そうした中で、このたび我が国の長い天皇の歴史を改めて振り返りつつ、これからも皇室がどのような時にも国民と共にあり、相たずさえてこの国の未来を築いていけるよう、そして象徴天皇の務めが常に途切れることなく、安定的に続いていくことをひとえに念じ、ここに私の気持ちをお話しいたしました。

国民の理解を得られることを、切に願っています」(宮内庁ホームページより)

そして同年十月二十日、皇后陛下が、お誕生日の談話として、宮内庁を通じてお言葉を発表された。

このお言葉の中から関連箇所を抜き書きする。

「八月に陛下の御放送があり、現在のお気持ちのにじむ内容のお話が伝えられました。私は以前より、皇室の重大な決断が行われる場合、これに関わられるのは皇位の継承に連なる方々であり、その配偶者や親族であってはならないとの思いをずっと持ち続けておりましたので、皇太子や秋篠宮ともよく御相談の上でなされたこの度《たび》の陛下の御表明も、謹んでこれを承りました。ただ、新聞の一面に『生前退位』という大きな活字を見た時の衝撃は大きなものでした。それまで私は、歴史の書物の中でもこうした表現に接したことが一度もなかったので、一瞬驚きと共に痛みを覚えたのかもしれません。私の感じ過ぎであったかもしれません」

控えめではあるが極めて重要なご指摘であろう。

特に、「新聞の一面に『生前退位』という大きな活字を見た時の衝撃は大きなものでした。それまで私は、歴史の書物の中でもこうした表現に接したことが一度もなかったので、一瞬驚きと共に痛みを覚えたのかもしれません」と述べられ、表現に違和感があったことを明らかにしておられる。

天皇陛下が意向を関係者に示されたときに、実際にお使いになったお言葉は「譲位」だったことが明らかになっている。しかし、現在も多くのメディアは天皇陛下の意向を「生前退位」という表現で報道している。

そもそも天皇は憲法が作るものではない。

まして皇室典範が決めるものでもない。

憲法が制定されるずっと以前から、太古の昔から、日本に天皇がおられる。そもそも我々国民（臣民）の作る法律は、国民を律しているものであっても、天皇を律するものではない。天皇の即位、退位といった日本の国体にとっての最重要事項は、私達国民の関与すべき問題ではない。

これらのことを律しているのは「天壌《てんじょう》無窮《むきゅう》の神勅《しんちょく》」と「皇室の慣習」のみである。従って、このような重要事項は天皇並びに皇族のお決めになることであって、我々国民が介入するべきではない。

皇后陛下も先のお言葉の中で、「私は以前より、皇室の重大な決断が行われる場合、これに関わられるのは皇位の継承に連なる方々であり、その配偶者や親族であってはならないとの思いをずっと持ち続けておりましたので、皇太子や秋篠宮ともよく御相談の上でなされたこの度の陛下の御表明も、謹んでこれを承りました」とはっきり指摘しておられる。

天皇・皇族は国民の作った法律を遵守《じゅんしゅ》される。だから我々は勝手に法律を作って天皇・皇族にこれを守らせようとする。しかし我々国民の側は、それらの法律を守りなさいと要求できるものだろうか。

天皇は「君民一体・君民共治」の国体を守るために、臣民の制定した法律を極めて誠実に遵守されるので、我々国民はこの点を錯覚してしまいがちなだけではないか。

いずれにしても今回この陛下の「お言葉」（詔勅）をきっかけに、天皇の譲位が行われることになった。

皇紀二六七七年＝平成二十九年（二〇一七年）六月十六日、「天皇の退位等に関する皇室典範特例法」が公布され、今上天皇の退位等に関して皇室典範の特例を定めた。

この特例法により平成三十一年四月三十日に今上陛下は皇太子に譲位され、元号も五月一日に改元されることが決まった。

皇位継承に関し、時の権力者であった徳川幕府は「禁中《きんちゅう》並《ならびに》公家《くげ》諸法度《しょはっと》」を定めて皇位継承にも介入しようとしたが、決して自由にはならなかった。

今回も同様、皇位継承に関し憲法、皇室典範には譲位の制度はないが、陛下の大御心を妨げることは出来なかった。

皇位継承は我が国の根本法「天壌《てんじょう》無窮《むきゅう》の神勅《しんちょく》」に反することは出来ないということを日本国民が示した。日本国は国民の制定した法律を犯して根本法である「天壌《てんじょう》無窮《むきゅう》の神勅《しんちょく》」にしたがったのである。

天照大神《あまてらすおおみかみ》が日本を護って下さったと思ってもよいであろう。

「日本の天皇は誰が決めるのか」という問いに対する解答は、「神が決める」となるのである。

このことは本書を読んで頂ければ自ずと感じて頂けるものと思う。


【天壌《てんじょう》無窮《むきゅう》の神勅《しんちょく》】

「豊葦原《とよあしはら》の千五百秋《ちいほあき》の瑞穂《みずほ》の国は、是《こ》れ吾《あ》が子孫《うみのこ》の王《きみ》たるべき地《くに》也。宜しく爾皇孫《いましすめみま》、就《ゆ》きて治《しら》せ。行矣《さきくませ》、宝祚《あまつひつぎ》の隆《さか》えまさむこと、当《まさ》に天壌《あめつち》と倶《とも》に窮《きわま》り無かるべし」

（『日本書紀』神代）

（この日本国は、私の子孫が王となるべき国である。さあ孫である瓊《に》瓊《に》杵尊《ぎのみこと》よ、行って、治めなさい。行って幸せになりなさい。天津《あまつ》日《ひ》嗣《つぎ》〈皇位〉並びにこの国は、天地と共に永遠に栄えることでし

よう）

これは天照大神《あまてらすおおみかみ》が孫・瓊瓊杵尊《ににぎのみこと》を天降《あまくだ》らせるに当たって授けた神勅《しんちょく》である。

そしてこの神勅によって日本の王（天皇）は定まり、天皇はこの神勅によって定まった。これが万世一系の天皇であり、初代神武天皇以来今上陛下まで、この神勅を違《たが》えた方は一人もおられない。今上陛下も天照大神の子孫《うみのこ》である。

日本は今や世界でも希《まれ》となった君主国である。

そして天皇は日本の神話に繋《つな》がる祈りの祭主として政《まつりごと》を行われる祭祀王でもあり、その意味では日本は「祭政一致《さいせいいっち》の君主国」である。

しかしそう思い、そう認識している国民は極めて少ない。

世界に数ある、あるいはあった君主国・王国と日本は、同じ君主国でもその性質を全く異にしている。

歴史的に見て、日本の天皇と国民との関係は一体であるのに対し、他国は王と人民との間は敵対関係であることが多かった。

王は支配者で人民は搾取される奴隷であり、搾取するものとされるものとの関係にあり、従って内外からの敵に倒され別な王国になったり、革命が起きて共和国になったりする。クーデターで王が殺されたり追放されたりして、王はしばしば交代した。

ロシア帝国のニコライ二世一家はロシア革命の後、幽閉先で銃殺され一家皆殺しに遭った。これは何もロシアだけのことではない。数多《あまた》の王国の辿《たど》る運命であった。
現在では君主国は少なくなった。

日本国では王（天皇）にとって民は「おおみたから」であり、臣民である。日本は君民一体の国で、天皇は常に国民の幸せを祈り、日本国の安泰を祈っておられる。従って建国以来今年で二六七八年になるが、皇室を倒すクーデターや革命は一度も起きていない。天皇を戴《いただ》く君主国として、建国以来今日に至るまで二六七八年連綿として続いている。万世一系の皇統は途切れたことがない。

天皇は選挙によって選ばれるわけではない。
天皇は立派であられるが、立派であられるから天皇に即位されたのでもない。同じく、天皇は立派でなくなったから、あるいは年老いて執務が執れなくなったからといって退位されるものでもない。

日本の二六七八年にわたる長い歴史の上で、皇統の人「吾《あ》が子孫《うみのこ》」でない人物が天皇に即位したことはない。「天壌《てんじょう》無窮《むきゅう》の神勅《しんちょく》」は日本人には、意識するしないにかかわらず、当然のこととして認識されているのである。

ところが一般的に、日本の天皇をエンペラーなどと訳しているので、この根本的な違いが認識されずにきている。エンペラーと訳したら日本の天皇の意味は他の君主国と同じに解釈され、それでは日本の天皇というものは全く理解できない。

先の大戦で国体の危機に直面したが、政府首脳と国民の必死の努力でポツダム宣言を受諾し、なんとか国体を護持し得た。

遡《さかのぼ》っては、宇佐八幡宮神託事件で弓削道鏡《ゆげのどうきょう》が天皇に即位しそうになる危機も起きたが、和気清麻呂《わけのきよまろ》の勇気ある行動でなんとかこの危機を免れた。

このように長きにわたって皇統を維持し得て、万世一系の皇統が継承できたのはなぜか。

誰が皇統を維持してきたのか。

皇位はそれぞれの天皇でどのように継承されてきたのか。

また、どういう人たちが皇位継承に影響を及ぼしてきたか。

これらを検証してみたのが本書である。

歴代天皇の皇后や妃についてもその都度検証した。

天皇並びに皇族は名前（名字）を持たれない。天皇はただお一人であるから名前（名字）は必要ないのである。諱は持たれるが、諱で呼びかけることは無礼なことで、臣下の者が使用することはなかった。天皇のご在位中は「今上陛下」で通して何の問題も起きない。

従って、天皇の名前は崩御された後に付けられる。

しかし、本書では、過去の天皇の話として書くので、崩御後に付けられた名前を、在位中からの名前として記した。この点は誤解のないように読んで頂きたい。

また一時期、天皇を「院《いん》」と呼んでいた時代があるが、これも全て天皇としたことも併せてご了解頂きたい。

また、年については、日本の建国から何年かということを明確にするために、あえて皇紀（日本紀年）を使用した。

日本ではキリスト教の暦を西暦といい、これを恰《あたか》も世界標準のような言い方をしている。だが、東暦、北暦、南暦などは存在しない。従って、これは西暦というのではなく「キリスト暦」というべきではなかろうか。

この本では、便宜のために要所では括弧書きでキリスト暦を併記した。

そして冒頭には皇紀（日本紀年）を使用することによって、建国何年かが分かるようにした。

現在、日本では建国を教えないので、建国何年かは分からなくなっている。分からなくするために建国を教えないのかも知れない。

それから、各天皇について世系《せいけい》を付した。

これは天照大神から数えて何世かということを表している。その天皇が天照大神の何世かということを明確にした。

兄弟承継では世系は変わらず、孫への承継の場合は世系が一つ飛ぶことになる。また、希にではあるが、孫から祖父の代に皇位が継承される場合もあったが、この時の世系は二つ戻ることになる。

その天皇が何代かということよりも、世系は何世かということの方がむしろ重要である。

各天皇の年齢等については数え年で計算して記した。

また、即位年、在位年数などについては、先帝から譲位を受けられた日（受禅日）を基準とした。

特に古代における天皇については、その誕生年が明確ではないこともあり、即位年などについては残念ながら必ずしも正確とはいえないことをお断りする。しかし、最善を尽くしたので大きくは違わないと確信している。

皇紀二六七八年＝平成三十年十二月

吉重丈夫

# 皇位継承の本質を理解しよう

谷田川　惣

## 皇位継承を支える血統の原理とは

平成三十一年は天皇の御代《みよ》替わり、すなわち皇位継承が行われる。これまでの天皇から次の天皇に皇位が移りゆく。三十年にわたり天皇という御位におられた天皇陛下が皇太子殿下に皇位をお譲りになるその聖なる瞬間に国民の関心もさらに高まるだろう。

ここでもう一つ国民の注目を集めるのは、その次の次が誰であるか、ということではなかろうか。新しく天皇に即位される皇太子徳仁親王殿下には男のお子がおられないので、即位後は皇太子が不在となる。皇位継承順位第一位となる弟の秋篠宮殿下が「皇嗣《こうし》」となり、実質上の皇太子となる。

それでは敬宮《としのみや》愛子内親王殿下はどうなるのか。新たな天皇となる徳仁《なるひと》親王殿下のたった一人のお子が女子というだけで皇太子になれない、ひいては皇位を継承することができないのはお可哀そうではないかとお思いになる人も少なからずいるのではないか。

もし、そのように考えるならば、それは皇位継承の本質を理解していないことによる誤解が生じているということだ。

皇位継承の大原則は「血統」を守ることにある。

それでは血統とは何か。血統とは男系、すなわち父方の血筋を代々受け継ぐことを意味する。

血統の形態には「男系」か「非男系」かのいずれかしか存在しない。母方だけでつながっている血筋があるなら女系となるが、そのような血統はどこにも存在しない。

昨今言われている女系天皇容認論というのは、正確に表現すると女系ではなく「非男系天皇」容認論となる。便宜上、女系天皇という言葉を使用しているに過ぎず、男系に対する対比としては、「非男系」と表現するのが適切である。

もちろん個別には女系という概念が存在しないわけではない。ある特定の人物と特定の人物を抜き出して、この二人の関係は女系でつながっていると表現することはある。

例えば、第三十七代斉明天皇は、第三十八代天智天皇の母であり、この御二方の関係は女系でつながっていることは事実である。

しかし、天智天皇の父は第三十四代舒明天皇であり、血統としては男系でもつながっている。天智天皇は父母のいずれもが天皇であることで、男系でも女系でも天皇の血を受け継いでいる。その中で個別の関係としては女系で説明することはあっても、連綿と続く血筋としては男系か、非男系のいずれかしかなく、皇室の歴史には非男系の皇族が存在したことは一度もない。

皇室とは血統の原理なので、血統を守るということは、結果的に「男系」を守ることを意味する。

一方で、「非男系であっても親子として血がつながっているのであるから血統を大事にすることに違いがないではないか」という疑問もあるだろう。

男系や女系にこだわることなく親子関係を大事にしていけば結果的に血統を守ることになるのではないかという主張である。

しかし、親子で血がつながっているのは全人類同じだ。父であろうと母であろうと親子での血のつながりを重視すればいいという考えは、結果的に血筋を重んじる必要がないと言っていることと同じではないか。

男系という特別な血統から全人類共通レベルの形態にさせようとするのである。これは唯一の血統原理という皇室の特質性を庶民に埋没させようとすることに等しい考え方であり、皇室を無くしてしまおうと言っていることに等しいのだ。

## 血統原理の根源は天壌無窮の神勅にある

このように皇位継承の大原則は血統原理となるのだが、それは何に基づくのかというと〝天壌無窮の神勅〟にある。天壌無窮の神勅とは『日本書紀』の天孫降臨の段で天照大神が孫の瓊瓊杵尊らに下した次の言葉である。

葦原千五百秋瑞穂の国は、是、吾が子孫の王たるべき地なり。爾皇孫、就でまして治らせ。行矣。宝祚の隆えまさむこと、当に天壌と窮り無けむ。

（葦原千五百秋之瑞穂国は、これ我が子孫の王となる地である。皇孫の汝が行って治めよ。さあ行かれよ。宝祚の隆んなることまさに永続するだろう）

日本国は「吾が子孫《うみのこ》の王《きみ》たるべき地」であるということをまず天照大神は示している。この言葉を孫の瓊瓊杵尊《ににぎのみこと》に下した意義は大きい。

『古事記』『日本書紀』によると、この世界は天之御中主神《あめのみなかぬしのかみ》が現れたことによりはじまったと記されている。

初めは性別のない抽象的だった神々が、次第に男女に別れ、最終的には夫婦のような形態になった。それが伊弉諾尊《いざなぎのみこと》と伊弉冉尊《いざなみのみこと》である。

その二神によって〝神産み〟〝国産み〟がなされ、地上に日本国がつくり出された。

その次に生まれたのが天照大神で、高天原《たかまがはら》（天上）の統治を委ねられる。

その子である天忍穂耳尊《あめのおしほみみのみこと》が〝別の神〟を妃とし、はじめて父方と母方の系統が異なる瓊瓊杵尊が誕生したのだ。

その瓊瓊杵尊を高天原から地上に降ろすに際し、天照大神が「吾が子孫の王たるべき地」と示したのは、天照大神につながる系統、すなわち男系によりその地位を受け継ぐことが定められたということだ。

前述のとおり、血統の種別には男系か非男系のいずれかしか存在しないことから考えても、「吾が子孫」とは男系子孫を意味し、二千年にも及ぶ天皇の歴史で、一度の例外もなく、瓊瓊杵尊にさかのぼる男系により皇位を継承してきた事実は極めて重い。

さらに、この神勅には「就でまして治らせ」とある。この国を治めるという内容であるが、この「治らせ」という言葉の意味を正確に理解する必要がある。

単に統治することは「うしはく」と言った。「うしはく」とは力により領地・領民を支配することを意味する。

一方で、「治らす」とは、民の暮らしを知ること、すなわち民の立場に立った政治を行うことだ。

他の王国は君主と民は利害対立関係にある〝君民対立〟の歴史であったことに対し、日本では〝君民共治〟が原則になったのは、天壌無窮の神勅がその根源にあるからだ。

民は天皇の大御宝とされ、天皇から政治を行うことを託された権力者たちは、民を支配することにはならず、節度のある統治が実施されてきたことで、日本では革命が起こることはなかった。

## 皇位継承と相続の違い

血統の種別には男系か非男系のいずれかしかない。そして男系によるつながりを重視するのが血統の原理であり、「公」を貫く論理となる。一方で、非男系でありながら血縁を重視する場合は、「私」の論理となる。

非男系によるつながりが「私」の論理であるとはどういうことか。

非男系によるつながりを重視する象徴的な存在が「家」である。家には財産がつきまとい、家や財産を継承することを相続と呼ぶ。

皇位継承と相続は本質的に異なる。

相続は財産という私的なものなので、なるべく血縁関係の近いものに継がせたいと考えるものだ。まず優先されるのがわが子であり、子がいなければ兄弟に相続させる。わが子に相続させたいというのは私的な感覚である。

本人から見て血縁関係が近ければ男系でも女系でも構わない。親から見た子や孫というのは、血筋ではなく、個別の血縁関係であり、私的な感覚としては、遠い親族よりも、身近なわが子を優先したくなるものである。

一方で、血統の原理とは、個別の血縁関係の遠近よりも血筋を重視する。

例えば、わが子が女子だけであれば、遠縁であっても男系の子孫が優先される。私的な感覚であれば娘であってもわが子に継がせたいと思うものだが、「公」であるがゆえに、私的な感覚よりも血統という原理原則が何より優先されるのである。

自分といくら血縁関係が遠くても、男系という要件を満たしていれば、近親の娘よりも優先して継承させることになる。

例えば、一般世帯の場合、十親等離れているとほぼ顔も見たことのない他人だ。だいたい親戚と言えば従兄弟か又従兄弟ぐらいまでだろう。ちなみに法律的にも親族とは七親等までを指す。

天皇が血統の論理を最も大事にしてきたのは皇室が「家」ではないからだ。

家は私物だが、皇位は完全なる「公」の存在となる。だから血縁的に天皇と遠く離れた男系男子が継承しても何の問題もないのだ。

家や財産は「私」なので、なるべく子に継がせようとする。男系・非男系に関係なく、わが子に継がせたいと思うのだ。

皇室は「私」ではなく「公」なので、必ずしも親子継承にこだわらない。

したがって、これまで一二四回の皇位継承のうち、約半数は親子継承ではなかった。それは皇位継承が「相続」ではなかったことの証《あかし》である。

第四十二代文武天皇が崩御したあと、第四十三代天皇となったのは、文武天皇の皇子ではなく、母である元明天皇だった。

天皇に即位するはずの首皇子《おびとのおうじ》はまだ若く、病弱だったこともあり、中継ぎとして元明天皇が即位し、続いて元明天皇の娘であり、文武天皇の姉である元正天皇が中継ぎの中継ぎとして第四十四代天皇となった。そのあと本来継ぐべき首皇子が第四十五代天皇に即位して聖武天皇となった。

聖武天皇から見ると、父が崩じたあとに、祖母が継ぎ、そのあと叔母が継いで、自分に回ってきたことになる。言葉どおりまさに縦横無尽である。

家の相続の場合、このようなことは行われない。

藤原家の跡取りが若いので、一時的に祖母や叔母が当主となるなどということはありえない。家の相続では何より親子関係を優先する。

皇位は家ではなく最も公な「位」であるからこそ、中継ぎという概念が生まれるのだ。

皇位は「私」を排除して原理原則に基づき継承されてきた。その原理原則とは血統であり、男系により継承することである。

皇位継承が完全なる血統原理であるからこそ、「公」を貫くことができ、二千年続くことができたのだ。

例えば、天皇に皇女しか誕生しなかった場合、これまでの歴史では別の男系男子の皇族が次の天皇に即位した。

もし、天皇が皇統の原理原則よりも「私」を優先させ、皇女に婿を迎えて、そこで生まれた子が天皇に即位したとしよう。非男系天皇の誕生である。

かつて絶大なる権力を保持した藤原氏は、自らの娘を天皇に嫁がせ、誕生した皇子が次の天皇になることで外祖父としてより盤石な権力を確立させた。

これまで天皇の男系子孫だけが皇位に就くことができたからこそ、藤原氏は娘を嫁がせるしかなかった。

仮に皇位の男系継承という原理原則が崩れていたなら、藤原氏は自分の息子を皇室に婿入りさせることができる。それを何度か繰り返せば、天皇と藤原氏の血統の違いはなくなり、藤原氏が天皇に即位できるという理屈ができあがる。

また、天皇の男系子孫である源氏や平氏が武力で天下を治めたときに、皇室が非男系天皇であったなら躊躇なく天皇を打倒しただろう。

皇位が完全なる「公」であるがゆえに、歴史上数々の権力者は手を出せず、天皇の権威の下に政治は行われてきた。これは今も昔も変わらぬこと。皇室が私物であったなら、権力者に取って代わられていただろう。

他国の王室は「家」であり私物であったから、権力の交代にあわせて滅びていった。

皇室は「公」であるが故に、権力の上に君臨する権威であり、世界に類例のない長い歴史を持つことができたのだ。

## 公の「位」と「家」の区別

皇位の継承とは「相続」ではない。皇位とは「家」の当主ではなく祭祀を司る「位」である。

「家」と「位」の違いについて、徳川家と征夷大将軍の関係で説明してみよう。

徳川家とは徳川家康がつくった家と財産である。

征夷大将軍とは朝廷から任命される役職である。

江戸幕府の成立以降、徳川宗家の当主が朝廷から征夷大将軍の任命を受けることになった。武家政治では、武家の統領、すなわち武家を束ねる実力者が征夷大将軍となるのである。したがって、徳川家の当主が代々征夷大将軍の任命を受けることになった。

ところが幕末の混乱の中、十四代将軍の徳川家茂が世継ぎなく病没し、次期将軍に一橋慶喜が脚光を浴びることになった。そのとき慶喜は徳川宗家の相続については了承するが、将軍職への就任はしばらく保留にした。

これまでは徳川宗家イコール将軍であったが、幕府政治の中ではじめて征夷大将軍という役職が宙に浮いたのだ。結果的に慶喜は十五代将軍の座に就くが、そのあとすぐに大政奉還を行う。政権を朝廷に返上したことで、徳川慶喜は名目上、一大名となった。

一大名となりながらもこれまでと同様に多くの領地と軍事力を保有しているので、それを取り上げようとする新政府と戦争になった。

新政府対一大名の戦争という構図になったので、徳川家は軍事力では勝っていても、大義を失い敗北することになる。

征夷大将軍ではない徳川家は単なる私的な存在なのだ。

また、鎌倉時代の北条家でも似たような事柄があった。

鎌倉幕府の「執権《しっけん》」という役職は代々北条氏が担っていたが、必ずしも得宗家《とくそう》（本家）の人間が務めていたわけではない。

第五代執権である北条時頼の後継者は嫡男の北条時宗であるが、時頼の死後、時宗は得宗家は相続するものの、まだ幼かったので第六代執権は中継ぎで分家の北条長時が就任することになった。

第七代執権も中継ぎの中継ぎで分家の北条政村が務め、第八代執権は満を持して得宗家から成長した北条時宗が就いた。

北条得宗家は私的な財産であるため相続の対象となるが、執権は幕府の公的な役職であったため、北条氏の中から最も適任な人物が選ばれた。

現代でたとえるなら、トヨタ自動車株式会社の社長は豊田家の当主が務めている。トヨタ自動車は会社化するまでは、豊田氏という個人の所有物であるが、会社は社会の公器であると言われるように、法人化されると公共性が備わり、単なる個人の私有物ではなくなる。

伝説的経営者だった豊田章一郎の次の社長になった奥田碩《おくだひろし》は豊田家の人間ではない。

その後も豊田家ではない人が社長になったが、現在の社長は豊田章一郎のご子息である。

それはトヨタ自動車が豊田家の私物だからではなく、豊田家がトヨタ自動車の筆頭株主であるから社長になったのである。豊田家の当主とトヨタ自動車の社長は別の存在である。

社長という立場は「公」であり、社長個人の財産は「私」である。

社長を引き継ぐからといって、前社長の財産を引き受けるわけではない。個人資産という「私」はその親族が相続する。

皇位というのは日本という株式会社の社長であるとたとえればわかりやすいだろうか。

皇室典範では長男である皇太子が皇位継承順位第一位となるので、一見すると家の相続のように錯覚するのだが、皇位は公の位なので、本質的には相続ではなく、創業者である神武天皇の血を受け継ぐ皇族が歴代継承してきた。

あえて相続と絡めて論じるなら、将来、徳仁天皇が崩じたときに、「公」である皇位は秋篠宮殿下が継承されるが、徳仁天皇の財産は愛子内親王殿下が相続されることになる。

上場している大企業の社長が交代したときに、前社長の財産まで新しい社長が引き継いだなら、前社長の親族は気の毒だと思うが、一般的にはそのようなことはなく、社長という職と家や財産は別物と考えられる。

皇位もこれと同じで、個人の相続と皇位継承はまったく別の事柄なのであり、愛子内親王殿下が皇太子や皇位を継げないのはお気の毒だというのは、皇位継承と相続を混同した誤解であることがよくわかるだろう。

血統の論理よりも、より近親に継がせようという家の論理、すなわち「私」を持ち込んだ発想である。

まさしく皇位継承と相続を混同してしまっているのだ。「公」と「私」の混同である。

皇室を血統の論理（男系）から家の論理（非男系）にするということは、皇室の存在を公から私物に貶《おとし》めるという発想となる。

皇室は「家」ではないので、普通の家のごとき相続の発想を持ち込んではいけない。皇位は相続ではなく、先帝から新帝に移りゆくもの。原理原則にしたがって男系の皇族から男系の皇族に継承されていく。

そのことを踏まえて本書を読み進めていただくと、皇位継承の本質がより深くご理解いただけるだろう。

# 皇位継承事典

目次

はしがき …… 3
皇位継承の本質を理解しよう …… 14
初代　神《じん》武《む》天皇 …… 36
第二代　綏《すい》靖《ぜい》天皇 …… 38
第三代　安《あん》寧《ねい》天皇 …… 41
第四代　懿《い》徳《とく》天皇 …… 43
第五代　孝《こう》昭《しょう》天皇 …… 44
第六代　孝《こう》安《あん》天皇 …… 46
第七代　孝《こう》霊《れい》天皇 …… 48
第八代　孝《こう》元《げん》天皇 …… 50
第九代　開《かい》化《か》天皇 …… 51
第十代　崇《す》神《じん》天皇 …… 53
第十一代　垂《すい》仁《にん》天皇 …… 56
第十二代　景《けい》行《こう》天皇 …… 59

第十三代　成《せい》務《む》天皇……62
第十四代　仲《ちゅう》哀《あい》天皇……64
摂政　神《じん》功《ぐう》皇后……66
第十五代　応《おう》神《じん》天皇……69
第十六代　仁《にん》徳《とく》天皇……72
第十七代　履《り》中《ちゅう》天皇……76
第十八代　反《はん》正《ぜい》天皇……79
第十九代　允《いん》恭《ぎょう》天皇……81
第二十代　安《あん》康《こう》天皇……84
第二十一代　雄《ゆう》略《りゃく》天皇……86
第二十二代　清《せい》寧《ねい》天皇……89
飯《いい》豊《とよ》天皇……92
第二十三代　顕《けん》宗《ぞう》天皇……93
第二十四代　仁《にん》賢《けん》天皇……95
第二十五代　武《ぶ》烈《れつ》天皇……96
第二十六代　継《けい》体《たい》天皇……98

第二十七代　安閑《あんかん》天皇……101
第二十八代　宣化《せんか》天皇……103
第二十九代　欽明《きんめい》天皇……104
第三十代　敏達《びだつ》天皇……106
第三十一代　用明《ようめい》天皇……109
第三十二代　崇峻《すしゅん》天皇……112
第三十三代　推古《すいこ》天皇……115
第三十四代　舒明《じょめい》天皇……119
第三十五代　皇極《こうぎょく》天皇……121
第三十六代　孝徳《こうとく》天皇……125
第三十七代　斉明《さいめい》天皇……128
第三十八代　天智《てんぢ》天皇……130
第三十九代　弘文《こうぶん》天皇……133
第四十代　天武《てんむ》天皇……136
第四十一代　持統《じとう》天皇……138
第四十二代　文武《もんむ》天皇……143

第四十三代　元明《げんめい》天皇……146
第四十四代　元正《げんしょう》天皇……150
第四十五代　聖武《しょうむ》天皇……152
第四十六代　孝謙《こうけん》天皇……159
第四十七代　淳仁《じゅんにん》天皇……163
第四十八代　称徳《しょうとく》天皇……168
第四十九代　光仁《こうにん》天皇……172
第五十代　桓武《かんむ》天皇……176
第五十一代　平城《へいぜい》天皇……180
第五十二代　嵯峨《さが》天皇……184
第五十三代　淳和《じゅんな》天皇……188
第五十四代　仁明《にんみょう》天皇……191
第五十五代　文徳《もんとく》天皇……195
第五十六代　清和《せいわ》天皇……197
第五十七代　陽成《ようぜい》天皇……201
第五十八代　光孝《こうこう》天皇……204

第五十九代　宇多《うだ》天皇……206
第六十代　醍醐《だいご》天皇……209
第六十一代　朱雀《すざく》天皇……213
第六十二代　村上《むらかみ》天皇……216
第六十三代　冷泉《れいぜい》天皇……218
第六十四代　円融《えんゆう》天皇……221
第六十五代　花山《かざん》天皇……224
第六十六代　一条《いちじょう》天皇……226
第六十七代　三条《さんじょう》天皇……229
第六十八代　後一条《ごいちじょう》天皇……231
第六十九代　後朱雀《ごすざく》天皇……234
第七十代　後冷泉《ごれいぜい》天皇……236
第七十一代　後三条《ごさんじょう》天皇……238
第七十二代　白河《しらかわ》天皇……240
第七十三代　堀河《ほりかわ》天皇……243
第七十四代　鳥羽《とば》天皇……246

第七十五代 崇《す》徳《とく》天皇……251
第七十六代 近《この》衛《え》天皇……254
第七十七代 後《ご》白《しら》河《かわ》天皇……258
第七十八代 二《に》条《じょう》天皇……263
第七十九代 六《ろく》条《じょう》天皇……267
第八十代 高《たか》倉《くら》天皇……269
第八十一代 安《あん》徳《とく》天皇……272
第八十二代 後《ご》鳥《と》羽《ば》天皇……276
第八十三代 土《つち》御《み》門《かど》天皇……280
第八十四代 順《じゅん》徳《とく》天皇……282
第八十五代 仲《ちゅう》恭《きょう》天皇……285
第八十六代 後《ご》堀《ほり》河《かわ》天皇……288
第八十七代 四《し》条《じょう》天皇……291
第八十八代 後《ご》嵯《さ》峨《が》天皇……293
第八十九代 後《ご》深《ふか》草《くさ》天皇……295
第九十代 亀《かめ》山《やま》天皇……298

第九十一代　後宇多《ごうだ》天皇……301
第九十二代　伏見《ふしみ》天皇……303
第九十三代　後伏見《ごふしみ》天皇……305
第九十四代　後二条《ごにじょう》天皇……307
第九十五代　花園《はなぞの》天皇……308
第九十六代　後醍醐《ごだいご》天皇……310
北朝初代　光厳《こうごん》天皇……317
北朝第二代　光明《こうみょう》天皇……320
北朝第三代　崇光《すこう》天皇……323
北朝第四代　後光厳《ごこうごん》天皇……326
北朝第五代　後円融《ごえんゆう》天皇……329
第九十七代（南朝第二代）　後村上《ごむらかみ》天皇……331
第九十八代（南朝第三代）　長慶《ちょうけい》天皇……334
第九十九代（南朝第四代）　後亀山《ごかめやま》天皇……335
第百代（北朝第六代）　後小松《ごこまつ》天皇……337
第百一代　称光《しょうこう》天皇……341

第百二代　後《ご》花《はな》園《ぞの》天皇……343
第百三代　後《ご》土《つち》御《み》門《かど》天皇……347
第百四代　後《ご》柏《かしわ》原《ばら》天皇……350
第百五代　後《ご》奈《な》良《ら》天皇……351
第百六代　正《おお》親《ぎ》町《まち》天皇……353
第百七代　後《ご》陽《よう》成《ぜい》天皇……358
第百八代　後《ご》水《みずの》尾《お》天皇……360
第百九代　明《めい》正《しょう》天皇……366
第百十代　後《ご》光《こう》明《みょう》天皇……368
第百十一代　後《ご》西《さい》天皇……369
第百十二代　霊《れい》元《げん》天皇……371
第百十三代　東《ひがし》山《やま》天皇……374
第百十四代　中《なか》御《み》門《かど》天皇……375
第百十五代　桜《さくら》町《まち》天皇……377
第百十六代　桃《もも》園《ぞの》天皇……378
第百十七代　後《ご》桜《さくら》町《まち》天皇……381

第百十八代　後桃園《ごももぞの》天皇……384
第百十九代　光格《こうかく》天皇……386
第百二十代　仁孝《にんこう》天皇……389
第百二十一代　孝明《こうめい》天皇……391
第百二十二代　明治《めいじ》天皇……398
第百二十三代　大正《たいしょう》天皇……402
第百二十四代　昭和《しょうわ》天皇……404
今上《きんじょう》陛下……409

あとがき……412

参考文献
索引

# 皇位継承事典

## 初代　神武《じんむ》天皇

〔世系六、即位五十二歳、在位七十六年、宝算百二十七歳〕

初代天皇・神武天皇は天照大神の勅命（神勅）を受けて高千穂に天降《あまくだ》られた皇孫（天照大神の孫）瓊瓊杵尊《ににぎのみこと》の曾孫である。

神日本磐余彦尊《かんやまといわれひこのみこと》といわれ、父・彦波瀲武鸕鶿草葺不合尊《ひこなぎさたけうがやふきあえずのみこと》（鸕茅不合葺命《うがやふきあえずのみこと》）の第四王で、母は玉依《たまより》姫尊《ひめのみこと》である。

玉依姫尊は皇孫・瓊瓊杵尊の孫で、父の鸕鶿草葺不合尊の母である豊玉姫の妹（海神の娘）で叔母に当たる。

神日本磐余彦尊（神武天皇）には、日向《ひゅうが》におられた時の妃・吾平津媛《あひらつひめ》（阿比良比売）との間に誕生された皇子である、手研耳命《たぎしみみのみこと》と岐須美美命《きすみみのみこと》の同母兄弟がおられた。

神日本磐余彦尊（神武天皇）は第一皇子・手研耳命だけをお連れになって東征に出掛けられる。浪速国の白肩津《しろかたつ》（あるいは孔舎衛坂《くさえのさか》）で長髄彦《ながすねひこ》と交戦され、その時、長兄の彦五瀬命《ひこいつせのみこと》が長髄彦の放った矢に当たり矢傷を負われた。

彦五瀬命は、

「我々は日の神の御子だから、日に向かって（東に向かって）戦うのは良くない。廻り込んで日を背にして（西に向かって）戦おう」

と助言され、一行は南へ向かう。

しかし紀国の男之水門《おのみなと》（泉南市樽井）に着いたところで、彦五瀬命の矢傷が悪化し東征途中で薨去《こうきょ》された。和歌山市の竈山神社《かまやまじんじゃ》に祀られている。

次兄の稲飯命《いないのみこと》も、熊野に行く途中で暴風に遭い、

「我が先祖は天神、母は海神であるのに、どうして我を陸に苦しめ、また海に苦しめるのか」

と言って剣を抜いて海に入って行かれ、「鋤持《さびもち》の神」になられた。

三番目の兄の三毛入野命《みけいりののみこと》も熊野に進む途中、暴風に遭い、

「母も叔母も海神であるのに、どうして我らは波によって進軍を阻まれなければならないのか」

と言って、波頭を踏み、常世《とこよ》に行かれた。

皇紀元年、神日本磐余彦尊は長男の手研耳命だけお連れになって大和に入られ、皇紀元年辛酉春一月一日、橿原の地で「奠都《てんと》の詔」を渙発され、即位された。

初代天皇・神武天皇の誕生であり、日本の建国でもある。

この年を皇紀元年＝神武天皇元年（前六六〇年）と定める。

大和に入られて娶られた正妃・媛蹈鞴五十鈴媛命《ひめたたらいすずひめのみこと》を立てて皇后とされる。

媛蹈鞴五十鈴媛は事代主神《ことしろぬしのかみ》の娘で、大神大物主神《おおみわおおものぬしのかみ》（三輪明神）、素戔嗚尊《すさのおのみこと》、大国主命の子孫で国津神系である。

ここで天津神系と国津神系に分かれた系譜がまた一つに統合されることになった。

皇后・五十鈴媛との間に、神八井耳命《かんやいみみのみこと》、彦八井耳命《ひこやいみみのみこと》（日子八井命《ひこやいのみこと》）、神渟名川耳命《かんぬなかわみみのみこと》の三皇子が誕生される。

皇紀四二年＝神武四十二年（前六一九年）一月三日、天皇は第三皇子の神渟名川耳命を皇太子と定められた。

神武東征で日向から行動をともにされた第一皇子である手研耳命を差し置いての立太子で、これが後に悲劇を生むことになる。

神武東征で日向から神武天皇とともに大和に入られた第一皇子・手研耳命を立太子させないで、大和の地で誕生された、それも一番歳下の異母弟・神渟名川耳命を皇太子とされたのである。天皇としては、やはり将来のことを思い、一番若い皇子を後嗣《こうし》に選ばれたものと思われる。そして媛蹈鞴五十鈴媛命の皇子を選ばれたことについては、地元の事代主命の娘という立場がこれからの国造りに大いに役立つとも考えられたのであろう。

一番下の皇子ということはその後もあり、必ずしも第一皇子が後嗣になってはおられないし、皇位は必ずしも長子が承継するわけではないということである。

皇位の継承は相続ではないし、家の継承でもないからである。

神渟名川耳命が立太子されてから三十四年後、皇紀七六年（前五八五年）春三月十一日、在位七十六年、百二十七歳で崩御された。皇統譜《こうとうふ》では百三十七歳とある。

## 第二代　綏靖《すいぜい》天皇（世系七、即位五十二歳、在位三十三年、宝算八十四歳）

神武天皇が東征して大和に入られてから後、皇紀二九年＝神武二十九年（前六三二年）、神武天皇の第三皇子として誕生された神渟《かんぬ》名川《なかわ》耳命《みみのみこと》（『古事記』では神沼河耳命）で、母は事代主神《ことしろぬしのかみ》の長女で、先帝・神武天皇の皇后である媛蹈鞴《ひめたたら》五《い》十《す》鈴《ず》媛命《ひめのみこと》である。

神武天皇には、皇后との間に神八《かんや》井《い》耳命《みみのみこと》、彦八《ひこや》井《い》耳命《みみのみこと》（日子八《ひこや》井命《いのみこと》）、神渟名川耳命の三人の皇子がおられた。

皇紀四二年＝神武四十二年（前六一九年）正月三日、末子の神渟名川耳命が十四歳で立太子される。

神渟名川耳命が立太子されてから三十四年後の皇紀七六年＝神武七十六年（前五八五年）三月、先帝・神武天皇が崩御される。

【手研耳命の反逆事件】

神武東征で日向から父の神日本磐余彦尊《かんやまといわれひこのみこと》（神武天皇）と一緒に上って来られた異母兄の手研耳命《たぎしみみのみこと》は、先妻の皇子とはいえ、第一皇子の立場にあられ、父帝・神武天皇が異母弟の、しかも末弟の神渟名川耳命を皇太子とされたことに不満を抱かれた。

手研耳命は先帝・神武天皇の皇后で、自身にとっては継母の媛蹈鞴五十鈴媛命（神武天皇の皇后）を正妃としておられた。

ところが夫・手研耳命が異母弟の神渟名川耳命たち兄弟を亡き者にしようと謀《はか》っているので、母である媛蹈鞴五十鈴媛命は、この重大事を和歌に託して神渟名川耳命たちにお知らせになる。夫である手研耳命の策謀を皇子たちに密告されたのである。

この陰謀を知らされた神八井耳命、彦八井命、神渟名川耳命の三兄弟は、片丘（奈良県北葛城郡王寺町・香芝市・上牧町付近か）の大室に臥せっておられた手研耳命を襲い、これを誅《ちゅう》された。

兄の神八井耳命はこの時手足が震えて矢を射ることができず、弟の神渟名川耳命がその弓を取って手研耳命を射殺された。神八井耳命はこれを恥じて弟の神渟名川耳命に即位を願い、自らは神々の祀りを受け持たれる。

神渟名川耳命はすでに皇太子であるから当然ともいえるが、この事件で末子の神渟名川耳命が第二代天皇に即位されることが確定した。

手研耳命の皇后であり、神渟名川耳命の母である媛蹈鞴五十鈴媛命が手研耳命の反逆を密告するということで、この皇位継承に決定的役割を果たされたといえる。


兄の神八井耳命は日本最古の皇別《こうべつ》氏族《しぞく》・多臣《おおのおみ》の始祖である。

多氏は後に「太氏」「大氏」「意富氏」などとも記される。また、九州の阿蘇氏、関東の千葉氏などの多くの皇別氏族の祖となられた。

なお、皇別氏族とは皇族の中で臣籍降下した分流・庶流の氏族をいう。他に「神別《しんべつ》氏族」「諸蕃《しょばん》」があり、「神別氏族」は天津神・国津神の子孫で、神武天皇以前の神代に分かれたとされる氏族であり、「諸蕃」は支那大陸・朝鮮半島から渡来したと称する諸氏の末裔である。秦《はた》氏・漢《あや》氏・百済《くだら》氏などが「諸蕃」に分類される。

彦八井耳命（日子八井命）については『日本書紀』には記載がない。


神渟名川耳命の即位に当たっては、先帝・神武天皇の崩御後に手研耳命の反逆事件があって三年遅れたが、神武天皇の定められた皇太子・神渟名川耳命が予定通り、皇紀八〇年＝綏靖《すいぜい》元年（前五八一年）正月八日即位された。

都は大和国葛城高丘宮《かづらきのたかおかのみや》に置かれた。

この手研耳命弑逆《しいぎゃく》事件は初代から第二代への皇位継承に当たっての、悲劇の大事件であった。

初代神武天皇から第二代綏靖天皇への皇位継承は決して平和裏での継承ではなかったのである。

『古事記』『日本書紀』は、先の大戦以後、天皇、皇族を権威づけるために朝廷が拵《こしら》えた架空の物語を綴《つづ》った偽書であるということになっているが、初代から二代への極めて重要な皇位継承に当たっての記述で、この悲劇が語られている。

皇紀八一年＝綏靖二年（前五八〇年）春一月、事代主神の次女・五十鈴依媛《いすずよりひめ》を立てて皇后とされる。

先代・神武天皇の皇后・媛蹈鞴五十鈴媛命の妹で叔母に当たる。

皇紀一〇四年＝綏靖二十五年（前五五七年）春一月七日、皇子の磯城津彦玉手看命《しきつひこたまてみのみこと》（二十一歳）を皇太子に立てられる。

皇紀一一二年＝綏靖三十三年（前五四九年）夏五月十日、ご不例（病）で崩御される。

在位三十三年、宝算八十四歳であった。

## 第三代　安寧《あんねい》天皇　（世系八、即位二十九歳、在位三十八年、宝算六十七歳）

皇紀八四年＝綏靖《すいぜい》五年（前五七七年）、先帝・綏靖天皇の皇子として誕生された磯城津彦玉手看命《しきつひこたまてみのみこと》である。

母は先帝・綏靖天皇の皇后で事代主命《ことしろぬしのみこと》の次女・五十鈴依媛《いすずよりひめ》で、初代神武天皇の皇后・媛蹈鞴《ひめたたら》五十《いす》鈴《ず》媛命《ひめのみこと》の妹である。

皇紀一〇四年＝綏靖二十五年（前五五七年）一月七日、二十一歳で立太子された。

皇紀一一二年＝安寧元年（前五四九年）五月、父の綏靖天皇が崩御される。

父帝・綏靖天皇の崩御を受け、同年七月九日、皇太子・磯城津彦玉手看命が二十九歳で安寧天皇として即位される。

皇子は磯城津彦玉手看命だけで、この皇位継承には何らの問題もなかった。

翌安寧二年、大和国片塩浮孔宮《かたしおうきあなのみや》（奈良県大和高田市）に都を置かれた。

皇紀一一五年＝安寧三年（前五四六年）春一月五日、事代主命の孫・鴨王《かものきみ》の娘・渟名底仲媛《ぬなそこなかつひめ》を立てて皇后とされる。

第三代天皇の皇后もまた事代主命の系統である。事代主系が初代から三代続けて皇后となっておられる。

皇紀一二三年＝安寧十一年（前五三八年）春一月一日、第二皇子の大日本彦耜友命《おおやまとひこすきとものみこと》を立てて皇太子とされる。

第一皇子に同母兄・息石耳命《おきそみみのみこと》がおられたが、第二皇子が立太子された。

即位後十一年にして早々に第二皇子・大日本彦耜友命を皇太子に立てておられるので、この立太子は天皇の明確な意思と見てよい。

『古事記』には息石耳命については記載がなく、皇位継承で混乱した形跡はない。

しかし、息石耳命には皇女・天豊津媛命《あまとよつひめのみこと》がおられ、次代の懿徳《いとく》天皇の皇后となっておられる。もう一人の皇子で弟の磯城津彦命《しきつひこのみこと》は猪使連《いつかいのむらじ》の始祖となられた。

皇紀一五〇年＝安寧三十八年（前五一一年）冬十二月六日、在位三十八年にして、六十七歳で崩御される。

## 第四代　懿《い》徳《とく》天皇

〔世系九、即位四十四歳、在位三十四年、宝算七十七歳〕

皇紀一〇八年＝綏靖《すいぜい》二十九年（前五五三年）、安寧《あんねい》天皇の第二皇子として誕生された大日本彦耜友《おおやまとひこすきともの》命《みこと》で、母は安寧天皇の皇后・渟名底仲媛《ぬなそこなかつひめ》である。

皇紀一二三年＝安寧十一年春一月一日、先帝・安寧天皇の第二皇子・大日本彦耜友命が十六歳で立太子される。

皇紀一五一年＝懿徳《いとく》元年（前五一〇年）二月四日、安寧天皇の崩御により、皇太子で先帝・安寧天皇の第二皇子の大日本彦耜友命が四十四歳で即位される。

同母兄で第一皇子の息石耳命《おきそみみのみこと》がおられたが、翌年懿徳二年にはその息石耳命の女王・天豊津媛《あまとよつひめの》命《みこと》を皇后に立てておられるので、即位に関しての混乱はなかったと見てよい。

皇紀一五二年＝懿徳二年（前五〇九年）春一月五日、都を軽《かる》の地の曲峡宮《まがりおのみや》（橿原市大軽町）に遷される。

二月十一日、安寧天皇の第一皇子・息石耳命の女王で姪に当たる天豊津媛命を皇后に立てられる。

これまで事代主命《ことしろぬしのみこと》系の皇后が三代続いていたが、ここで近親皇族（姪）が皇后となられた。

③安寧天皇 → 息石耳命 → 天豊津媛命（懿徳天皇の皇后）
　　　　　 → 大日本彦耜友命（④懿徳天皇）

皇紀一五五年＝懿徳五年（五〇六年）、皇子・観松彦香殖稲命《みまつひこかえしねのみこと》が誕生される。

皇紀一七二年＝懿徳二十二年（前四八九年）春二月十二日、皇子の観松彦香殖稲命（十八歳）を立てて皇太子とされた。

皇紀一八四年＝懿徳三十四年（前四七七年）九月八日、在位三十四年、七十七歳で崩御される。

## 第五代 孝昭《こうしょう》天皇

〔世系十、即位三十二歳、在位八十三年、宝算百十四歳〕

皇紀一五五年＝懿徳《いとく》五年（前五〇六年）、懿徳天皇の第一皇子として誕生された観松彦香殖稲命《みまつひこかえしねのみこと》で、母は懿徳天皇の皇后の天豊津媛命《あまとよつひめのみこと》である。

母の天豊津媛命は安寧《あんねい》天皇の第一皇子・息石耳命《おきそみみのみこと》の娘で、懿徳天皇は安寧天皇の第二皇子であり息石耳命の弟であるから姪に当たる。

皇紀一七二年＝懿徳二十二年（前四八九年）二月十二日、観松彦香殖稲命（孝昭《こうしょう》天皇）が十八歳で立太子される。

皇紀一八四年＝懿徳三十四年（前四七七年）、先帝・懿徳天皇が崩御される。

皇紀一八六年＝孝昭元年（前四七五年）一月九日、先帝の懿徳天皇の崩御を受け、皇太子・観松彦香殖稲命が三十二歳で即位される。

他に第二皇子として武石彦奇友背命《たけいしひこくしともせのみこと》がおられたようであるが、皇位を争われた形跡はない。

但し、先帝・懿徳天皇が崩御されてから孝昭天皇即位まで一年四ヶ月経っているので若干事情があったとも思われる。

①神武天皇―②綏靖天皇―③安寧天皇―④懿徳天皇―⑤孝昭天皇―⑥孝安天皇―⑦孝霊天皇―⑧孝元天皇―⑨開化天皇―⑩崇神天皇―⑪垂仁天皇―⑫景行天皇―

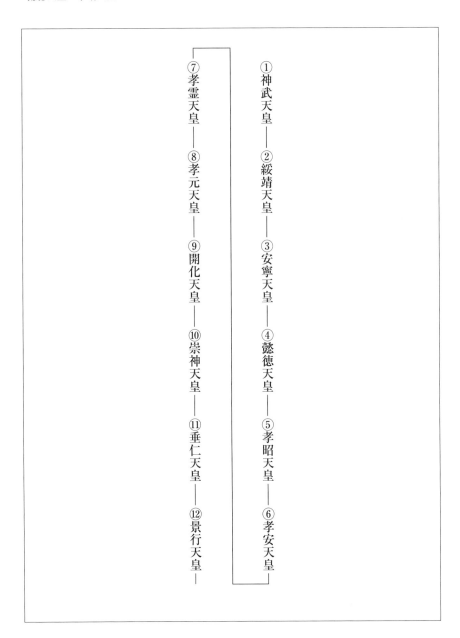

この年七月、大和国掖上池心宮《わきのかみいけこころのみや》（葛城掖上宮・奈良県御所市）に都を遷された。

皇紀二一四年＝孝昭二十九年（前四四七年）春一月三日、尾張連《おわりのむらじ》の祖である瀛津世襲《おきつよそ》の妹・世襲《よそ》足媛《たらしひめ》を立てて皇后とされた。

即位後二十八年して尾張から豪族の娘を皇后に迎えられた。

尾張氏は神別（天孫）氏族の天忍人命《あめおしひとのみこと》を祖とする。

皇紀二三四年＝孝昭四十九年（前四二七年）、孝昭天皇の第二皇子として日本足彦国押人命《やまとたらしひこくにおしひとのみこと》が誕生される。

皇紀二五三年＝孝昭六十八年（前四〇八年）春一月十四日、第二皇子である日本足彦国押人命が二十歳で立太子される。

第一皇子の天足彦国押人命《あめたらしひこくにおしひとのみこと》がおられたが、第二皇子の立太子に問題は起きなかったようである。

第一皇子の天足彦国押人命は和邇《わに》臣、春日氏、小野氏の祖である。

皇紀二六八年＝孝昭八十三年（前三九三年）八月五日、在位八十三年、百十四歳（皇統譜）で崩御される。

## 第六代　孝安《こうあん》天皇

（世系十一、即位三十六歳、在位百二年、宝算百三十七歳）

皇紀二三四年＝孝昭《こうしょう》四十九年（前四二七年）、孝昭天皇の第二皇子として誕生された日本足彦国《やまとたらしひこくに》押人命《おしひとのみこと》で、母は先帝・孝昭天皇の皇后・世襲足媛《よそたらしひめ》である。

皇紀二五三年＝孝昭六十八年（前四〇八年）一月十四日、先帝・孝昭天皇の第二皇子・日本足彦国押人命が二十歳で立太子される。

第一皇子の天足彦国押人命《あめたらしひこくにおしひとのみこと》を差し置いての立太子であった。

先帝・孝昭天皇の崩御される十五年前の立太子であり、先帝の意思通りと考えられ、混乱はなかったようである。

尚、この第一皇子の天足彦国押人命は春日氏、小野氏、和邇《わに》（和珥）氏の祖である。

皇紀二六八年＝孝昭八十三年（前三九三年）秋八月、父帝・孝昭天皇が崩御される。

皇紀二六九年＝孝安《こうあん》元年（前三九二年）一月二十七日、皇太子の日本足彦国押人命が三十六歳で即位され、大和国室秋津島宮《むろのあきつしまのみや》（奈良県御所市）に都を置かれた。

同母兄を差し置いて即位された事情については不明であるが、さして争いはなかったと見てよい。

先帝・孝昭天皇は崩御される十五年前に第二皇子・日本足彦国押人命を皇太子に立てておられるし、後にこの兄・天足彦国押人命の娘・押媛《おしひめ》（姪）を孝安天皇の皇后に立てておられるからである。

天足彦国押人命は次の孝霊《こうれい》天皇の外祖父でもある。

⑤孝昭天皇 → 天足彦国押人命 → 押媛《おしひめ》（孝安天皇の皇后）
　　　　　 → 日本足彦国押人命（⑥孝安天皇）

皇紀二七〇年＝孝安二年（前三九一年）十月、大和国室秋津島宮（奈良県御所市）に宮を遷された。

皇紀二九六年＝孝安二十八年（前三六五年）春二月十四日、天皇は兄・天足彦国押人命の娘・押媛（姪）を皇后に立てられる。

皇紀三一九年＝孝安五十一年（前三四二年）、第一皇子の大日本根子彦太瓊命《おおやまとねこひこふとにのみこと》が誕生される。

皇紀三四四年＝孝安七十六年（前三一七年）春一月五日、大日本根子彦太瓊命（孝霊天皇）が二十六歳で立太子される。

皇紀三七〇年＝孝安百二年（前二九一年）春一月九日、在位百二年、百三十七歳で崩御された。

在位百二年は歴代天皇の中で最長である。

在位が百二年と長いので、最初は兄の天足彦国押人命が即位され、その後に弟の日本足彦国押人命がこれを襲名されたということも考えられる。

他の在位の長い天皇についても、一応同じようなことが推定される。

## 第七代　孝霊《こうれい》天皇

〔世系十二、即位五十三歳、在位七十六年、宝算百二十八歳〕

皇紀三一九年＝孝安《こうあん》五十一年（前三四二年）、先帝・孝安天皇の第一皇子として誕生された大日本《おおやまと》根子彦太瓊命《ねこひこふとにのみこと》であり、母は天足彦国押人命《あめたらしひこくにおしひとのみこと》の娘で、先帝・孝安天皇の姪の押媛《おしひめ》である。

皇紀三四四年＝孝安七十六年（前三一七年）春一月五日、第一皇子の大日本根子彦太瓊命が二十六歳で立太子される。

皇紀三七〇年＝孝安百二年春一月九日、孝安天皇が崩御される。

この年十二月四日、都が大和国黒田の廬戸宮《いほとのみや》に遷された。奈良県磯城郡田原本町黒田である。

皇紀三七一年＝孝霊《こうれい》元年（前二九〇年）一月十二日、皇太子の大日本根子彦太瓊命が五十三歳で即位された。

先帝・孝安天皇の皇子・大日本根子彦太瓊命は、『古事記』には大倭根子日子賦斗邇命とあり、同母兄に大吉備諸進命《おおきびのもろすすみのみこと》の名がある。

従って第二皇子という可能性もあるが、皇位継承問題は起きていない。

皇紀三七二年＝孝霊二年（前二八九年）二月十一日、磯城県主《しきのあがたぬし》（十市《とうち》県主）大目《おおめ》の娘・細媛命《くわしひめのみこと》を皇后に立てられる。

磯城氏は、「記紀」の「神武紀、神武東征伝」において、「兄磯城《えしき》」「弟磯城《おとしき》」として出てくる最初の古代豪族の一つである。孝霊天皇はこの豪族の娘を皇后に立てられた。

妃の倭国香媛《やまとくにかひめ》との間に、彦五十狭芹彦命《ひこいさせりひこのみこと》、倭迹迹日百襲姫命《やまとととひももそひめのみこと》、倭迹迹稚屋姫命《やまとととわかやひめのみこと》が誕生され、また妃・絚某弟《はえいろど》との間に彦狭島命《ひこさしまのみこと》、稚武彦命《わかたけひこのみこと》が誕生される。

彦五十狭芹彦命は吉備上道臣《きびのかみつみちのおみ》の祖で、後の崇神《すじん》天皇の御世に四道将軍《しどうしょうぐん》の一人として活躍される。稚武彦命は吉備臣、吉備下道《しもつみち》臣・笠臣の祖である。

皇紀三八八年＝孝霊十八年（前二七三年）、皇后・細媛命との間に第一皇子の大日本根子彦国牽《おおやまとねこひこくにくるの》命《みこと》（孝元《こうげん》天皇）が誕生される。

皇紀四〇六年＝孝霊三十六年（前二五五年）春一月一日、大日本根子彦国牽命（十九歳）を皇太子に立てられる。

異母兄弟に彦五十狭芹彦命、稚武彦命がおられたが、大日本根子彦国牽命を皇太子とされた。生年がそれぞれ不詳のため兄か弟か分からないが、皇后の産んだ皇子を皇嗣とされたのであろう。崩御の四十年前に立太子しておられるので早くから決めておられたのである。

皇紀四四六年＝孝霊七十六年（前二一五年）春二月八日、在位七十六年、百二十八歳で崩御される。

## 第八代　孝元《こうげん》天皇

〔世系十三、即位六十歳、在位五十七年、宝算百十六歳〕

皇紀三八八年＝孝霊《こうれい》十八年（前二七三年）、孝霊天皇の第一皇子として誕生された大日本根子彦国《おおやまとねこひこくに》牽命《くるのみこと》で、母は磯城県主大目《しきのあがたぬしおおめ》の娘で皇后の細媛命《くわしひめのみこと》である。

皇紀四〇六年＝孝霊三十六年（前二五五年）春一月一日、大日本根子彦国牽命が十九歳で立太子される。

異母兄弟に倭迹迹日百襲姫命《やまとととひももそひめのみこと》、彦五十狭芹彦命《ひこいさせりひこのみこと》（吉備津彦命）、稚武彦命《わかたけひこのみこと》らがおられた。

しかし、皇位継承に問題は起きていない。先帝・孝霊天皇の意向で第一皇子の大日本根子彦国牽命が立太子された。

皇紀四四六年＝孝霊七十六年（前二一五年）二月八日、先帝・孝霊天皇が崩御される。

皇紀四四七年＝孝元元年一月十四日、皇太子・大日本根子彦国牽命が六十歳で第八代孝元天皇として即位される。

皇紀四五〇年＝孝元四年三月十一日、大和国軽《かる》の境原宮《さかいはらのみや》（奈良県橿原市）に遷都された。

皇紀四五三年＝孝元七年春二月二日、天皇は大水口宿禰《おおみなくちのすくね》の娘・鬱色謎命《うつしこめのみこと》を皇后に立てられる。

大水口宿禰は饒速日命《にぎはやひのみこと》の四世孫か五世孫で穂積《ほづみ》臣の祖でもあり、奈良北部（北大和）の出身である。

次の代の開化《かいか》天皇が都を北大和（奈良市）に置かれたことと関連してくる。

皇后・鬱色謎命との間に皇子として大彦命《おおひこのみこと》、稚日本根子彦大日日命《わかやまとねこひこおおひひのみこと》（開化天皇）、皇女として倭《やまと》迹迹《とと》姫命《ひめのみこと》が誕生される。

妃の伊香色謎命《いかがしこめのみこと》は大綜麻杵命《おおへそきのみこと》の娘で、大綜麻杵命は大水口宿禰の子であるから、妃の伊香色謎命は鬱色謎命の姪に当たり、後に第二皇子・稚日本根子彦大日日命の妃（皇后）となられる。

大水口宿禰
→鬱色謎命（⑧孝元天皇の皇后）
→大綜麻杵命→伊香色謎命（⑨開化天皇の皇后）→彦太忍信命

妃・伊香色謎命の皇子に武内宿禰《たけしうちのすくね》の祖父・彦太忍信命《ひこふつおしまことのみこと》（比古布都押之信命《ひこふつおしのまことのみこと》）がおられ、この彦太忍信命は葛城氏・蘇我氏・平群《へぐり》氏・紀氏らの祖である。

またもう一人の妃・埴安媛《はにやすひめ》は武埴安彦命《たけはにやすひこのみこと》の母となられた。

皇紀四六八年＝孝元二十二年（前一九三年）一月十四日、先帝・孝元天皇の第二皇子・稚日本根子彦大日日命が十六歳で立太子される。

父帝の孝元天皇在位中の早い時期の立太子であるから、孝元天皇の明確な意思による。

皇紀五〇三年＝孝元五十七年（前一五八年）九月二日、在位五十七年にして百十六歳で崩御される。

## 第九代 開化《かいか》天皇

（世系十四、即位五十一歳、在位六十年、宝算百十一歳）

皇紀四五三年＝孝元《こうげん》七年（前二〇八年）、孝元天皇の第二皇子として誕生された稚日本根子彦大日日命《わかやまとねこひこおおひひのみこと》で、母は先帝・孝元天皇の皇后・鬱色謎命《うつしこめのみこと》である。

皇紀四六八年＝孝元二十二年（前一九三年）一月十四日、稚日本根子彦大日日命が十六歳で立太子される。

第一皇子・大彦命《おおひこのみこと》を差し置いての立太子であるが、早い時期での立太子で、特に問題は生じていない。先帝・孝元天皇のご意思通りだったということであろう。

第一皇子の大彦命は阿倍臣（阿倍氏）、膳臣《かしわでおみ》、阿閉臣《あへ》、狭狭城山君《ささきやま》、筑紫国造、越国造、伊賀臣ら諸氏族の祖で、後に四道将軍の一人として、北陸道に派遣されて活躍される。また開化《かいか》天皇の第二皇子で甥に当たる御間城入彦命《みまきいりひこのみこと》（崇神《すじん》天皇）の後見役を果たされた。

皇紀五〇三年＝孝元五十七年（前一五八年）九月二日、孝元天皇が崩御される。

皇紀五〇四年＝開化元年（前一五七年）冬十月十三日、大和国春日率川宮《いざかわのみや》に遷都された。

この年十一月十八日、稚日本根子彦大日日命が開化天皇として即位される。

皇紀五〇九年＝開化六年（前一五二年）春一月十四日、先帝の妃・伊香色謎命《いかがしこめのみこと》を皇后に立てられる。物部氏の先祖である大綜麻杵命《おおへそきのみこと》の娘である。

皇紀五一三年＝開化十年（前一四八年）、皇后との間に御間城入彦五十瓊殖命《みまきいりひこいにえのみこと》（崇神天皇）が誕生される。

妃・姥津媛《ははつひめ》との間に第三皇子として彦坐王《ひこいますおう》が誕生される。

皇紀五三一年＝開化二十八年（前一三〇年）一月五日、齢十九歳の御間城入彦五十瓊殖命（崇神天皇）を立てて皇太子とされる。

皇紀五六三年＝開化六十年（前九八年）四月九日、在位六十年、百十一歳で崩御された。

## 第十代　崇神天皇《すじん》

〔世系十五、即位五十二歳、在位六十八年、宝算百十九歳〕

皇紀五一三年＝開化《かいか》十年（前一四八年）、開化天皇の第二皇子として誕生された御間城入彦命《みまきいりひこのみこと》で、母は開化天皇の皇后・伊香色謎命《いかがしこめのみこと》である。

皇后・伊香色謎命は物部氏の祖である大綜麻杵命《おおへそきのみこと》の娘である。

皇紀五三一年＝開化二十八年（前一三〇年）一月五日、第二皇子・御間城入彦命が十九歳で立太子される。

先帝・開化天皇が崩御される三十二年前に立太子しておられ、その後皇位を巡る紛争などは起きていないので、崇神天皇即位に関しての問題はなかったと判断してよい。

ところが、即位されてから九年後、後述の通り武埴安彦命《たけはにやすひこのみこと》が反乱を起こしている。崇神天皇即位後に皇位を簒奪しようとして起こした反乱である。

皇紀五六三年＝開化六十年（前九八年）四月九日、先帝・開化天皇が崩御される。

先帝・開化天皇が崩御されてから次の御間城入彦命が即位されるまでおよそ八ヶ月あまり経っている。

御間城入彦命には異母兄の彦湯産隅命《ひこゆむすみのみこと》（母は丹波竹野媛《たにわのたかのひめ》）がおられ、若干調整期間があったとも推測される。しかし結局は、先帝・開化天皇の皇后の皇子・御間城入彦命が即位されることになったのであろう。

翌皇紀五六四年＝崇神元年（前九七年）一月十三日、皇太子・御間城入彦命が崇神天皇として五十二歳で即位される。

二月十六日、孝元《こうげん》天皇の第一皇子・大彦命《おおひこのみこと》（同母兄）の女王である御間城姫《みまきひめ》を立てて皇后とされる。

大彦命は孝元天皇の第一皇子で父帝・開化天皇の同母兄だから皇后は従姉に当たる。

⑧孝元天皇→⑨開化天皇→御間城入彦命（開化天皇の第二皇子・⑩崇神天皇）
→大彦命（開化天皇の第一皇子）→御間城姫（開化天皇の皇后）

皇紀五六六年＝崇神三年（前九五年）秋九月、都を大和国磯城瑞籬宮《しきのみずかきのみや》（奈良県桜井市）に遷された。

皇紀五七三年＝崇神十年（前八八年）、先々帝・孝元天皇の皇子で叔父の武埴安彦命が、妻の吾田《あた》媛《ひめ》と反乱を起こす。

御間城入彦命の即位に当たって武埴安彦命はかなりの不満を残した状況だったと推定される。

しかし崇神天皇即位から九年後であるから、即位に対する不満というよりも、その後皇位が欲しくなっての反乱と考えるべきかとも思われる。しかも四道将軍《しどうしょうぐん》が出征した直後に反乱を起こしているので、軍事空白を狙った反乱であった。

武埴安彦命は孝元天皇の皇子で、先帝・開化天皇の異母弟であり、崇神天皇にとっては叔父に当たる。

吾田媛は彦《ひこ》五十《い》狭《さ》芹彦命《せりひこのみこと》に、武埴安彦命は大彦命と彦国葺命《ひこくにふくのみこと》に討ち取られた。

なお、彦国葺命は第五代孝昭天皇の皇子・天足彦国押人命《あめたらしひこくにおしひとのみこと》の三世孫（四世孫という説もある）で、和邇臣《わにのおみ》（和珥氏）の遠祖である。

御間城入彦命は即位される三十三年前に立太子しておられるので、先帝の開化天皇ははっきりと早くから後嗣を決めておられる。しかも謀反を起こした武埴安彦命は兄弟や一族に討たれているので、崇神天皇即位については、大方の意思は統一されていたといえる。

それに伯父の大彦命は四道将軍の一人として北陸道に、異母弟・彦坐王《ひこいますのみこ》の王子・丹波道主命《たんばのみちぬしのみこと》は丹波道に派遣され、いずれも崇神天皇を補佐しておられる。

皇紀六一一年＝崇神四十八年（前五〇年）一月十日、天皇は「二皇子に下されし勅」を発せられる。皇子の豊城入彦命《とよきいりひこのみこと》と活目入彦五十狭茅命《いくめいりひこいさちのみこと》（垂仁《すいにん》天皇）の異母兄弟をお呼びになり、

「お前達二人どちらも可愛い。どちらを後嗣にするかを決めたい。二人それぞれ夢を見なさい」

と言われる。

二人はそれぞれ浄沐《ゆかはあみ》し（川で身を清めて髪を洗う）、祈りを捧げて眠る。

夜明けに兄の豊城入彦命は、「御諸山《みもろやま》に登って東に向かって八度槍を突き出し、八度刀を空に振り上げました」と申し上げ、弟の活目入彦命は、「御諸山の頂に登って、縄を四方に引き渡し、粟を食《は》む雀を追い払っていました」と申し上げる。

天皇はこれらの夢を占い、

「兄は専ら武器を用いたので、東国を治めるのがよいであろう。弟は四方に心を配って、稔《みの》りを考えているので、我が位を継ぐのがよい」

と詔された。

この夢占いとは別に、活目入彦命の母は皇后・御間城姫命《みまきひめのみこと》であり、豊城入彦命の母は妃・遠津年《とおつあ》魚眼眼妙媛《ゆめまぐわしひめ》であるから、母の身分を考えたら、崇神天皇の特別な寵愛でもない限り、活目入彦命の即位が決まっていたのではないかとも思われる。

四月十九日、弟の活目入彦命を立てて皇太子とされ、豊城入彦命には東国を治めさせた。東国を治められて、上毛野《かみつけの》君や下毛野《しもつけの》君の始祖となり、その末裔が上毛野国（群馬県）、下毛野国（栃木県）を治められた。

皇紀六三一年＝崇神六十八年（前三〇年）十二月五日、在位六十八年、百十九歳で崩御される。

## 第十一代 垂仁《すいにん》天皇

〔世系十六、即位四十一歳、在位九十九年、宝算百四十歳〕

皇紀五九二年＝崇神《すじん》二十九年（前六九年）一月一日、崇神天皇の第三皇子として磯城瑞籬宮《しきのみずかきのみや》で誕生された活目《いくめ》入彦《いりひこ》五十《い》狭茅命《さちのみこと》で、母は大彦命《おおひこのみこと》の娘・御間城姫命《みまきひめのみこと》である。

皇紀六一五年＝崇神五十二年（前四六年）四月十九日、活目入彦命（垂仁天皇）が十九歳で立太子される。

先帝・崇神天皇の崩御の二十年前に、多数おられた皇子の中から、豊城入彦命《とよきいりひこのみこと》と活目入彦命をお呼びになり、夢占いをして後嗣を決めておられた。

従って、誰も皇位を争うような状況下にはなかった。

尚、異母弟に八坂入彦命《やさかのいりひこのみこと》がおられ、その女王・八坂入媛命《やさかのいりひめのみこと》は次の景行《けいこう》天皇の妃となられ、成《せい》務《む》天皇の母となられる。

従ってこの異母弟・八坂入彦命は後の成務天皇の外祖父である。

皇紀六三一年＝崇神六十八年（前三〇年）十二月五日、崇神天皇が崩御された。

皇紀六三二年＝垂仁元年（前二九年）一月二日、活目入彦命が四十一歳で即位される。
同母弟に倭彦命《やまとひこのみこと》がおられたが、皇位を争われた記録はない。

翌二年十月、宮を纏向珠城宮《まきむくたまきのみや》（奈良県桜井市）に置かれた。

皇紀六三三年＝垂仁二年（前二八年）二月九日、祖父・開化天皇の第三皇子・彦坐王《ひこいますおう》の女王で従妹（皇族）の狭穂媛《さほひめ》を皇后に立てられた。

⑨開化天皇
→大彦命
→御間城入彦命《みまきいりひこのみこと》→活目入彦五十狭茅命（⑪垂仁天皇）
→彦坐王→狭穂媛（垂仁天皇の皇后）

皇紀六三六年＝垂仁五年（前二五年）、皇后・狭穂媛は謀反を起こした兄の狭穂彦《さほひこ》王に味方し、戦陣で兄と共に焼死して命を絶たれた。

天皇は倭《やまと》日《ひ》向武《むかたけ》日《ひ》向彦《むかひこ》八綱田《やつなた》（崇神天皇の第一皇子・豊城入彦命の子）に狭穂彦を討伐させるが、狭穂彦も稲を積んで城塞とし防戦する。

八綱田はこれを包囲し、「皇后と皇子を引き渡せ」と迫るが応じないので城塞に火を掛ける。

これは天皇の即位から四年後のことなので、皇位を簒奪しようとする反乱であった。

皇后は生後間もない皇子を抱いて出てこられ、

「私と皇子がいれば兄を許してもらえると思ったが、許されないのであれば私共はここで自害します。死んでも決して天皇のご恩は忘れません。私のしていた後宮《こうきゅう》のお役目は、丹波国にいる弟・丹《たん》波道主命《ばのみちぬしのみこと》（開化天皇の曾孫）の娘たち五人（姪）を召し入れて、補充してお使い下さい」

と言われる。

天皇はこれを聞き入れられ日葉酢媛《ひばすひめ》、渟葉田瓊入媛《ぬばたにいりひめ》、真砥野媛《まとのひめ》、薊瓊入媛《あざみにいりびめ》、竹野媛《たかのひめ》を妃とされた。

狭穂彦と皇后・狭穂媛はそこで自害し薨去された。


皇紀六四六年＝垂仁十五年（前一五年）二月、狭穂媛の遺言で丹波から入られた妃のうち日葉酢媛が後宮に迎えられ、八月、狭穂媛の後の皇后に立てられた。

⑨開化天皇→御間城入彦命（⑩崇神天皇）→⑪垂仁天皇
⑨開化天皇→彦坐王→丹波道主命→日葉酢媛（垂仁天皇の皇后）

皇紀六六一年＝垂仁三十年（一年）一月六日、天皇は皇子の五十《い》瓊《に》敷入彦命《しきいりひこのみこと》と大足彦《おおたらしひこ》忍《お》代別命《しろわけのみこと》に「お前達、何が欲しいか言ってみよ」と言われた。

兄は「弓矢が欲しいです」と言われ、弟は「天皇の御位が欲しいです」と申し上げる。

天皇は「それぞれ望みのままにしよう」と詔され、五十瓊敷入彦命には弓矢を賜り、大足彦忍代別命（景行《けいこう》天皇）には「お前は必ず我が位を継げ」と仰せられた。

二人はどちらも丹波道主命の女・日葉酢媛命の皇子たちである。天皇としてはどちらを後継にしようかと迷われ、口頭試問によって決められたようである。

先帝・崇神天皇は二人の皇子を呼んで夢占いをさせられたが、垂仁天皇は何が欲しいかを直接尋ねられ、その答えによって後嗣を決めておられる。

いずれも天意を伺う祈りが込められている。

他にも皇子は多数おられたが、この二人を選んで、その上で面接して後嗣を決められた。垂仁天皇の意向で早い時期に選んでおられる。

垂仁天皇が即位されてから五年後に狭穂彦と皇后・狭穂媛が皇位簒奪を目論んでの反乱を起こしたが、その後は問題は起きていない。

皇紀六六八年＝垂仁三十七年（八年）一月一日、「天皇の御位が欲しいです」と答えられた第三皇子の大足彦忍代別命（二十一歳）を立てて皇太子とされる。

しかし、口頭試問から七年が経過しているので、その間天皇は二人の様子を見ておられたものと思われる。

皇紀七三〇年＝垂仁九十九年（七〇年）秋七月十四日、天皇は纏向にて在位九十九年、百四十歳で崩御された。

## 第十二代　景《けい》行《こう》天皇　（世系十七、即位八十四歳、在位六十年、宝算百四十三歳）

皇紀六四八年＝垂仁《すいにん》十七年（前一三年）、垂仁天皇の第三皇子として誕生された大足彦《おおたらしひこ》忍《お》代《しろ》別命《わけのみこと》で、母は丹波道主命《たんばのみちぬしのみこと》（開化天皇の皇孫）の女王・日葉酢媛《ひばすひめ》である。

皇紀六六八年＝垂仁三十七年（八年）一月一日、大足彦忍代別命が二十一歳で立太子される。

皇紀七三〇年＝垂仁九十九年（七〇年）七月十四日、先帝・垂仁天皇が崩御される。

翌皇紀七三一年＝景行元年（七一年）秋七月十一日、皇太子・大足彦忍代別命が八十四歳で即位された。

皇紀七三二年＝景行二年（七二年）三月三日、吉備臣らの祖・稚武彦命《わかたけひこのみこと》（孝霊天皇の皇子）の女王・播磨稲日大郎姫《はりまのいなひのおおいらつめ》が皇后に立てられ、大碓尊《おおうすのみこと》、小碓尊《おうすのみこと》（日本武尊《やまとたけるのみこと》）の双子の母となられる。

皇紀七三四年＝景行四年（七四年）春二月十一日、天皇は美濃国に行幸され、泳宮《くくりのみや》（岐阜県可児市）に滞在されて、八坂入彦命《やさかのいりひこのみこと》（崇神天皇の皇子）の娘・八坂入媛命《やさかのいりひめのみこと》を妃とされる。八坂入媛は七男六女をもうけられ、そのうちの第一皇子・稚足彦命《わかたらしひこのみこと》が次の第十三代成務《せいむ》天皇となられる。

天皇の皇子女は全部でおよそ八十人おられ、大碓尊、小碓尊（日本武尊）、稚足彦命（成務天皇）、五百城入彦命《いおきいりひこのみこと》を除いて、他の皇子は皆それぞれ国司《くにのつかさ》や郡司《こおりのつかさ》（地方長官）に封ぜられ、それぞれの国の任地に赴かれた。

天皇の分身が日本の各地に赴任されたともいえる。しかし五百城入彦命、稚足彦命（成務天皇）、大碓尊、小碓尊（日本武尊）の四人だけは何処にも封じられなかった。後嗣候補として残されたのである。

五百城入彦命の王子・品陀真若王《ほむたまわかおう》は後に第十五代応神《おうじん》天皇の皇后となられた仲姫命《なかつひめのみこと》の父となられる。つまり、仲姫命は景行天皇の曾孫に当たる。

⑫景行天皇→五百城入彦命→品陀真若王→仲姫《なかつひめ》（⑮応神天皇の皇后）

十一月一日、都を纒向日代宮《まきむくひしろのみや》（奈良県桜井市）に遷された。

皇紀七四二年＝景行十二年（八二年）八月十五日、熊襲《くまそ》が叛《そむ》いたので、これを征伐すべく天皇自ら軍を率いて西下される。

皇紀七四三年＝景行十三年（八三年）夏五月、熊襲平定を遂げられ、日向高屋宮《ひむかのたかやのみや》（宮崎県西都市岩爪）に六年滞在された。この国に御刀媛《みはかしひめ》という美人がおられ、天皇はこれを召して妃とされ、豊国《とよくに》別皇子《わけのおうじ》をもうけられた。日向国造の先祖である。

皇紀七四九年＝景行十九年九月二十日、九州から還幸される。六年余りの行幸であった。

景行天皇が帰還されて八年経った景行二十七年八月、熊襲が再び叛いて辺境を侵す。冬十月、今度は皇子の小碓尊（日本武尊）を遣わして、これを討伐させられる。この時、日本武尊は十六歳であった。

熊襲平定から帰還されておよそ二十年余り経った皇紀七七〇年＝景行四十年（一一〇年）六月、東北の蝦夷《えぞ》が叛いて辺境が動揺した。そこで今度は兄の大碓尊に鎮定を命じられるが、大碓尊は隠れてしまわれたので「望まないなら無理に遣わすことはない」として、大碓尊には美濃を治めるよう命じられ、大碓尊は任地の美濃に赴かれた。

七月十六日、天皇は再度、小碓尊（日本武尊）を征夷の将軍に任じて詔される（「日本武尊に東夷を伐たしめ給うの詔」）。

皇紀七七三年＝景行四十三年（一一三年）、小碓尊（日本武尊）が蝦夷平定を終えての帰途、伊勢国の能褒野《のぼの》（三重県亀山市）で病を発せられ薨去される。存命であれば立太子しておられた可能性が高い。

皇紀七八一年＝景行五十一年（一二一年）八月四日、日本武尊が薨去されてから八年が経ち、以前景行四年に美濃に行幸された時、妃とされた八坂入媛命の皇子・稚足彦命（成務天皇）を皇太子に立てられる。成務天皇条には景行四十六年に立太子されたとあるが、実際はこの時にすでにある程度決定しておられたと思われる。

立太子に当たっては、小碓尊（日本武尊）が三年前に薨去しておられ、他の皇子たちは地方の国司などに任じられていたので、稚足彦命の立太子については特に紛争はなかった。

むしろ小碓尊の薨去を受けて、後嗣を定めるために、ここで稚足彦命を皇太子に立てられたのである。この時までは小碓尊を皇太子に立てる意思を持っておられたと推定される。

皇紀七八二年＝景行五十二年（一二二年）五月四日、皇后の播磨稲日大郎姫《はりまのいなひのおおいらつめ》が薨去されたので、同年七月七日、妃の八坂入媛命を新たに皇后に立てられた。

皇紀七九〇年＝景行六十年（一三〇年）十一月七日、百四十三歳（皇統譜）で崩御される。『日本書紀』には百六歳、『古事記』には宝算百三十七歳とある。

## 第十三代　成務《せいむ》天皇

〔世系十八、即位四十八歳、在位六十年、宝算百七歳〕

皇紀七四四年＝景行《けいこう》十四年（八四年）、先帝・景行天皇の第四皇子として誕生された稚足彦命《わかたらしひこのみこと》であり、母は崇神天皇の皇子・八坂入彦命《やさかのいりひこのみこと》の女王で景行天皇の皇后・八坂入媛命《やさかのいりひめのみこと》である。つまり母方も父方も曾祖父が崇神《すじん》天皇である。

⑩崇神天皇 → ⑪垂仁天皇 → （父）⑫景行天皇
⑩崇神天皇 → 八坂入彦命 → （母）八坂入媛命
（父）⑫景行天皇・（母）八坂入媛命 → 稚足彦命（⑬成務天皇）

皇紀七七三年＝景行四十三年（一一三年）、異母兄の小碓尊《おうすのみこと》（日本武尊《やまとたけるのみこと》）が薨去される。

皇紀七八一年＝景行五十一年（一二一年）八月四日、稚足彦命が三十八歳で立太子される。

『日本書紀』には二十四歳とあるが、小碓尊（日本武尊）が薨去されたとき三十歳であり、先帝・景行天皇条には景行五十一年に皇太子に立てたとあるので、正式にはこの時と思われる。皇統譜にも景行五十一年立太子とある。

先帝・景行天皇は小碓尊（日本武尊）を立太子させるお積もりであったが、先に薨去されたので稚足彦命を皇太子に立てられたのである。

同じく、異母兄に大碓尊《おおうすのみこと》がおられたが、蝦夷征伐を命じられ逃げてしまわれたので、美濃国に封じられていた。

皇紀七九〇年＝景行六十年（一三〇年）十一月七日、景行天皇が崩御される。

皇紀七九一年＝成務《せいむ》元年（一三一年）一月五日、稚足彦命が成務天皇として四十八歳で即位され、志賀高穴穂宮《しがのたかあなほのみや》（滋賀県大津市）に都を置かれた。

皇紀八三八年＝成務四十八年（一七八年）三月一日、成務天皇に皇子がなく、異母兄・小碓尊（日本武尊）の王子である甥の足仲彦命《たらしなかつひこのみこと》（仲哀《ちゅうあい》天皇）を皇太子に立てられた。

後嗣となる皇子がない事態に陥ったのは、初代神武天皇以来初めてのことであった。

日本武尊は先帝の指図に従って西へ、東へと遠征され、大きな手柄を立てられ、大変な功績がある上に、若くして薨去されたので、その王子が立太子されることには何の抵抗もなかった。

このことは奈良県御所市富田と大阪府羽曳野市軽里（軽里大塚古墳）の二ヶ所に白鳥陵《しらとりのみささぎ》が築造さ

れていることや、次の仲哀天皇の詔「白鳥を貢《たてまつ》らしめ給ふの詔」からも推定される。

皇紀八五〇年＝成務六十年（一九〇年）六月十一日、在位六十年、百七歳（皇統譜）で崩御される。『古事記』には九十五歳とある。

## 第十四代　仲《ちゅう》哀《あい》天皇

〔世系十九、即位四十五歳、在位九年、宝算五十二歳〕

皇紀八〇八年＝成務《せいむ》十八年（一四八年）、景行天皇の第二皇子である小碓尊《おうすのみこと》（日本武尊《やまとたけるのみこと》）の第二王子として誕生された足仲彦命《たらしなかつひこのみこと》である。母は垂仁天皇の皇女・両道入姫命《ふたじいりひめのみこと》で皇族である。足仲彦命は容姿端正で背丈が十尺（約三メートル）あったと伝えられている。

皇紀八三八年＝成務四十八年（一七八年）三月一日、足仲彦命が三十一歳で立太子される。足仲彦命が立太子されて十二年後、成務六十年、先帝・成務天皇が崩御される。

皇紀八五二年＝仲哀元年（一九二年）一月十一日、皇太子・足仲彦命が四十五歳で即位された。先帝・成務天皇に皇子がなかったので継承問題が紛糾することはなかった。

しかし先帝崩御から新帝ご即位まで一年半が経っているので、何らかの問題があったことも推測される。

なにしろ先帝・成務天皇までおよそ八百五十年の長きにわたって、全て先帝の皇子が皇位を継いでこられたが、ここで初めて先帝に皇子がなく、先帝の甥に当たる足仲彦命が仲哀天皇として即位されたという事情が関係していると推察される。

⑫景行天皇→第二皇子・日本武尊→足仲彦命（⑭仲哀天皇）
→第四皇子・⑬成務天皇

十一月一日、「父王（日本武尊）追慕のため群臣に白鳥を貢《たてまつ》らしめ給ふの詔」を発せられる。

皇紀八五三年＝仲哀二年（一九三年）一月十一日、後の神功皇后《じんぐうこうごう》である気長足姫《おきながたらしひめ》（皇紀八三〇年＝成務四十年誕生）を皇后に立てられた。この皇后・気長足姫は第九代開化天皇の玄孫で彦坐王《ひこいます》の曽孫・息長宿禰《おきながのすくね》王の女王である。息長氏は近江に勢力を張った皇別豪族である。

⑨開化天皇→彦坐王→大筒城真稚王《おおつつきのまわか》→息長宿禰王→気長足姫（⑭仲哀天皇の皇后）

気長足姫を皇后に立てられて間もない仲哀二年二月六日、越前の敦賀に行幸された。

仲哀二年三月、熊襲が叛いて貢ぎを奉らなかった。貢ぎを奉らないということは、徴収した税を朝廷に納めないで横取りするということで、反乱を意味した。

天皇は熊襲を討つために西下され、豊浦宮《とゆらのみや》（山口県下関市）に行宮《かりみや》の穴門豊浦宮《あなととゆらのみや》を設けられた。

皇紀八五九年＝仲哀八年（一九九年）春一月四日、熊襲討伐のため皇后とともに筑紫に移られた。

秋九月五日、群臣と熊襲討伐の作戦について相談をされる。

ところがここで天皇は、神懸かりした皇后（神功皇后）から神託を受けられる。それは、「西海の宝の国（新羅《しらぎ》）を授けるから、熊襲討伐は止めて新羅を攻めよ。きっとその国は刀に血ぬらないで（戦うことなく）服従するであろう。そうすれば熊襲もまた自ずと従うであろう」というものであった。

しかし、仲哀天皇は、これを疑って、見渡しても西にそんな国は見当たらないと、神託を批判される。そして熊襲を攻められたが勝てなかった。神は再度神託で、

「信じないなら、その国は今皇后が妊《みごも》っているその子（誉田別命《ほむたわけのみこと》・応神《おうじん》天皇）に授けよう」

と言われる。

翌皇紀八六〇年＝仲哀九年（二〇〇年）春二月五日、神託を信じられない天皇は神の怒りに触れ病に陥られ、翌日六日に香椎宮《かしいのみや》で突然崩御された。在位九年、宝算五十二歳であった。

## 摂政 神功《じんぐう》皇后

皇紀八六〇年＝仲哀《ちゅうあい》九年（二〇〇年）十二月十四日、仲哀天皇の皇后・神功皇后は神託を受け、朝鮮半島を攻めた（三韓征伐）。

神託の通り、新羅は戦わずして降伏し、日本に服属を誓った。

そして三韓征伐から帰朝されてすぐに誉田別命《ほむたわけのみこと》（応神《おうじん》天皇）が宇瀰《うみ》（福岡県糟屋郡宇美町）で誕生される。

皇紀八六一年＝仲哀十年（二〇一年）、神功皇后摂政元年とする。誉田別命（応神天皇）が誕生されて直ぐに即位されたとして、母である神功皇后が摂政に就かれたのである。

仲哀天皇には大中姫命《おおなかつひめのみこと》を母とする麛坂皇子《かごさかのみこ》と忍熊皇子《おしくまのみこ》がおられたので、生後間もない誉田別命が即位するわけにもいかず、かといって皇后・神功皇后が即位するということも当時としては考え

られず、結局神功皇后が摂政となられた。

誉田別命が成長するまでの間、皇后である神功皇后が政務を執るということで決着したのである。

翌神功皇后二年二月、皇后は群卿百寮《ぐんけいひやくりよう》を率いて穴門豊浦宮《あなとゆらのみや》（下関市）に移られ、仲哀天皇のご遺体を収めて海路で都に向かわれる。


この時、仲哀天皇の皇子で妃・大中姫命（景行天皇の孫女王）を母とする麛坂皇子と忍熊皇子が、皇后に皇子が誕生されたことを知り謀反を企てる。

誕生した皇子は異母弟ではあるが、皇后の皇子であるから、皇位継承の最有力候補者であるとも考えられる。そこで今のうちに亡き者にしようと企んだのであった。

⑫景行天皇→彦人大兄《ひこひとのおおえ》→大中姫命→麛坂皇子と忍熊皇子

誉田別命（応神天皇）の異母兄に当たるこの二人の皇子は、皇位継承に関する神意を占うため、祭壇を設けて仮の桟敷におられた。

そこに赤猪が突然飛び出して来て、桟敷に登って麛坂皇子を食い殺した。これを見た忍熊皇子は慌てて退却して住吉に移動し、その後、山城方面に移動され宇治に逃れるが、そこで武内宿禰《たけしうちのすくね》の軍に敗れ、瀬田の渡りで身を投げて薨去される。反乱はこうして鎮定された。

なお古事記では、誉田別命（応神天皇）は誕生まもなく薨去され、ご遺体を運ぶと偽りの連絡をされた上で、都に上られたとある。

皇紀八六三年＝神功皇后摂政三年（二〇三年）春一月三日、四歳になられた誉田別命を立てて皇太子とされる。前述の通り立太子の前年、異母兄の麛坂皇子と忍熊皇子が反乱を起こすが鎮圧され、誉田別命が立太子されたのであった。

神功皇后は『日本書紀』『古事記』には詳述されているが、現在の歴史教育では存在が無視されている。

先の大戦までは学校教育の場で教えられ教科書にも載っていたが、戦後GHQの命令で教科書から削除された。

ここから古代の日本と半島の歴史が始まるのであり、日本の歴史上は極めて重要な皇后（摂政）である。ここで神功皇后が実在しないとしたら、古代の日本と半島との関係は全く分からなくなる。

GHQの命令で日本は歴史を改竄《かいざん》させられ、それを未だに直していない。

また宇佐八幡神宮をはじめ全国の八幡さま（八幡神社）の御祭神は仲哀天皇と応神天皇であり、合わせて神功皇后を祀っていることも多い。

また神功皇后は大正の御世に至るまで天皇とされることも多かった。

明治十四年に政府が発行した改造一円札や明治四十一年発行の五円切手などは神功皇后の肖像である。

皇紀九二九年＝神功皇后六十九年（二六九年）夏四月十七日、神功皇后は稚桜宮《わかさくらのみや》にて百歳で崩御された。

## 第十五代 応神《おうじん》天皇 〔世系二十、即位七十一歳、在位四十一年、宝算百十一歳〕

皇紀八六〇年＝仲哀《ちゅうあい》九年（二〇〇年）十二月十四日、仲哀天皇の第四皇子として誕生された誉田《ほむた》別命《わけのみこと》で、母は気長足姫命《おきながたらしひめのみこと》（神功《じんぐう》皇后）である。

先帝・仲哀天皇崩御の翌々年神功皇后二年二月、皇后は群卿《ぐんけい》百寮《ひやくりよう》を率いて穴門《あなと》豊浦宮《とゆらのみや》（下関市）に移られ、仲哀天皇のご遺体を収めて海路で都に向かわれる。

この時、前述の通り、仲哀天皇の皇子の麛坂《かごさかの》皇子《みこ》と忍熊《おしくまの》皇子《みこ》が、皇后に皇子（異母弟）が誕生したと知り、謀反を起こされたが鎮圧される。

麛坂皇子と忍熊皇子の母は大中姫命《おおなかつひめのみこと》で、誉田別命より年長ではあるが、皇后の皇子ではないので即位は難しく、それだけに却って焦りが出て誉田別命を亡き者にしようと考えられたのであろう。しかしこれも叶わず誉田別命が立太子される前に自滅された。

皇紀八六三年＝神功皇后摂政三年（二〇三年）春一月三日、誉田別命が四歳で立太子される。二人の異母兄の反乱が鎮圧された後に立太子された。

皇紀九一七年＝神功皇后摂政五十七年（二五七年）、大鷦鷯命《おおさざきのみこと》（仁徳《にんとく》天皇）が誕生される。その後、生年は不詳であるが、後に皇太子となられる菟道稚郎子《うじのわきいらつこ》が誕生される。

皇紀九二九年＝神功皇后六十九年（二六九年）四月十七日、神功皇后が薨去された。

皇紀九三〇年＝応神元年（二七〇年）春一月一日、七十一歳で即位される。立太子されて六十七年後に即位しておられる。

実際には神功皇后の下で、天皇として朝政を執っておられた可能性が高い。母君である神功皇后の下で称制しておられ、ここに正式に即位されたと考えられる。都は軽島豊明宮《かるしまのとよあきらのみや》（奈良県橿原市大軽町）に置かれた。

応神二年三月三日、品陀真若王《ほむたまわかおう》（後述）の娘・仲姫命《なかつひめのみこと》を立てて皇后とされる。品陀真若王は五百《いお》城入彦皇子《きいりびこのみこ》の王子で、景行天皇の孫王である。

⑫景行天皇→五百城入彦皇子→品陀真若王→仲姫命（⑮応神天皇の皇后・⑯仁徳天皇の母）

皇紀九六九年＝応神四十年（三〇九年）春一月八日、天皇は皇子の大山守命《おおやまもりのみこと》と大鷦鷯命を呼んで、「お前達、子供は可愛いか」と尋ねられ、「可愛いです」とお答えになると、「大きくなったのとまだ小さいのとではどちらが可愛いか」と尋ねられた。

大山守命が「大きくなった方が良いです」と申し上げる。天皇は喜ばれないご様子で、大鷦鷯命は天皇のお心を察せられ「大きくなったら心配ありません。小さい方は未だどうなるか不安です」と申し上げる。天皇は大いに喜ばれ「お前の言葉は真に朕《ちん》が心に適っている」と詔される。

早速一月二十四日、菟道稚郎子を立てて皇太子とされ、大山守命は山川林野を司る役目とされ、大鷦鷯命を太子の補佐役とされた。

ここで、天皇が後嗣をお決めになって菟道稚郎子を皇太子に立てられた。

大鷦鷯命の母は皇后の仲姫命であり、菟道稚郎子の母は妃・宮主宅媛《みやぬしやかひめ》である。宮主宅媛は和珥《わに》氏の祖・日触使主《ひふれのおみ》の娘で、通常であれば皇后の皇子である兄の大鷦鷯命が皇太子に立てられるところである。日触使主の祖は和珥臣であり、和珥臣の祖は天足彦国押人命《あめたらしひこくにおしひとのみこと》（孝昭天皇の第一皇子）で皇族

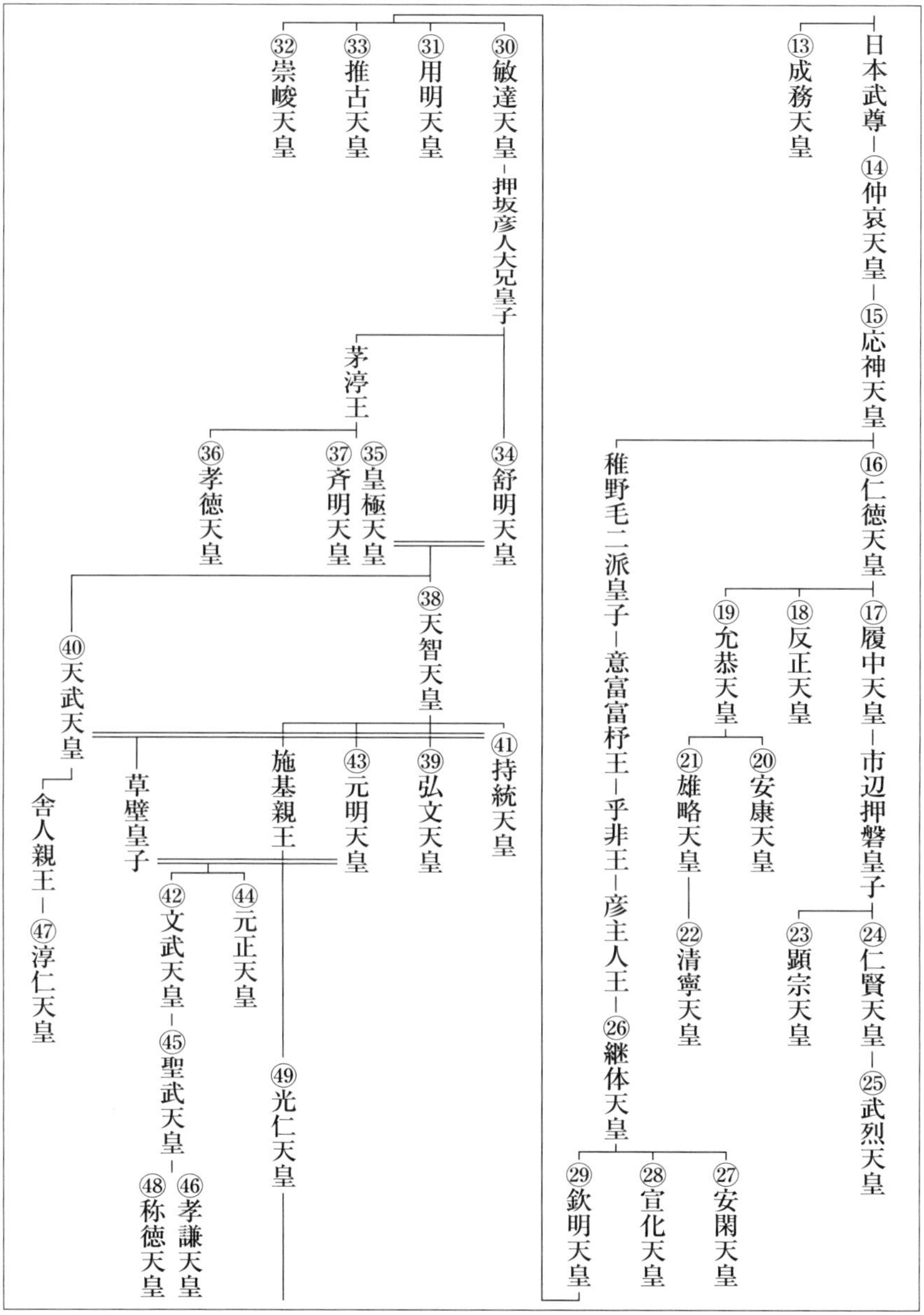
日本武尊
⑬成務天皇
⑭仲哀天皇
⑮応神天皇
⑯仁徳天皇
稚野毛二派皇子
⑰履中天皇
⑱反正天皇
⑲允恭天皇
⑳安康天皇
㉑雄略天皇
㉒清寧天皇
市辺押磐皇子
㉓顕宗天皇
㉔仁賢天皇
㉕武烈天皇
意富富杼王
乎非王
彦主人王
㉖継体天皇
㉗安閑天皇
㉘宣化天皇
㉙欽明天皇
㉚敏達天皇
㉛用明天皇
㉜崇峻天皇
㉝推古天皇
押坂彦人大兄皇子
茅渟王
㉞舒明天皇
㉟皇極天皇
㊱孝徳天皇
㊲斉明天皇
㊳天智天皇
㊴弘文天皇
㊵天武天皇
㊶持統天皇
施基親王
㊸元明天皇
草壁皇子
舎人親王
㊷文武天皇
㊹元正天皇
㊺聖武天皇
㊻孝謙天皇
㊼淳仁天皇
㊽称徳天皇
㊾光仁天皇

である。

兄・大鷦鷯命のことが最もよく分かっておられたのが当の菟道稚郎子で、父帝の応神天皇が崩御された後、当然就くべき皇位を兄に譲られる（後に詳述）。

いずれにしても、ここで菟道稚郎子を皇太子とされ、大鷦鷯命をその補佐とされたことで、他にも皇子は多数おられたが、どなたも皇位を争ってはおられない。

崩御される一年前のことで、天皇はこの時にはっきりと後嗣をお決めになったと見てよい。

皇紀九七〇年＝応神四十一年（三一〇年）春二月十五日、在位四十一年にして百十一歳で崩御される。古事記には百三十歳とある。

## 第十六代　仁徳《にんとく》天皇

〔世系二十一、即位五十七歳、在位八十七年、宝算百四十三歳〕

皇紀九一七年＝神功《じんぐう》皇后五十七年（二五七年）、応神《おうじん》天皇の第四皇子として誕生された大鷦鷯命《おおさざきのみこと》で、母は景行天皇の孫、五百城入彦《いおきいりびこ》の王である品陀真若王《ほむたまわかおう》の娘で、先帝・応神天皇の皇后である仲姫命《なかつひめのみこと》である。

⑫景行天皇→五百城入彦→品陀真若王→（母）仲姫命→大鷦鷯命（⑯仁徳天皇）

先帝・応神天皇は崩御直前に菟道稚郎子《うじのわきいらつこ》を皇太子に立てられたが、先帝が崩御されると、菟道稚郎子は先帝・応神天皇崩御直後の応神四十一年二月、「即位を辞して皇兄・大鷦鷯命に諮《まを》し給へる令《りよう》旨《じ》」を発せられる（令旨とは皇太子・三后〈太皇太后・皇太后・皇后〉の命令を伝えるために出される文書）。

「天下に君として以て万民《おおみたから》を治むるは、民を蓋《いだきおほ》ふこと天の如く、容《うけい》るること地の如く、上驩《かみよろこ》べる心ありて、以て百姓《おおみたから》を使わしむれば百姓欣然《おおみたからよろこびて》、天下安らかなり。今私《やつがれ》は弟なり、且つ文献《さとり》足らず。何ぞ敢えて嗣位《ひつぎのくらい》を継ぎて天業《あまつひつぎ》を登《し》らむや。大王《きみ》は仁孝の徳もあり年長です。天下の君となるのに充分です。先帝（応神天皇）が私を太子とされたのは特に才があるからではなく、ただ寵愛を受けただけ、宗廟社稷《くにいえ》に仕えることは重大なことです。私は不肖で兄王にはとても及びません。兄は上に弟は下に、聖者は君となり愚者は臣となるは古今の典《のり》（通則）、どうか帝位にお即《つ》き下さい。私は臣下としてお助けするばかりです」（『日本書紀』）

と即位を辞退される。

これに対し大鷦鷯命は、

「先帝は『皇位は一日たりとも空位にしてはならぬ』。それで前もって明徳の人を選び、王（菟道稚郎子）を皇太子としてお立てになった。天皇の嗣《みつぎ》に幸いあらしめ万民をこれに授けられ、国中にこれを宣せられた。私は不肖、どうして先帝の命に背いて、弟王の願いに従うことができましょう」

とこれまた即位を固辞された。

このような中で、異母兄の大山守命《おおやまもりのみこと》が、太子に立てられなかったことを恨んで太子を殺そうと挙兵する。

大鷦鷯命はこれをいち早く察知され太子に告げて、謀《はかりごと》で大山守命を誅された。

多数おられた皇子の中でこの大山守命だけは強い不満を持っておられたことが分かるが、先帝のご存命中はその不満を打ち明けられなかったのであろう。

この大山守命の乱という大事件も起きて、太子・菟道稚郎子は「兄の志を変えられないと分かった。これ以上生きて天下を煩わせることは忍びない」として、「妹・八田皇女《やたのひめみこ》を後宮に入れて下さい」との遺詔《いしょう》を残して、先帝・応神天皇崩御二年後の皇紀九七二年＝応神四十三年（三一二年）に自害し果てられた。


お互いに皇位を譲り合っておられる間に、大山守命の反乱があり、皇太子・菟道稚郎子は兄に即位頂くには他に方法はないと悟られ、自害し薨去されたのであった。太子は現在も宇治上神社《うじがみじんじゃ》（京都府宇治市）に祀られている。

こうしてお互いに皇位を譲り合っておられ、三年の空位の末、皇紀九七三年＝仁徳元年（三一三年）春一月三日、ようやく大鷦鷯命が五十七歳で即位される。

ここでは、先帝の意思とは違った経緯で、皇太子の異母兄・大鷦鷯命（仁徳天皇）が即位された。

もっとも、先帝・応神天皇は菟道稚郎子を皇太子に立てられる前に、多数おられる皇子のうち大鷦鷯命と大山守命の二人を呼ばれて口頭試問され、菟道稚郎子が皇位に即かれた後に大鷦鷯命を補佐役に任じておられるので、大鷦鷯命が即位されたことは、あながち先帝のご意向から離れたものではなかった。

また先帝は大鷦鷯命を差し置いて菟道稚郎子を皇太子にされたことを気にしておられたことが分かる。大鷦鷯命もそのことをよく理解され、あくまでも先帝のお決めになった通りにすべきと主張されたのであった。

大鷦鷯命はずっと後になって、この異母弟の菟道稚郎子の遺詔通りに、亡き太子の同母妹・八田皇女を後宮に入れて妃とされた。

八田皇女は菟道稚郎子の妹であり、先帝・応神天皇の皇女であるのに、なぜ菟道稚郎子の遺詔通りに、皇后に立てられなかったのかについては疑問が残る。異母兄妹であることが障害となったのであろうか。

摂津国難波高津宮《たかつのみや》（大阪市中央区高津）に宮を置かれた。

皇紀九七四年＝仁徳二年（三一四年）春三月八日、磐之媛《いわのひめ》（葛城襲津彦《かつらきのそつひこ》の娘）を立てて皇后とされた。

葛城襲津彦は武内宿禰《たけしうちのすくね》の子で、大和葛城地方の古代豪族・葛城氏の祖である。

皇后・磐之媛命との間では、大兄去来穂別命《おおえのいざほわけのみこと》（履中《りちゅう》天皇）、住吉仲皇子《すみのえのなかつみこ》、多遅比瑞歯別命《たじひのみずはわけのみこと》（反《はん》正《ぜい》天皇）、雄朝津間稚子宿禰命《おあさづまわくごのすくねのみこと》（允恭《いんぎょう》天皇）の四皇子に恵まれる。

また、妃・日向髪長媛《ひむかのかみながひめ》との間に誕生された皇子女に、大草香皇子《おおくさかのみこ》と草香幡梭姫皇女《くさかのはたびひめのひめみこ》がおられた。

大草香皇子は後に讒言《ざんげん》がもとで安康《あんこう》天皇に殺害され、草香幡梭姫皇女は雄略《ゆうりやく》天皇の皇后となられる。

皇紀一〇〇三年＝仁徳三十一年（三四三年）春一月十五日、八歳になられた大兄去来穂別命（履中天皇）を立てて皇太子とされる。

妃・日向髪長媛を母とする大草香皇子がおられたが、母の身分が低いこともあってか、即位の候補にはならなかったようである。

日向の諸県君牛諸井《もろあがたのきみうしもろい》は朝廷に仕えていたが、年すでに老いて本国の日向に帰った。

その時、娘の髪長媛を先帝・応神天皇に奉った。

この髪長媛は美人の誉れ高く、皇子の大鷦鷯命が恋い焦がれていることを応神天皇がお知りになり、この髪長媛を皇子の大鷦鷯命に娶らせられた。

そして大草香皇子と草香幡梭姫皇女をもうけられたのであった。

皇紀一〇〇七年＝仁徳三十五年（三四七年）夏六月、山城の筒城宮《つつきのみや》（京都府京田辺市）で皇后の磐之媛命が薨去された。

皇紀一〇一〇年＝仁徳三十八年（三五〇年）春一月六日、菟道稚郎子の妹・八田皇女を新たな皇后に立てられた。自害された異母弟・菟道稚郎子との約束を三十八年経ってようやく果たされたことになる。

皇紀一〇五九年＝仁徳八十七年（三九九年）一月十六日、在位八十七年、百四十三歳で崩御される。日本書紀には没年齢の記載はなく、在位八十七年とある。皇統譜にも在位八十七年とある。古事記には八十三歳で崩御されたとあり、皇統譜の記述と大きく違っている。

## 第十七代　履《り》中《ちゅう》天皇

〔世系二十二、即位六十五歳、在位六年、宝算七十歳〕

皇紀九九六年＝仁徳《にんとく》二十四年（三三六年）、先帝・仁徳天皇の第一皇子として誕生された。諱《いみな》は大兄《おおえの》去来《いざ》穂《ほ》別命《わけのみこと》で、母は葛城《かずらきの》襲《そ》津《つ》彦《ひこ》の娘で先帝仁徳天皇の皇后・磐之媛である。外祖父となった葛城襲津彦は武内宿禰《たけしうちのすくね》の子で、葛城氏の祖であり、葛城氏は大和葛城地方（奈良県御所市　葛城市）に本拠を置いていた有力な古代在地豪族である。

皇紀一〇〇三年＝仁徳三十一年（三四三年）一月十五日、大兄去来穂別命が八歳で立太子された。先帝崩御の五十六年前で、仁徳天皇は早くからこの第一皇子・大兄去来穂別命を後嗣として決めておられたことになる。

**【住吉仲皇子事件】**

ところが、先帝崩御の直後、即位直前に大事件が発生した。

皇紀一〇五九年＝仁徳八十七年（三九九年）、大兄去来穂別命は羽田矢代宿禰《はたのやしろのすくね》の娘・黒姫《くろひめ》を妃にしようと、その婚礼の日取りを告げに、同母弟で第二皇子の住吉仲皇子《すみのえのなかつみこ》を黒姫のもとに遣わされた。ところが皇子は太子と偽って黒姫を犯す。そして帰りにたまたま持っておられた鈴を忘れて帰られた。

翌日、太子・大兄去来穂別命が来られ、「これは何の鈴か」と問われるので、「昨日持ってこられたではないですか」と答えられ、太子は事情をお知りになる。

住吉仲皇子は発覚を恐れ、先手を打って太子を殺そうと密かに兵を挙げ、太子の邸（難波）を包囲する。そこで平群木菟宿禰《へぐりのつくのすくね》らが酔った太子を担ぎ出し、馬に乗せて連れ去る。

住吉仲皇子の軍は邸を焼き払うが、太子は石上《いそのかみ》神宮（奈良県天理市）へと無事逃れられる。逃げる途中、出会《でくわ》した少女に「伏兵が居るので遠回りし当麻道《たいまみち》を越えて行け」と教えられ、簡単に越えられる穴虫峠（大阪府南河内郡太子町と奈良県香芝市の間）を避け、遠くて、標高も高い竹之内峠を越えて行かれた。

太子の安否を気遣って追って来られた同母弟の瑞歯別皇子《みずはわけのみこと》（反正《はんぜい》天皇）に命じて住吉仲皇子を誅殺させる。

瑞歯別皇子も住吉仲皇子と通じているのではと、太子は疑われたようで、敢えて瑞歯別皇子に住吉仲皇子の討伐を命じられた。

この事件は、住吉仲皇子が皇位継承を争った事件ではないので、先帝の後嗣決定に直接影響を与えたわけではない。

しかし、平群木菟宿禰らが太子を拉致し連れ去らなかったら、あるいは逃亡途中で少女が情報をくれなかったら、太子は殺害されていた。

そうなったとしたら誰が後嗣として即位しておられたか全く予想もつかない。大乱に発展していた可能性もある。住吉仲皇子は大兄去来穂別命の同母弟で、第二皇子であるから即位も充分あり得たものと思われる。

皇紀一〇六〇年＝履《り》中《ちゅう》元年（四〇〇年）二月一日、大兄去来穂別命が磐余稚桜宮《いわれのわかさくらのみや》（奈良県桜井市池之内）にて六十五歳で即位される。住吉仲皇子の事件で即位が一年遅れた。

翌年の履中二年春一月四日、即位が六十五歳と遅かったので、早々に同母弟の瑞歯別皇子を皇太子（皇太弟）に立てられた。

履中天皇には皇后・黒姫との間に皇子の磐坂市辺押磐皇子《いわさかのいちべのおしはのみこ》と御馬皇子《みまのみこ》がおられたが、天皇は弟皇子・瑞歯別皇子を立太子させられた。ここでは皇子を差し置いての立太子であった。

皇紀一〇六四年＝履中五年（四〇四年）九月十九日、皇妃・黒姫が薨去される。

皇紀一〇六五年＝履中六年（四〇五年）春一月六日、黒姫の薨去を受け、応神天皇の皇女・草香幡《くさかのはた》梭《び》姫皇女《ひめのひめみこ》（幡日之若郎女《はたびのわきいらつめ》）を皇后に立てられた。父帝・仁徳天皇の異母妹であるから叔母に当たる。

草香幡梭姫皇女との間に中磯皇女《なかしのひめみこ》（中蒂姫命）が誕生され、大草香皇子《おおくさかのみこ》の妃となられ、後に「眉輪王《まよわのおおきみ》の変」（後述）のあと安康《あんこう》天皇の皇后となられた。

⑮応神天皇
- → 草香幡梭姫皇女（履中天皇の皇后）
- → ⑯仁徳天皇
  - → ⑰履中天皇 → 中磯皇女 → 眉輪王（父・大草香皇子）
  - → 大草香皇子（妃・中磯皇女）
  - → 草香幡梭姫皇女（応神天皇の皇女と同一人物との説もあるが別人）
  - → ⑱反正天皇
  - → ⑲允恭天皇
    - → ⑳安康天皇（皇后・中磯皇女）
    - → ㉑雄略天皇（皇后・仁徳天皇の皇女の草香幡梭姫皇女）

皇紀一〇六五年＝履中六年（四〇五年）三月十五日、在位六年、七十歳で崩御される。

## 第十八代 反《はん》正《ぜい》天皇
（世系二十二、即位七十一歳、在位五年、宝算七十五歳）

皇紀九九六年＝仁徳《にんとく》二十四年（三三六年）、仁徳天皇の第三皇子として誕生された多遅比瑞歯別《たじひのみずはわけの》命《みこと》で、母は仁徳天皇の皇后・磐之媛《いわのひめ》である。先帝・履中《りちゅう》天皇の同母弟である。

前述の通り、父・仁徳天皇の崩御後、反乱を起こした同母兄の住吉仲皇子《すみのえのなかつみこ》との通謀を疑われたこともあって、兄の皇太子（履中天皇）の命令でこれを攻め滅ぼし、兄・住吉仲皇子を誅殺された。

瑞歯別命は嘆いて言われる、「私にとっては太子も住吉仲皇子も共に兄、誰に従い、誰に叛くべきか迷う。しかし無道を滅ぼし、道のある人につけば、誰が自分を疑うだろうか」と。

同母兄である第二皇子の住吉仲皇子は、自ら事件（黒姫《くろひめ》を犯す）を引き起こし自滅してしまわれたが、この事件がなければ住吉仲皇子の即位もあり得た。

皇紀一〇六一年＝履中二年（四〇一年）一月四日、履中天皇には磐坂市辺押磐皇子《いわさかのいちべのおしはのみこ》、御馬皇子《みまのみこ》という二人の皇子がおられたが、同母弟・瑞歯別命が立太子（皇太弟）される。

雄朝津間稚子宿禰命《おあさづまわくごのすくねのみこと》（允恭《いんぎょう》天皇）も即位を打診されておられたのか、履中五年一月、皇子は、

「それ天下は大いなる器なり。帝位は鴻業《こうぎょう》なり。且つ民の父母はこれ即ち聖賢の職、あに下愚の任《つとめ》へむや。さらに賢王を選びて宜しく立つべし。寡人敢へて当らじ」

とのお言葉を発せられ、即位を辞退しておられる。

## 【兄弟継承の始まり】

皇紀一〇六六年＝反正《はんぜい》元年（四〇六年）一月二日、前年春三月先帝・履中天皇が崩御され、七十一歳で皇太弟の瑞歯別命が即位された。皇位の兄弟継承の始まりとなった。

初めての兄弟の皇位継承であり、皇位継承の在り方が多様化する。

先帝は崩御四年前、即位の翌年に皇太弟を立てておられたので、内心では後嗣は決定しておられたと見てよい。

これまでなかった兄から弟への継承であり、先帝・履中天皇に皇子がおられたのに混乱がなかったのは、父帝・仁徳天皇の兄弟継承についての遺詔があったからと考えられる。

初代・神武天皇が即位されてから千年の長きにわたって皇位は父から子へ、あるいは皇孫に継がれ

てきたが、ここで兄弟に継がれたことは先帝・仁徳天皇の意向があってのことであろう。それだけ仁徳天皇の存在は大きなものであったといえる。

いずれにしてもこれが先例となって、以後兄弟継承が屢々《しばしば》行われるようになる。

なお、兄弟継承の場合は世系（世代の数）に変化はない。

この年秋八月六日、大宅臣《おおやけのおみ》の先祖で豪族の木事《こごと》の娘・津野姫《つのひめ》を皇夫人とされ、その妹・弟媛《おとひめ》を妃とされる。皇夫人と称されたのは史上でこの津野姫だけである。即位が遅く、皇后は立てられなかった。

皇后を立てられなかったのは成務天皇に次いで史上二人目である。

皇夫人・津野姫との間に香火姫皇女《かいひめのひめみこ》（甲斐郎女《かいのいらつめ》）と円皇女《つぶらのひめみこ》が、また妃・弟媛（津野姫の妹）との間に財皇女《たからのひめみこ》、高部皇子《たかべのみこ》がおられた。しかし高部皇子は皇位を争ってはおられない。

この年十月、丹比柴籬宮《たじひのしばがきのみや》（大阪府松原市上田）に宮を遷された。

皇紀一〇七〇年＝反正五年（四一〇年）一月二十三日、天皇は在位五年（四年三週間）、七十五歳で崩御される。

## 第十九代　允恭《いんぎょう》天皇

〔世系二十二、即位三十七歳、在位四十二年、宝算七十八歳〕

皇紀一〇三六年＝仁徳《にんとく》六十四年（三七六年）、仁徳天皇の第四皇子として誕生された雄朝津間稚子《おあさづまわくごの》宿禰命《すくねのみこと》で、履中《りちゅう》天皇、反正《はんぜい》天皇はともに同母兄である。母は仁徳天皇の皇后・磐之媛《いわのひめ》である。

**【皇族・群臣の協議による後嗣選定】**

皇紀一〇七〇年＝反正五年（四一〇年）一月、先帝・反正天皇は、ご自身に皇子・高部皇子《たかべのみこ》がおられたが、皇太子を定めずに崩御された。そこで群臣たちは相談して雄朝津間稚子宿禰命の即位を推挙する。

皇子は病を理由に再三辞退され、空位が続いた。

ここで先帝が後嗣を定めずして崩御され、皇族・群臣が協議して後嗣を選んで即位を願うという手順がとられた。そして再び皇位の兄弟継承が行われた。

先帝には妃・弟媛《おとひめ》との間に高部皇子がおられたが、この皇子の詳細は不詳で、少なくとも皇位を争われた形跡はない。夭折《ようせつ》された可能性もある。

皇紀一〇七二年＝允恭《いんぎょう》元年（四一二年）十二月、雄朝津間稚子宿禰命の妃・忍坂大中姫命《おしさかおおなかつひめ》が雄朝津間稚子宿禰命に即位を強く要請されたこともあってようやく即位される（三十七歳）。

妃と側近たちの強い要請で即位された。

そしてこの年、大和国遠飛鳥宮《とおつあすかのみや》（奈良県高市郡明日香村飛鳥）を都とされた。

皇紀一〇七三年＝允恭二年（四一三年）春二月十四日、妃の忍坂大中姫命を立てて皇后とされる。

皇后・忍坂大中姫の父は応神天皇の皇子である稚野毛二派皇子《わかぬけふたまたのみこ》で、応神天皇の孫娘である。

⑮応神天皇→稚野毛二派皇子→忍坂大中姫（⑲允恭天皇の皇后）

異母兄弟に大草香皇子《おおくさかのみこ》もおられたが、皇位は望まれず、雄朝津間稚子宿禰命が即位されることに関し周囲が全て賛同していた。

皇紀一〇七五年＝允恭四年（四一五年）九月九日、諸氏族の氏姓《うじかばね》の乱れを正すようにと詔される（詔七十三詔）。

これは皇后や妃となられる方の氏素性に直接関係することなので、皇位継承の上からも極めて重要なことであった。

同月二十八日、「群卿百寮《ぐんけいひやくりよう》（朝廷に仕える高官）及び諸々の国造《くにのみやつこ》（地方を治める官僚）らは皆それぞれ、『天皇の後裔《こういん》である』とか、『先祖は天孫降臨に供奉《ぐぶ》して天降ったものである』とか言う。しかし開闢《かいびやく》以来万世を重ね、一つの氏から多数の氏姓が生まれ、その実は知り難い。それで諸々の氏姓の人達は、斎戒沐浴《さいかいもくよく》して盟神探湯《くかたち》をせよ（証明せよ）」と詔される。

上下の秩序が乱れて、昔の姓が不明となったり、偽って高い氏を名乗る者が出たりするので、これを正すために、甘樫丘《あまかしのおか》で盟神探湯を行った。

諸人は各々神聖な木綿襷《ゆうたすき》を掛けて、熱湯の釜に赴き探湯（手を入れる）をした。真実の者は何事もなく、偽っていた者は皆傷ついた。以後、氏姓は自ずから定まって偽る者はなくなり、特定の氏姓が増殖していくことはなくなった。

皇紀一〇九四年＝允恭二十三年（四三四年）春三月七日、第一皇子の木梨軽皇子《きなしのかるのみこ》を立てて皇太子とされる。母は先帝の皇后・忍坂大中姫である。

皇紀一〇九五年＝允恭二十四年（四三五年）六月、皇太子の木梨軽皇子と同母妹の軽大娘皇女《かるのおおいらつめのひめみこ》の近親相姦が発覚する。

太子は世継ぎとなる人であるから処罰はできず、軽大娘皇女が伊予に配流《はいる》になる。

天皇は早くから第一皇子の木梨軽皇子を後嗣と定められたが、思わぬ事件で廃太子となった。

木梨軽皇子の他に皇子として境黒彦皇子《さかいのくろひこのみこ》、穴穂皇子《あなほのみこ》（安康《あんこう》天皇）、八釣白彦皇子《やつりのしらひこのみこ》、大泊瀬稚武命《おおはつせわかたけるのみこと》（雄略《ゆうりやく》天皇）がおられたが、境黒彦皇子、八釣白彦皇子は後に雄略天皇に殺害される（後述する「眉輪王《まよわのおおきみ》の変」）。

皇紀一一一三年＝允恭四十二年（四五三年）春一月十四日、在位四十二年、七十八歳で崩御される。

## 第二十代　安康《あんこう》天皇

〔世系二十三、即位五十三歳、在位三年、宝算五十六歳〕

皇紀一〇六一年＝履中《りちゅう》二年（四〇一年）、允恭《いんぎょう》天皇の第三皇子として誕生された穴穂皇子《あなほのみこ》で、母は稚野毛二派皇子《わかぬけふたまたのみこ》（応神天皇の皇子）の女王で允恭天皇の皇后・忍坂大中姫《おしさかおおなかつひめ》である。

⑮応神天皇→稚野毛二派皇子→忍坂大中姫（⑲允恭天皇の皇后）

**【第一皇子に対する群臣たちの不信任】**


第一皇子で皇太子の木梨軽皇子《きなしのかるのみこ》には同母妹の軽大娘皇女《かるのおおいらつめのひめみこ》との近親相姦の疑いがあり群臣が皆従わず、弟皇子の穴穂皇子の即位を願った。

これを知った木梨軽皇子は穴穂皇子を亡き者にしようとして兵を集めるが、穴穂皇子（安康《あんこう》天皇）の率いる兵に先に包囲されてしまう。

物部大前宿禰《もののべのおおまえのすくね》の計らいで戦は避けられ、木梨軽皇子は物部大前宿禰の館で自害された。こうして、皇太子・木梨軽皇子が滅ぼされる。

第一皇子で皇太子の木梨軽皇子が即位出来ず、皇位継承問題が紛糾したため、先帝の崩御からおよそ一年経った皇紀一一一三年＝允恭四十二年（四五三年）十二月十四日、穴穂皇子（安康天皇）が五十三歳で即位される。

大和国山辺郡石上穴穂宮《いそのかみのあなほのみや》（奈良県天理市）に宮を置かれた。

当然に後嗣と見なされた皇太子に、周囲の群臣などが困惑するような事態があった場合の皇嗣決定に関し、ここでは群臣たちの意向が尊重されている。

しかしここで、なぜ同母兄の第二皇子・境黒彦皇子《さかいのくろひこのみこ》を飛び越して第三皇子・穴穂皇子が即位されたかは不明である。

群臣たちの意向が大きく影響したのであろう。

翌皇紀一一一四年を安康元年とされる。

皇紀一一一四年＝安康元年二月一日、安康天皇は仁徳天皇の皇子・大草香皇子《おおくさかのみこ》（叔父）の同母妹・草香幡梭姫皇女《くさかのはたびひめのひめみこ》（叔母）を弟・大泊瀬稚武命《おおはつせわかたけるのみこと》（雄略天皇）に娶《めと》らせたいと思われ、根使主《ねのおみ》を使者として遣わされる。

大草香皇子《おおくさかのみこ》は喜ばれ快諾の証《あかし》として、家宝にしていた押木珠縵《おしきのたまかずら》を奉られた。

ところが、使者の根使主はこの珠縵が欲しくなって、断られたと偽り、これを我が物にしてしまう。

天皇は根使主の讒言《ざんげん》を信じてお怒りになり、この叔父・大草香皇子（仁徳天皇の皇子）を攻めて誅された。この事件が後の「眉輪王《まよわのおおきみ》の変」という悲劇に繋《つな》がっていく（後述）。

大草香皇子に仕えていた難波吉師日香蚊《なにわのきしのひか》親子三人は、嘆き悲しみ、日香蚊は皇子の頭を、子の二人は手と足をそれぞれ抱きかかえ「我らは最後までお供をしなければ」と自害した。

皇紀一一一五年＝安康二年（四五五年）春一月十七日、天皇は自分で殺《あや》めた大草香皇子の妃・中磯《なかしの》姫《ひめ》（履中天皇の皇女）をご自身の妃として宮に入れられ、皇后に立てられた。

大泊瀬稚武命（雄略天皇）は願いの通り、大草香皇子の同母妹・草香幡梭姫皇女を妃とされた。

⑯仁徳天皇
- →大草香皇子（母は日向髪長媛《ひむかのかみながひめ》）
- →草香幡梭姫皇女（㉑雄略天皇妃、母は日向髪長媛）
- →⑰履中天皇→中磯姫（大草香皇子の妃でのち⑳安康天皇の皇后）

皇紀一一一六年＝安康三年（四五六年）八月九日、「眉輪王の変」の悲劇（後述）で、安康天皇は眉輪王に殺害され、後嗣の指名はなされないで在位三年（二年八ヶ月）、五十六歳で崩御される。皇子女はおられなかった。

## 第二十一代　雄略《ゆうりやく》天皇　〔世系二十三、即位三十九歳、在位二十三年、宝算六十二歳〕

皇紀一〇七八年＝允恭《いんぎょう》七年（四一八年）十二月、允恭天皇の第五皇子として誕生された大泊瀬稚《おおはつせわか》武命《たけるのみこと》で、先帝・安康《あんこう》天皇の同母弟である。母は允恭天皇の皇后・忍坂大中姫《おしさかおおなかつひめ》である。

ここでも皇位の兄弟継承が行われる。

ただし、この承継は先帝による譲位ではなく、次に述べる「眉輪王《まよわのおおきみ》の変」で大泊瀬稚武命が皇統の皇子を次々殺害し、恐怖の中で自ら即位されたのであった。

即位の経緯としては極めて珍しい例である。

【眉輪王の変】

皇紀一一一六年＝安康三年（四五六年）八月九日、先帝で兄の安康天皇が中磯姫《なかしひめ》（元・大草香皇子《おおくさかのみこ》の妃）の連れ子・眉輪王に刺殺され崩御される。

楼《たかどの》の下で遊んでいた眉輪王（七歳）は、はからずも天皇と母（皇后）との会話を残らず聞いてしまって、亡き父・大草香皇子《おおくさかのみこ》が安康天皇によって殺害されたということを知る。そしてある日、王は熟睡中の天皇を刺殺した。

この事件で、大泊瀬稚武命（雄略《ゆうりやく》天皇）は兄たちを疑われ、まず同母兄で第四皇子の八釣白彦《やつりのしらひこの》皇子《みこ》を殺害された。

次いで同じく同母兄で第二皇子の境黒彦《さかいのくろひこの》皇子《みこ》と眉輪王を攻め殺す。

この二人は安康天皇が刺殺された後に葛城氏の円大臣《つぶらのおおおみ》邸に逃げ込んだ。葛城円大臣が助命嘆願するが聞き入れられず、大泊瀬稚武命は館を包囲し火を掛け、三人とも焼き殺された。

さらに、伯父の履中天皇の皇子で従兄に当たる磐坂市辺押磐皇子《いわさかのいちべのおしはのみこ》（後の仁賢《にんけん》天皇・顕宗《けんぞう》天皇の父）とその弟の御馬皇子《みまのみこ》をも謀殺される。安康三年十月、市辺押磐皇子は狩りに誘い出されて射殺された。

御馬皇子とは合戦になり、敗れて処刑された。

大泊瀬稚武命は安康天皇がかつて皇位を従兄・市辺押磐皇子に譲ろうとされたことを恨んで、皇子を狩りに誘って謀殺したとの説もある。

皇紀一一一六年＝安康三年（四五六年）十一月十三日、大泊瀬稚武命が三十九歳で即位される。大和国泊瀬《はつせ》朝倉宮《あさくらのみや》（奈良県桜井市）に宮を置かれた。

先帝・安康天皇が「眉輪王の変」で殺害され、その後の悲劇を経て三ヶ月後に即位された。即位に当たっては特に問題にされていない。先々帝の皇子で、先帝の弟君であるし、他の候補者は殺害されていて、特に異議を唱える者もいなかったのである。

皇紀一一一七年＝雄略元年（四五七年）春三月三日、仁徳天皇の皇女で大草香皇子の同母妹・草香《くさかの》幡梭《はたび》姫皇女《ひめのひめみこ》を立てて皇后とされた。草香幡梭姫の母は日向髪長媛（諸県君牛諸井《もろがたのきみうしもろい》の女）である。

この月、三人の妃を立てられる。「眉輪王の変」で天皇に攻め殺された葛城円大臣の娘の韓姫《からひめ》、吉《き》備上道臣《びのかみつみちのおみ》の娘・稚姫《わかひめ》、春日の和珥臣深目《わにのおみふかしめ》の娘・童女君《おみなぎみ》である。

韓姫が白髪武広国押稚日本根子皇子《しらかのたけひろくにおしわかやまとねこのみこ》（白髪皇子《しらかのみこ》）と稚足姫《わかたらしひめ》を産まれる。稚足姫は伊勢の斎宮となられた。

皇紀一一三八年＝雄略二十二年（四七八年）一月一日、第一皇子・白髪武広国押稚日本根子皇子（後の清寧《せいねい》天皇）を立てて皇太子とされる。

妃・吉備稚姫との間に磐城皇子《いわきのみこ》、星川稚宮皇子《ほしかわのわかみやのみこ》がおられたが後嗣にはなられなかった。吉備稚姫は吉備上道臣の娘で、もと吉備上道臣田狭《たさ》の妻であったが、天皇は吉備稚姫の夫・田狭《たさ》を任那《みまな》（朝鮮半島）の国司に任じて赴任させ、残された妻の吉備稚姫を奪ってもうけられた皇子たちであった。

皇紀一一三九年＝雄略二十三年（四七九年）八月七日、在位二十三年（二十二年九ヶ月）、六十二歳で崩御された。

大伴《おおともの》室屋《むろや》大連《おおむらじ》と東漢掬直《やまとのあやつかのあたい》に「星川稚宮皇子を皇位に即けてはならない」と遺詔される（後に詳述）。

　前年雄略二十二年一月一日、すでに第一皇子・白髪皇子を皇太子に立てられ、後嗣は決まっているにもかかわらず、ここで改めて「星川皇子を後嗣としないように」と遺詔しておられる。極めて固い意向であった。

「眉輪王の変」をきっかけにし、雄略天皇が次々に皇子（皇統の人）を殺害されたことは、これ以後の皇位継承に甚大な影響を及ぼしたことは間違いない。

## 第二十二代　清寧《せいねい》天皇　（世系二十四、即位三十七歳、在位五年、宝算四十一歳）

　皇紀一一〇四年＝允恭《いんぎょう》三十三年（四四四年）、雄略《ゆうりゃく》天皇の第三皇子として誕生された白髪武広国《しらかのたけひろくに》押稚日本根子皇子《おしわかやまとねこのみこ》（白髪皇子）で、母は大泊瀬稚武命《おおはつせわかたけるのみこと》（雄略天皇）に殺害された葛城円大臣《かつらぎのつぶらのおおおみ》の娘・葛城韓媛《かつらぎのからひめ》である。

　皇后も妃もなく、従って皇子もおられなかった。

　皇紀一一三八年＝雄略二十二年（四七八年）一月一日、御名「白髪皇子《しらかのみこ》」の通り、生来白髪であったため、父の雄略天皇は霊異を感じて皇太子とされた。

白髪皇子が立太子された翌雄略二十三年八月七日、父帝・雄略天皇（六十二歳）が崩御される。

雄略天皇は大伴室屋と東漢掬直に後嗣に関して特別に遺詔された。

「今天下は一つ家に纏《まと》まり竈《かまど》の煙もよく上がっている。民よく治まり、四囲の夷《ひな》もよく従っている。臣・連・伴造は毎日参朝し国司、郡司もよく参集する。義には君臣だが、情においては父子も同じである。内外の人の心を喜ばせ、長く天下を安らかに保たせたい。病重くなり、常世《とこよ》の国に至るということは世の常、言うに足らぬことであるが、朝野の衣冠のみは未だ定めなかった。教化政刑も充分よく行われたとは言えない。……星川稚宮皇子（第三皇子）は心に良くないことを抱いて、兄弟愛の道に欠けた、古人の言葉に『臣を知るは君に及ぶ者なく、子を知るは父に及ぶ者なし』と。たとえ星川が志を得て、共に国を治めても、きっと辱めを臣・連らに及ぼし、民は辛い目に遭う。できの悪い子は民に嫌われ、できの良い子は大業を保つのに足りる。……皇太子（白髪皇子）は跡継《あとつ》ぎとして仁孝の心が良く聞こえ、その行いを見ても我が志を継いで成し遂げるのに足る。それで天下を治めてくれれば瞑目しても恨むことはない」と。

前年皇太子を立てて後嗣を定められたが、ここでまた改めて星川皇子を後嗣としないようにと遺詔しておられる。つまり星川皇子を皇位継承者からはっきりと排除しておられる。

星川皇子は上道臣田狭《かみつみちのおみたさ》の妻であった吉備稚姫を雄略天皇が奪ってもうけられた皇子である。

雄略天皇崩御の後、皇子は大蔵の役所を占拠し、反乱を起こしたので、大伴室屋、東漢掬直らに討伐された。この星川皇子の反乱は不幸にして先帝・雄略天皇の遺詔通りとなってしまった。

星川皇子の同母兄に磐城皇子がおられたが、この皇子は弟・星川皇子の反乱を諫めている。しかし皇位継承者の候補者とはなっていない。

皇紀一一四〇年＝清寧《せいねい》元年（四八〇年）一月十五日、前年十月四日、星川皇子の反乱は鎮定され、大伴室屋大連が臣・連たちを率いて、皇位の璽《しるし》（鏡、剣、勾玉）を皇太子に奉り、白髪皇子が即位される。三十七歳であった。先帝・雄略天皇の遺詔があった上に、群臣の願いがあって即位された。

都を磐余《いわれ》甕栗宮《みかくりのみや》（奈良県橿原市東池尻町の御厨子神社）に置かれた。

皇紀一一四一年＝清寧二年（四八一年）冬十一月、大嘗祭のための供物を調えるために、伊予来目《いよのくめ》部小楯《べのおだて》を勅使として播磨に遣わされる。

この時、明石郡の縮見《しじみの》屯倉《みやけの》首《おびと》の家で館の新築祝いが催され、その宴に招かれた来目部小楯は、そこで市辺押磐皇子（履中天皇の第一皇子）の王子である億計王《おけのみこ》（後の仁賢天皇）と弘計王《をけのみこ》（後の顕宗天皇）の兄弟を発見する。二人とも履中天皇の孫王に当たる。

兄弟は宴もたけなわで舞を舞わされ、その時の歌で、「我らは履中天皇の孫であるぞ」と身分を明かされる。「市辺宮に天下治《しら》しめしし天万国万押磐尊《あめよろづくによろづおしはのみこと》（履中天皇皇子）の御裔僕《みなすえやつこ》是なり」とお言葉を発せられる。明かせば殺されるという危険も当然あったが、この機を逸すれば、二度と機会はないと、勇気を出して身分を明かされたのである。

小楯は吃驚《びっくり》し、早馬で天皇にこれをお知らせする。天皇は、「天は大きな恵を垂れて、二人の皇子を賜った」とお喜びになり、勅使を立てて節刀《しるし》を持たせ、明石郡に迎えさせられた。

翌清寧三年春一月一日、億計《おけ》・弘計《をけ》の二王を宮に迎え入れられる。

この年、四月七日、天皇は早速、億計王（兄）を東宮（皇太子）に立てられ、弘計王（弟）には親王宣下され、親王とされた。

十二月、億計王（仁賢天皇）は「皇弟・顕宗天皇をして先に御位に即かしめ給へるお言葉」を発せられる。勇気を出して名乗り出ることを主張した弟・弘計王を皇位に就けるお言葉を出されたのであった。

皇紀一一四四年＝清寧五年（四八四年）一月十六日、在位五年（四年一日）、四十一歳で清寧天皇が崩御される。后妃はなく、皇子女もなかった。宝算については『水鏡』には四十一歳、『神皇正統記』には三十九歳とある。

## 飯豊《いいとよ》天皇

清寧《せいねい》天皇が崩御されてから弘計王《をけのみこ》が即位されるまで、およそ十ヶ月間、弘計王・億計王《おけのみこ》兄弟の同母姉・忍海飯豊青皇女《おしぬみのいいとよあおのひめみこ》（磐坂市辺押磐皇子《いわさかのいちべのおしはのみこ》の女王）が朝政を執られたが、この飯豊青皇女も皇紀一一四四年＝清寧五年十一月に薨去された（四十五歳）。飯豊天皇は允恭天皇二十九年に誕生しておられるので、億計王の九歳年長、弘計王の十歳年長である。

皇統譜には飯豊天皇と記載され、皇紀一一四四年＝清寧五年（四八四年）二月即位とある。しかし、現在は天皇として数えられていない。後の女性天皇・推古天皇誕生に際して先例とされた可能性はある。

皇紀一一〇〇年＝允恭《いんぎょう》二十九年（四四〇年）、磐坂市辺押磐皇子の皇女として誕生された忍海飯豊青皇女で、母は葛城蟻臣《かつらぎのありのおみ》の女《むすめ》の荑媛《はえひめ》である。

現在天皇としては数えられていないが、皇統譜には飯豊天皇として扱われている。次の顕宗天皇、その次の仁賢天皇はともに同母弟である。

皇紀一一四四年＝清寧五年（四八四年）一月十六日、清寧天皇崩御を受け同年二月、即位され、葛城角刺《つぬさし》（葛城市忍海）に宮を置かれた。

皇紀一一四四年十一月、在位十ヶ月、四十五歳で崩御された。

清寧天皇崩御から顕宗天皇が即位されるまでの間、天皇として朝政を執られたということで、最初の女性天皇（男系）の役割を果たされたといえる。

## 第二十三代　顕宗《けんぞう》天皇

〔世系二十四、即位三十六歳、在位三年、宝算三十八歳〕

皇紀一一一〇年＝允恭《いんぎょう》三十九年（四五〇年）、履中《りちゅう》天皇の第一皇子である磐坂市辺押磐皇子《いわさかのいちべのおしはのみこ》の第二王子として誕生された弘計王《をけのみこ》で、母は葛城蟻臣《かつらぎのありのおみ》の女《むすめ》の荑媛《はえひめ》である。履中天皇の孫に当たり、次代仁賢天皇の同母弟である。葛城蟻臣は葛城襲津彦《かずらきのそつひこ》の孫、武内宿禰《たけしうちのすくね》の曾孫に当たる。

武内宿禰→葛城襲津彦→葦田宿禰→蟻臣→荑媛→億計王・弘計王

弘計王の父・市辺押磐皇子は履中天皇の第一皇子であるが、雄略天皇に殺害された。

幼かった弘計王（顕宗《けんぞう》天皇）は兄の億計王《おけのみこ》とともに逃亡し身を隠される。

その後およそ二十五年が経ち、皇紀一一四一年＝清寧二年（四八一年）冬十一月、大嘗祭の供物を調えるため、伊予来目部小楯《いよのくめべのおだて》が播磨に勅使として遣わされた時、縮見屯倉首《しじみのみやけのおびと》の館で新築祝いが催され、億計王・弘計王がたまたまそこで使役されていて、その宴に招かれていた。そこで勅使はその市辺押磐皇子の子である億計王（後の仁賢天皇）と弘計王（後の顕宗天皇）の兄弟を発見する。

その後の経緯は既述の通りで、清寧天皇は、「天は大きな恵を垂れて、二人の皇子を賜った」とお喜びになり、勅使を立てて明石郡に二人の皇子を迎えさせた。名乗り出たら殺されるかも知れないというお二人の怖れは、幸いにして杞憂《きゆう》に終わった。

皇紀一一四四年＝清寧五年（四八四年）一月十六日、清寧天皇が崩御される。清寧天皇には后妃はおられず、皇子女もなかった。清寧天皇がこの兄弟の出現を「天の恵み」と喜ばれたのがよく分かる。

皇紀一一四五年＝顕宗元年（四八五年）正月一日、弘計王が即位される。兄の億計は「勇気を奮って最初に名乗り出たのは弟の弘計だから弟が即位すべき」と、弟の弘計は「皇太子であり兄である億計が即位すべき」と互いに皇位を譲り合っておられたが、兄・億計に説得され、弟の弘計が顕宗天皇として、三十六歳で即位された。

これで皇位の断絶は免れた。皇太子は先帝・清寧天皇の時そのままに、兄の億計王が務められたが、弟である天皇の兄が皇太子という事態は、これ以前も以降もその例がない。「皇太兄」という言葉はないが実質いわば「皇太兄」である。

難波小野女王が弘計王の皇后に立てられた。この難波小野女王は允恭天皇の曾孫、磐城王《いわきのみこ》（雄略天皇の皇子・母は吉備稚姫）の孫、丘稚子王《おかのわくごのおう》の女王である。

この年顕宗元年四月十一日、詔「来目部小楯の功を賞し給ふの詔」を発せられた。

皇紀一一四七年＝顕宗三年（四八七年）四月二十五日、天皇はわずか三年（二年五ヶ月）の在位、三十八歳で崩御される。皇子女はおられなかった。

## 第二十四代　仁賢《にんけん》天皇（世系二十四、即位四十歳、在位十一年、宝算五十歳）

皇紀一一〇九年＝允恭《いんぎょう》三十八年（四四九年）、履中《りちゅう》天皇の第一皇子・磐坂市辺押磐皇子《いわさかのいちべのおしはのみこ》の第一王子として誕生された億計王《おけのみこ》で、母は葛城蟻臣《かつらぎのありのおみ》の娘・荑媛《はえひめ》である。先帝の顕宗天皇は同母弟に当たる。

皇紀一一四二年＝清寧《せいねい》三年（四八二年）四月十七日、清寧天皇の皇太子として立太子された。そして清寧天皇が崩御されても、前述の通り、億計王は兄であるが弟の弘計王に即位を譲られ、自身は皇太子（皇太兄）のままであった。

皇紀一一四七年＝顕宗《けんぞう》三年（四八七年）春四月、顕宗天皇（弟・弘計王）が崩御される。

翌皇紀一一四八年＝仁賢《にんけん》元年（四八八年）一月五日、皇太子（皇太兄）の億計王が四十歳で即位される。石上広高宮《いそのかみひろたかのみや》（奈良県天理市）を宮とされた。

先帝・顕宗天皇（弟皇子）からの遺詔による譲位で、弟から兄へという極めて珍しい兄弟継承となった。先帝・顕宗天皇に皇子女はなく、即位に当たっての混乱はなかった。

妃であった雄略天皇の皇女・春日大娘皇女《かすがのおおいらつめのひめみこ》を立てて皇后とされる。父を殺めた雄略天皇の皇女を皇后に立てられた。

仁賢二年秋九月、弟・顕宗天皇の皇后・難波小野女王は以前から兄・皇太子（仁賢天皇）に対し、礼を失したことをしたので、罰せられることを恐れ、自害された。

皇紀一一五四年＝仁賢七年（四九四年）春一月三日、春日大娘皇女との間の皇子・小泊瀬稚鷦鷯《おはつせわかさざきの》命《みこと》（武烈天皇）を皇太子に立てられる。他に皇子はおられず、立太子に関しての争いはなかった。むしろこの時、先の雄略天皇が兄弟、従兄を次々と殺害されたため、皇統の危機が発生していた。

皇紀一一五八年＝仁賢十一年（四九八年）秋八月八日、在位十一年（先帝崩御から十一年四ヶ月、即位から十年七ヶ月）、五十歳で崩御される。

## 第二十五代　武烈《ぶれつ》天皇〔世系二十五、即位十歳、在位八年、宝算十八歳〕

皇紀一一四九年＝仁賢《にんけん》二年（四八九年）、仁賢天皇の第一皇子として誕生された小泊瀬稚鷦鷯命《おはつせわかさざきのみこと》であり、母は雄略《ゆうりやく》天皇の皇女で仁賢天皇の皇后・春日大娘《かすがのおおいらつめのひめみこ》皇女である。

皇紀一一五四年＝仁賢七年（四九四年）一月三日、六歳で立太子される。他には皇子はおられなかった。

皇紀一一五八年＝仁賢十一年（四九八年）八月八日、父帝・仁賢天皇が崩御される。

皇太子は幼少だったこともあり、大臣《おおおみ》の平群真鳥《へぐりのまとり》が国政を掌《つかさど》った。大伴金村《おおとものかなむら》を大連《おおむらじ》とされる。ところが、大臣・平群真鳥は国政を縦《ほしいまま》にし、遂に皇位を欲した。そして天皇のために造営した宮が完成すると、自らがここに移り住み、臣下としての節度を弁《わきま》えなかった。

皇位を簒奪しようとすることは大罪である。大伴金村は「真鳥をお討ち下さい、仰せとあれば討ちます」と進言する。太子も「このままでは天下争乱の怖れがある」とされて、十一月十一日、これを討伐された。まだ十歳の皇太子にこの判断ができたかの疑問は残る。しかし平群真鳥は皇統（天皇の子孫）の人ではないので、もし皇位を望んだとしたら討伐は当然のことであった。

皇紀一一五八年＝仁賢十一年（四九八年）十二月、仁賢天皇の崩御から三ヶ月余りが経ち、十歳で即位された。異例の若さであったが他に候補はおられなかった。

都は大和国泊瀬列城宮《はつせのなみきのみや》（奈良県桜井市初瀬）に置かれた。

皇紀一一五九年＝武烈元年（四九九年）春三月二日、春日娘子《かすがのいらつこ》を皇后に立てられる。この春日娘子の父・母は不詳である。父が未詳の皇后は史上春日娘子だけである。「春日」であるから、和邇《わに》氏に縁のある女性かとも思われる。

『日本書紀』には天皇の非行の数々が具体的に記され、暴君として「頻りに諸悪を造し、一善も修めたまはず」とあり、非常に良くない天皇として描かれている。しかし『古事記』には、そのような暴君としての記述は全くない。武烈天皇については『古事記』と『日本書紀』では全く違う評価がなされている。

皇紀一一六六年＝武烈八年（五〇六年）十二月八日、後嗣なく、在位八年、十八歳で崩御された。

ここで皇統の人、皇位継承候補者がおられなくなり、皇統断絶の危機に陥った。雄略天皇が兄弟の皇子や叔父の皇子を次々と誅されたことが、ここにきて皇位継承問題に大きく影響してきたのである。

## 第二十六代　継《けい》体《たい》天皇　〔世系二十五、即位五十八歳、在位二十四年、宝算八十二歳〕

皇紀一一一〇年＝允恭《いんぎょう》三十九年（四五〇年）、第十五代応神天皇の玄孫・彦主人王《ひこうしのおおきみ》の王子として近江国三尾で誕生された男大迹王《おおどのおおきみ》で、応神天皇の五世孫である。母は越前の豪族三尾氏の娘で垂仁天皇の七世孫に当たる振媛《ふるひめ》である。

⑮応神天皇→稚野毛二派皇子→意富富杼王《おおほどのおおきみ》→乎非王《おいのおおきみ》→彦主人王→男大迹王

父の彦主人王は男大迹王が幼少の頃に薨去されたので、母の振媛は実家の高向（福井県坂井市丸岡町高椋）に帰郷して、男大迹王を養育された。

**【後嗣なき事態】**

皇紀一一六六年＝武烈八年（五〇六年）十二月八日、武烈天皇が後嗣を定めずして崩御され、皇子女もなく、後嗣のない状況に陥った。

皇紀一一六七年＝継体元年（五〇七年）春一月四日、大連の大伴金村、物部麁鹿火《もののべのあらかひ》、大臣の巨勢《こせの》男人《おひと》らが協議し、越前から第十五代応神天皇の五世孫・男大迹王をお迎えする。

春一月六日、臣・連らは勅命を受けて節《しるし》の旗を掲げ、御輿《みこし》を用意し、越前三国にお迎えに行く。

「勅命を受け」といっても天皇はおられないのであるから、群臣が協議しその結果という意味である。王は最初疑われたが、たまたま河内馬飼首《かわちのうまかいのおびと》・荒籠《あらこ》をご存じだったのが幸いし、事情が分かり、また大臣以下全員が懇願したのでご承諾になる。

勅命もなく、遺詔もない状況で、臣下の者が協議して皇統の人から後嗣を選任してご即位頂くという皇位継承が行われた。「天壌無窮」の神勅の「吾《あ》が子孫《うみのこ》」だけは遵守されている。

なお継体天皇の即位に関する以上の経緯は潤色されたものであって、実際は越前・近江地方に勢力を持っていた豪族が、武烈天皇の死後皇統が絶えたことを良い機会と捉《とら》え、皇位を簒奪したのであって、ここで別の王朝が生まれたとする説がある。

しかし、その前に大伴金村らは丹波の倭彦王《やまとひこのおう》を同じようにお迎えしようとしたが、逃亡され失敗している。それに当時の大和朝廷は朝鮮半島に出兵する軍事力を持っており、半島の三国からは常に恐れられていたので、越前・近江の豪族がその国を乗っ取るほどの軍事力を持っていたとは到底思えない。それでもこれを打ち負かして乗っ取ったのであれば、相当に大規模な戦乱があったはずで、そういった記録はどこにもない。

確かに最初は宮を樟葉《くずは》に、五年十月には筒城《つつき》に、十二年三月九日には弟国《おとくに》に、そして二十年九月十三日に磐余玉穂宮《いわれのたまほのみや》にと三回遷され大和国に入っておられるが、これは反対勢力のあることも想定され、あらゆる意味で用心しておられたに過ぎないのである。

男大迹王と妃・目子媛《めのこひめ》（尾張連草香の娘）との間には勾大兄皇子《まがりのおおえのみこ》（安閑天皇）と檜隈高田皇子《ひのくまのたかだのみこ》（宣化天皇）の二王がおられた。

皇紀一一六七年＝継体元年（五〇七年）一月十二日、男大迹王は子の勾大兄皇子と檜隈高田皇子を伴われ、河内国交野郡葛葉宮（枚方市樟葉）に入られる。いきなり大和の地に入られなかったのは慎重を期しておられたのであろう。

この年二月四日、大伴連ら群臣の願いを容れ、五十八歳で河内国樟葉宮にて即位された。枚方市楠葉野田二丁目にある交野天神社の末社・貴船神社がその跡地と伝わる。

即位の候補者もなく、先帝の遺詔もない状況下で、群臣の協議だけで皇統の人を捜してきて、その方に即位頂いたということは、この先、極めて重要な先例として記憶されるべきである。

三月一日、大伴大連が仁賢天皇（億計王）の皇女・手白香皇女《たしらかのひめみこ》を皇后に迎えることをお願いし、天皇はこれを容れられ、「決して我が世だけのことではない、礼儀を整えて手白香皇女をお迎えせよ」と詔される。

「我が世だけのことではない」とし、万世一系を重視された。なお、手白香皇女の母は雄略天皇の皇女・春日大娘皇女《かすがのおおいらつめのひめみこ》であり、仁賢天皇の皇后である。越前から出てこられたのであるから、極力朝廷に馴染むようにされたのであろう。

三月五日、仁賢天皇（億計王）の皇女・手白香皇女を立てて皇后とされる。

天皇は皇統の危機を懸念され、即位後すぐに手白香皇女を立てて皇后とされたのである。天皇ご自身も周囲も、皇統の危機ということを相当意識しておられたことが分かる。

継体元年三月十四日、八人の妃を入れられ、それぞれ多くの皇子女に恵まれる。元からの妃・目子媛には、前述の通り二人の王子がおられ、お二人とも後に安閑天皇、宣化天皇として即位される。

皇紀一一七一年＝継体五年（五一一年）十月、山城国筒城宮《つつきのみや》（京田辺市）に都を遷された。

継体七年秋九月、勾大兄皇子が仁賢天皇の皇女・春日山田皇女《かすがのやまだのひめみこ》（母は糠君娘《あらきみのいらつめ》）を妃に迎えられた。そしてこの年十二月八日、越前から一緒に出てこられた第一王子・勾大兄皇子（安閑天皇）を皇太子に立てられる。

皇紀一一七八年＝継体十二年（五一八年）春三月九日、都を再び山城国弟国宮《おとくにのみや》（乙訓）に遷された。そして即位から二十年経った皇紀一一八六年＝継体二十年（五二六年）秋九月十三日、都を大和国磐余玉穂宮（奈良県桜井市池之内）に遷された。三回目の遷都となった。

皇紀一一九一年＝継体二十五年（五三一年）春二月七日、皇子の勾大兄皇子（安閑天皇）に皇位を譲られ（譲位ではなく遺詔）、その即位と同日、在位二十四年（先帝崩御から二十四年二ヶ月、即位から二十四年三日、皇統譜は在位二十五年）、八十二歳で、磐余の玉穂宮にて崩御される。

## 第二十七代　安閑《あんかん》天皇

〔世系二十六、即位六十六歳、在位五年、宝算七十歳〕

皇紀一一二六年＝雄略《ゆうりゃく》十年（四六六年）、男大迹王《おおどのおおきみ》（継体《けいたい》天皇）の第一王子（皇統譜には第二王子、『日本書紀』では長子とある）として誕生された勾大兄皇子《まがりのおおえのみこ》で、母は尾張連草香《おわりのくさか》の娘・目子媛《めのこひめ》である。父帝・男大迹王に付き従って越前から都に上られた。

『古事記』では第一子は大郎皇子（母は三尾君の先祖・若比売）とあり、皇統譜と符合する。

皇紀一一七三年＝継体七年（五一三年）十二月八日、第一王子の勾大兄皇子が立太子される（四十八歳）。

皇紀一一九一年＝継体二十五年（五三一年）二月七日、継体天皇の崩御を受け、皇太子の勾大兄皇子が、六十六歳で即位される。

男大迹王を越前からお迎えするに当たって、大伴金村ら近臣とは、すでに勾大兄皇子と檜隈高田皇子の皇位継承についての了解があったものと考えられる。先帝・継体天皇崩御の日に即位しておられるので、勾大兄皇子の即位についても予め群臣たちの間でも了解されていたのである。

三月六日、第二十四代仁賢天皇（億計王）の皇女・春日山田皇女を皇后に立てられる。しかし皇子女の誕生はなかった。

また別に大臣・巨勢男人《こせのおひと》の娘の紗手媛《さてひめ》、紗手媛の妹・香香有媛《かかりひめ》、物部木蓮子《もののべのいたび》大連の娘・宅媛《やかひめ》の三人を妃とされた。

継体天皇が即位されてから後に誕生された欽明天皇はすでに二十三歳で、即位も可能であったと思われるが、越前から父とともに出てこられた第一王の勾大兄皇子が六十六歳で即位された。

継体天皇が即位されてから皇子に恵まれるとは限らないので、越前から出てこられる時に、王子の即位についても話し合われたと思われる。

皇紀一一九四年＝継体二十八年（五三四年）、安閑元年とする。勾大兄皇子《まがりのおおえのみこ》（安閑天皇）が即位されて三年後を安閑元年とされている。先帝・継体天皇が即位された後に誕生され、すでに二十三歳になられた天国排開広庭命《あめくにおしはらきひろにわのみこと》（欽明天皇）がおられるので、勾大兄皇子のご即位については紛糾したことが推定され、結論としては、越前から出てこられるときの約束事が優先されたと推察される。

この年一月、都を勾金橋宮《まがりのかなはしのみや》（奈良県橿原市曲川町）に遷された。

皇紀一一九五年＝安閑二年（五三五年）十二月十七日、金橋宮にて在位五年（四年十ヶ月）、七十歳で崩御される。

## 第二十八代　宣化《せんか》天皇

〔世系二十六、即位六十九歳、在位四年、宝算七十三歳〕

皇紀一一二七年＝雄略《ゆうりゃく》十一年（四六七年）、男大迹王《おおどのおおきみ》（継体《けいたい》天皇）の第二王子（皇統譜には第三子とある）として誕生された檜隈高田皇子《ひのくまのたかだのみこ》で、母は尾張目子媛《おわりのめのこひめ》である。『古事記』では第一子は大郎皇子《おおいらつこのおうじ》（母は三尾君の先祖・稚子媛《わかこひめ》）とあり、皇統譜と符合する。

安閑《あんかん》天皇の同母弟で欽明天皇の異母兄に当たる。父の男大迹王《おおどのおおきみ》に付き従って先帝の安閑天皇（兄王）と共に越前から都に上られた。

皇紀一一九五年＝安閑二年（五三五年）十二月十七日、先帝で同母兄の安閑天皇が崩御される。

皇紀一一九五年＝安閑二年十二月、先帝・安閑天皇に皇子がなかったこともあり、同母弟の檜隈《ひのくまの》高田皇子《たかだのみこ》（宣化《せんか》天皇）が六十九歳で皇位を継承し即位される。

父の継体天皇が崩御された時、欽明天皇はすでに二十三歳、この時は二十七歳で即位されることも充分可能であったが、兄の勾大兄皇子が即位されたことで、弟の檜隈高田皇子も即位される。これも継体天皇の即位に当たって、予め諸臣との間で了解されていたものと思われる。

即位の翌皇紀一一九六年を宣化元年とする。都を大和国檜隈廬入野宮《ひのくまいおりののみや》（奈良県高市郡明日香村檜前）に遷される。

三月八日、仁賢天皇の皇女・橘仲皇女《たちばなのなかつひめみこ》を皇后に立てられた。皇子一人、皇女三人に恵まれる。上殖葉皇子《かみつうえはのみこ》、石姫皇女《いしひめのひめみこ》、小石媛《おいしひめ》、倉稚綾媛皇女《くらのわかやひめのひめみこ》である。また、妃の大河内稚子媛《おおしこうちのわくごひめ》は一人の皇子・火焔皇子《ほのおのみこ》を産まれた。これら二人の皇子は皇位継承を争われたことはない。上殖葉皇子は多治比氏の祖である。火焔皇子は椎田《しいだ》君の祖で、摂津に住んだと伝わる。

この宣化天皇の皇女・石姫皇女が次の欽明天皇の皇后に立てられる。

皇紀一一九七年＝宣化二年（五三七年）二月一日、元のままに大伴金村を大連とし、物部麁鹿火《あらかひ》も大連とされた。そしてここで蘇我稲目《いなめ》が大臣となる。

皇紀一一九九年＝宣化四年（五三九年）春二月十日、在位四年（三年二ヶ月）にして七十三歳で崩御される。

## 第二十九代　欽明《きんめい》天皇

〔世系二十六、即位三十一歳、在位三十二年、宝算六十三歳〕

皇紀一一六九年＝継体《けいたい》三年（五〇九年）、継体天皇の即位後に第四皇子として誕生された天国排開《あめくにおしはらき》広庭命《ひろにわのみこと》である。母は仁賢天皇の皇女・手白香皇女《たしらかのひめみこ》で、雄略《ゆうりやく》天皇の孫娘に当たる。継体天皇が即位されてから二年後に誕生された。

皇紀一一九九年＝宣化《せんか》四年（五三九年）十二月五日、天国排開広庭命（欽明《きんめい》天皇）が三十一歳で即位される。

物部大連麁鹿火《あらかひ》の亡き後、物部尾輿《おこし》を大連とし、蘇我稲目宿禰《いなめのすくね》を大臣とした。父帝・継体天皇擁立に尽力した大伴金村は半島問題で間もなく失脚し、代わって蘇我氏が台頭してくることになる。

皇紀一二〇〇年＝欽明元年（五四〇年）春一月十五日、先帝で異母兄の宣化天皇と皇后・橘仲《たちばなのなかつ》皇女《ひめみこ》（仁賢天皇の皇女）との間に誕生された皇女・石姫を皇后に立てられた。

㉔仁賢天皇─┬→橘仲皇女（㉘宣化天皇の皇后）──→石姫（欽明天皇の皇后）
　　　　　　└→手白香皇女（㉖継体天皇の皇后）→㉙欽明天皇

その他、天皇は蘇我稲目宿禰の娘・堅塩媛《きたしひめ》と小姉君《おあねのきみ》を妃とされ、多くの皇子女をもうけられた。堅塩媛との間の皇子女からは後の用明天皇、推古天皇が即位され、小姉君の皇子からは崇峻天皇が即位しておられる。つまり、蘇我稲目は三方の天皇の外祖父となった。

秋七月十四日、都を大和国磯城嶋金刺宮《しきしまのかねさしのみや》（奈良県桜井市）に遷された。

皇紀一二一二年＝欽明十三年（五五二年）冬十月、百済の聖明王《せいめいおう》が使者を遣わし、仏像や経典と共に、仏教信仰の功徳を賞賛した上表文を献上する。仏教の伝来である。

天皇はこれを受け入れるかどうか群臣に尋ねられる。蘇我稲目は「西の国は皆礼拝しています。我が国だけがこれに背くべきではない」と賛成し、物部尾輿《おこし》は「我が帝は常に天地社稷《あまつやしろくにつやしろ》の百八十《ももあまりやそ》神《がみ》をお祀りされる、今初めて蕃神《あたしくにのかみ》（仏）を拝むと、恐らく国津神の怒りを買いましょう」と反対する。そこで天皇はこの仏像などを蘇我稲目に授け、試しに礼拝させられる。

この時から蘇我稲目と物部尾輿とが、仏教を取り入れるか否かを巡って崇仏排仏論争を始め、これが皇位継承問題に大きく影響するようになる。

後に国に疫病が流行《はや》り、それが長く続いた。そこで物部や中臣は、仏を祀ったからだ、仏を早く投げ捨てて後の福を願うべきであると奏上し、天皇は「申すようにせよ」といわれる。役人は仏像を難波の堀江に捨て、寺には火を付け悉《ことごと》く焼いた。

皇紀一二三〇年＝欽明三十一年（五七〇年）春三月一日、堅塩媛の父・蘇我大臣稲目宿禰が死去する。

皇紀一二三一年＝欽明三十二年（五七一年）夏四月十五日、天皇は在位三十二年にして、六十三歳で崩御される。

武烈天皇に後嗣がおられなくて皇統の危機に直面し、群臣は苦労して、第十五代応神天皇の五世孫の男大迹王を越前からお連れし、皇位を繋いだという苦い経験からか、欽明天皇は皇后の石姫の他に五人の妃を入れられ、二十六人あまりの皇子女に恵まれた。

そしてこの中から四人の皇子女が即位されることになるが、後嗣を巡る周囲の争いも激化した。

## 第三十代　敏達《びだつ》天皇

（世系二十七、即位三十五歳、在位十四年、宝算四十八歳）

皇紀一一九八年＝宣化《せんか》三年（五三八年）、欽明《きんめい》天皇の第二皇子として誕生された渟中倉太珠敷命《ぬなくらのふとたましきのみこと》で、母は宣化天皇の皇女で先帝の皇后の石姫である。

皇紀一二一二年＝欽明十三年（五五二年）、欽明天皇の第一皇子・箭田珠勝大兄皇子《やたのたまかつのおおえのみこ》が十五歳で薨去された。皇后であり皇族でもある石姫を母とするので、本来であれば欽明天皇に続いて皇位を継がれた可能性が高かった。

皇紀一二一四年＝欽明十五年（五五四年）一月七日、同母兄の箭田珠勝大兄皇子が薨去されて二年後、第二皇子の渟中倉太珠敷命が十七歳で立太子される。

皇紀一二二〇年＝欽明二十一年（五六〇年）、妃・堅塩媛《きたしひめ》（蘇我稲目の娘）を母とする第六皇子・桜井皇子が誕生する。用明《ようめい》二年、二十八歳で薨去されたので即位されることはなかったが、この桜井皇子の王女・吉備姫王《きびひめのおおきみ》が押坂彦人大兄皇子《おしさかひこひとおおえのみこ》の王子である茅渟王《ちぬおう》の妃となられ、宝女王《たからのひめみこ》（皇極《こうぎょく》天皇・斉明《さいめい》天皇）・軽王《かるのおおきみ》（孝徳《こうとく》天皇）を産んでおられるので、その女王を通じてその後に誕生された天皇の祖として大きな存在となられた。なお押坂彦人大兄皇子は敏達《びだつ》天皇の第一皇子（母は息長真手王《おきながのまでおう》の娘・広姫）である。

㉙欽明天皇 → 桜井皇子 → 吉備姫王
　→ ㉚敏達天皇 → 押坂彦人大兄 → 茅渟王
吉備姫王・茅渟王 → 宝女王（茅渟王の妃で㉟皇極天皇・重祚《ちょうそ》して㊲斉明天皇）

皇紀一二三〇年＝欽明三十一年（五七〇年）三月一日、蘇我稲目が死去する。蘇我氏は蘇我馬子の時代に入る。馬子の甥や姪が即位され、蘇我氏の権勢が強大になり、皇位継承に大きく関わってくる時代を迎える。

皇紀一二三一年＝欽明三十二年四月十五日、欽明天皇が崩御される（六十三歳）。

翌皇紀一二三二年＝敏達元年（五七二年）夏四月三日、皇太子・渟中倉太珠敷命が三十五歳で即位される。先帝・欽明天皇崩御からおよそ一年後であった。大和国百済大井（河内長野市大井と奈良県広陵町の二説ある）に都を置かれた。

第一皇子・箭田珠勝大兄皇子は前述の通り、欽明十三年四月、すでに薨去しておられ、同母弟・皇太子（渟中倉太珠敷命）の即位はそれからおよそ二年後であった。即位に当たっては、多少紆余曲折もあったのであろう。

先帝・欽明天皇の妃である堅塩媛の父・蘇我稲目が死去し、その息子で大臣・馬子の時代となって、馬子の影響力が増してきたことと無縁ではなさそうである。

皇紀一二三五年＝敏達四年（五七五年）春一月九日、息長真手王の娘・広姫を立てて皇后とされる。息長氏は近江国坂田郡（現・滋賀県米原市）を根拠地とした豪族である。この皇后・広姫に押坂彦人大兄皇子が誕生され、後に舒明天皇や茅渟王の父となられ皇位の継承に重要な役割を果たされる。

敏達四年六月、大和国磐余訳語田《おさだ》幸玉宮《さきたまのみや》（奈良県桜井市）に宮を遷された。

この年冬十一月、年初に皇后に立てられたばかりの広姫が薨去される。

皇后・広姫が薨去されたので翌年の敏達五年春三月十日、先帝・欽明天皇の皇女で異母妹（母は蘇我稲目の娘・堅塩媛）に当たる豊御食炊屋姫命《とよみけかしきやひめのみこと》（額田部皇女《ぬかたべのひめみこ》で後の推古天皇）を皇后に立てられた。

蘇我稲目の外孫に当たる豊御食炊屋姫命との間に竹田皇子《たけだのみこ》が誕生される。押坂彦人大兄皇子と共に有力な皇位継承権者であった。

豊御食炊屋姫命（額田部皇女）の皇子・竹田皇子が即位されると蘇我氏にとっては好都合と、早くから皇位継承の有力候補とみなされていた。しかし敏達天皇崩御時には皇子はまだ幼少であり、竹田皇子の異母兄である押坂彦人大兄皇子（母は前の皇后・広姫）を擁立する動きもあったため、即位が見送られ、敏達天皇の異母弟の橘豊日皇子《たちばなのとよひ》（用明天皇）が即位されることとなった。

蘇我稲目の娘で欽明天皇の妃の小姉君を母とする泊瀬部皇子《はつせべのみこ》（崇峻天皇）がおられ、後に即位される。また同じく小姉君を母とする穴穂部皇子《あなほべのみこ》がおられ、皇位を望まれた。しかしこの穴穂部皇子は蘇我氏の宿敵で大連の物部守屋と同盟されたために、蘇我馬子に滅ぼされてしまう。

更に先々帝・宣化天皇の皇女で妃の稚綾姫皇女《わかあやひめ》を母とする石上皇子《いそのかみのみこ》（年齢不詳）がおられたが、皇位を争うことはなかったようである。蘇我氏の権勢に押されたのであろう。

皇紀一二四五年＝敏達十四年（五八五年）八月十五日、在位十四年（十三年四ヶ月）、四十八歳で崩御される。

## 第三十一代　用明天皇《ようめいてんのう》

〔世系二十七、即位四十六歳、在位二年、宝算四十八歳〕

皇紀一二〇〇年＝欽明《きんめい》元年（五四〇年）、欽明天皇の第四皇子として誕生された橘豊日皇子《たちばなのとよひのみこ》である。母は蘇我稲目の娘・堅塩媛《きたしひめ》で、先帝・敏達《びだつ》天皇は異母兄に当たる。

皇紀一二三四年＝敏達三年（五七四年）一月一日、橘豊日皇子に第二王子・厩戸皇子《うまやどのみこ》（聖徳太子）が誕生される。母は欽明天皇の皇女・穴穂部間人皇女《あなほべのはしひとのひめみこ》（母は蘇我稲目の娘・小姉君）である。

同じ蘇我稲目の娘である蘇我石寸名《いしきな》を母とする用明天皇の第一皇子に田目皇子《ためのみこ》がおられ、厩戸皇子（聖徳太子）の異母兄であったが、生没年不詳で立太子はされなかった。

皇紀一二四五年＝敏達十四年（五八五年）秋八月十五日、敏達天皇が崩御される。

皇太子を立てておられなかった。最初の皇后・広姫《ひろひめ》には押坂彦人大兄皇子《おしさかひこひとおおえのみこ》がおられたが、立太子はしておられない。蘇我稲目の娘を母とする異母兄弟が多数おられ、その蘇我氏の思惑が大きく影響し、皇太子を決められなかったものと推察される。

九月五日、先帝・敏達天皇の崩御を受け、先々帝・欽明天皇の第四皇子で母が蘇我稲目の娘・堅塩媛の橘豊日皇子（用明天皇）が四十六歳で即位される。先帝・敏達天皇の異母弟である。

皇子の押坂彦人大兄皇子は橘豊日皇子に比し年齢がまだ若かったとはいえ、八年後の皇紀一二五三年＝推古元年には第一王の田村王（舒明天皇）が誕生しておられるので、即位できない年齢ではなかったかも知れない。母が同じ豪族でも息長氏で、蘇我氏の方の勢力が強かったためと思われる。

この時期から豪族蘇我氏の勢力は益々強まり、皇后、妃を入れ、皇位継承に大きな影響を及ぼすようになる。ここで先帝・敏達天皇の第一皇子・押坂彦人大兄皇子に皇位が移らず、異母弟の橘豊日皇子（用明天皇）が皇位に就かれたことが大きな分かれ道になった。蘇我一族が皇位継承をはじめ、その他の政治上の実権を握る。

結局この皇位継承で、敏達天皇からその皇子への継承ではなく、用明、崇峻、推古と蘇我稲目を外祖父とする、敏達天皇の異母弟、異母妹へと皇位が継承されることになった。しかも史上初めて（神功皇后は天皇ではないとして）推古天皇という女性天皇が誕生される。しかしこの推古天皇の後は、また敏達天皇の皇子である押坂彦人大兄皇子の王子・田村王（舒明天皇）に皇位が継がれた（後述）。

この年、都を大和国磐余《いわれ》池辺双槻宮《いけべのなみつきのみや》に遷される。

皇紀一二四六年＝用明元年（五八六年）一月一日、欽明天皇の第三皇女・穴穂部間人皇女《あなほべのはしひとのひめみこ》を皇后に立てられた。そして四人の皇子、厩戸皇子（聖徳太子）、来目皇子《くめのみこ》、殖栗皇子《えくりのみこ》、茨田皇子《まんだのみこ》をもうけておられた。そして穴穂部間人皇女の母は蘇我稲目の娘・小姉君で、用明天皇の異母妹である。母は違うが、共に欽明天皇の娘で、異母兄妹の関係である。また泊瀬部稚鷦鷯皇子《はつせべわかさざきのみこ》（崇峻天皇）および穴《あな》穂部皇子《ほべのみこ》は同母弟である。

㉙欽明天皇
→㉛用明天皇（母・堅塩媛）→厩戸（聖徳太子）、来目、殖栗、茨田皇子
→穴穂部間人皇女（用明天皇の皇后、母は小姉君）

蘇我稲目の外孫である用明天皇は、敏達天皇とは違って崇仏派で仏法を重んじられた。蘇我氏の流れを汲んでいること、健康に勝れなかったことなどが影響している。

一方、危機感を持った排仏派の筆頭である大連の物部守屋《もりや》（物部尾輿の子）は、欽明天皇の皇子の一人・穴穂部皇子（母は小姉君）の即位を願っていた。穴穂部皇子も母は小姉君で同じ蘇我稲目の娘である。そこに蘇我系の堅塩媛の皇子・橘豊日皇子が即位されたので、このことも蘇我氏と物部氏の

対立を深めた。蘇我氏と物部氏は、仏教に対する対応と皇位継承問題とで激しく対立することになる。こうした中で、蘇我氏が推す崇仏派の用明天皇が即位されたのであった。

皇紀一二四七年＝用明二年（五八七年）夏四月二日、新嘗祭が行われていたが、天皇はご不例（病）が重篤となり、途中で宮に戻られた。群臣に「朕は仏・法・僧の三宝に帰依したい。卿等もよく考えて欲しい」と詔された。

物部守屋大連と中臣勝海《かつみ》連は「どうして国津神に背いて他国の神を敬《うやま》うことがあろうか」と仏教受け入れに反対し、蘇我馬子は「詔に従ってご協力すべき」と言う。こうして皇位継承問題も絡んで、いよいよ崇仏と排仏の二派に分かれた争いが激化することになった。

そしてこの年四月九日、疱瘡のため、在位二年足らず、四十八歳で用明天皇が崩御される。

在位は二年足らずと短かったが、天皇は仏教に帰依され、その皇子・厩戸皇子（聖徳太子）も後に推古天皇の皇太子として活躍され、神仏習合《しんぶつしゅうごう》という思想のもとに仏教を取り入れられ、その後の日本の国体に大きな影響を残された。

蘇我氏と物部氏との抗争は次の御世に持ち越される。そして用明天皇が崩御された直後に「丁未《ていび》の乱」が起きる（後述）。

## 第三十二代　崇峻《すしゅん》天皇（世系二十七、即位三十五歳、在位五年、宝算四十歳）

皇紀一二一三年＝欽明《きんめい》十四年（五五三年）、欽明天皇の第十二皇子として誕生された泊瀬部稚鷦鷯《はつせべわかさざきの》母弟に当たる。

皇子《みこ》で、母は蘇我稲目の娘・小姉君《おあねのきみ》（堅塩媛《きたしひめ》の妹）である。敏達《びだつ》天皇、用明《ようめい》天皇、後の推古《すいこ》天皇の異母弟に当たる。

皇紀一二四七年＝用明二年（五八七年）夏四月九日、先帝・用明天皇が崩御される。

ここで物部守屋《もののべもりや》は再び泊瀬部皇子《はつせべのみこ》（崇峻天皇）の同母兄・穴穂部皇子《あなほべのみこ》を立てようとする。

そこで六月七日、物部守屋が立てようとした穴穂部皇子（母は小姉君）を蘇我馬子が攻め滅ぼす。穴穂部皇子を皇位に就かせないよう、馬子が強引な手段に出たのであった。さらに翌六月八日には宣化天皇の皇子・宅部皇子《やかべのみこ》も誅殺する。そして七月、遂に「丁未の乱」（物部守屋の変）が勃発する。

【丁未《ていび》の乱】

用明天皇が崩御された直後の用明二年七月、蘇我馬子宿禰大臣は他の皇子や群臣と共謀し、物部守屋大連を滅ぼそうと企み、軍を率いて河内国渋川郡の守屋の館を襲撃する。

大連は稲を積んだ砦《とりで》を築いて迎え撃った。蘇我と物部との抗争は仏教に対する姿勢の違いはあるが、根本は皇位継承に関する争いであった。

蘇我勢に加わっていた先帝・用明天皇の皇子・厩戸皇子《うまやどのみこ》（聖徳太子）は形勢不利を悟り、「今私共を勝たせて頂けば必ず仏法を守護する四体の護法神（護世四王、四大天王）のための寺塔をお造りします」と祈願され、蘇我馬子もまた同じく「諸天王が助けて下されば、必ず寺塔を建てて三宝を広めます」と誓う。

結果は蘇我氏の勝利で終わって物部氏が滅んだ。厩戸皇子は摂津国難波に四天王寺（大阪市）を建立され、また、蘇我馬子は明日香に法興寺（仏法が興隆する寺、後の飛鳥寺）を建立した。

皇紀一二四七年＝用明二年（五八七年）八月二日、先帝・用明天皇に続いて蘇我稲目の外孫・泊瀬《はつせ》部《べ》皇子（三十五歳）が崇峻天皇として即位される。都を大和国倉梯柴垣宮《くらはしのしばがきのみや》（奈良県桜井市倉橋）に置かれた。

「丁未の乱」（蘇我物部戦争）の戦いで蘇我が勝利し、皇位は蘇我系の皇子・泊瀬部皇子（崇峻天皇）が継承される。翌皇紀一二四八年を崇峻元年とする。

春三月、大伴糠手《ぬかて》連の娘・小手子《こてこ》を妃に立てられる。


皇紀一二五二年＝崇峻五年（五九二年）二月、「蘇我馬子に関し下されし密勅」を発せられる。「蘇我馬子は内に私欲を縦《ほしいまま》にし、外偽《いつわ》りに似たり。如来《にょらい》の教えを興《おこ》すと雖《いえど》も、誠に忠義の情なし。是《これ》を如何にか為《せ》む」と。

十月四日、蘇我馬子に推されて即位された崇峻天皇であったが、馬子が実権を握っており独断的で、崇峻天皇は内心彼を排除すべきと考えておられた。


**【天皇弑逆事件】**


この年皇紀一二五二年＝崇峻五年（五九二年）十一月三日、蘇我馬子が崇峻天皇を殺害する。蘇我物部戦争を戦って勝利し、蘇我系の崇峻天皇が即位されたにもかかわらず、その結果蘇我馬子の権勢が強くなりすぎ、崇峻天皇は馬子を排除しようとされ、これを知った馬子が逆に天皇を殺《あや》めてしまった。

前年新羅征伐のための大軍を筑紫に派遣されて生じた軍事空白を突いての、史上初の大逆事件であった。崇峻天皇はこうして在位五年、宝算四十歳で崩御された。

『日本書紀』には、妃の小手子が天皇の寵愛が衰えたことを恨み、天皇が漏らされた「いつかこの猪の頸を斬るがごとく、朕が嫌《いや》しと思うところの人を斬らむ」という独り言を、蘇我馬子に密告したことが、崇峻天皇弑逆事件のきっかけとなったとある。

崇峻天皇と小手子との間には蜂子皇子《はちこのみこ》と錦代皇女《にしきてのひめみこ》の一皇子一皇女がおられた。

臣下の者の天皇弑逆事件としては、日本建国から一千二百五十余年経って初めてのことであり、この事件がおよそ半世紀後の「乙巳《いっし》の変」に繋がって、蘇我氏が滅亡する原因となった（後述）。

なお、蘇我馬子は天皇弑逆という大逆事件を起こすが、それによって自ら天皇に即位することは考えていなかった。しかしここで馬子は何の咎《とが》も受けていないことも不思議に思われる。それだけ馬子の権勢が絶大だったということである。

## 第三十三代　推古《すいこ》天皇

〔世系二十七、即位三十九歳、在位三十六年、宝算七十五歳〕

皇紀一二一四年＝欽明十五年（五五四年）、欽明天皇の第三皇女として誕生された豊御食炊屋姫命《とよみけかしきやひめ》（額田部皇女）である。

母は大臣・蘇我稲目の女《むすめ》・堅塩媛《きたしひめ》で、先々帝の用明天皇は同母兄、先帝の崇峻天皇は異母弟である。天皇弑逆事件を起こした蘇我馬子は母方の叔父（伯父）に当たる。

皇紀一二三一年＝欽明三十二年（五七一年）、炊屋姫は十八歳で欽明天皇の皇太子・渟中倉太珠敷命《ぬなくらのふとたましきのみこと》（敏達天皇）の皇太子妃となられる。

皇紀一二三六年＝敏達五年（五七六年）三月十日、渟中倉太珠敷天皇（第三十代敏達天皇）の皇后に立てられた（二十二歳）。

皇紀一二五二年＝崇峻五年（五九二年）十二月八日、崇峻天皇弑逆事件の翌月、事件の首謀者である叔父・蘇我馬子に請われて三十九歳で即位される。

三度辞退されたが群臣百官が上奏文を奉ってようやく受諾されたといわれ、史上初の女性天皇となられた（神功皇后と飯豊天皇を歴代天皇から除外したとして）。

ここで女帝が誕生したのは、天皇弑逆という非常事態を受け、事件当事者である蘇我馬子に責任回避の思惑があり、また皇位継承資格者は複数おられたので、皇位継承を巡る争いを避けるためでもあった。事件当事者である馬子としては責任を追及されないように、身内から選ぶ必要があった。そして馬子にとっては姪に当たる豊御食炊屋姫命（推古天皇）が即位されたことで、馬子の思惑通り、責任が問われることがなかった。

馬子は大逆事件を起こしながらも、何の処罰も受けず、寧ろ蘇我氏の権勢は益々盛んとなる。通常は大逆事件としてその場で誅されるか、後に処刑されるものである。ここに馬子の「天皇弑逆事件」の暗い影がある。この事件がなければ推古天皇が即位されることはなかった。

初めての女帝であるが、実際の政務は甥（同母兄・用明天皇の皇子）で皇太子の厩戸皇子（聖徳太子）が執られた。

先帝・崇峻天皇には妃・小手子との間に蜂子皇子がおられたが、父の崇峻天皇が蘇我馬子により殺害されたため、皇子は馬子から逃れるべく都を離れられ、丹後国由良（京都府宮津市由良）から船で北へと向かわれた。そして出羽の羽黒山に登られ、出羽三山神社（月山・羽黒山・湯殿山）を開かれたと伝わっている。

蜂子皇子としては馬子の権勢で身に危険が迫り、とても皇位を競う状況下にはなかった。本来であればこの時の今上天皇（崇峻天皇）の皇子であるから皇位継承の有力候補となられるはずであった。

また、即位の候補としては、欽明天皇と妃・堅塩媛（蘇我稲目の女）の第六皇子・桜井皇子もおられた。用明天皇、推古天皇の同母弟に当たり、同じ蘇我系であり、年齢も三十二歳で、即位の条件は充分であったが、何故にわざわざ女帝の推古天皇が即位されたかは定かではない。この時の権力者・蘇我馬子の都合で決定されたとしか考えられない。

なお、この桜井皇子の娘の吉備姫王が敏達天皇の孫王・茅渟王の妃となり、後の皇極＝斉明天皇や孝徳天皇の母となられる。

㉙欽明天皇→桜井皇子→吉備姫王（茅渟王妃）→㉟皇極天皇＝㊲斉明天皇
　　　　　　　　　　　　　　　　　　　　　→㊱孝徳天皇

皇紀一二五三年＝推古元年（五九三年）四月十日、「厩戸皇子を摂政と為し給ふの勅」を発せられる。

天皇は即位早々に、先々帝・用明天皇の第二皇子で甥の厩戸皇子（聖徳太子）を皇太子とされ、摂政とされた（二十歳）。聖徳太子の母は欽明天皇の皇女・穴穂部間人皇女である。穴穂部間人皇女の母は蘇我稲目の娘・小姉君である。

推古天皇は「朕は女人《おみな》なり。性《さが》、物《ことわり》を解《わきま》へず。宜しく天下《あめのした》の政《まつりごと》は、皆太子《みこ》（聖徳太子）に附《さず》くべし」（詔第一一八詔）と詔され、皇太子に万機を摂行させられた。

皇紀一二六三年＝推古十一年（六〇三年）十月四日、宮を小墾田宮《おはりだのみや》に遷される。

聖徳太子の発案で、この年十二月五日、冠位十二階を定め、推古十二年四月三日には「十七条憲法」を制定して法令整備を進め、法治国家（律令国家）としての国造りを始められる。皇紀一二六七年＝推古十五年（六〇七年）には小野妹子《おののいもこ》が隋に派遣され、遣隋使の派遣が始まる。

皇紀一二八一年＝推古二十九年（六二一年）二月五日、朝廷の政務を執っておられた聖徳太子が薨去される（四十八歳）。

「日も月も光も失い、天地も崩れたようなものだ。これから誰を頼みにしたらよいのだろう」と皆が悲嘆に暮れた。聖徳太子（厩戸皇子）は当然即位を予定されていたので、これで皇位継承が変更を余儀なくされる。欽明天皇の第一皇子・敏達天皇の系統に皇位が移っていくことになる。

皇紀一二八六年＝推古三十四年（六二六年）五月二十日、蘇我馬子が死去し、息子の蝦夷《えみし》が大臣に任じられた。

皇紀一二八八年＝推古三十六年三月七日、蘇我馬子が死去して二年後、推古天皇が在位三十六年（三十五年三ヶ月）、七十五歳で小墾田宮にて崩御される。

## 第三十四代　舒《じょ》明《めい》天皇

〔世系二十九、即位三十七歳、在位十三年、宝算四十九歳〕

皇紀一二五三年＝推古元年（五九三年）、押坂彦人大兄皇子《おしさかひこひとおおえのみこ》（敏達天皇の第一皇子で、母は最初の皇后・広姫）の王子として誕生された田村王で、母は糠手《ぬかで》姫皇女《ひめのひめみこ》（敏達天皇の皇女で押坂彦人大兄皇子の異母妹）である。従って田村王（舒明天皇）の両親はともに敏達天皇の皇子、皇女であり異母兄妹の関係である。

㉚敏達天皇
→押坂彦人大兄皇子（母・広姫）
→糠手姫皇女（母は伊勢大鹿首《いせのおおかのおびと》小熊《おぐま》の女《むすめ》、押坂彦人大兄皇子の異母妹）
→田村王（㉞舒明天皇）

先代の推古天皇は推古三十六年三月七日、継嗣を定めずに崩御された。ただし、天皇は崩御の前日三月六日、「田村皇子、山背大兄王《やましろのおおえのおう》を諭《さと》し給ふの勅」を有力な皇位継承候補となる押坂彦人大兄皇子の王子・田村王（後の舒明天皇）と、聖徳太子の王子・山背大兄王の二人を病床に呼び寄せられ、田村王に対しては「慎み深く言動に気をつけよ」と諭され、また山背大兄王に対しては「あなたはまだ若く未熟なので群臣の意見を聴きなさい」と遺言された（詔一三〇詔「田村皇子、山背大兄王を諭し給ふの勅」、一三一詔「山背大兄王に賜りし詔」）。

この時は二年前の推古三十四年に蘇我馬子が死去しており、馬子の子の蘇我蝦夷《えみし》が大臣となって朝政を執っていた。蝦夷が皇位継承について群臣と協議したところ、田村王を推すものと山背大兄王を立てるものに分かれた。蝦夷は山背大兄王とは対立していたこともあり、田村王を立てることを画策する。

まず叔父の境部摩理勢《さかいべのまりせ》が山背大兄王を推しているから都合が悪いということで、これを殺害する。境部摩理勢は蘇我馬子の弟（蝦夷の叔父）で、蘇我一族の中では発言権もあり、中心人物の一人であった。従ってこの事件は皇位継承問題に極めて大きな影響を与えた。

蝦夷と蘇我一族は、田村王と法提郎女《ほていのいらつめ》（馬子の娘）の王子・古人大兄皇子《ふるひとのおおえのみこ》（馬子の外孫）を即位させるという意図を持っていた。

皇紀一二八九年＝舒明元年（六二九年）一月四日、敏達天皇の孫・田村王が舒明天皇として三十七歳で即位される。政治の実権は蘇我馬子の亡き後、馬子の子である大臣・蘇我蝦夷が握っていた。

皇紀一二九〇年＝舒明二年（六三〇年）一月十二日、天皇は宝女王（次の皇極天皇・斉明天皇）を皇后に立てられる。宝女王は敏達天皇の第一皇子・押坂彦人大兄皇子の王子である茅渟王の娘で、舒明天皇の姪に当たり、後に天智・天武両天皇、間人皇女（孝徳天皇の皇后）の生母となられる。

舒明二年十月十二日、大和国飛鳥岡の岡本宮に遷都される。

皇紀一三〇一年＝舒明十三年（六四一年）十月九日、天皇は在位十三年（十二年九ヶ月）、宝算四十九歳で崩御された。

# 第三十五代　皇極《こうぎょく》天皇

〔世系三十、即位四十九歳、在位四年、宝算六十八歳〕

皇紀一二五四年＝推古二年（五九四年）、敏達天皇の曾孫、押坂彦人大兄皇子《おしさかひこひとおおえのみこ》の孫、茅渟王《ちぬおう》の第一王女として誕生された宝女王《たからのひめみこ》で、母は桜井皇子（欽明天皇の皇子）の王女・吉備姫王《きびひめのおおきみ》である。

（父方）㉙欽明天皇→㉚敏達天皇→押坂彦人大兄皇子→茅渟王
　　　　　　　　　　　　　　　　　　　　　　　　→田村王（㉞舒明天皇）
（母方）㉙欽明天皇→桜井皇子→吉備姫王
茅渟王・吉備姫王→宝女王（舒明天皇の皇后）＝田村王

皇紀一二九〇年＝舒明二年（六三〇年）一月十二日、宝女王が三十七歳で舒明天皇の皇后に立てられる。

皇后・宝女王の父は茅渟王（生年不詳）で田村王の異母兄（異母弟）で兄弟であるから、舒明天皇は宝女王の伯父に当たる。

舒明天皇との間に、中大兄皇子《なかのおおえのみこ》（天智天皇）、間人皇女《はしひとのひめみこ》（孝徳天皇の皇后）、大海人皇子《おおあまのみこ》（天武天皇）が誕生された。

皇紀一三〇一年＝舒明十三年（六四一年）十月九日、夫帝・舒明天皇が四十九歳で崩御される。

皇紀一三〇二年＝皇極元年（六四二年）春一月十五日、継嗣となられる皇子が定まっていなかったので、宝女王が皇極天皇（女性天皇であるが女系天皇ではない）として四十九歳で即位される。そしてこの年を皇極元年とされた。

この時、舒明天皇の第二皇子の中大兄皇子は十七歳であった。他に有力皇位継承候補者として中大兄皇子の異母兄で第一皇子・古人大兄皇子《ふるひとのおおえのみこ》（母は蘇我馬子の娘・蘇我法提郎女《ほていのいらつめ》）、山背大兄王《やましろのおおえのおう》（厩戸皇子の王子）がおられた。このような状況下、皇位継承者を決めかねる状態で、取り敢えず中継ぎとして先帝・舒明天皇の皇后・宝女王が皇極天皇として即位されたのである。

皇極天皇の在位中は、蘇我馬子の子・蝦夷が大臣として、その子・入鹿《いるか》と共に国政を担った。

皇紀一三〇三年＝皇極二年（六四三年）四月二十八日、大和国飛鳥板蓋宮《いたぶきのみや》（奈良県明日香村岡）に都を遷される。

また舒明天皇には、蘇我馬子の娘・法提郎女《ほていのいらつめ》を母とする古人大兄皇子がおられ、大臣・蘇我入鹿は蘇我氏の血をひく古人大兄皇子（従兄か従弟）を皇極天皇の後嗣に擁立しようとして、まず障害となる有力な皇位継承資格者・山背大兄王（厩戸皇子の王子）を攻め滅ぼした。こうして蘇我入鹿が皇位継承問題に強引に干渉する。

㉞舒明天皇
蘇我馬子 → 蘇我法提郎女 → 古人大兄皇子
蘇我馬子 → 蘇我蝦夷 → 蘇我入鹿

古人大兄皇子は蝦夷の甥、入鹿の従兄弟である。

皇紀一三〇三年＝皇極二年（六四三年）十一月一日、入鹿は小徳《しょうとく》・巨勢徳太臣《こせのとこたのおみ》と大仁《だいにん》・土師娑婆《はじのさば》連《むらじ》を遣わして斑鳩宮《いかるがのみや》の山背大兄王（厩戸皇子・聖徳太子の王子）を襲撃させる。

山背大兄王は一族を引き連れ斑鳩宮から脱出し、生駒山に避難された。家臣の三輪文屋君《みわのふみやのきみ》は、「東国に難を避け、そこで再起を期し、入鹿を討つべし」と進言するが、山背大兄王は戦闘を望まれず「われ、兵を起こして入鹿を伐たば、その勝たんこと定し。しかあれど一つの身のゆえによりて、百《おお》姓《みたから》を傷《やぶ》りそこなわんことを欲《ほ》りせじ。この故にわが一つの身をば入鹿に賜わん」（『日本書紀皇極紀』）と言われた。

山背大兄王は上宮王家《かみつみやのおうけ》（聖徳太子家）一家と共に十一月十一日、自害し果てられた。十五年前の推古三十六年には、蘇我氏一族である境部摩理勢（馬子の弟・蝦夷の叔父）が山背大兄王を擁立しようとしたので、これを知った蘇我蝦夷（入鹿の父）が境部摩理勢を攻め滅ぼしている。蝦夷の子・入鹿はここでいきなり皇位継承者・山背大兄王を滅ぼした。

**【乙巳《いっし》の変】**

蘇我入鹿が山背大兄王を滅ぼしてから一年半余りの後、皇紀一三〇五年＝皇極四年（六四五年）六月十二日、「乙巳の変」が起きる。

半島三韓から進貢の使者が来朝し、皇極天皇ご臨席のもと、宮中で献納の儀式が行われた。儀式の最中、中大兄皇子（天智天皇）と中臣鎌足《なかとみのかまたり》（藤原鎌足）が天皇の御前で蘇我入鹿を誅殺する。「これは一体何事か」と天皇に詰問されたのに対し、中大兄皇子は平伏し「入鹿は王子たちを全て滅ぼして皇位を傾けようとしています。入鹿を以て天子に代えられましょうか」とお答えになる。天皇は直ちに退去された。

翌十三日、入鹿の父・蘇我蝦夷は自害した。これで権勢を縦《ほしいまま》にしていた蘇我本宗家が一瞬にして滅亡する。

蘇我馬子が「崇峻天皇弑逆事件」を起こして、その孫の入鹿が「乙巳の変」で誅されるまで五十三年、半世紀余り、蘇我氏が皇位を壟断していた。

蘇我馬子は崇峻天皇を弑《しい》し、皇位継承候補者の穴穂部皇子、宅部皇子を殺害し、子の蝦夷は山背大兄王擁立を主張した蘇我境部摩理勢を殺害し、孫の入鹿は皇位継承候補者・山背大兄王を殺害した。

こうして蘇我氏は馬子、蝦夷、入鹿と三代にわたって天皇や皇位継承候補者を次々に亡き者にし、皇位継承に大きく介入したのであった。

**【皇位の譲位の始まり】**

「乙巳の変」の翌々日六月十四日、皇極天皇は在位四年で退位され、同母弟の孝徳天皇に譲位される。皇子である中大兄皇子に皇位を譲ろうとされたが、中大兄皇子は中臣鎌足と相談の結果、皇弟・軽皇子（孝徳天皇）に即位を願い、中大兄皇子が皇太子になられる。皇極天皇が皇弟・軽皇子に皇位を譲られた。中大兄皇子は「乙巳の変」の当事者であり、さすがに即位は控えられたのである。

**【譲位】**

ここで建国以後一千三百余年にして初めて皇位の譲位が行われる。それまでは皇位はいわゆる終身制であり、皇位の継承は天皇の崩御によってのみ行われていた。皇位継承の方法の大変革となり、以後、皇位の譲位というものが頻繁に行われるようになる。皇位継承の仕方が多様化したといえるが、その反面皇位継承に関係者の思惑が入り、争いを巻き起こす結果ともなった。

なお、明治の御世《みよ》以後は、また旧に復して皇位の継承は天皇の崩御によってのみ行われることになった。

ところが皇紀二六七八年＝平成三十年三月九日「天皇の退位等に関する皇室典範特例法施行令」が公布され、今上陛下から皇太子への譲位が行われることとなった。法律があっても陛下のご意向が優先されるという本来の皇位継承が行われることとなった。皇位の継承といった日本の国体に関する基本事項については、陛下のご意向と皇族に関する慣習法が憲法や皇室典範に優先するということが実証されたのである。

## 第三十六代　孝徳《こうとく》天皇

（世系三十、即位五十歳、在位十年、宝算五十九歳）

皇紀一二五六年＝推古《すいこ》四年（五九六年）、敏達《びだつ》天皇の皇子・押坂彦人大兄皇子《おしさかひこひとおおえのみこ》の王子・茅渟王《ちぬおう》の第一王子として誕生された軽皇子《かるのみこ》で、母は欽明《きんめい》天皇の第六皇子である桜井皇子の王女・吉備姫王《きびひめのおおきみ》である。先帝・皇極《こうぎょく》天皇（斉明《さいめい》天皇）の同母弟であり、中大兄皇子《なかのおおえのみこ》、間人皇女《はしひとのひめみこ》、大海人皇子《おおあまのみこ》の叔父に当たる。

㉙欽明天皇→㉚敏達天皇→押坂彦人大兄皇子→茅渟王

→㉟皇極天皇

→軽皇子（㊱孝徳天皇）

皇紀一三〇五年＝皇極四年（六四五年）六月十四日、「乙巳の変」で皇極天皇による史上初めての譲位が行われ、軽皇子が皇太子を経ないで孝徳天皇として五十歳で即位される。皇極天皇は神器を軽皇子に授けて位を譲られた。

最初に軽皇子は舒明天皇の第一皇子・古人大兄が皇位を継がれるべきと、自らの即位を辞退されたが、古人大兄は即座に出家された。

六月十九日、元号を建てて大化《たいか》と定める。

十二月九日、都を摂津国難波長柄豊碕宮《なにわのながらのとよさきのみや》（大阪市）に遷された。

皇極天皇は中大兄皇子に皇位を譲ろうとされたが、前述の通り中大兄皇子は中臣鎌足と相談の結果、皇弟・軽皇子（孝徳天皇）に即位を願い、中大兄皇子が皇太子になられた。「乙巳の変」を引き起こした当事者であるから、さすがに直ぐの即位は良くないであろうということになったのである。

「乙巳の変」の後、阿倍内麻呂《あべのうちまろ》（阿倍倉梯麻呂《くらはしまろ》）を左大臣に、蘇我倉山田石川麻呂を右大臣に、中臣鎌子（鎌足）を内臣《うちつおみ》とした。蘇我倉山田石川麻呂は「乙巳の変」で暗殺の合図となる三韓の上表文を大極殿で読み上げた人物である。蘇我馬子の子・蘇我倉麻呂の子であり、蘇我蝦夷は伯父、「乙巳の変」で殺害された蘇我入鹿は従兄弟に当たる。

蘇我稲目→蘇我馬子→蘇我倉麻呂→蘇我倉山田石川麻呂
　　　　　　　　　└→蘇我蝦夷→蘇我入鹿

軽皇子（孝徳天皇）は敏達天皇の曾孫に当たり、皇位継承候補であったが、中大兄皇子や古人大兄皇子といった有力候補もおられた。ところが、「乙巳の変」で中大兄皇子が即位を固辞され、古人大兄皇子も前述の通り即位を辞退し出家されたので、軽皇子が皇極天皇の譲りを受け孝徳天皇として即位された。

この年大化元年、中臣鎌子（鎌足）は、内臣《うちつおみ》に任じられる。鎌足は「乙巳の変」で活躍し、その時の功績で中大兄皇子（後の天智天皇）に重用され、後に藤原姓を賜り、以後彼の子孫・藤原家が皇位継承問題を含め、日本の政治に大きな役割を担い続けることになる。

皇紀一三〇五年＝大化元年秋七月二日、天皇は舒明天皇の皇女で従妹（父方）であり姪（母方）に当たる間人皇女《はしひとのひめみこ》を立てて皇后とされた。間人皇女は後の天智天皇、天武天皇の同母姉妹（生年不詳）である。

また、孝徳天皇は左大臣・阿倍内麻呂（倉梯麻呂）の娘の小足媛《おたらしひめ》を妃とされて、有間皇子《ありまのみこ》をもうけられた。しかしこの有間皇子は後に謀反を企てたとして処刑される（後述）。

この年大化元年九月十二日、古人大兄皇子が謀反を起こし中大兄皇子に攻め滅ぼされる。

皇紀一三〇九年＝大化五年（六四九年）三月二十五日、右大臣・蘇我倉山田石川麻呂が謀反の疑いありとの讒言により自害する。「乙巳の変」から四年後のことであった。

皇紀一三一四年＝白雉《はくち》五年（六五四年）十月十日、孝徳天皇は在位十年（九年四ヶ月）、五十九歳で難波宮にて崩御される。

孝徳天皇の在位は十年と短かったが、この御世に皇太子・中大兄皇子を中心として「大化の改新」

が行われ、遣唐使が派遣されるなど激動の御世で、日本の歴史の大きな節目となった。しかも大陸の唐、半島三国の一つ新羅との緊張関係が極に達しているこの時期（次の斉明天皇の御世）に崩御された。

## 第三十七代　斉明《さいめい》天皇（世系三十、即位六十二歳、在位七年、宝算六十八歳）

皇紀一三一四年＝白雉《はくち》五年十月十日、孝徳《こうとく》天皇が崩御される。

**【重祚】**

翌皇紀一三一五年＝斉明《さいめい》元年（六五五年）一月三日、先々代の皇極《こうぎょく》天皇が六十二歳で飛鳥板蓋宮にて再び即位される。史上初の重祚《ちょうそ》である。政務は引き続き皇太子・中大兄皇子《なかのおおえのみこ》が執られた。本来、皇太子・中大兄皇子が即位されるべきであったが、この時期、朝鮮半島情勢が緊迫し、百済救援のための出兵が差し迫っていた。そこで皇極天皇に再び斉明天皇として即位（重祚）して頂く。

皇紀一三一六年＝斉明二年（六五六年）、宮を難波から再び大和国飛鳥岡本宮に遷された。

皇紀一三一八年＝斉明四年（六五八年）、孝徳天皇の皇子・有間皇子《ありまのみこ》が、父・孝徳天皇の崩御後、政争に巻き込まれるのを避けようと、病を装って紀伊の牟婁湯《むろのゆ》（白浜温泉）へ湯治に行かれた。本来であれば先帝の皇子であるから、即位すべき立場でもあられた。

十月十五日、帰朝された有間皇子から牟婁湯の素晴らしさをお聞きになった斉明天皇は、早速紀伊の牟婁湯に行幸される。

この間、留守官をしていた蘇我赤兄《あかえ》（蘇我倉麻呂の子で、馬子の孫）が飛鳥に残っておられた有間皇子に近づき、斉明天皇や中大兄皇子の失政を糾弾し、自分は皇子の味方であると告げ、暗に謀反を唆《けしか》ける。皇子は喜ばれ、斉明天皇と中大兄皇子を打倒するという意思を明らかにされた。

十一月五日、蘇我赤兄は早速、有間皇子が謀反を企てていると密告する。

赤兄は皇子に謀反を唆けておいて、それを密告しているのである。赤兄は皇位継承有力候補である有間皇子を陥れ潰したかったのか、何らかの手柄を作りたかったのか不明であるが、のち天智十年、左大臣に任じられているので、この時の功績を評価されたとも考えられる。

蘇我氏は馬子をはじめとして、代々、その時の皇位継承候補者を、自分たちの都合により殺害し、皇位継承に大きな負の影響を与え続けている。

十一月九日、有間皇子は皇太子・中大兄皇子に尋問され、「全ては天と赤兄だけが知っている。私は何も知らぬ」と答えられた。実際に有間皇子が何処まで謀反の意向を持って準備しておられたかは不明であるが、期間が一ヶ月そこそこであり、大した準備などされたとは到底考えられない。

翌々日の十一日、藤白坂（和歌山県海南市）で絞首刑に処せられた。十九歳であった。海南市の藤《ふじ》白《しろ》神社境内には、有間皇子を偲んで有間皇子神社（境内社）が創建されている。この時皇太子・中大兄皇子は三十二歳で、処刑された有間皇子は母方の従兄に当たる。

㉙欽明天皇→㉚敏達天皇→押坂彦人大兄皇子→茅渟王
　→㊱孝徳天皇→有間皇子
　→㉟皇極天皇→中大兄皇子

皇紀一三二〇年＝斉明六年（六六〇年）、朝鮮半島で百済が新羅に滅ぼされる。翌斉明七年一月六日、斉明天皇は百済の救済要請を容れ、救援軍を派兵すべく、瀬戸内海を筑紫へと西下される。

しかしその年七月二十四日、斉明天皇は筑紫の朝倉行宮《あんぐう》（福岡県朝倉市）にて在位七年（六年半）、六十八歳で突然崩御される。在位中の崩御であり、半島への派兵準備の最中のことであった。

## 第三十八代　天智《てんぢ》天皇

（世系三十、即位四十三歳、在位十年（称制期間を含め）、宝算四十六歳）

皇紀一二八六年＝推古《すいこ》三十四年（六二六年）、舒明《じょめい》天皇の第二皇子として誕生された中大兄皇子《なかのおおえのみこ》で、母は皇極《こうぎょく》天皇＝斉明《さいめい》天皇である。

皇紀一三〇五年＝大化《たいか》元年＝皇極四年（六四五年）六月十四日、孝徳《こうとく》天皇の皇太子として立太子（十九歳）される。

舒明天皇には第一皇子（中大兄皇子の異母兄）として古人大兄皇子《ふるひとのおおえのみこ》がおられたが、第二皇子の中大兄皇子が立太子された。古人大兄皇子の母は蘇我馬子の娘・蘇我法提郎女《ほていのいらつめ》である。

この年九月十二日、古人大兄皇子は謀反を起こし中大兄皇子に攻め滅ぼされる。異母弟の中大兄が自分を差し置いて立太子したことに不満を持たれての謀反であったのかどうかは定かではない。中大兄皇子が立太子されてから三ヶ月後のことであるからその可能性は高い。いずれにしても、中大兄の立太子の直後に起きた事件であった。

皇紀一三二一年＝斉明七年（六六一年）七月二十四日、筑紫の朝倉宮で皇太子・中大兄皇子と半島

への派遣軍の指揮を執っておられた斉明天皇が突如崩御される。

翌年の皇紀一三二二年＝称制《しょうせい》元年（六六二年）、中大兄皇子は、先帝・斉明天皇崩御で、即位せずに政務を執る、いわゆる「称制」を開始され、称制元年となる。

朝鮮半島で新羅とは交戦状態にあり、斉明天皇は崩御されたが、皇太子・中大兄皇子は天皇として正式に即位しないで、天皇としての政務を執るいわゆる「称制」という立場をとられたのである。皇統譜には称制元年とある。

皇紀一三二三年＝称制二年（六六三年）七月二十日、百済救援に派遣した朝廷軍が白村江《はくそんこう》の戦いで新羅・唐連合軍に敗れる。

皇紀一三二七年＝称制六年（六六七年）三月十九日、近江国滋賀大津宮（現在の大津市）へ遷都される。半島で朝廷軍が敗北し、国土防衛のために都を近江へ移された。

皇紀一三二八年＝天智七年（六六八年）一月三日、先帝の斉明天皇が崩御されてから、皇太子・中大兄皇子は長い間皇位に就かれず皇太子のまま称制されたが、ようやくここで正式に即位される。称制で内部的にはすでに即位しておられた。

大海人皇子《おおあまのみこ》を皇太弟とされた。

二月二十三日、二十三年前に謀反事件を起こして中大兄皇子に滅ぼされた異母兄・古人大兄の娘で姪の倭姫王《やまとひめのおおきみ》を立てて皇后とされた。

また蘇我倉山田石川麻呂大臣の娘・遠智娘《おちのいらつめ》、遠智娘の妹・姪娘《めいのいらつめ》、阿倍倉梯麻呂の娘・橘娘《たちばなのいらつめ》、蘇我赤兄《あかえ》の娘・常陸娘《ひたちのいらつめ》の四人を妃とされた。

皇后・倭姫王には皇子女はなかったが、遠智娘は建皇子《たけるのみこ》、大田皇女《おおたのひめみこ》、鸕野讃良皇女《うののさららのひめみこ》（後の天武天皇の皇后・持統天皇）の一男二女をもうけられ、姪娘は御名部皇女《みなべのひめみこ》、阿閇皇女《あへのひめみこ》（後の元明天皇）をもうけられた。橘娘は飛鳥皇女、新田部皇女《にいたべのひめみこ》を、常陸娘は山辺皇女を産まれた。

また後宮の女官、忍海造《おしぬみのみやつこ》小竜《おたつ》の娘・色夫古娘《しこぶこのいらつめ》が大江皇女《おおえのひめみこ》、川島皇子《かわしまのみこ》、泉皇女《いずみのひめみこ》をもうけられた。女官で栗隈首徳万の娘・黒媛娘《くろひめのいらつめ》が水主皇女《みぬしのひめみこ》を産んだ。また越の道君伊羅都売《みちのきみのいらつめ》が施基皇子《しきのみこ》（志貴皇子）を、また女官の伊賀采女宅子娘《いがのうねめのやかこのいらつめ》がのちの大友皇子《おおとものみこ》（弘文《こうぶん》天皇）を産まれた。

皇紀一三二九年＝天智八年（六六九年）冬十月十日、天皇は病に倒れた中臣鎌足を見舞われた。十五日、皇太弟の大海人皇子を勅使として中臣鎌足内大臣の邸に遣わされ、大織《だいしょく》の冠と大臣の位を授けられた。そして特別に「藤原」なる姓を賜った。ここで中臣鎌足が藤原鎌足となる。

藤原鎌足が「藤原氏」、「藤原家」の祖となり、この藤原家が以後歴代天皇の皇后、中宮や妃を出し、外孫の天皇も多く誕生する。そして以後、藤原家の者が太政大臣以下の朝廷高官の地位に就き、国司などの地方の行政官も多く輩出する。日本の歴史上長きにわたって、良きにつけ悪しきにつけ、天皇の側近としての役割を果たしていくことになった。

十月十六日、藤原内大臣（中臣鎌足）が死去する。五十六歳であった。藤原鎌足として知られるが、中臣鎌足が「藤原」なる姓を名乗ったのは死去直前の一週間だけであった。

皇紀一三三一年＝天智十年（六七一年）一月五日、天皇は第一皇子・大友皇子（弘文天皇）を史上初の太政大臣に任じられた。そして蘇我赤兄臣を左大臣に、中臣金連《なかとみのかねのむらじ》を右大臣に任命された。

この年天智十年十月十七日、天皇のご不例が重篤となり、弟の大海人皇子を病床に呼び寄せて、後事を託そうとされた。しかし、大海人皇子はここで逆に皇太弟を辞され、出家を願い出られた。天皇が大友皇子を太政大臣に任じられたことで、皇子を後嗣とされることが天皇のご意思であると悟られたからであった。

天皇はこれを許され、代わって大友皇子を皇太子とされた。大海人皇子は落飾して、妃の鸕野讃良（天智天皇の皇女）を伴い吉野に下向される。

皇紀一三三一年＝天智十年（六七一年）十二月三日、天皇は称制期間を含め十年の在位にして四十六歳で崩御された。

## 第三十九代　弘文《こうぶん》天皇　〔世系三十一、即位二十四歳、在位半年、宝算二十五歳〕

皇紀一三〇八年＝大化四年（六四八年）、天智《てんぢ》天皇の第一皇子（皇統譜）として誕生された大友皇子《おおとものみこ》（伊賀皇子《いがのみこ》）で、母は伊賀郡司の娘・伊賀采女宅子娘《いがのうねめのやかこのいらつめ》である。天武《てんむ》天皇の皇女で額田王を母とする十市皇女《とおちのひめみこ》（従妹）を妃とされた。天智天皇八年（六六九年）頃、葛野王《かどののおおきみ》を産む。壬申の乱で父と夫が戦われたので悲痛な思いをされたことであろう。この葛野王はのち文武天皇即位にあたって重要な役割を果たされる（後述）。

皇紀一三二八年＝天智七年（六六八年）二月二十三日、先帝・天智天皇は同母弟の大海人皇子《おおあまのみこ》（のちの天武天皇）を皇太弟とされた。

皇紀一三三一年＝天智十年（六七一年）一月五日、第一皇子の大友皇子（のちの弘文天皇）を史上初の太政大臣に任じられる。

天智天皇としては皇太弟・大海人皇子が即位されたあと、次の天皇として大友皇子の即位を考えておられたものと推察される。

しかし大海人皇子としては、自分亡き後、自分の王子たちが何人もおられ、その状況下で甥の大友皇子を即位させることの困難さを想定しておられたのではないかとも思われる。そこで自らが出家してしまえば皇位を巡る紛争は避けられ、自身の王子たちの即位はなくなると思われた。その意味では大海人皇子は兄・天智天皇の系統が皇位を継いでいくことを想定して出家されたものと推察される。

大海人皇子が皇太弟を辞退されたので、この年十月十七日、太政大臣の大友皇子が代わって立太子される。太政大臣に任じられ、ここで立太子されたので後嗣は決定した。

十二月三日、父の天智天皇は称制期間を含め十年の在位にして四十六歳で崩御される。

十二月五日、皇太子の大友皇子が弘文天皇として即位された。

## 【壬申の乱】

年が変わって皇紀一三三二年＝弘文元年・天武元年（六七二年）六月二十四日、壬申の乱が起きる。天智天皇崩御並びに弘文天皇即位からわずか半年後のことで、臣下の者の助言でか、天皇が吉野の大海人皇子のもとに刺客を放たれたことが原因ともいわれる。大海人皇子は吉野を出て美濃に逃れ、豪族を味方に付けて朝廷と対峙された。

大海人皇子は必ず皇位を奪いに来ると群臣達が思ったのであろう。大海人皇子はそもそも皇太弟であられたので、そのまま即位されることになっていたのであって、皇位を奪いにくるとは、妄想ではなかったかと思われる。それに大海人皇子は吉野に下られる直前に武器を公に納めておられる。謀反を起こすというような意思があったとは思われない。

側近達が自分たちの都合で、大友皇子を即位させたいという思惑が原因だったのであろう。そして大友皇子が即位されたあと、その皇位を安定させるため、大海人皇子をここで排除しておこうと考えたのであろう。

皇紀一三三二年＝弘文元年・天武元年（六七二年）七月二十三日、朝廷方（弘文天皇方）が乱に敗れ、大友皇子（弘文天皇）は自害し崩御される。わずか半年の在位、宝算二十五歳であった。

前年冬の天智天皇崩御から壬申の乱に敗れ天皇が自害されるまで、その御世は約半年と短く、即位に関連する儀式を行うことはできなかった。そのため、以前は歴代天皇としては数えられておらず、明治三年七月になって弘文天皇と追号されて天皇として認められた（明治三年七月二十三日第一三七二詔「弘文天皇に御謚を奉り給へる宣命」による）。

弘文天皇を天皇として認めれば、臣下の者ですでに出家しておられた大海人皇子が天皇に反逆し、天皇を滅ぼした上で自らが即位されるという、日本の歴史上唯一の例となる。

明治三年といえば明治天皇はまだ十九歳であり、明治政府はこれをどう考えたのか疑問が残る。やはり即位しておられなかったと考えるべきではないだろうか。

先帝崩御後の混乱で天皇空位の期間が発生する例はこれまでもあったことである。皇位継承問題に関して、「壬申の乱」の歴史的意味には限りなく深いものがある。

# 第四十代 天武《てんむ》天皇 〔世系三十、在位十四年〕

舒明《じょめい》天皇の第三皇子として誕生された大海人皇子《おおあまのみこ》で、母は舒明天皇の皇后である皇極《こうぎょく》天皇＝斉明《さいめい》で、先々帝・天智《てんぢ》天皇は同母兄である。皇統譜には生年について記載がなく、誕生年が不詳である。

皇紀一三二八年＝天智七年（六六八年）二月二十三日、天智天皇の皇太弟となられる。

皇紀一三三一年＝天智十年（六七一年）十二月三日、兄・天智天皇が崩御される。

天智天皇が崩御される直前、大海人皇子は皇太弟を辞され、出家して妃・鸕野讃良皇女《うののさららのひめみこ》を伴って吉野に入られる。謀反・反乱の意思なしということを示すため、保有していた武器は悉く公に納められた。

皇紀一三三二年＝弘文元年・天武《てんむ》元年（六七二年）七月二十三日、大海人皇子が壬申の乱で大友皇子（弘文天皇）に勝利する。

皇紀一三三三年＝天武二年（六七三年）二月二十七日、壬申の乱の翌年、飛鳥浄御原宮《あすかきよみはらのみや》にて即位された。即位と同時に妃の鸕野讃良皇女（天智天皇の皇女で後の持統天皇）を皇后に立てられ、飛鳥浄御原宮に宮を置かれた。

十一月十六日、大嘗祭を催行される。

**【吉野の盟約】**

皇紀一三三九年＝天武八年五月五日、吉野へ行幸され、そこで第二皇子・草壁皇子《くさかべのみこ》（母は皇后・鸕野讃良皇女）を後嗣と定められ、お互い助けあって相争わないことを他の皇子たちに誓わせられた。皇位継承を巡る争いを避けるための盟約でもあった。

第一皇子は七歳年長の高市皇子《たけちのみこ》で、胸形徳善《むなかたとくぜん》の女《むすめ》である尼子娘《あまこのいらつめ》を母とする。母の身分で草壁皇子が皇嗣に選ばれた。胸形徳善は筑紫宗像地方の豪族である。

参加されたのは草壁皇子、大津皇子《おおつのみこ》、高市皇子、忍壁皇子《おさかべのみこ》、川島皇子《かわしまのみこ》、施基皇子《しきのみこ》（志貴皇子）の六人で、うち川島皇子と志貴皇子が天智天皇の皇子で、他の四人は天武天皇の皇子である。ここで天武天皇の明確な意思として後嗣は草壁皇子と定められた。

皇紀一三四一年＝天武十年（六八一年）、吉野の盟約通り、第二皇子・草壁皇子が二十歳で立太子される。

第一皇子に高市皇子（草壁皇子の異母兄）がおられたが立太子させられなかった。母が筑紫宗像郡の豪族・胸形（宗形）徳善の娘の尼子娘と、身分が低かったためであろうか。

皇紀一三四三年＝天武十二年春二月一日、第三皇子・大津皇子（二十一歳）が初めて朝政を執られる。

皇紀一三四六年＝天武十五年七月二十日、年号を「朱鳥《しゅちょう》」と定める。

皇紀一三四六年＝朱鳥元年（六八六年）九月九日、天武天皇は在位十三年にして崩御された。生年不詳のため宝算についても分からない。『古事記』『日本書紀』の編纂を命じられた天武天皇がご自身の生没年を不詳にされたことの意味はよく分からない。

先に新しく定められた年号「朱鳥」が天武天皇崩御によってまた廃止される。

## 第四十一代　持統《じとう》天皇

〔世系三十一、即位四十六歳、在位十一年（称制期間を含め）、宝算五十八歳〕

皇紀一三〇五年＝大化元年（六四五年）、中大兄皇子《なかのおおえのみこ》（天智《てんぢ》天皇）の第二皇女として誕生された鸕野《うのの》讃良皇女《さららのひめみこ》で、母は蘇我倉山田石川麻呂の娘・蘇我遠智娘《おちのいらつめ》である。

皇紀一三一七年＝斉明《さいめい》三年（六五七年）、十三歳で、叔父の大海人皇子《おおあまのみこ》（後の天武《てんむ》天皇）の妃となられた。また中大兄皇子《なかのおおえのみこ》（天智天皇）は鸕野讃良皇女《うののさららのひめみこ》（第二皇女）の他に、大田皇女《おおたのひめみこ》（第一皇女）、大江《おおえの》皇女《ひめみこ》、新田部皇女《にいたべのひめみこ》の四人を弟の大海人皇子の妃とされた。兄・天智天皇の皇女四人を弟・天武天皇の妃とされたのである。いずれも大海人皇子にとっては姪に当たる。

皇紀一三二二年＝天智元年（六六二年）、筑紫の娜大津《なのおおつ》（博多湾）で鸕野讃良皇女は草壁皇子《くさかべのみこ》を産まれ、翌天智二年には天智天皇の第一皇女の大田皇女が大津皇子《おおつのみこ》を産まれた。しかし天智六年（六六七年）二月、妃・大田皇女が薨去され、鸕野讃良皇女が大海人皇子の妃の中で最も地位が高くなった。

皇紀一三三一年＝天智十年（六七一年）十二月三日、兄の天智天皇が崩御される。天武天皇は、即位された翌天武二年の二月二十七日、妃・鸕野讃良皇女を皇后に立てられる。皇后は夫・天武天皇の良き助言者で、政治面でも輔弼《ほひつ》の任を果たされた。

皇紀一三三九年＝天武八年（六七九年）五月五日、夫・天武天皇と吉野へ行幸される。

そして吉野で前述の通り、天皇は草壁皇子を次期天皇と決められ、六人の皇子（草壁皇子、大津皇子、高市皇子《たけちのみこ》、忍壁皇子《おさかべのみこ》、川島皇子《かわしまのみこ》、志貴皇子《しきのみこ》）に、「これから草壁皇子を助けてお互い相争わない」ことを誓わせられた（「吉野の盟約」）。

皇紀一三四一年＝天武十年（六八一年）二月、「吉野の盟約」から二年後、草壁皇子（二十歳）が予定通りに立太子される。

皇紀一三四五年＝天武十四年（六八五年）、天武天皇がご不例となられ、皇后・鸕野讃良皇女は皇太子・草壁皇子と共に天皇に代わって朝政を執られる。

翌皇紀一三四六年＝天武十五年（六八六年）七月十五日、天皇は「天下の事は大小を問わず、悉く皇后及び皇太子（草壁皇子）に報告せよ」と詔され、持統天皇・草壁皇子が共同で朝政を執られるようになる。この年七月二十日、元号を朱鳥《しゅちょう》と定める。

そしてこの年朱鳥元年（六八六年）九月九日、天武天皇が崩御され、皇后は即位式を催行されないまま称制して政務を執られる。持統天皇称制元年とし、元号の朱鳥はまた使用されなくなった。

**【大津皇子謀反事件】**

天武天皇崩御の翌月、川島皇子（天智天皇の皇子）の密告により、大津皇子（天武天皇の第三皇子で草壁皇子の一歳年少）の謀反が発覚して捕縛される。密告した川島皇子は天智天皇の第二皇子で吉野の盟約にも参加しておられた。関係者三十余人も捕らえられた。皇太子・草壁皇子の異母弟であり、川島皇子の六歳年少ではあるが、天武十二年二月一日条には「大津皇子が初めて朝政をお執りになる」とある。

皇位継承にまつわる実に悲しい出来事であった。具体的にどのような謀反の計画があったか、謀反の実行行為として、どこまで準備がなされていたかなどは定かではない。大津皇子は鸕野讃良の同母姉である大田皇女を母とする皇子で、後嗣とされた草壁皇子に次ぐ皇位継承候補者であった。

翌十月三日、大津皇子は自害させられる。二十四歳であった。捕らえられた翌日のことで過酷な運命といわざるを得ない。妃の山辺皇女（天智天皇の皇女）は殉死された。

十月二十九日、事件に関与した者のうち大津皇子の家臣・礪杵道作《ときのみちつくり》は伊豆に、新羅の沙門行心《こうじん》は飛騨に流されたが、他は全て詔により許された。行心は新羅の優れた僧で、大津皇子の謀反に与《くみ》したが、死罪一等を許されて、飛騨の伽藍《がらん》に移された。

十一月十六日、伊勢神宮の斎宮であられた大来皇女《おおくのひめみこ》は同母弟・大津皇子の罪に連座し、任を解かれ都に帰された。

皇紀一三四九年＝持統三年（六八九年）四月十三日、先帝・天武天皇の第二皇子である皇太子・草壁皇子（二十八歳）が薨去された。異母弟の大津皇子が自害されて三年後のことで、これで天武天皇の意図された皇位継承の目論見が実現不可能となった。

天武天皇が崩御されてから、皇后として称制して政務を執っておられた鸕野讃良皇女が、皇太子・草壁皇子の薨去を受けて、皇紀一三五〇年＝持統四年（六九〇年）春一月一日、急遽四十六歳で即位される。推古天皇に次ぐ二人目の女性天皇（女系天皇ではない）である。

天武天皇の在位中から、皇后は常に天皇を助け、側近として政務について助言しておられたので、即位に当たってはさして混乱はなかった。即位前、吉野に随行され、さらに壬申の乱の最中も常に夫・大海人皇子に付き従っておられた。

天武天皇には、草壁皇子以外に異母の皇子が多数おられ、彼らが草壁皇子の薨去後皇位に就くことを期待しておられたとしたら、持統天皇の即位によってそれが阻まれたことになる。

皇后としては皇太子・草壁皇子亡きあとは、その王子の軽皇子《かるのみこ》（天武天皇の皇孫）を即位させようと思われ、そのためには数おられる他の皇子たちを抑える必要があった。

ところがこの時、軽皇子はまだ七歳であったため、皇后・鸕野讃良皇女が自ら即位された。天智天皇の皇女であり、先帝・天武天皇の皇后であるから異論の出ようはずはなかった。

持統五年十一月、大嘗祭（即位後最初の新嘗祭）を催行される。

持統八年十二月六日、大和国の藤原宮（藤原京）に都を遷される。

皇紀一三五六年＝持統十年（六九六年）七月十日、太政大臣・高市皇子が薨去（四十三歳）される。

高市皇子は天武天皇の第一皇子で、草壁皇子の八歳年長の異母兄に当たり、吉野の盟約がなければ皇位継承候補の筆頭であられた。ただ、母が筑紫宗像郡の豪族・胸形徳善の娘・尼子娘であり、身分が低かったからか、後嗣にはされなかった。

高市皇子の薨去を受け、持統天皇は皇族・公卿・官人らを召して皇太子の擁立について諮問された。群臣はそれぞれ自分の意見を言い合い、議論は紛糾した。この時、大友皇子（弘文天皇）の皇子・葛野王《かどののおおきみ》が直系による皇位継承を主張された。

「日本では神代から親子間での皇位継承が行われており、兄弟間での継承は争いのもとである。どの皇子が最も皇太子に相応しいかとの天意を議論しても、その天意を推し測れる者などいない。血筋や長幼から考えれば、皇嗣は自ずと定まる」と。

実際には履中《りちゅう》天皇の弟の反正《はんぜい》天皇、允恭《いんぎょう》天皇の即位以来、兄弟間での皇位継承の実例は多く、それについて弓削皇子《ゆげのみこ》（天武天皇の皇子）が葛野王に問いかけようとしたが、葛野王は弓削皇子を一喝し、弓削皇子は何も言えなかったといわれている。これで数ある天武天皇の皇子たちはすべて退けられ、前皇太子・草壁皇子の王子で、天武天皇・持統天皇の孫でもある軽皇子（文武天皇）が皇太子に定められた。

壬申の乱で敗れたとはいえ、大友皇子（弘文天皇）の皇子で天智天皇の孫王である葛野王の存在は大きかった。従って、軽皇子の立太子にはこの葛野王の発言が大きく影響している。

皇紀一三五七年＝持統十一年（六九七年）二月十六日、軽皇子が十五歳で立太子される。

第一皇子・高市皇子が前年薨去され、軽皇子も十五歳になられ、前述の議論で葛野王の発言もあり、他には異論は出なかったものと思われる。

八月一日、七年の在位、称制の期間を含めて十一年の在位で、皇太子・軽皇子（文武天皇）に譲位され、持統天皇は太上天皇《だじょうてんのう》となられた。推古天皇に次いで二人目の女性天皇の誕生であったが、孫・軽皇子に皇位を引き継ぐための中継ぎの役を果たされたことになる。

この時期、大江皇女（天智天皇皇女）を母とする長皇子《ながのみこ》と弓削皇子、新田部皇女（天智天皇皇女）を母とする舎人《とねり》親王、五百重娘《いおえのいらつめ》（中臣＝藤原鎌足の娘）を母とする新田部親王、大蕤娘《おおぬのいらつめ》（蘇我赤兄の娘）を母とする穂積皇子《ほづみのみこ》、宮人・欙媛娘《かじひめのいらつめ》を母とする忍壁皇子がおられたが、皇太子・軽皇子が皇位を継がれることとなった。

皇位継承資格のある皇子が多数おられただけに、中継ぎとしての持統天皇の存在は大きく、また天皇はその中継ぎとしての役目をよく果たされた。

皇紀一三六二年＝大宝二年（七〇二年）十二月二十二日、退位されて五年後、五十八歳で崩御された。

持統天皇の後は、文武天皇、元明天皇、元正天皇、聖武天皇、孝謙（称徳）天皇、淳仁天皇と、天武天皇の直系皇子女と、六方七代が即位される。そして八代目に天智天皇の皇子である志貴親王の王子・白壁王《しらかべのおおきみ》が光仁天皇として即位され，皇位は天智天皇の系統になる。

## 第四十二代　文《もん》武《む》天皇　〔世系三十二、即位十五歳、在位十年、宝算二十五歳〕

皇紀一三四三年＝天武《てんむ》十二年（六八三年）、草壁皇子《くさかべのみこ》（天武天皇第二皇子、母は持統《じとう》天皇）の第一王子・軽皇子《かるのみこ》として誕生される。皇統譜には天武十一年誕生とある。母は草壁皇子の妃・阿閇皇女《あへのひめみこ》である。この母・阿閇皇女は天智天皇の皇女で、持統天皇の異母妹である。後に第四十三代元明《げんめい》天皇として即位されることになる。

即位が予定されていた草壁皇子が持統三年（六八九年）に薨去され、称制しておられた持統天皇（軽皇子の祖母）が正式に即位された。

皇紀一三五六年＝持統十年（六九六年）七月十日、天武天皇の第一皇子・高市皇子《たけちのみこ》が薨去（四十三歳）される。高市皇子は草壁皇子の異母兄で、壬申の乱が起きると近江の大津京を脱出して父（大海人皇子）に合流し、美濃国不破で軍事の全権を委ねられ活躍される。そして持統天皇の即位後は太政大臣に就かれた。母・尼子娘《あまこのいらつめ》（筑紫宗像郡の豪族・胸形徳善の娘）の身分は低いが皇位継承の有力候補であられた。

皇紀一三五七年＝持統十一年（六九七年）二月十六日、先帝・持統天皇の孫・軽皇子（文武天皇）が十五歳で立太子される。

八月一日、前年に高市皇子が薨去され、持統天皇は七年の在位、称制期間を含めると十一年の在位で、ご自身の孫王である皇太子・軽皇子（文武天皇）に譲位された。

譲位を受けたこの月の十七日、軽皇子が「即位の宣命」を発せられ、文武天皇として即位される。立太子されてから半年後のことで、この年を文武元年とする。

十五歳という、これまでには先例のない若さでの即位であり、祖母の持統天皇が初めて太上天皇（皇位を譲った天皇）となって後見役となられた。ただし院政を敷かれたわけではない。

持統天皇が数おられる天武天皇の皇子たちを退け、自らの孫である軽皇子（文武天皇）を皇太子にしようとされた際、前述の通り、故・弘文天皇の第一皇子・葛野王《かどののおおきみ》（二十七歳）がそれに与《くみ》し、「日本では古《いにしえ》より直系相続が行われており、兄弟相続は争いのもと」と、皇位の直系継承を主張される。従って、文武天皇の皇位継承に関しては、先帝の持統天皇が決定されたが、この決定には壬申の乱で崩御された弘文天皇の皇子・葛野王が大きな役割を果たされたことになる。

八月二十日、中臣鎌足（藤原鎌足）の次男である藤原不比等《ふひと》の長女・宮子（三十九歳）を入内させる。まだこの当時は、皇后や妃は皇族や豪族出身でなければならなかったから、皇后とせず「皇夫《こうぶ》人《にん》」としている。

皇夫人・宮子は首皇子《おびとのみこ》（聖武天皇）を出産されたあと、心的障害（重度の鬱病）に陥り、父・不比等は宮子を自宅に幽閉し、その後も長く皇子に会われることはなかった。

またこの日、紀朝臣の娘・紀竈門娘《かまどのいらつめ》と石川朝臣の娘・刀子娘《とねのいらつめ》を妃とされる。不比等には文武天皇の皇子・首皇子に皇位を継承させるという思惑があったものと推察される。

十一月二十三日、大嘗祭を催行される。

皇紀一三五八年＝文武二年（六九八年）八月十九日、藤原不比等の子孫のみが藤原姓を名乗り、不比等の従兄弟たちは鎌足の元の姓である中臣朝臣姓とされる。このため不比等がその後の藤原氏の家祖となる（第二三八詔、「不比等・〈中臣〉意美麿呂《おみまろ》等に関して下し給える詔」）。

この詔によって、以後藤原姓を名乗れるのは不比等の末裔《まつえい》のみとなった。つまり、全ての藤原氏の祖は不比等だということである。

皇紀一三六一年＝文武天皇五年三月二十一日、元号を大宝と定める。

皇紀一三六二年＝大宝二年（七〇二年）十二月二十二日、持統太上天皇が崩御される。ここで文武天皇はご即位から五年、二十歳にして後見役をなくされることとなった。

皇紀一三六三年＝大宝三年一月、後ろ盾となって天皇を補佐しておられた祖母の持統太上天皇が崩御されたあと、天武天皇の皇子で伯父の忍壁皇子が知太政官事《ちだいじょうかんじ》に任命される。知太政官事は令外官《りょうげのかん》の一つで、太政官の長官として政務を総攬《そうらん》する官職である。天皇がまだ若いし、後見役の持統太上天皇が崩御されたので、天皇を補佐するために任命された。

皇紀一三六七年＝慶雲《けいうん》四年（七〇七年）六月十五日、文武天皇が在位十年（皇統譜では十一年とある）、二十五歳と若くして崩御される。

あまりにも若くして崩御されたため、後の皇位継承に混乱を来し、再び女性天皇（男系）が誕生されることとなった。文武天皇の皇子である首皇子《おびとのみこ》はまだこの時七歳で、他に皇子はおられなかった。

## 第四十三代　元明《げんめい》天皇

〔世系三十一、即位四十七歳、在位九年、宝算六十一歳〕

皇紀一三二一年＝斉明《さいめい》七年（六六一年）、天智《てんぢ》天皇の第四皇女として誕生された阿閇皇女《あへのひめみこ》で、母は蘇我倉山田石川麻呂（馬子の孫）の娘・姪娘《めいのいらつめ》である。

天武天皇の皇子である草壁皇子《くさかべのみこ》（母は持統天皇）の正妃となられた。そして先代・文武天皇の母であり、第四十一代持統天皇は父方の異母姉妹であると同時に、夫の母であるから姑《しゅうとめ》でもある。

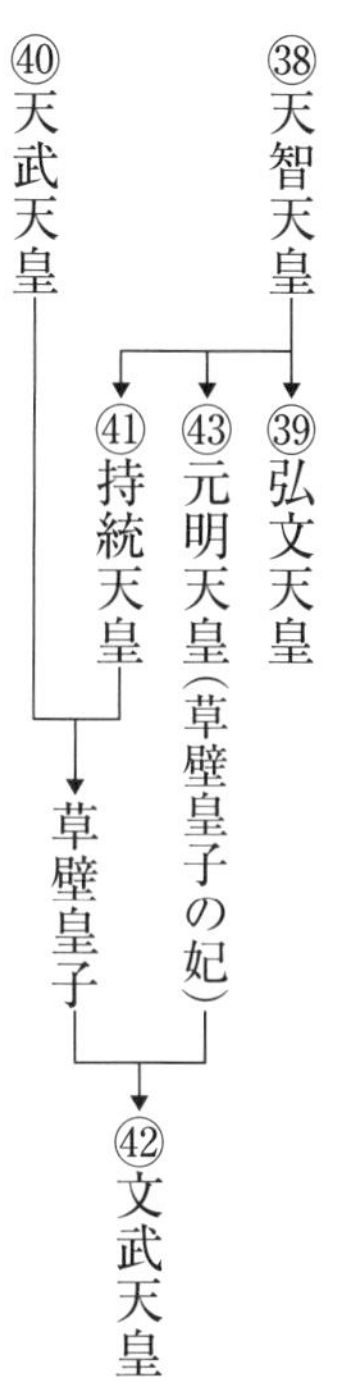


皇紀一三四九年＝持統三年（六八九年）四月十三日、父帝・天武天皇の後を受け即位される予定だった夫・草壁皇子（二十八歳）が薨去される。草壁皇子には軽皇子（文武天皇）の他には皇子がおられなかった。皇女としては氷高《ひたか》内親王（元正天皇）と吉備内親王（長屋王妃）の二人がおられた。

皇紀一三六七年＝慶雲《けいうん》四年（七〇七年）六月十五日、先帝・文武天皇（元明天皇の皇子）が崩御される（二十五歳）。

文武天皇の皇子・首皇子《おびとのみこ》（後の聖武天皇）はまだ七歳と幼かったし、他に皇子がなく、首皇子が成長されるまでの中継ぎとして、この年七月十七日、先帝・文武天皇の母、（首皇子の祖母）が史上初めて、皇后を経ないで四十七歳で即位される。子（文武天皇）から母への譲位（継承）と、極めて希《まれ》な例となった。

この時期、天武天皇の皇子には長皇子、舎人《とねり》親王、新田部皇子《にいたべのみこ》、穂積皇子《ほづみのみこ》がおられたが、草壁皇子の世代（世系三十二）であり、皇位を継承されるということにはならなかった。これらの皇子に皇位が行かないようにするために阿閇皇女が、あえて子から母へ（世系三十二から世系三十一へ）という異例な形で皇位を継承されたともいえる。

こうして孫の首皇子（聖武天皇）に皇位を継がせることを前提に、母である阿閇皇女が中継ぎとして即位された。
首皇子の異母弟に高円広世《たかまどのひろよ》がおられたが、母である石川刀子娘《とすのいらつめ》の身分が低く、皇位継承候補にはならず、後に臣籍降下され高円朝臣に改姓して、尾張守、周防守など歴任しておられる。

しかし、この時期、別に皇位継承の有力候補として長屋王《ながやのおおきみ》（世系三十二、二十四歳）がおられた。父は天武天皇の第一皇子の高市皇子《たけちのみこ》、母は天智天皇の皇女の御名部皇女《みなべのひめみこ》（元明天皇の同母姉）であり、皇孫として天武天皇の嫡流に非常に近い立場にあられ、皇位継承者の筆頭とも考えられた。

父・高市皇子は十一年前の皇紀一三五六年＝持統十年に薨去しておられたが、首皇子は天武天皇の曾孫であり、長屋王は同じ天武天皇の孫である。そこでこの長屋王に皇位が移らないようにするために元明天皇が即位されたとも考えられる。文武天皇からその皇子・首皇子（聖武天皇）へ確実に皇位を継承させるために、中継ぎとして元明天皇が即位されたのであった。

この時期は、過去に於いてすでに推古天皇、皇極天皇（斉明天皇）、持統天皇と女性天皇が即位しておられるので、女性天皇の即位に対してそれほど抵抗はなかったのであろう。ただし、男系ということだけは遵守されている。

皇紀一三六八年＝和銅《わどう》元年（七〇八年）一月十一日、元号が慶雲から和銅に改元され、十一月二十一日、大嘗祭を催行される。大嘗祭は即位されてから最初の新嘗祭であるから、本来であれば前年慶雲四年十一月になされるべきであるが、これが一年遅れて催行されている。ご即位に当たっての問題が若干あっての遅れと推察される。

皇紀一三七〇年＝和銅三年（七一〇年）三月十日、大和国の藤原京から平城京に遷都される。
皇紀一三七四年＝和銅七年（七一四年）六月二十五日、首皇子が十四歳で立太子される。
この時、長屋王はすでに三十一歳になっておられ、皇位を継承する立場にあられた。にもかかわらず、まだ十四歳の首皇子を立太子させた。

またこの時、天智天皇の第七皇子に志貴《しき》親王もおられた。生年不詳であるが、天智天皇が崩御されて四十三年経っているので、皇子である志貴親王は少なくとも四十三歳は超えておられるが、即位の候補になられた形跡はない。もっとも、志貴親王はこの二年後の皇紀一三七六年に薨去しておられる。そして、後にその王子の白壁王《しらかべのおおきみ》が光仁天皇として即位されることになる。

皇紀一三七五年＝霊亀元年（七一五年）九月二日、元明天皇は氷高内親王（元正天皇）に譲位される。前年既に首皇子が立太子しておられるにもかかわらず、元明天皇はここで皇女・氷高内親王に譲位しておられる。元明天皇の在位は九年（八年二ヶ月半）で、皇統譜にも九年とある。

皇紀一三八一年＝養老五年（七二一年）五月、ご不例に倒れられ、娘・吉備内親王（元正天皇の同母妹）の婿の長屋王（高市皇子の王子、天武天皇の嫡孫）と藤原房前《ふささき》（藤原不比等の次男で藤原北家の祖）に後事を託され、十二月七日、六十一歳で崩御される。

皇極天皇の御世から「皇位の譲位」が行われるようになって、皇位継承の歴史の大転換となったが、後に起きる長屋王の変（皇紀一三八九年＝神亀《じんき》六年二月）で長屋王が滅ぼされた後は、藤原氏の権勢が強まり、藤原氏内部の事情が、譲位制度を通じて、皇位継承に大きく影響するようになっていく。

## 第四十四代　元正《げんしょう》天皇　〔世系三十二、即位三十六歳、在位九年、宝算六十九歳〕

皇紀一三四〇年＝天武九年（六八〇年）、天武天皇の第二皇子で皇太子であった草壁皇子《くさかべのみこ》（岡宮天皇）の女王として誕生された氷高皇女《ひたかのひめみこ》（日高皇女）である。ただし、皇統譜では天武八年の誕生とある。母は先帝の元明天皇で、先々帝・文武天皇は同母弟に当たる。父方の祖父が天武天皇で、母方の祖父が天智天皇である。

（父方）㊵天武天皇→草壁皇子
（母方）㊳天智天皇→㊸元明天皇
→氷高皇女（㊹元正天皇）

皇紀一三七五年＝和銅八年・霊亀《れいき》元年（七一五年）九月二日、先帝・元明天皇は「譲位の詔」を発せられ、娘の氷高内親王（三十六歳）に譲位され、太上天皇となられる（この日、和銅から霊亀に改元された）。

前年皇紀一三七四年＝和銅七年六月に弟・首皇子《おびとのみこ》が立太子しておられるのに、再度中継ぎとして氷高皇女に譲位されたのである。

通常であれば皇太子に譲位されるはずであった。皇太子・首皇子は年齢としては十五歳とまだ若いが、先々帝・文武天皇が十五歳で即位しておられる先例もあり、即位も十分可能であった。ところがこの時、長屋王《ながやのおおきみ》は三十二歳で即位される立場にあられたので、これを阻止するため娘への譲位が行われたものと考えられる。
天武天皇の孫・長屋王は父が天武天皇の皇子・高市皇子、母は天智天皇の内親王・御名部皇女《みなべのひめみこ》（元明天皇の同母姉）で、皇位継承者としては最右翼だったと考えられる。首皇子が天武天皇の曾孫であるのに対し、長屋王は天武天皇の孫であり、天智天皇の外孫でもある。
そこで、長屋王への皇位継承を避けるため、氷高皇女に譲位することによって、皇太子・首皇子への皇位継承問題をさらに先送りされたのである。譲位の制度が乱用されたともいえる。

かつて文武天皇が即位され、藤原不比等の娘・宮子が文武天皇の夫人《ぶにん》となり、首皇子を産んでから、藤原氏の勢力がさらに強力になった。宮子が産んだ首皇子が即位されると、藤原不比等が藤原氏としては初めて天皇の外祖父となるのである。そこでどうしても首皇子を即位させようとの藤原氏の強い意志が働き、そのための再度の中継ぎとして氷高女王（元正天皇）への譲位となった。ここで長屋王への皇位継承だけは、なんとしてでも阻まなければならないという藤原氏の強い意思が働いている。

元明天皇から元正天皇への譲位は、母から娘への譲位で、元正天皇は女系天皇のような形となり、母から娘へと女系継承が行われた天皇だとする説もあるが、これは明らかに間違いである。母から娘へというのは正しいが、女系継承というのは間違いで、あくまでも男系継承である。元明天皇は天智天皇の皇女であり、元正天皇は父が草壁皇子であって天武天皇の孫娘で、いずれも女性天皇ではあるが男系天皇である。皇統は維持されている。独身で即位された初めての女性天皇で、一生独身を通された。

皇紀一三七六年＝霊亀二年（七一六年）十一月十九日、大嘗祭を催行される。本来であれば前年霊亀元年十一月になされるべき所を翌霊亀二年に催行しておられる。即位が若干問題視されたのであろうか。

皇紀一三八〇年＝養老四年（七二〇年）八月三日、元正天皇の即位から五年後、藤原不比等が死去する。不比等は長屋王を抑えて、どうしても外孫である首皇子を即位させるべく、元明天皇、元正天皇を即位させたのであった。不比等は皇位継承に極めて大きな影響力を持っていたことが分かる。

皇紀一三八四年＝養老八年・神亀《じんき》元年（七二四年）二月四日、在位九年（八年五ヶ月）で皇太子・首皇子に譲位される。皇統譜には在位十年とある。退位後も太上天皇となられ、後見人としての立場で聖武天皇（二十一歳年下の甥に当たる）を補佐された。

聖武天皇の御世、皇紀一四〇八年＝天平二十年（七四八年）四月二十一日、六十九歳で崩御された。

## 第四十五代　聖武《しょうむ》天皇〔世系三十三、即位二十四歳、在位二十六年、宝算五十六歳〕

皇紀一三六一年＝大宝元年（七〇一年）、文武《もんむ》天皇の第一皇子として誕生された首皇子《おびとのみこ》で、母は藤原不比等の娘・宮子である。慶雲《けいうん》四年、七歳の時に父・文武天皇（二十五歳）が崩御され、母の宮子は首皇子を産まれてから心的障害に陥り、首皇子に長く会われることはなかった。

首皇子はまだ七歳で幼く即位は出来ないということで、慶雲四年七月十七日、第四十二代文武天皇された。

の母（首皇子の祖母）である元明《げんめい》天皇（天智天皇皇女で草壁皇子の妃）が首皇子への中継ぎとして即位

皇紀一三七四年＝和銅七年（七一四年）六月二十五日、首皇子が十四歳になられ立太子される。異母弟に高円広世《たかまどのひろよ》親王（母は石川朝臣刀子娘《とすのいらつめ》）がおられたが、この親王は首皇子の立太子の障害にはならなかったようである。高円広世親王は後に天平宝字《てんぴょうほうじ》五年五月九日、淳仁《じゅんにん》天皇の御世、従五位下・摂津亮《せっつのすけ》に任じられている（『続日本紀』）。摂津亮は摂津大夫に継ぐ地位で、副知事に相当する。

ところが前述の通り、皇位継承の強力な候補としては別に長屋王《ながやのおおきみ》がおられた。父は天武天皇の皇子の高市皇子《たけちのみこ》、母は天智天皇の皇女の御名部皇女（元明天皇の同母姉）であり、皇孫として嫡流で、父・高市皇子は十八年前の皇紀一三五六年に薨去しておられるが、皇位継承候補者としては最右翼であられた。

首皇子は天武天皇の曾孫であり、長屋王は天武天皇の孫である。そこで藤原一族は首皇子の立太子を急いだと考えられる。

しかし皇親勢力と外戚である藤原氏との対立もあって、首皇子の即位は先延ばしにされた。藤原家から文武天皇に宮子が入内《じゅだい》し、皇紀一三六一年＝大宝元年（七〇一年）、宮子が首皇子を産んで、藤原不比等が首皇子の外祖父になり、皇親勢力と藤原家の争いが熾烈になる。

皇紀一三七六年＝霊亀二年（七一六年）、皇太子・首皇子は立太子されて二年後、十六歳でやはり不比等の娘である安宿媛《あすかべひめ》（光明子《こうみょうし》）を妃とされた。この安宿媛は首皇子の実母・宮子の異母妹である。

皇紀一三七九年＝養老三年（七一九年）、皇太子・首皇子（十九歳）は「未だ政道に閑《なら》はず」（『続日本紀』）として「宗室の年長」たる舎人・新田部親王の輔翼《ほよく》に期待する詔（元正天皇）が発せられる。ここで皇位継承候補として長屋王の存在が大きくのしかかっている。

皇紀一三八四年＝神亀《じんき》元年（七二四年）二月四日、二十四歳でようやく同母姉の元正天皇より譲位を受け首皇子が聖武《しょうむ》天皇として即位された。この日、元号が養老から神亀に改元される。

聖武天皇の御世の初期は皇親勢力を代表する長屋王が政権を担当され政務を執られた。前述の通り、長屋王は天武天皇の内孫で、天智天皇の外孫に当たり、皇親勢力の巨頭として皇親政治の中心的存在であられた。

一方、藤原氏は首皇子が皇太子時代に入内した藤原光明子（父は藤原不比等、母は県犬養三千代《あがたのいぬかいのみちよ》）の立后を願っていた。しかし皇后は夫となる天皇の亡き後に、中継ぎの天皇として即位される可能性があり、これまでは皇族しか立后されないことになっていたので、長屋王は光明子の立后には反対していた。

これより前二月六日、天皇は勅して藤原夫人（宮子）を尊び、大夫人と称することにされた。しかしその後、聖武天皇は神亀元年三月二十二日、詔「長屋王等の上表に答え藤原の夫人の称号を定め給ふの詔」を発せられ、母・宮子は大夫人（これまで使っていた敬称）ではなく皇太夫人とされた。これも藤原氏の長屋王に対する怨みとなって後の「長屋王の変」の悲劇（後述）に繋がることになった。

なお、皇太夫人・光明子は聖武天皇の母・宮子の異母妹であり、聖武天皇の母と夫人がともに不比等の娘で異母姉妹の関係にある。

十一月二十三日、大嘗祭（即位後の最初の新嘗祭）を催行される。

皇紀一三八七年＝神亀四年（七二七年）十一月二日、詔「皇太子を立て給ふの詔」を発せられ、この年閏九月に聖武天皇と夫人・藤原光明子との間に誕生された基王《もといおう》がわずか誕生二ヶ月で皇太子に立てられた。しかしこの皇太子・基王（二歳）は翌神亀五年九月十三日、二歳で幼くして薨去される。そして皇紀一三八八年＝神亀五年（七二八年）、聖武天皇と県犬養広刀自《あがたのいぬかいのひろとじ》との間に安積《あさか》親王が誕生される。

藤原不比等
- 武智麻呂《むちまろ》（長男南家の祖、母は蘇我馬子の孫・蘇我連子《そがのむらじこ》）
- 房前《ふささき》（次男北家の祖、母は蘇我馬子の孫・蘇我連子）
- 宇合《うまかい》（三男式家の祖、母は蘇我馬子の孫・蘇我連子）
- 麻呂（四男京家の祖、母は不比等の異母妹・五百重娘《いおえのいらつめ》、不比等の異母妹でもと天武天皇妃）
- 宮子（長女、文武天皇夫人、聖武天皇の母、母は賀茂小黒麻呂《おぐろまろ》の娘・賀茂比売《かものひめ》）
- 光明子（聖武天皇皇后・光明皇后）、孝謙（称徳）天皇の母、母は県犬養東人の女・県犬養三千代（橘三千代）

**【長屋王の変】**

皇紀一三八九年＝神亀六年（七二九年）二月十日、聖武天皇が即位されて五年後、「長屋王の変」が勃発する。

漆部君足《ぬりべのきみたり》と中臣宮処《なかとみのみやこ》東人《あずまびと》が「左大臣・長屋王は密かに左道（妖術）を学びて国を傾けんと欲す」と密告する。先の皇太子・基王《もといおう》の薨去が長屋王の左道によるものと密告したのであった。

これを受けて、藤原宇合《うまかい》（藤原不比等の三男で藤原式家の祖）らが率いる六衛府の軍勢が、長屋王の邸宅を包囲する。そして翌十一日、舎人親王や新田部親王（ともに天武天皇の皇子で長屋王の叔父）を遣わし尋問させた。その結果、翌十二日、長屋王（四十六歳）は自害され、その妃の吉備内親王（草壁皇子・元明天皇の皇女）と子の膳夫王《かしわでおう》、桑田王、葛木王、鉤取王《かぎとりおう》らも自害され薨去された。遂に藤原氏は長屋王一族を滅ぼしたのである。

二月十三日、詔「吉備内親王及び長屋王を葬り給ふの勅」を発せられる。

二月十八日、長屋王の兄弟姉妹とその子孫は男女を問わず全て勅により赦免される。長屋王さえ抹殺してしまえばいいということだったのであろうか。

漆部君足らの密告は讒言であったとする説が根強い。藤原一族が皇位継承などで対立する皇親勢力の中心人物を、殆ど理由もなしに軍事力によって攻め滅ぼした。

長屋王薨去の半年後、天平元年八月二十四日、聖武天皇は詔「立后の宣命」を発せられ、夫人《ぶにん》であった光明子を皇后に立てられた。ここで皇族以外の女性が史上初めて皇后に立てられる。皇族以外から立后する先例を作った。藤原四兄弟が長屋王を排除することによって皇親勢力を抑え込み、藤原政権を樹立する。

しかし、この四兄弟は、八年後の天平九年（七三七年）、天然痘により全員死去することになる。なお、藤原四兄弟とは長男・藤原武智麻呂（藤原南家の祖）、次男・藤原房前（藤原北家の祖）、三男・藤原宇合（藤原式家の祖）、四男・藤原麻呂（藤原京家の祖）で、いずれも藤原不比等の息子等であり、鎌足の孫たちである。四月十七日房前が、七月十三日麻呂が、七月二十五日武智麻呂が、そして八月五日宇合がそれぞれ相次いで死去した。武智麻呂は正一位が授けられ左大臣に任じられたその日に死去している。

この長屋王の変をきっかけに、藤原四兄弟の一族が天皇に妃を入れ、天皇の外祖父となって、権勢を振るい、皇位継承にも大きく関わってくることになる。藤原一族が、これからの皇位継承に、良きにつけ悪しきにつけ絶大なる影響を及ぼすようになった。

『続日本紀』には「長屋王を誣告《ぶこく》」と記載されているので、同書が成立した皇紀一四五七年＝延暦十六年（七九七年）（桓武天皇の御世）には朝廷内では、長屋王が無実の罪を着せられて滅ぼされたことが公然の事実となっている。

皇紀一三九八年＝天平十年（七三八年）一月十三日、長屋王一族が滅ぼされて九年後、光明皇后を母に持つ阿倍内親王（後の孝謙・称徳天皇）が二十一歳で立太子される。

十歳年下ではあるが十一歳になる異母弟の安積《あさか》親王（聖武天皇の第二皇子、母は県犬養広刀自《ひろとじ》）がおられたのにここで阿倍内親王が立太子される。母が藤原氏でないために、安積親王が立太子されず、母が藤原氏の内親王が立太子される。親王がおられるのに内親王が立太子されるという極めて異例の、これまでにはない事態が発生した。

藤原四兄弟亡き後、橘諸兄《たちばなのもろえ》が右大臣となる。橘諸兄は敏達天皇の五世孫の皇族である。初め葛城王を称し、天平八年に臣籍降下され、母・橘三千代《たちばなのみちよ》の姓である橘宿禰を継ぐことが許され、以後は橘諸兄と称した。敏達天皇の曾孫・美努王《みぬおう》（大宰帥）の王子で、初代橘氏長者（橘氏の棟梁）となる。

皇族の橘諸兄が政務を執ることで藤原一族との勢力の均衡を保った。

㉚敏達天皇→難波皇子→栗隈王→美努王→橘諸兄（葛城王・初代橘氏長者）

しかしこの橘諸兄も、後に次の孝謙天皇の御世、皇紀一四一五年＝天平勝宝《てんぴょうしょうほう》七年（七五五年）、聖武上皇のご不例に際して、宴席で不敬の言があったと讒言され、翌八年二月二日、辞職を申し出て引退し、失脚している。翌九年一月六日に死去した（七十四歳）。

また、この年天平十年（七三八年）七月十日には、故・長屋王を誣告した中臣宮処《みやところの》東人《あずまびと》が大伴子虫《こむし》に斬殺され、「長屋王の変」の後の悲劇が続く。

皇紀一四〇四年＝天平十六年（七四四年）閏一月十三日、聖武天皇の第二皇子・安積《あさか》親王が十七歳で薨去される。

この年の閏一月十一日、安積親王は難波宮に行く途中、桜井頓宮《とんぐう》に立ち寄られ、そこで脚気になり恭仁京《くにきょう》に引き返されるが、二日後の十三日に突然薨去された（十七歳）。藤原仲麻呂《なかまろ》（武智麻呂の次男）に毒殺されたという説もある。本来であれば安積親王が立太子されるべき地位にあられたので、毒殺の噂が立ったのももっともであった。

皇紀一四〇八年＝天平二十年（七四八年）四月二十一日、先帝の元正上皇が六十九歳で崩御される。

皇紀一四〇九年＝天平感宝《てんぴょうかんぽう》元年（七四九年）七月二日、天皇は在位二十五年七ヶ月（皇統譜には在位二十六年とある）で皇女の阿倍内親王に譲位され、出家された。

皇紀一四一六年＝天平勝宝八年（七五六年）五月二日、出家されて七年後、五十六歳で崩御される。

# 第四十六代　孝謙《こうけん》天皇

〔世系三十四、即位三十二歳、在位九年、宝算五十三歳〕

皇紀一三七八年＝養老《ようろう》二年（七一八年）、聖武《しょうむ》天皇の第二皇女として誕生された阿倍内親王で、母は史上初めて皇族以外の臣民（藤原氏）から皇后に立てられた光明《こうみょう》皇后（光明子）である。もっとも、臣民といっても藤原氏は中臣氏であるから、神別氏族である。

皇紀一三九七年＝天平九年（七三七年）、天然痘が大流行し、光明皇后の後ろ盾として政権を担っていた藤原四兄弟が前述の通り相次いで死去し、藤原氏の勢力は弱くなり、代わって皇親勢力の左大臣・橘諸兄《たちばなのもろえ》（敏達天皇の後裔）が国政を担うようになった。

しかしこの頃から、藤原氏は武智麻呂《むちまろ》の次男・藤原仲麻呂《なかまろ》（不比等の孫）が、叔母に当たる光明皇后の後ろ盾のもとで昇進し、左大臣・橘諸兄と勢力を競うようになる。

皇紀一三九八年＝天平十年（七三八年）一月十三日、阿倍内親王が第二皇子・安積《あさか》親王を差し置いて、二十一歳で立太子され、史上初の女性皇太子となられた。この時、安積親王は十一歳であり立太子される立場におられたがまだ幼かったこともあって、光明皇后を母に持つ阿倍内親王（後の孝謙・称徳天皇）が立太子された。

皇子・親王がおられる場合は親王が皇統の人として立太子されるのがこれまでの長い日本の歴史上

の慣例であったが、これが無視され内親王が立太子されたのである。光明皇后（三十八歳）と藤原仲麻呂（三十三歳）の権勢による。安積親王の母が県犬養氏《あがたいぬかい》の県犬養広刀自《ひろとじ》で、藤原氏ではないためもあって阿倍内親王の立太子となったのである。

また、聖武天皇の内親王としては、阿部内親王の一歳年長で県犬養広刀自を母とする井上《いのえ》内親王がおられた。この井上内親王は母が藤原氏でないためか、五歳で伊勢神宮の斎王に卜定《ぼくじょう》され、十一歳になられた神亀《じんき》四年、伊勢に下向された。後に光仁天皇の皇后に立てられる（後述）。

皇紀一四〇四年＝天平十六年（七四四年）閏一月十三日、安積親王（十七歳）が薨去される。皇位継承候補としては最有力であったが、藤原氏の権勢に押され、立太子されないで薨去された。これには前述の通り仲麻呂の毒殺説もある。

皇紀一四〇九年＝天平勝宝《てんぴょうしょうほう》元年（七四九年）七月二日、先帝・聖武天皇の譲位により皇太子の阿倍内親王が三十二歳で即位された。この日、元号を天平勝宝に改元する。

聖武天皇の第一皇子・基王は生後一年足らず、二歳で夭折され、第二皇子の安積親王も前述の通り五年前に十七歳で薨去された。従って聖武天皇の皇子としての後嗣がおられなくなり、阿倍内親王が即位される。天皇は史上六人目の女性天皇で、のちに重祚され称徳天皇として再び即位されるが、天武系の最後の天皇となられた。

十一月二十五日、大嘗祭を催行された。

皇紀一四一四年＝天平勝宝六年（七五四年）七月十九日、太皇太后（宮子）が薨去される。

皇紀一四一六年＝天平勝宝八年五月二日、聖武上皇が崩御される。崩御にあたって聖武上皇は道祖《ふなど》王《おう》を孝謙天皇の皇太子に立てることを遺詔された。

ここで遺詔に従って道祖王が孝謙天皇の皇太子となられる。道祖王は新田部親王（天武天皇の第七皇子）の王子で、天武天皇の孫王である。

㊵天武天皇→新田部親王→道祖王

聖武天皇が譲位され阿倍内親王が即位（孝謙天皇）されると、藤原仲麻呂は大納言に昇進し、また後に光明皇后のために設けられた紫微《しび》中台《ちゅうだい》（皇后宮職）の令（長官）となる。光明皇后と娘・孝謙天皇の信任を背景に、仲麻呂は政治と軍事の両方を掌握して左大臣・橘諸兄の権勢を凌ぎ、執政は光明皇后と仲麻呂の独裁体制となる。

皇紀一四一七年＝天平勝宝九年（七五七年）三月二十九日、道祖王は服喪中に不貞な行動がありこれが不敬と問題視され、孝謙天皇の勅命で皇太子を廃される。先帝・聖武天皇の遺詔により立太子された道祖王がわずか一年足らずで廃されたのである。先帝の遺詔を反故《ほご》にするほどのことであったのかどうか極めて疑わしい。

翌皇紀一四一八年四月四日、天皇は道祖王を廃してから、どの王を立てて後嗣とすべきかをご下問になった。大伴宿禰古麻呂は池田王（舎人親王の王子）を推挙する。これに対して、藤原仲麻呂は「臣下の者を一番よく知っているのは君主（天皇）、子のことを最もよく知っているのは父、従って私は天皇の選ばれる人に従う」と答える。天皇は「大炊王《おおいおう》はまだ壮年に達していないが、過誤悪行のあることを聞かない。この王を立てようと思う」と詔される。

ここで天武天皇の第三皇子である舎人《とねり》親王の王子の大炊王（淳仁天皇）が藤原仲麻呂の推挙もあって立太子される。大炊王は仲麻呂の早世した長男・真従《まより》の未亡人である粟田諸姉《あわたのもろね》を妃とし、田村第（仲麻呂邸）に住しておられた。

㊵天武天皇→舎人親王→大炊王（㊼淳仁天皇）

五月二十日、藤原仲麻呂が紫微《しび》内相（紫微中台長官）に任じられる。

強まる藤原仲麻呂の権勢に危機感を抱いた橘《たちばなの》奈良麻呂《ならまろ》（前年失脚した左大臣・橘諸兄の息子）や大伴古麻呂らは、孝謙天皇を廃して新帝を擁立することを協議する。

孝謙天皇は女性天皇で、皇子はおられないので、皇統の危機が起きるのは目に見えていた。将来の皇位継承を考えるのは朝廷官僚の首脳としては当然のことであり、義務でもあった。ところが仲麻呂らはこれを謀反と見なして橘奈良麻呂らの追い落としにかかる。

【橘奈良麻呂の乱】

この年七月四日、孝謙天皇を廃し塩焼王《しおやきおう》（新田部親王の王子、天武天皇の孫王）、安宿王《あすかべおう》（長屋王の王子、天武天皇の曾孫王）、黄文王《きぶみおう》（長屋王の王子）、道祖王（新田部親王の王子、天武天皇の孫王）の四王子（皇位継承資格者）のいずれかに即位を願おうと橘奈良麻呂らは協議していたが、これが謀反と見なされた。

黄文王、道祖王が捕縛され、厳しい拷問を受け、薨去された。そして関係者の多くも獄死したり、配流になるなどした。黄文王は左大臣・長屋王の子で母は藤原不比等の娘である。

孝謙天皇が先帝・聖武天皇の遺詔により立太子された道祖王を廃されたが、女帝であり後嗣がないので、皇位継承問題が間近に迫っていると考え、奈良麻呂らは孝謙天皇を廃して、しかるべき皇統の人に即位願おうとした事件であった。そこで孝謙天皇と藤原仲麻呂は、皇位継承資格のある諸王やその関係者を徹底して粛清した。皇位継承に関しての歴史上、極めて重大でかつ残虐な事件であった。

孝謙天皇の意を受けてのことではあろうが、藤原仲麻呂は長屋王に繋がる皇親勢力を徹底的に抹殺した。後に仲麻呂は乱（藤原仲麻呂の乱）を起こし誅殺されることになる。

皇紀一四一八年＝天平宝字《てんぴょうほうじ》二年（七五八年）八月一日、在位九年（九年三十日で皇統譜には十年とある）、孝謙天皇は「譲位の宣命」を発せられ、四十一歳で皇太子・大炊王（淳仁天皇）に譲位され上皇（太上天皇）となられる。

## 第四十七代　淳《じゅん》仁《にん》天皇　（世系三十二、即位二十六歳、在位七年、宝算三十三歳）

皇紀一三九三年＝天平五年（七三三年）、天武《てんむ》天皇の皇子・舎人《とねり》親王の第七王子、天武天皇の孫王として誕生された大炊王《おおいおう》で、母は当麻《たいまの》真人《まひと》山背《やましろ》である。三歳で父・舎人親王が薨去され、母の身分も低く、天武天皇の嫡孫でありながら官位を受けることはなかった。

皇紀一四〇九年＝天平勝宝《てんぴょうしょうほう》元年（七四九年）七月二日、聖武天皇の譲位を受け阿倍内親王が孝謙天皇として三十二歳で即位される。

聖武上皇は崩御に臨んで、天武天皇の第七皇子・新田部《にいたべ》親王の王子（天武天皇の孫）である道祖王《ふなどおう》を孝謙天皇の皇太子に立てることを遺詔された。聖武天皇は阿倍内親王に譲位するに当たって、次の皇位継承者を道祖王と決めておられたのである。

皇紀一四一六年＝天平勝宝八年（七五六年）五月二日、聖武上皇が崩御され、道祖王が聖武太上天皇の遺詔により孝謙天皇の皇太子となられた。しかし道祖王は既述の通り、立太子されて一年後の天平勝宝九年三月、孝謙天皇の勅命で皇太子を廃された。

皇紀一四一七年＝天平勝宝九年（七五七年）四月四日、天武天皇の第三皇子である舎人親王の王子・大炊王（淳仁天皇）が藤原仲麻呂の推挙で立太子される。皇太子を廃された道祖王に代わって大炊王が立太子されたのである。仲麻呂とその後見人・光明皇后および孝謙天皇の意向が大きく影響している。

皇紀一四一八年＝天平宝字《てんぴょうほうじ》二年（七五八年）八月一日、大炊王が立太子された翌年、橘奈良麻呂《たちばなのならまろ》の乱もあって、皇太子・大炊王が孝謙天皇から譲位を受け、「即位の宣命」が発せられて淳仁天皇として即位される（二十六歳）。孝謙天皇は、女性天皇として初めて太上天皇（孝謙上皇）となられた。十一月二十三日、大嘗祭を催行される。

皇太子・大炊王（淳仁天皇）は皇位に就かれたが、実際の政治はほとんど藤原仲麻呂が行い、また仲麻呂の後見人として光明皇后（光明子・光明皇太后）が強い影響力を持っておられた。

皇紀一四二〇年＝天平宝字四年（七六〇年）六月七日、光明皇后が薨去された。

皇紀一四二一年＝天平宝字五年（七六一年）十月二十八日、「平城宮改修のため保良宮《ほらのみや》に移御し給うの詔」を発せられる。

仲麻呂は平城宮の改築を実施し、その間、孝謙上皇と淳仁天皇は保良宮（大津市の石山国分遺跡周辺）に行幸され、保良宮を行宮《かりみや》とされた。

保良宮滞在中に孝謙上皇が病に陥られ、弓削道鏡《ゆげどうきょう》の祈禱でこの病が平癒した。これで上皇は道鏡をすっかり信頼されるようになり、道鏡を取り立てて異例の昇進をさせたことから、淳仁天皇や仲麻呂との関係が不和になっていく。そして、淳仁天皇が孝謙上皇と道鏡との関係について諫言《かんげん》したことで、両者の関係は決定的に対立するようになる。

皇紀一四二二年＝天平宝字六年（七六二年）六月三日、ついに孝謙上皇は「今の帝は常の祀りと小事を行え、国家の大事と賞罰は朕が行う」と宣告され、再び孝謙上皇が天皇として政治の大権を掌握される。そして上皇が半ば天皇を廃位にするような、極めて異例な行動をとられた。確かに年齢としては上皇が天皇より十五歳年長であるが、上皇が天皇から権限を剝奪するような行動は極めて異常なことであった。

皇紀一四二三年＝天平宝字七年（七六三年）九月四日、孝謙上皇は道鏡を少僧都《しょうそうず》に任じられる。

【藤原仲麻呂の乱】

皇紀一四二四年＝天平宝字八年（七六四年）九月五日、道鏡の台頭とその権勢に脅威と不安を感じた仲麻呂は、舎人親王の第三王子で異母兄の船王《ふねのおう》と協議し、孝謙上皇の非を訴えようとされたが、これが反乱とされた。舎人親王の第四王・池田王は乱を想定し、すでに夏頃より兵馬を集結させ戦闘準備を開始しておられた。両親王ともに、淳仁天皇の異母兄弟である。孝謙上皇と道鏡体制には両者ともに批判的だったのである。それに当然のことながら、皇統の危機を憂えておられた。

ところが数日後の九月十一日、密告でこの仲麻呂らの動きを知られた孝謙上皇は、謀反の発生として、少納言・山村王（用明天皇の皇子・来目皇子の末裔）を淳仁天皇のもとに派遣して、皇権（軍事行動）の発動に必要な鈴印《れいいん》（御璽《ぎょじ》と駅鈴）を回収させ、仲麻呂らの朝廷方が軍事行動を起こせないようにされた。そして勅命で、仲麻呂一族の官位を剝奪し、藤原の氏姓も剝奪され、全財産の没収を宣言された。

仲麻呂としてはこれに従うか、戦うかの岐路に立たされ、結局、戦うことを決意する。仲麻呂は一族を率いて平城京を脱出して一旦宇治へ入り、それから仲麻呂が長年国司を務め、彼の地盤ともなっていた近江国の国衙《こくが》を目指し移動した。孝謙上皇は造東大寺司（長官）であった吉備真備《きびのまきび》を召して仲麻呂誅伐を命じ出兵させる。

数日後の九月十八日、仲麻呂討伐将軍に任ぜられた備前守・藤原蔵下麻呂《くらじまろ》（宇合の九男）の援軍が、吉備真備の討伐軍に加わって、ついに仲麻呂軍は敗れる。

仲麻呂一家は殺害されたが、この時、新田部親王の子で、天武天皇の孫に当たる塩焼王《しおやきおう》も殺害された。

淳仁天皇は仲麻呂の乱が起きた後も、仲麻呂らと行動を共にされることはなかったのであるが、「仲麻呂との関係が深かった」ことを理由に、十月九日、天皇廃位を宣告され、親王の待遇をもって淡路国に配流とされた。在位七年（六年二ヶ月）であった。

上皇が天皇を廃位するという極めて異常な事態が起きた。

廃位された淳仁天皇に太上天皇号（上皇）が奉られることはなかったが、この淡路の先帝・淳仁天皇のもとに通う官人らが多く、また都では当然のことながら、先帝の復帰（重祚）を図る勢力もあった。

そこで翌皇紀一四二五年＝天平神護《てんぴょうじんご》元年（七六五年）二月十四日、「流人逃亡に付、淡路の国守を戒め給ふの勅」が発せられる。

淳仁天皇が孝謙上皇から廃位された後も、商人であると偽って淡路に通う官人が多く、危機感を持たれた孝謙上皇（称徳天皇）は、廃された淳仁上皇の監視役である現地の国守・佐伯助らに監視の強化を命じられた。

十月二十二日、淳仁天皇は逃亡を図られたとして捕らえられ、翌日二十三日、院中で崩御された。宝算三十三歳であった。病死と伝えられているが、殺害されたとも推定される。葬礼も行われていない。

崩御後も敵対した孝謙上皇（称徳天皇）の意向により長らく天皇と認められず、廃帝または淡路廃帝《あわじはいてい》と称されていたが、明治三年七月二十三日に、弘文天皇（大友皇子）、仲恭天皇とともに明治天皇から「淳仁天皇」と諡号《しごう》が賜られた。孝謙天皇＝称徳天皇に翻弄された悲劇の天皇といわざるを得ない。わずか七年の在位であった。

## 第四十八代　称《しょう》徳《とく》天皇

〔世系三十四、即位四十七歳、在位六年、宝算五十三歳〕

皇紀一四二四年＝天平宝字《てんぴょうほうじ》八年（七六四年）十月九日、孝謙《こうけん》上皇は仲麻呂の乱を平定し、淳仁《じゅんにん》天皇を廃され、重祚して再び称徳《しょうとく》天皇として即位され、皇位に就かれた。形式としては以前皇極《こうぎょく》天皇が重祚され斉明《さいめい》天皇として即位されたのを先例としている。

皇紀一四二五年＝天平宝字九年（七六五年）一月七日、天平神護《てんぴょうじんご》に改元する。

天平神護元年三月五日、称徳天皇は「皇太子の位は天が定められるもの、故に朕も天地が明らかに霊妙な兆候をもって、皇太子の位をお授けになる人が出現すると思っている」と詔され、皇太子を定められなかった。背景には弓削道鏡の存在があったことは明らかである。

また天皇は「淡路におられる人（淳仁廃帝）を連れてきて再び帝として立て、天下を治めさせたいと思っている人もあるらしい。けれどもその人は天地がよいと認めて位をお授けになった人ではない。……」と詔された。先帝・淳仁天皇の復帰を暗に否定しておられる。

この年閏十月二日、「道鏡に太政大臣禅師の位を授け給ふの宣命」が発せられ、道鏡を太政大臣禅師（太政大臣）とする。

十一月二十二日、大嘗祭を催行された。

皇紀一四二九年＝神護景雲《じんごけいうん》三年（七六九年）五月二十五日、詔により、孝謙天皇＝称徳天皇は異母妹に当たる不破内親王《ふわ》（聖武天皇の皇女）とその王子の氷上志計志麻呂《ひかみのしけしまろ》（天武天皇の男系曾孫）が孝謙上皇を呪詛《じゅそ》したとして、名を改めた上で流刑に処され、土佐国に配流された。

不破内親王の母は夫人・県犬養広刀自《あがたのいぬかいひろとじ》である。新田部《にいたべ》親王の王子で天武天皇の孫に当たる塩焼王《しおやきおう》の妃であった。この塩焼王は先の藤原仲麻呂の乱に加担して殺害されている。

氷上志計志麻呂は父方も母方も天武天皇に繋がる皇族で、当然、皇位継承資格者である。だからこそ、孝謙＝称徳天皇はこれを滅ぼされたのである。この不破内親王の同母姉・井上内親王を妃としておられた中納言・白壁王《しらかべのおおきみ》（後の光仁天皇）は天皇の嫉視を常に警戒され、酒に溺れた振りをされ難を逃れようとされた。

孝謙＝称徳天皇による恐怖政治が行われ、皇位継承に関して異常事態が発生している。


**【宇佐八幡宮神託事件】**


七月、道鏡の弟・弓削浄人《ゆげのきよひと》が大宰帥に就く。彼は兄の弓削道鏡を皇位に就けることが神意に適う旨の宇佐八幡宮の神託を奏上し、「宇佐八幡宮神託事件」を引き起こした。

宇佐の神官を兼ねていた大宰府の主神《かんづかさ》・中臣習宜阿曾麻呂《なかとみのすげのあそまろ》が道鏡に媚びて、宇佐八幡神の神託として、「道鏡を皇位に就かせれば天下太平になる」と天皇へ奏上した。

そこで、これを確かめさせるべく、和気清麻呂《わけのきよまろ》が勅使として宇佐八幡宮に派遣される。清麻呂は宇佐八幡宮で「此度伺った宇佐八幡宮の教命は朝廷の大事であり、信じ難い内容である。願わくば格別神の意思を示せ」と訴えると、突如として神が三丈《じょう》（六メートル）ほどの満月のような形をして現れた。清麻呂は吃驚《びっくり》して度を失い、仰ぎ見ることすらできなかった。

そして、「我が国は開闢《かいびゃく》より君臣の秩序は定まれり。臣下を君主とすることは未だかつてなかった。

道鏡は人の道にもとり皇位に就こうとの野望を抱いている。神はその野望を聞き届けるようなことはしない。汝は朝廷に戻り、私が言った通りを天皇に奏上せよ。皇位は必ず皇孫が継ぐのである。汝は道鏡の怨みを恐れてはいけない。私が必ず助けるであろう」との神託を受けた。清麻呂は朝廷にこれを持ち帰り、先の託宣は虚偽であると復命した。

清麻呂が教命通りに奏上すると、天皇は意に反する思いはしたが、清麻呂を処刑する気持ちにはならず、清麻呂を因幡員外介に左遷し、ついで「別部穢《わけべのきたな》麻呂《まろ》」と名を変え大隅国へ流した。道鏡は人を差し向け、途上で清麻呂を殺そうとした。しかし雷雨で辺りが暗くなり、殺害される前に勅使が遣わされ殺されずに済んだ。参議の藤原百川《ももがわ》は清麻呂の熱い忠義に同情し、備後国の封二十戸分の収益を配所に送り届けた。

大隅国流刑地の鹿児島県霧島市牧園町に清麻呂を祭神とする和気神社が創建されている。嘉永六年、薩摩藩主・島津《しまづ》斉彬《なりあきら》公が清麻呂の流刑地を調査確定し、のち昭和二十一年この地に和気神社が創建された。

この年十月一日、称徳天皇は遂に詔六一九「……皇位というものは、天が授けようと思われない人に授けては保つことも出来ず、また却って身を滅ぼすものである。朕が立てた人であっても、汝の心で良くないと知り、自分の目に適う人を新しく立てることは心のままにせよ（道鏡には皇位は継がせない）……」を発せられ、皇位継承に関する一連の事件（宇佐八幡宮神託事件・道鏡事件）は決着した。さすがに称徳天皇もこの状況下では道鏡を皇位に就けることはなさらなかった。「天壌無窮《てんじょうむきゅう》の神勅《しんちょく》」はこうして遵守された。

孝謙＝称徳天皇と弓削道鏡にまつわるこの宇佐八幡宮神託事件は、皇統に関する日本史上最大の事件であったことは間違いない。そして和気清麻呂の忠義によるところ大であるが、最終的にはやはり孝謙＝称徳天皇の決断によって解決を見ている。

翌年皇紀一四三〇年＝神護景雲四年（七七〇年）八月四日、称徳天皇が平城宮で崩御される。在位六年、宝算五十三歳であった。この日、孝謙＝称徳天皇は「白壁王を皇太子に定め給ふの遺宣」を発せられた（詔第六二三詔）。

左大臣・藤原永手《ながて》（藤原北家の祖・藤原房前《ふささき》の次男）、右大臣・吉備真備《きびのまきび》らが禁中で協議し、白壁王を皇太子に推挙する。皇統の危機に当たって、和気清麻呂はもちろんのこと、藤原永手と吉備真備が重要な役割を果たしている。

孝謙＝称徳天皇崩御に当たっては、聖武天皇の皇女・不破内親王の呪詛の効果があったとか、因果応報とか、とかくの噂があったが、いずれにしてもこれからのち、後水尾《ごみずのお》天皇の皇女・明正《めいしょう》天皇（在位皇紀二二八九年〜二三〇三年）誕生まで、八百五十余年の間、再度女性天皇が立てられることはなかった。

皇位継承問題についての歴史上での最大の事件はこの道鏡事件であった。というのは、これが間違えば万世一系の皇統は途絶えていたからである。それが和気清麻呂の勇気により皇統は維持できたのである。

孝謙＝称徳天皇は淳仁天皇や皇太子・道祖王を廃し、天武系の諸王を獄死させたり配流に処したりし、遂にここで天武系の後嗣がおられなくなり、皇位は天智系の皇統の人・白壁王に移っていった。

八月二十一日、皇太子（白壁王）は「道鏡を造下野国薬師寺別当に任じ派遣する」との令旨を下された。

二十二日、弓削浄人とその息子達を土佐国に流した。朝廷を混乱させ、国体を揺るがした弓削道鏡事件がここに終息した。

九月六日、和気清麻呂と広虫（清麻呂の姉）が大隅国と備後国からそれぞれ召して京に戻された。

## 第四十九代 光仁《こうにん》天皇

（世系三十二、即位六十二歳、在位十一年、宝算七十三歳）

皇紀一三六九年＝和銅《わどう》二年（七〇九年）十月十三日、天智《てんぢ》天皇の第七皇子・施基《しき》親王（志貴皇子《しきのみこ》）の第六王子として誕生された白壁王《しらかべのおおきみ》で、母は贈正一位・太政大臣紀諸人《きのもろひと》の娘・紀橡姫《とちひめ》である。

皇紀一四三〇年＝神護景雲《じんごけいうん》四年（七七〇年）八月四日、白壁王（六十二歳）が皇太子に立てられる。称徳《しょうとく》天皇の遺詔に「宜しく大納言白壁王を皇太子に立つべし」とあったからである。

そしてこの月二十一日、前述の通り、皇太子（白壁王）は「道鏡を造下野国薬師寺別当に任じ派遣する」との令旨（皇太子の命令）を下された。

十月一日、立太子されてから二ヶ月で「即位改元の宣命」が発せられ、白壁王が六十二歳で光仁《こうにん》天皇として即位される。元号は宝亀《ほうき》に改元された。

㊳天智天皇→志貴皇子→白壁王（㊾光仁天皇）

光仁天皇は天智天皇の嫡孫王子である。先帝の孝謙＝称徳天皇までは、皇位は天武天皇の系統が継いでこられた。つまり壬申の乱のあと皇位はおよそ百年、天武天皇の系統が続いてきたが、ここで天武天皇の系統から天智天皇の系統に皇統が移ることになった。

世系（世代）もこの時、先帝・称徳天皇の三十四から白壁王の三十二と、文武天皇の代まで戻っている。

十一月六日、白壁王は聖武天皇の第一皇女で妃の井上《いのえ》内親王（五十四歳）を皇后に立てられた。井上内親王は聖武天皇の皇女で、孝謙＝称徳天皇の異母姉である。

井上内親王は皇紀一三八一年＝養老五年（七二一年）、五歳で伊勢神宮の斎王になられ、六年後の皇紀一三八七年＝神亀《じんき》四年、十一歳で伊勢に下向された。その後、皇紀一四〇四年＝天平十六年、同母弟の安積《あさか》親王が薨去されたので、斎王の任を解かれた（二十八歳）。帰京されたのち、左大臣・藤原永手《ながて》（房前《ふささき》の次男）らの推挙で白壁王（光仁天皇）の妃になられ、天平宝字《てんぴょうほうじ》五年（七六一年）白壁王との間に他戸《おさべ》親王が誕生される。

皇紀一四三一年＝宝亀二年（七七一年）一月二十三日、他戸親王が十一歳で立太子される。

他戸親王は光仁天皇（白壁王）の王子で、母は聖武天皇の第一皇女・井上内親王であるから、これで皇位が安定すると思われた。

しかし一年余りの後、皇紀一四三二年＝宝亀三年三月二日、皇后の井上内親王が呪詛の罪に連座し皇后を廃され、その後五月二十七日には、皇太子の他戸親王も皇太子を廃された。

光仁天皇即位から一年半、皇后は立后されて一年四ヶ月、他戸親王は立太子されて一年四ヶ月余りしか経っていない。井上内親王は天武系であり、天智系の光仁天皇の妃になっておられた。実に不可解な事件であった。

井上内親王の立后と他戸親王の立太子に尽力したといわれる左大臣の藤原永手（藤原北家の祖・藤原房前の次男）が光仁天皇即位の五ヶ月後の宝亀二年二月二十二日に死去（五十八歳）したことが影響しているのであろう。藤原家内部において、藤原北家から藤原式家（藤原不比等の三男藤原宇合《うまかい》を祖とする家系）への政権移動があった。つまり、藤原北家から式家へと政権基盤が移ったためと考えられる。

山部親王（桓武《かんむ》天皇）の立太子を目論む藤原良継《よしつぐ》（藤原式家の祖・藤原宇合の次男）や藤原百川《ももがわ》（藤原宇合の八男）ら藤原式家一派が、光仁天皇の後嗣を強引に山部親王へと引き摺っていったと考えられる。

皇紀一四三三年＝宝亀四年（七七三年）一月二日、「皇太子を立て給ふの宣命」を発せられ、妃・高野新笠《たかののにいがさ》所生の山部《やまべ》親王（桓武天皇）が、他戸親王に代わって三十七歳で皇太子に立てられた。

高野新笠は百済から大和朝廷へ人質として送られた武寧王《ぶねいおう》の十世孫とされ、出身一族は六代前に帰化した。高野朝臣という姓は、光仁天皇の即位後に賜ったものである。

更に宝亀四年十月十九日、難波《なにわ》内親王（光仁天皇の同母姉）の薨去（十月十四日）も、井上内親王の呪詛による殺害という嫌疑がかかり、井上内親王は他戸親王と共に庶人に落とされて大和国宇智郡（奈良県五條市）に幽閉され、その後宝亀六年四月二十七日、その幽閉先で他戸親王（十五歳）と同日に薨去された（五十九歳）。井上内親王（光仁天皇の皇后）と他戸親王（皇太子）を執拗に追い落として抹殺している。

いずれにしても、高野新笠所生の山部親王（桓武天皇）の立太子前に、井上内親王の呪詛連座事件があり、その直後にまた難波内親王の薨去に関する呪詛事件と追い打ちをかけるように事件が続く。そしてついに幽閉先で親子とも不自然な死を遂げておられ、暗殺説は根強い。光仁天皇は後に嘆いて詔を発せられる（後述）。

皇紀一四四一年＝天応元年（七八一年）二月十七日、第一皇女・能登内親王（山部親王＝桓武天皇の同母姉）が薨去される。

四月三日、天皇は病を理由に皇太子・山部親王（桓武天皇）に譲位される。そして「譲位の宣命」を発せられ、「……このような時には、とかく人々が良くない陰謀を懐《いだ》いて天下を乱し、自分の一族一門を滅ぼしてしまう人が多いものである。もしこのような人がいるのなら、自ら教え諭《さと》し心を入れ替えて、それぞれ祖先の家門の誉《ほま》れを滅ぼすことのないようにせよ。益々朝廷に励んで仕え、先祖からの忠誠心を益々継ごうと思い、謹んで、清らかで正直な心を持って仕えるべきである。天は高いところにあるけれども、低い地上の民の声を良く聞いているものである」と詔された。近臣に対して抗議しておられる。

四月四日、山部親王の同母弟の早良《さわら》親王を立てて皇太子とされた。

天応元年十二月二十三日、譲位されてからおよそ九ヶ月後、在位十一年（十年半）にして七十三歳で崩御される。皇統譜には在位十二年とある。皇后・井上内親王と他戸親王の薨去から六年八ヶ月後のことであった。

## 第五十代　桓《かん》武《む》天皇

（世系三十三、即位四十五歳、在位二十六年、宝算七十歳）

皇紀一三九七年＝天平九年（七三七年）、即位前の光仁《こうにん》天皇（白壁王《しらかべのおおきみ》時代）の第一王子として誕生された山部王《やまべのおう》で、生母は百済の第二十五代王・武寧王《ぶねいおう》を祖とする百済王族の末裔・和氏《やまとうじ》出身の高野《たかの》新笠《にいがさ》である。

皇紀一四三〇年＝宝亀《ほうき》元年十月一日、父の白壁王が六十二歳で即位され、王子・山部王（三十四歳）は親王宣下を受けられる。

皇紀一四三三年＝宝亀四年（七七三年）一月二日、前年三月二日に廃太子された他戸《おさべ》親王に代わって山部親王（三十七歳）を皇太子とされる。山部親王は他戸親王の異母兄である。

生母・高野新笠の出自が低かったため立太子は予想されていなかったが、異母弟の皇太子・他戸親王が突如廃されたため、三十七歳で立太子された。

皇紀一四四一年＝天応《てんおう》元年（七八一年）四月三日、「譲位の宣命」が発せられ、先帝・光仁天皇が皇太子（山部親王）に譲位された。そして四月十五日即位の礼を催行され、四十五歳で即位される。

翌四日、即位された桓武《かんむ》天皇が「立太子の宣命」を発せられ、同母弟の早良《さわら》親王を皇太子（皇太弟）とされた。父帝・光仁天皇の譲位とほぼ同時であり、先帝・光仁天皇の意向の通りである。

皇太弟・早良親王は同母兄・山部親王と同様、母方が下級貴族で立太子は望めず、天平宝字《てんぴょうほうじ》五年に出家して東大寺や大安寺で修行され、親王禅師と呼ばれていた。ところが兄・山部親王（桓武天皇）

が即位されたので、父・光仁天皇の勧めもあって、急遽還俗して立太子され皇太弟となられた。十一月十三日、大嘗祭を催行された。

大嘗祭が催行された翌月十二月二十三日、光仁天皇が崩御された。

**【氷上川継《ひかみのかわつぐ》の乱】**

光仁天皇が崩御された直後の翌皇紀一四四二年＝天応二年（七八二年）閏一月十一日、天武天皇の曾孫・塩焼王《しおやきおう》の子・氷上川継が反乱を起こす。

川継の従者・大和乙人《やまとのおとひと》が密かに武装して宮中に侵入したところを、発見されて捕縛される。大和乙人は尋問を受けて川継を首謀者とする謀反の計画を自白する。川継の父は藤原仲麻呂（南家）の乱で戦死した塩焼王、母は井上内親王の同母妹・不破内親王であった。川継は逃亡したが、三日後の閏一月十四日、葛上郡で捕らえられる。

氷上川継の罪は死罪に値するところ、たまたま先帝・光仁天皇の喪中だったので「氷上川継等の罪一等を減じ給ふの詔」が発せられ、伊豆国三島（伊豆諸島）へ配流とされた。川継の母・不破《ふわ》内親王（光仁天皇の皇后・井上内親王の同母妹）は淡路国に流された。

この反乱は光仁天皇の崩御直後に起きているので、皇位継承を争った事件の性格を帯びている。やはり山部親王（桓武天皇）の即位には反対勢力が多かったのである。

皇紀一四四三年＝延暦《えんりやく》二年（七八三年）四月十八日、藤原式家の藤原良継《よしつぐ》の娘である藤原乙牟漏《おとむろ》を皇后に立てられる。井上内親王と他戸親王を追い落とした藤原式家が、同家の藤原乙牟漏を皇后に立てた。

皇紀一四四四年＝延暦三年十一月十一日、都を平城宮から山城国乙訓《おとくに》郡の長岡京に遷される。

**【藤原種継《たねつぐ》暗殺事件】**

氷上川継の乱から三年経った皇紀一四四五年＝延暦四年（七八五年）九月二十三日、今度は藤原種継暗殺事件が発生する。

種継は藤原式家の祖・宇合《うまかい》の孫で、桓武天皇の信任が厚く、長岡京の造宮使に任命され、事実上の遷都の責任者とされていた。ところが遷都間もない延暦四年九月二十三日夜、種継は造宮監督中に何者かに射殺された。

九月二十八日、皇太子・早良親王が種継暗殺事件に関与していると疑われ廃太子され、淡路へ配流となる。親王はこの嫌疑を否認され配流の途中で憤死された（三十六歳）。

もともと種継と早良親王は不仲であったとされているが、早良親王が実際に事件に関わっておられたかどうかは定かでない。

少し前の八月二十八日、大伴家持《やかもち》が死去した。家持は先の氷上川継の乱への関与が疑われていたが、この種継暗殺事件にも関与していた可能性があると疑われた。生前春宮大夫《とうぐうのだいぶ》であった家持は、事件の首謀者として官籍から除名されている。

氷上川継の乱、種継暗殺事件はいずれも、山部親王（桓武天皇）が即位されたことに対する抵抗が原因となっている。その意味では桓武天皇の即位は問題を残していたのであった。

皇紀一四四五年＝延暦四年（七八五年）十一月二十五日、早良親王（皇太弟）に代わって桓武天皇の第一皇子・安殿《あて》親王（平城《へいぜい》天皇）が立太子される。

その後、桓武天皇の第一皇子である安殿親王（平城天皇）が病に倒れ、桓武天皇の妃の藤原旅子《たびこ》

（皇紀一四四八年）、皇后・藤原乙牟漏（皇紀一四五〇年）、妃の坂上又子《さかのうえのまたこ》（同年）、桓武天皇や早良親王の生母の高野新笠（皇紀一四四九年）が次々と病死され、さらに疫病の流行、洪水などが続いて、それらは早良親王の祟りと恐れられた。

藤原旅子は皇紀一四四八年＝延暦七年（七八八年）五月四日に三十歳で、高野新笠は延暦八年十二月二十八日に七十歳で、藤原乙牟漏は延暦九年閏三月十日に三十一歳で相次いで薨去された。

皇紀一四五四年＝延暦十三年（七九四年）十月二十二日、都を山城国葛野平安京に遷される。長岡京に都を遷されて僅か十年後のことであった。

皇紀一四五九年＝延暦十八年（七九九年）二月二十一日、和気清麻呂（六十七歳）が死去する。

皇紀一四六〇年＝延暦十九年、凶事が続き早良親王の祟りを恐れられ、早良親王が崇道《すどう》天皇と追称されて、大和国奈良市八島町崇道天皇陵に移葬された。京の鬼門に位置する高野村（左京区上高野）には、早良親王の祟りを鎮めるために、京で唯一早良親王のみを祭神とする崇道神社が創建されている。

皇紀一四六六年＝延暦二十五年（八〇六年）三月十七日、桓武天皇が在位二十六年、七十歳で崩御される。

# 第五十一代　平城《へいぜい》天皇〔世系三十四、即位三十三歳、在位三年、宝算五十一歳〕

皇紀一四三四年＝宝亀《ほうき》五年（七七四年）八月十五日、桓武《かんむ》天皇の第一皇子として誕生された小殿《おて》親王（後の安殿《あて》親王）で、母は藤原良継《よしつぐ》（藤原式家）の娘で先帝の皇后の藤原乙牟漏《おとむろ》である。藤原良継は藤原式家の祖・藤原宇合《うまかい》の次男である。

（母方）藤原不比等→宇合→良継→乙牟漏→51平城《へいぜい》天皇

皇紀一四四五年＝延暦《えんりやく》四年（七八五年）九月二十八日、前述の通り、先帝・桓武天皇の同母弟で皇太弟の早良《さわら》親王が藤原種継暗殺事件への関与を疑われて乙訓寺《おとくにでら》に幽閉され、その後淡路へ配流となり、移動途中で憤死される（三十六歳）。早良親王が本当に事件に関与しておられたのかどうかは定かでないが、無実を訴え憤死されたので、関与は疑わしい。先帝のお決めになった皇太子を廃するためにかけた嫌疑ということも考えられる。

現にこの後、関係者は早良親王の怨霊に悩まされることになった。安殿親王（平城天皇）がご不例（病）となられ、その上に桓武天皇の妃・藤原旅子が事件から三年後の延暦七年に三十歳で、皇后・藤原乙牟漏が事件から五年後の延暦九年に三十一歳で病死された。桓武天皇と早良親王兄弟の生母・高野新笠が事件から四年後の延暦八年に七十歳で病死され、さらに疫病の流行や洪水などの凶事が相次ぎ、早良親王の祟《たた》りであるとして鎮魂の儀式が執り行われた。そして早良親王を崇道《すどう》天皇と追称することにされた。

いずれにしても、種継暗殺事件がなければ皇太弟の早良親王が第五十一代天皇として即位しておられたのである。少なくともこれが先々帝・光仁《こうにん》天皇のご意思であった。

この年十一月二十五日、廃太子された早良親王に代わって、第一皇子の安殿親王が十二歳で立太子される。

藤原良継の異母弟である藤原百川《ももがわ》の娘の藤原帯子《たらしこ》が皇太子妃となられたが、皇紀一四五四年＝延暦十三年、皇子女なく病で薨去される。

皇紀一四六六年＝延暦二十五年（八〇六年）三月十七日、桓武天皇が崩御され、皇太子・安殿親王が翌十八日践祚《せんそ》される。そして五月十八日大極殿において、三十三歳で平城天皇として即位された。この日元号を大同《だいどう》と改元される。

大同元年十一月十四日大嘗祭を催行された。

桓武天皇の第一皇子で皇太子であるから即位に問題はなかった。しかし、前述の通り立太子される前、皇太弟の早良親王が種継暗殺事件に対する関与を疑われ、皇太子を廃され、配流の途中で憤死されるという大事件があり、決して平穏な即位とはいえなかった。

先帝・桓武天皇崩御の二ヶ月後、大同元年五月十九日、平城天皇の同母弟の神野《かみの》親王（嵯峨《さが》天皇）が立太子される。平城天皇には阿保《あぼ》親王・高岳《たかおか》親王・巨勢《こせ》親王と三人の皇子がおられたのに、同母弟の神野親王（嵯峨天皇）が立太子されたのは、先帝・桓武天皇の遺詔があったからだと思われる。

安殿親王（平城天皇）が即位されて、追放されていた藤原種継（式家）の娘・薬子《くすこ》が再び召され尚侍《ないしのかみ》（内侍司の長）とされる。夫の藤原縄主《ただぬし》は大宰大弐（次官）に任じられ、九州へ赴任させられた。薬子は天皇の寵愛を受け、政治に介入するようになり、兄の藤原仲成《なかなり》（藤原式家の藤原種継の長男）とともに権勢を振るう。

**【伊予親王の変】**

桓武天皇が崩御された翌皇紀一四六七年＝大同二年（八〇七年）十月、桓武天皇の第三皇子・伊予親王（天皇の異母弟）が母・藤原吉子と共に謀反の疑いをかけられ、無実を主張するが認められず、翌十一月、幽閉先の川原寺（奈良県明日香村）で毒をあおいで憤死される。しかし後に次の嵯峨天皇の御世、弘仁十年、二人の無罪が認められ、本位・本号が復され、墓は山陵とされた。藤原吉子は藤原南家・藤原是公の娘で、この事件をきっかけとして武智麻呂《むちまろ》を祖とする南家の勢力が衰退する。

皇紀一四六九年＝大同四年（八〇九年）四月一日、天皇は病に倒れられ、四月三日在位わずか三年余り（皇統譜では在位四年とある）で同母弟の神野親王（嵯峨天皇）に譲位され、太上天皇となられた。こうして天皇が病に倒れられたのも早良親王や伊予親王の祟りによるものと恐れられたのである。

この年十一月、旧平城京に新宮を建造され、十二月、平城上皇は平城京に転居される。

翌大同五年、薬子の変が起きる（後述）。上皇の譲位が早すぎたとして、藤原薬子と兄の仲成とが平城上皇を復位させ、上皇の重祚を企てようと起こした変であった。嵯峨天皇の速やかな処置がなければ大乱に発展していた可能性が高かった。従って平城天皇の即位の前後は決して平穏ではなかっ

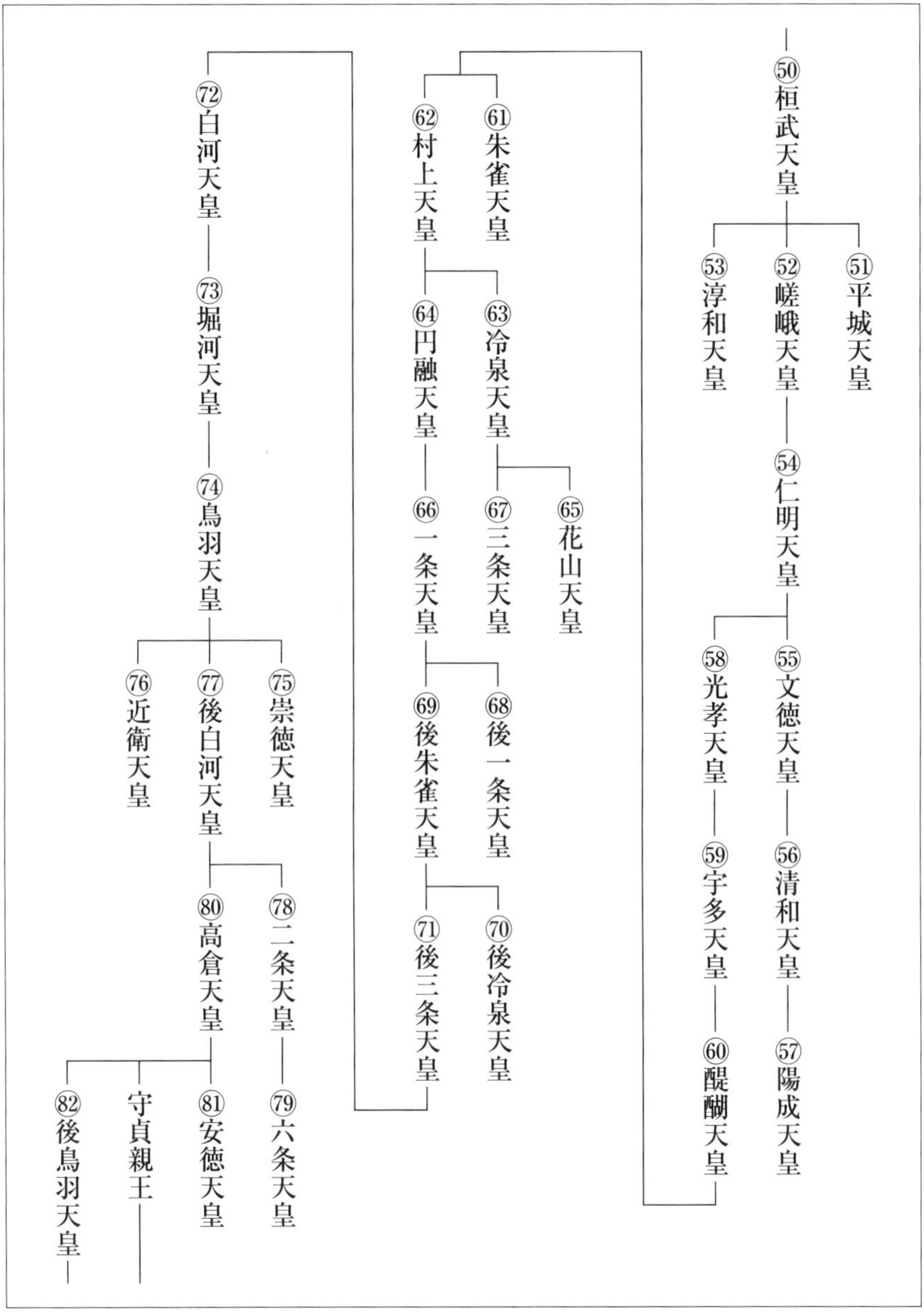

㊿桓武天皇
51平城天皇
52嵯峨天皇
53淳和天皇
54仁明天皇
55文徳天皇
56清和天皇
57陽成天皇
58光孝天皇
59宇多天皇
60醍醐天皇
61朱雀天皇
62村上天皇
63冷泉天皇
64円融天皇
65花山天皇
67三条天皇
66一条天皇
68後一条天皇
69後朱雀天皇
70後冷泉天皇
71後三条天皇
72白河天皇
73堀河天皇
74鳥羽天皇
75崇徳天皇
77後白河天皇
76近衛天皇
78二条天皇
79六条天皇
80高倉天皇
81安徳天皇
守貞親王
82後鳥羽天皇

た。

皇紀一四八四年＝天長元年（八二四年）七月七日、淳和天皇（異母弟）の御世に五十一歳で崩御される。平城天皇の御名は、深い愛着を持っておられた平城京に由来するものであった。

## 第五十二代 嵯《さ》峨《が》天皇〔世系三十四、即位二十四歳、在位十四年、宝算五十七歳〕

皇紀一四四六年＝延暦五年（七八六年）九月七日、桓武《かんむ》天皇の第二皇子として誕生された神野《かみの》親王で、母は皇后・藤原乙牟漏《おとむろ》である。先帝の平城《へいぜい》天皇は十二歳年長の同母兄であり、異母弟が次の淳《じゅん》和《な》天皇である。先帝・平城天皇に続いて藤原式家の藤原良継が外祖父である。

皇紀一四六六年＝大同元年（八〇六年）五月十九日、神野親王（嵯峨天皇）が立太子され皇太弟となられる。平城天皇には皇子もおられたので、これも先帝・桓武天皇の遺詔があったものと思われる。

皇紀一四六七年＝大同二年十月、前述の通り、「伊予親王の変」が起き、藤原吉子《よしこ》（藤原南家是公《これきみ》の娘）と伊予親王母子が川原寺に幽閉される。

十一月十二日、伊予親王は母・藤原吉子とともに川原寺（現・弘福寺）で無実を主張し続けられるが認められず、毒を飲んで自害された。藤原北家による藤原南家潰しといわれる。

後のことであるが、皇紀一四七九年＝弘仁《こうにん》十年（八一九年）三月二十一日、嵯峨天皇が「朕に思うところあり、故・皇子の伊予親王と夫人の藤原吉子の本位・本号を復せ」と詔された。伊予親王は嵯峨天皇の異母兄（母は南家の藤原是公）に当たり、皇位継承者の最有力候補であられた。天皇が「思うところあり」と表明されたということは、天皇ご自身伊予親王の無実を感じておられたのであろう。

藤原家の内部抗争が激化し、他家（ここでは武智麻呂《むちまろ》を祖とする南家）潰しが行われ、伊予親王もその犠牲となられたのであった。

皇紀一四六九年＝大同四年（八〇九年）四月三日、先帝で兄の平城天皇が在位三年、三十六歳で神野親王に譲位され、十三日に親王は二十四歳で嵯峨天皇として即位された。

この日六月十三日、橘奈良麻呂の孫娘・橘嘉智子《かちこ》（檀林《だんりん》皇后）と多治比高子を夫人とされる。橘奈良麻呂は聖武天皇の御世に左大臣を務めた橘諸兄の子である。

橘諸兄は敏達天皇の後裔で大宰帥・美努王《みぬおう》の子であって元皇族である。多治比氏も宣化天皇の三世孫・多治比古王を祖とする元皇族で、河内国を根拠地としておられた。

この年、天皇は兄・平城上皇の第三皇子で甥の高岳《たかおか》親王を皇太子に立てられた（後に廃される）。嵯峨天皇ご自身にも皇子が多数おられたが、兄・平城上皇の皇子・高岳親王を皇太子に立てられたのである。

皇紀一四七〇年＝大同五年（八一〇年）九月六日、平城上皇は、「平安京を廃して平城京（旧都）へ遷都する」という詔勅を発せられた。そして「平安京より遷都すべからず」との先々帝・桓武天皇の勅があるにもかかわらず、上皇は旧都である平城京に遷された。

薬子《くすこ》と兄の藤原仲成《なかなり》は、平城上皇の復位をもくろんで平城京への遷都を図り、上皇を通じて今上

（嵯峨天皇）の朝政にも上皇として干渉されたといわれる。これで平城上皇と嵯峨天皇との謂わば二朝対立という不幸な状態が発生してしまう。

遷都の詔勅は嵯峨天皇にとっては意外であったが、ともかく詔勅に従い、坂上《さかのうえの》田村麻呂《たむらまろ》、藤原冬《ふゆ》嗣《つぐ》（北家）、紀田上《きのたがみ》らを造宮使に任命する。信頼の置ける臣下の者を派遣し、兄・上皇側を監視する役目を担わされたのであろう。ところが上皇の遷都の詔が発せられて、当然のことながら朝政が非常に混乱したので、嵯峨天皇は上皇の意に反して遷都を拒否することを決断された。

**【薬子の変】**

大同五年九月十日、遷都を拒否する決断をされた嵯峨天皇は、万一に備えて使いを遣わし、伊勢国・近江国・美濃国の国府と関を固めさせる。

嵯峨天皇のこの動きを知った兄・平城上皇はお怒りになり、自ら東国に赴き挙兵することを決断される。中納言・藤原葛野麻呂《かどのまろ》ら平城上皇方の近臣らはこれを諫めたが、上皇は薬子と共に輿に乗って東へと出立される。平城上皇と薬子の一行は、大和国添上郡田村まで来たところで、嵯峨天皇側の兵士が守りを固めていて、とても通過できないと悟り平城京へ戻られた。

嵯峨天皇は、藤原仲成（薬子の兄）を捕らえて佐渡権守に左遷し、薬子の官位は剝奪して処罰の詔を発せられた。九月十一日、仲成は処刑（射殺）された。実際には佐渡へは赴任していない。

この処刑は平安時代の政権が、律（律令）に基づいて死刑として処罰した極めて希な例で、これ以降は、皇紀一八一六年＝保元元年（一一五六年）の保元の乱で源為義《ためよし》が処刑されるまで、三百四十六年間、死刑執行は一件もなかった。

九月十二日、平城上皇は平城京に戻って出家され、薬子は服毒自殺する。

翌十三日、薬子の変に伴い前年皇太子に立てられた高岳親王（平城天皇の皇子）は皇太子を廃され、代わって嵯峨天皇の異母弟・大伴親王（淳和天皇）が立太子される。

皇太子・高岳親王の異母兄・阿保親王も連座して大宰権帥に左遷される。

平城天皇の皇子へと皇位が継承される予定だったところが、この薬子の変で皇位は嵯峨天皇の異母弟・大伴親王へと承継されることとなる。

薬子の変の直後、大同五年九月十九日、元号を弘仁と改元され、（弘仁元年）十一月十九日、大嘗祭を催行される。

皇紀一四七五年＝弘仁六年（八一五年）七月十三日、「皇后を立て給ふの宣命」を発せられ、橘嘉智子（檀林皇后）を皇后に立てられた。橘嘉智子は橘奈良麻呂の孫娘、橘清友の娘である。奈良麻呂は孝謙天皇の御世、橘奈良麻呂の乱で藤原仲麻呂らの尋問により、道祖王《ふなどおう》、黄文王《きぶみおう》らとともに獄死している。

橘清友が正良《まさら》親王（仁明天皇）の外祖父になっているということは、橘奈良麻呂の罪は冤罪であったということがこの時期すでに確定していたということであろう。

皇紀一四七九年＝弘仁十年（八一九年）三月二十一日、天皇は亡き夫人・吉子とその皇子・伊予親王（異母兄）の本位・本号を復すと詔される。伊予親王の謀反は讒言によるものであったとされた。

皇紀一四八三年＝弘仁十四年（八二三年）四月十日、嵯峨天皇は右大臣・藤原冬嗣に皇位を皇太弟・大伴親王（淳和天皇）に譲ると宣告される。

ここで譲位が行われると、一帝二太上天皇（平城上皇、嵯峨上皇）になり財政負担が大きく、冬嗣は暫くして豊年になってから譲位して頂きたいと具申したが、認められなかった。譲位に反対する右大臣・藤原冬嗣（藤原北家）の具申を押し切って、大伴親王（淳和天皇）に譲位されたのである。

四月十六日、天皇は在位十四年（十四年余りで皇統譜には十五年とある）で、異母弟の大伴親王（淳和天皇）に譲位される。譲位と同時に、嵯峨天皇の第二皇子・正良親王（仁明天皇）が立太子（十四歳）される。そして四月二十三日、嵯峨天皇は上皇となられた。

冬嗣らの反対を押し切って譲位されたにもかかわらず、退位後に皇子・正良親王（仁明天皇）が即位されると上皇は「皇族の長」の立場で朝政に干渉される。淳和上皇や仁明天皇の反対を押し切って、ご自身の外孫でもある淳和上皇の皇子・恒貞《つねさだ》親王（母が嵯峨天皇の皇女・正子内親王で淳和天皇の皇后）を皇太子とされるなどして、譲位後も朝廷内で影響力を持ち続けられた。

皇紀一五〇二年＝承和九年（八四二年）七月十五日、仁明天皇の御世、五十七歳で崩御された。

## 第五十三代　淳《じゅん》和《な》天皇

（世系三十四、即位三十八歳、在位十年、宝算五十五歳）

皇紀一四四六年＝延暦《えんりやく》五年（七八六年）、桓武《かんむ》天皇の第三皇子として誕生された大伴親王で、母は藤原百川《ももがわ》（藤原式家の祖・宇合《うまかい》の八男）の娘の旅子で、先帝・嵯峨《さが》天皇の異母弟である。

二歳で生母（旅子）を失い、父・桓武天皇は有能な女官であった平田孫王を親王の母代わりとして付けて、養育させられた。

皇紀一四六四年＝延暦二十三年（八〇四年）、桓武天皇の皇女（母は藤原乙牟漏）・高志内親王が入内され、翌皇紀一四六五年＝延暦二十四年、第一皇子・恒世《つねよ》親王を産まれた。皇紀一四六九年＝大同四年五月七日、恒世親王の生母・高志内親王が薨去され、淳和天皇即位に伴って皇后が追贈された。

皇紀一四七〇年＝大同五年（八一〇年）九月十三日、皇太子・高岳《たかおか》親王（平城天皇の皇子）が薬子《くすこ》の変で皇太子を廃されたので、皇太弟となられる。

皇紀一四八三年＝弘仁《こうにん》十四年（八二三年）四月十六日、先帝・嵯峨天皇が皇太弟・大伴親王へ譲位される。

四月二十七日、先帝で異母兄の嵯峨天皇から譲位を受け、淳和天皇として三十八歳で即位される。再び皇位の兄弟継承が行われた。

淳和天皇にはこの時点ですでにご自身の皇子として、桓武天皇の皇女・高志内親王を母とする恒世親王（十九歳）がおられたが、先帝で兄の嵯峨天皇の第二皇子で甥の正良《まさら》親王（十四歳、仁明天皇）を皇太子に立てられた。

十一月十七日、大嘗祭を催行される。

皇紀一四八三年＝弘仁十四年（八二三年）、嵯峨天皇の皇女・正子内親王が入内され、皇后となる。

皇紀一四八四年＝弘仁十五年一月五日、元号が天長《てんちょう》に改元される。

皇紀一四八四年＝天長元年（八二四年）七月七日、平城天皇が崩御される。

皇紀一四八五年＝天長二年（八二五年）、皇后・正子内親王が皇子・恒貞親王を産まれる。そしてこの恒貞親王は後に仁明天皇即位のとき皇太子に立てられる（後述）。

天長二年七月六日、桓武天皇の第三皇子・葛原《かずらわら》親王が王子（桓武天皇の孫王）を臣籍降下させることを願い出たので許された。平《たいら》姓を授与され、これが桓武平氏の祖となる。

のちに、葛原親王の第三王・高見王の子・高望王《たかもちおう》（桓武天皇の曾孫）が上総介《かずさすけ》に任じられ、関東に下ってそのまま土着し、坂東平氏の祖となる。彼らは、任期が過ぎても帰京せず、上総国・下総《しもふさ》国・常陸《ひたち》国の未墾地を開発して私営田を増やし、勢力を拡大した。

皇紀一四九三年＝天長十年（八三三年）二月二十八日、「譲位の宣命」を発せられ、在位十年（九年十ヶ月、皇統譜では在位十一年）にして四十八歳で甥の皇太子・正良親王（二十四歳、仁明天皇）に譲位された。そして三月二日に太上天皇となられ、離宮の淳和院に住まわれた。

第五十代桓武天皇の皇子が兄弟継承され平城天皇、嵯峨天皇、淳和天皇と三代続いた。

㊿桓武天皇
→ (51)平城天皇→高岳親王（嵯峨天皇の皇太子）
→ (52)嵯峨天皇→(54)仁明天皇
→ (53)淳和天皇

早良親王（桓武天皇の皇太弟・崇道《すどう》天皇）

皇紀一五〇〇年＝承和《じょうわ》七年（八四〇年）五月八日、退位されて七年後、五十五歳で崩御された。

## 第五十四代 仁明《にんみょう》天皇 （世系三十五、即位二十四歳、在位十八年、宝算四十一歳）

皇紀一四七〇年＝弘仁《こうにん》元年（八一〇年）、嵯峨《さが》天皇の第二皇子（皇統譜では第三皇子）として誕生された正良《まさら》親王で、母は内舎人《うどねり》（天皇の身辺警護役）・橘清友の娘で父帝・嵯峨天皇の皇后の橘嘉智子《かちこ》（檀林皇后）である。

皇紀一四八三年＝弘仁十四年（八二三年）四月十八日、正良親王が十四歳で立太子される。

皇紀一四九三年＝天長《てんちょう》十年（八三三年）二月二十八日、正良親王が叔父に当たる淳和天皇からの譲位を受けて、三月六日「即位の宣命」が発せられ、仁明天皇として二十四歳で即位される。そしてこの年十一月十五日、大嘗祭を催行された。

㊿桓武天皇
→ 51平城天皇
→ 52嵯峨天皇 → 54仁明天皇（正良親王）→ 55文徳天皇（道康《みちやす》親王）→ 56清和天皇（惟仁《これひと》親王）
→ 53淳和天皇 → 恒貞《つねさだ》親王（皇太子、母は嵯峨天皇の皇女・正子内親王）

淳和天皇譲位の二日後、嵯峨上皇の意向により、淳和天皇の第二皇子・恒貞親王が九歳で立太子される。

以前、皇紀一四八三年＝弘仁十四年（八二三年）、第五十二代嵯峨天皇が異母弟の大伴親王に譲位

され、第五十三代淳和天皇が即位された。次いで皇位は、皇紀一四九三年＝天長十年、嵯峨上皇の皇子・正良親王（仁明天皇）に継承され、仁明天皇の皇太子には淳和上皇の皇子（九歳）の恒貞親王（母は嵯峨天皇の皇女・正子内親王）が立てられたのであった（後に廃される）。しかし、恒貞親王は仁明天皇の十五歳年少ではあるが同じ世代・世系三十五である。

ところがこの頃、藤原良房（藤原北家・藤原冬嗣《ふゆつぐ》の次男）が嵯峨上皇と皇太后・橘嘉智子の信任を得て急速に出世し台頭してくる。しかも良房の妹・順子《のぶこ》が仁明天皇の中宮となり、皇紀一四八七年＝天長四年に道康親王（文徳天皇）が誕生する。当然のことながら良房は道康親王への皇位継承を望む。

道康親王を皇太子に擁立する動きがあることを察せられた皇太子の恒貞親王と父の淳和《じゅんな》上皇は、しばしば皇太子辞任を願い出られるが、その都度、嵯峨上皇に慰留された。上皇としては皇太子の恒貞親王が皇位を継承してその次に道康親王に譲位すればいいとのお考えだったのかも知れない。

淳《じゅん》和《な》天皇の第二皇子・恒貞親王は、異母兄である第一皇子・恒世親王が薨去された後、淳和天皇の後継者となられるが、淳和上皇と恒貞親王は政争に巻き込まれることを憂え、度々皇太子の辞退を願われたものの、その都度嵯峨上皇や仁明天皇に慰留されていたのであった。そして承和《じょうわ》九年（八四二年）、嵯峨上皇が崩御されて間もなく発生する「承和の変」（後述）により、恒貞親王は結局皇太子を廃されることとなる。

皇紀一五〇〇年＝承和《じょうわ》七年（八四〇年）五月八日、淳和上皇が崩御され、続いて二年後の承和九年七月十五日、嵯峨上皇も崩御され、恒貞親王の立場が一変する。

**【承和の変】**

前述のような状況下で危機感を持たれたのが皇太子・恒貞親王に仕える春宮坊帯刀舎人《とうぐうぼうたてわきとねり》・伴健岑《とものこわみね》とその盟友の但馬権守・橘逸勢《いつせ》であった。

彼らは皇太子の身が危険と察し、皇太子・恒貞親王を東国へお移しすることにし、その計画を阿保《あぼ》親王（平城天皇の皇子）に相談した。阿保親王は逸勢の従姉妹である檀林皇太后（橘嘉智子）にこの健岑らの計画を密書にて通知した。皇太后は事の重大さに鑑み中納言の良房《よしふさ》に相談し、良房は仁明《にんみょう》天皇へと上奏する。つまり、問題になっている相手方の中心人物に相談したのである。

嵯峨上皇が崩御された二日後の七月十七日、仁明天皇はこの計画を反乱，謀反と見なされ、伴健岑と橘逸勢、及びその仲間と見なされる者らが逮捕された。皇太子・恒貞親王は直ちに辞表を天皇に奉ったが、皇太子には罪はないとして一旦は慰留される。

しかし、一週間後の七月二十三日になり事態は急変し、左近衛少将藤原良相《よしみ》（良房の弟）が近衛府の兵を率いて皇太子邸を包囲し、出仕していた大納言・藤原愛発《ちかなり》（藤原北家・藤原内麻呂の七男）、中納言・藤原吉野（藤原式家・藤原綱継の長男）、参議・文室秋津《ふんやのあきつ》が捕縛された。

そしてこの日七月二十三日、仁明天皇は詔を発して伴健岑、橘逸勢らを謀反人と断じ、恒貞親王は事件とは無関係とされながらも、皇太子を廃された。

藤原愛発は京外追放、藤原吉野は大宰員外帥、文室秋津は出雲員外守にそれぞれ左遷される。伴健岑は隠岐（その後出雲国）へ、橘逸勢は伊豆にそれぞれ配流（橘逸勢は、護送途中、遠江国板築にて死去）となった。

仁明天皇と良房は嵯峨上皇崩御後直ちに皇太子・恒貞親王（母は嵯峨天皇の皇女正子内親王）追い落としを行い、皇太子派の者たちを一気に潰してしまった。伴健岑と橘逸勢とが失脚したことから、この変は藤原氏による最初の他氏排斥事件（橘氏、伴氏の排除）であったといえる。

この事件直後の八月四日、「道康親王を皇太子に立て給ふの宣命」が発せられ、仁明天皇の第一皇子・道康親王が恒貞親王に代わって新たに皇太子に立てられた。

良房は、この事件を機にさらに昇進し、のちに人臣最初の摂政・太政大臣となり、藤原氏北家の繁栄の礎を築く。

伴健岑や橘逸勢らが本当に謀反を計画していたのか、その準備をどの程度していたのかは定かではない。従って、これが良房らの他氏排斥を目指す陰謀であったと思われる。

のちに、『日本外史』を著した江戸時代の儒学者・頼山陽《らいさんよう》は、淳和上皇と恒貞親王が度々皇太子を辞退されたにもかかわらずこれを受け付けず、後に嵯峨上皇崩御を機に、事件にかこつけて恒貞親王の皇太子を廃した上で、天皇の自らの実子・道康親王を皇太子に立てたと非難している。

皇紀一五〇九年＝嘉祥《かしょう》二年（八四九年）、先に皇太子を廃された恒貞親王（淳和天皇の第二皇子）が出家し、恒寂《こうじゃく》と名乗られる。平城天皇の第三皇子高岳親王・真如法親王《しんにょほっしんのう》から灌頂《かんじょう》を受け、嵯峨大覚寺（京都市右京区嵯峨）を開山される。

のち皇紀一五四四年＝元慶《がんぎょう》八年（八八四年）、第五十七代陽成天皇が退位されて、皇位継承問題が生じた際に、恒寂・恒貞親王（六十歳）は還俗して即位することを要請されるが、これは辞退された。

皇紀一五一〇年＝嘉祥三年（八五〇年）三月十九日、天皇は在位十八年（十七年一ヶ月弱）にして皇太子の道康親王（文徳天皇）に譲位され、その直後の三月二十一日、四十一歳で崩御された。

## 第五十五代 文徳《もんとく》天皇 〔世系三十六、即位二十四歳、在位九年、宝算三十二歳〕

皇紀一四八七年＝天長《てんちょう》四年（八二七年）八月、仁明《にんみょう》天皇の第一皇子として誕生された道康《みちやす》親王で、母は左大臣・藤原冬嗣《ふゆつぐ》の長女・藤原順子《のぶこ》である。藤原冬嗣は文徳《もんとく》天皇の外祖父となった。冬嗣は藤原北家、右大臣・藤原内麻呂《うちまろ》（房前《ふささき》の孫）の次男である。房前邸が武智麻呂《むちまろ》邸の北にあったため、房前の末裔は北家といわれるようになり、房前が北家の祖となる。

皇紀一五〇二年＝承和《じょうわ》九年（八四二年）七月、「承和の変」が起きて皇太子・恒貞《つねさだ》親王が廃され、八月四日に道康《みちやす》親王が十六歳で立太子される。そして変の解決にあたった藤原良房《よしふさ》（冬嗣の次男）の娘・明子《あきらけいこ》が道康親王（文徳天皇）の女御として入内する。

藤原冬嗣→良房→明子（55文徳天皇の女御）
藤原冬嗣→順子（54仁明天皇の女御・55文徳天皇の母）

皇紀一五一〇年＝嘉祥三年（八五〇年）三月二十一日、天皇は皇太子・道康親王に譲位され、四月十七日、「即位の宣命」を発せられ、道康親王が文徳天皇として二十四歳で即位される。

天皇が東宮だった頃に女御として入内した良房の娘・明子が、譲位を受けられた直後の三月二十五日に第四王子・惟仁《これひと》親王（清和天皇）を産まれる。

十一月二十五日、「皇太子を立て給ふの策命（和文体の宣命）」を発せられ、生後八ヶ月の惟仁親王（清和天皇）を皇太子に立てられる。第一皇子の惟喬《これたか》親王（母は紀名虎《きのなとら》の娘・静子）、第二皇子で同母弟の惟条《これえだ》親王、第三皇子・惟彦《これひこ》親王（母は滋野奥子）らを差し置いての、しかも生後八ヶ月という幼児で立太子された。

これほど幼くしての立太子は先例のないことであったが、良房の権勢によるものである。良房としては外孫となる惟仁親王の後嗣としての立場を早く固めておきたかったのである。そしてこれが先例となって、以後、この形態を時の世俗権力者が目指すようになる。いかに幼くても、年齢に関係なく、外孫を立太子させるという、これまでにはない皇位継承が行われ、皇位継承の在り方が激変する。

誰しも娘を皇子、皇太子、天皇に入内させ、義父、外祖父といった立場を得たいと願う。そのために抗争がしばしば起き、藤原氏の他氏排斥事件（藤原氏以外の氏）、他家排斥事件（同じ藤原氏の他家）が起きて、立太子、譲位、天皇即位に大きな影響を及ぼすようになる。この良房は不比等の五世孫である。

不比等→房前→真楯→内麻呂→冬嗣→良房

皇紀一五一七年＝斉衡《さいこう》四年（八五七年）二月十九日、藤原良房が太政大臣宣下を受け、人臣初の太政大臣となる。

斉衡四年四月二十一日、元号が天安に改元される。

皇紀一五一八年＝天安二年（八五八年）八月二十三日、文徳天皇が突然ご不例に倒れられる。皇太子・惟仁親王は九歳とまだ幼く、天皇としては第一皇子の惟喬親王にまず即位させ、第四皇子・惟仁親王の成長を待って皇位を譲ることを望まれた。しかし惟仁親王（清和天皇）の義父である太政大臣・良房が外孫・惟仁親王の即位を願っているので、これを憚《はばか》り、惟喬親王（十五歳）の身のことも思いこれを断念された。

この月二十七日に文徳天皇が崩御される。在位九年（八年四ヶ月余り）、三十二歳であった。良房は天皇といえども遠慮されるくらいの権勢を誇っていたということである。惟仁親王（清和天皇）の即位は外祖父・良房の意向が大きく影響している。

## 第五十六代　清和《せいわ》天皇
〔世系三十七、即位九歳、在位十九年、宝算三十一歳〕

皇紀一五一〇年＝嘉祥《かしょう》三年（八五〇年）三月二十五日、文徳《もんとく》天皇の第四皇子として藤原良房《よしふさ》邸で誕生された惟仁《これひと》親王で、母は藤原良房の娘・明子《あきらけいこ》である。

良房は冬嗣《ふゆつぐ》（北家）の次男である。嵯峨《さが》天皇の皇女が臣籍降下され、源 潔姫《みなもとのきよひめ》として良房の妻となり、この二人の間に生まれた娘が明子である。

誕生したこの年十一月、第一皇子の惟喬《これたか》親王（七歳、母は紀静子《きのしずこ》）、第二皇子の惟条《これえだ》親王（五歳、母は紀静子）、第三皇子の惟彦《これひこ》親王（一歳、母は滋野奥子《しげののおくこ》）と三人の異母兄がおられたが、前述の通り、良房を外祖父とする惟仁親王が生後八ヶ月で立太子される。

これまでおよそ考えられないことであったが、母が良房の娘で、惟仁親王が良房の外孫であることから、良房の権勢により生まれた皇位継承であった。また惟仁親王（清和《せいわ》天皇）の母方の祖母が嵯峨天皇の皇女の源清姫であったことも影響している。

皇紀一五一七年＝斉衡《さいこう》四年（八五七年）二月十九日、外祖父の藤原良房が太政大臣宣下を受ける。尚この時は先帝・文徳天皇の御世である。

良房が太政大臣宣下を受けた翌皇紀一五一八年＝天安二年八月二十七日、先帝・文徳天皇が崩御される。

この年天安二年十一月七日、惟仁親王（清和天皇）が文徳天皇の崩御を受け、九歳で即位される。先帝・文徳天皇崩御から二ヶ月半後のことであった。やはり年齢のこともあって異母兄の第一皇子・惟喬親王や第二皇子・惟条親王の即位が議論されたのであろう。その意味では惟仁親王の即位はすんなりとはいかなかったようである。

良房は外祖父として太政大臣のまま摂政宣下を受ける。良房が皇族以外で初めて摂政の座に就いた。即位された天皇がまだ九歳であるから、当然摂政が必要であった。こうして良房は摂政になって藤原北家全盛時代を築き、以後良房の子孫が相次いで摂政、関白、内覧に就くようになる。摂関政治の始まりである。なお、内覧とは天皇に奉る文書や、天皇が裁可される文書などの一切を最初に見る立場にあり、天皇に一番近い位置にいる人という意味で、絶大な権力を持った。

天安三年四月十五日、元号が貞観《じょうがん》に改元される。

皇紀一五一九年＝貞観元年（八五九年）十一月十六日、大嘗祭を催行される。

皇紀一五二四年＝貞観六年、天皇が十五歳となられ、藤原良房が摂政を辞した。

**【応天門の変】**

皇紀一五二六年＝貞観八年（八六六年）閏三月十日、応天門（朝廷内での政務・儀式を行う朝堂院の正門）が放火されるという事件があり、大納言の伴善男《とものよしお》は左大臣・源信《みなもとのまこと》の犯行であると告発した。しかし太政大臣・藤原良房の進言があって源信は無罪となった。

源信は嵯峨天皇の皇子であるが、皇紀一四七四年＝弘仁《こうにん》五年（八一四年）、異母弟の弘《ひろむ》、常《ときわ》とともに源朝臣の姓を賜与されて臣籍降下された。文徳天皇の御世の斉衡《さいこう》四年には左大臣に昇進した。嵯峨天皇の七男で、官位は正二位・左大臣、贈正一位で、皇族であり初代源氏長者である。

その後、密告があり伴善男父子に嫌疑がかけられ、詮議の結果、伴善男父子は有罪となり、伊豆国への流刑に処された。これにより、古代からの名族であった伴氏（大伴氏）は没落する。これも結果としては藤原氏による他氏（伴氏）排斥事件の一つとなった。伴善男が源信を失脚させたかったのか、事件の真相は定かではない。

八月十九日、清和天皇（十七歳）は貞観六年に摂政を辞していた藤原良房に「天下の政を摂行せしむ」とする摂政宣下の詔を改めて渙発される。皇族以外の臣民で初めて摂政となったのであるが、以後、良房の子孫は相次いで摂政・関白に就くこととなる。

十二月二十七日、藤原長良（良房の兄）の娘・高子《たかいこ》が入内される。

皇紀一五二八年＝貞観十年（八六八年）十二月十六日、女御・高子が貞明親王《さだあきら》（陽成《ようぜい》天皇）を産まれる。

皇紀一五二九年＝貞観十一年（八六九年）二月一日、第一皇子の貞明親王（陽成天皇）が生後三ヶ

月で立太子される。ご自身は生後八ヶ月で立太子されたが、さらに短い生後間もなくの立太子であった。天皇ご自身はまだ二十歳であるから、この異例の立太子も摂政良房の意向であることは明らかである。

皇紀一五三二年＝貞観十四年（八七二年）九月二日、摂政・藤原良房（六十九歳）が死去し、この時天皇は二十三歳になっておられた。良房亡き後、良房の養子の藤原基経《もとつね》（三十七歳）が補佐して、天皇親政を開始される。

貞観十八年十一月二十九日、藤原基経が摂政宣下を受ける。良房は男の子に恵まれず、兄・長良《ながら》の息子・基経を養子としていた。基経の実父は長良で養父が良房である。

**【令外官の関白】**

こうして良房亡き後、良房の養子・基経（実父は兄の長良）が清和天皇を補佐する。

基経は良房の死後、清和天皇・陽成天皇・光孝《こうこう》天皇・宇多《うだ》天皇の四代に仕え、朝廷の実力者として政権を担う。天皇から朝政を任され、後に史上初の関白に就任する。なお、関白は摂政とは異なり、最終的な決裁者は関白ではなくあくまでも天皇である。天皇の言葉に対し、「関《あずか》り白《もう》す」ことから来ている言葉である。

養父・良房が史上初の臣民摂政で、基経が史上初の臣民関白となり、藤原北家の最初の絶頂期を迎える。そして皇位継承問題にも、良きにつけ悪しきにつけ、深く干渉することになる。

皇紀一五三六年＝貞観十八年（八七六年）十一月二十九日、天皇は在位十九年（十八年二十二日）、二十七歳で九歳になる第一皇子の貞明親王（陽成天皇）に譲位され、摂政の基経が幼少の天皇を補佐した。ご自身も九歳で即位され、ここでまた九歳になられた皇子・貞明親王に譲位されたのである。地震や津波などの天災が続き、これがご自身の不徳と詫びられ譲位されたのであった。

皇紀一五三九年＝元慶《がんぎょう》三年（八七九年）、地震や津波などの天災が続いたため、五月八日、清和上皇は身の不徳を詫びるために出家され、畿内を行幸される。そして水尾（京都市右京区）に隠棲された。清和天皇の皇子の多くが臣籍降下され、源姓を賜り、後の清和源氏の祖となった。

皇紀一五四〇年＝元慶四年（八八〇年）十二月四日、譲位されて四年後、三十一歳で崩御される。この時点では次の陽成天皇はまだ十三歳であった。

## 第五十七代 陽成《ようぜい》天皇

〔世系三十八、即位九歳、在位八年、宝算八十二歳〕

皇紀一五二八年＝貞観《じょうがん》十年（八六八年）十二月十六日、清和《せいわ》天皇の第一皇子として誕生された貞《さだ》明《あきら》親王で、母は権中納言・藤原長良《ながら》の娘で女御の藤原高子《たかいこ》（二条后）である。関白・藤原基経《もとつね》の同母妹に当たる。

藤原冬嗣
- 長良
  - 基経
  - 高子（56清和天皇の女御・57陽成天皇の母）→陽成天皇
- 良房
  - 基経（養子）
  - 明子（55文徳天皇の女御・56清和天皇の母）

皇紀一五二九年＝貞観十一年（八六九年）二月一日、第一皇子の貞明親王（陽成《ようぜい》天皇）が生後三ヶ月で立太子される。先帝・清和天皇に続いての乳児の立太子であった。

皇紀一五三六年＝貞観十八年（八七六年）十一月二十九日、九歳で清和天皇から譲位を受け、貞観十九年一月三日に即位される。母・藤原高子の兄である基経が摂政に就く。

貞観十九年四月十六日、元号が元慶《がんぎょう》に改元され、十一月十八日大嘗祭が催行された。

皇紀一五四〇年＝元慶四年（八八〇年）十一月八日、基経は関白に就き、同年十二月四日には太政大臣に任じられる。

**【傷害致死（?）事件】**

皇紀一五四三年＝元慶七年（八八三年）十一月十日、貞明親王（陽成天皇）の乳母であった紀全子《またこ》の子・源益《すすむ》が殿上で突然何者かに殴殺された。天皇の関与が疑われ大事件となる。この時、天皇は十六歳であり、少年と子供のことで、単なる悪ふざけによる事故であった可能性が高い。

しかし天皇による宮中での傷害致死または殺人事件（故意か過失かは不明）ということであれば、前代未聞の大事件であり、ついに摂政・藤原基経は天皇の廃立を考える。

ここで基経は第五十四代仁明《にんみょう》天皇の御世、嵯峨《さが》上皇の崩御後間もなく発生した「承和の変」で、皇太子を廃された恒貞《つねさだ》親王（淳和《じゅんな》天皇の第二皇子）に即位を願ったが、すでに出家しておられ辞退される。そこで仁明天皇の第三皇子・時康《ときやす》親王に願って承諾を得られたので、新帝に推挙することとなった。

(50)桓武天皇 → (52)嵯峨天皇 → (54)仁明天皇 → (55)文徳天皇 → (56)清和天皇 → (57)陽成天皇
(50)桓武天皇 → (53)淳和天皇 → 恒貞親王（仁明天皇の皇太子）
(54)仁明天皇 → 時康親王（(58)光孝天皇）

ここでは、少なくとも形式上は、臣下の者が、今上天皇を廃して新たな天皇を選ぶという行為を行っており、皇位継承問題としては極めて大きな問題を内包している。天皇が崩御された時、誰に即位して頂くかという問題をさらに超え、今上陛下を退位させるということだからである。摂政としての基経にも、この問題意識はあったはずであり、その苦悩が思われるが、極めて希な先例となる。ちなみに、この時、基経は四十八歳であった。

摂政・基経は公卿会議を開き、その決定を以て、陽成天皇（十六歳）に退位を願った。

皇紀一五四四年＝元慶八年（八八四年）二月四日、陽成天皇は公卿会議の願いを容れ、あくまでも「願った」のである。「譲位の宣命」を発せられ、在位八年（七年一ヶ月）、十七歳で退位される。皇統譜には在位九年とあるが、実際は譲位を受けて七年二ヶ月余り、即位されてからは七年一ヶ月である。

臣下の者の要請で退位ということが行われ、皇位継承に関しての極めて珍しい異常な事態が発生した。もちろん、表向きの手続きとしては、ご不例による自発的退位とされた。

基経の行動が良かったのか良くなかったのかは今となっては評価不能である。ただ、天皇の即位・退位に関する長い歴史上で起きた先例としては、記憶されるべきことである。陽成天皇には退位後に誕生された皇子に、源清蔭《きよかげ》親王、元良《もとよし》親王、元平《もとひら》親王らがおられる。

皇紀一六〇九年＝天暦《てんりゃく》三年（九四九年）九月二十九日、退位されて六十五年後、村上《むらかみ》天皇の御世に八十二歳という長寿で崩御された。

陽成上皇の上皇在位六十五年は、二位の冷泉《れいぜい》上皇の四十二年を大きく凌《しの》いで最長である。そして上皇在位は、第五十八代光孝《こうこう》天皇から第六十二代村上天皇までの五代の御世にわたっている。

## 第五十八代　光孝《こうこう》天皇

（世系三十六、即位五十五歳、在位四年、宝算五十八歳）

皇紀一四九〇年＝天長七年（八三〇年）、仁明《にんみょう》天皇の第三皇子として誕生された時康《ときやす》親王で、母は贈太政大臣・藤原総継《ふさつぐ》（北家）の娘の澤子《たくし》である。また時康親王（光孝《こうこう》天皇）は先帝・陽成《ようぜい》天皇の祖父・文徳《もんとく》天皇（第五十五代）の異母弟であり、藤原総継は左大臣・藤原魚名《うおな》（北家）の三男・藤原末《すえ》茂《しげ》の子である。

皇紀一五四四年＝元慶《がんぎょう》八年（八八四年）、摂政・基経《もとつね》が公卿会議の決定をもって、陽成天皇に退位を願い、手続的には陽成天皇の譲位を受け、二月二十三日に「即位の宣命」を発せられ、五十五歳で即位される。異母兄・文徳天皇の孫・陽成天皇からの譲位という極めて異例の皇位継承となった。陽成天皇の曾祖父・仁明天皇の皇子である大叔父への譲位となり、世系三十八から世系三十六（孫から祖父の世代）への継承となった。

光孝天皇即位に伴って仲野親王の母王・班子《はんし》が女御になられた（三十二歳）。

十一月二十二日、大嘗祭を催行される。

時康親王（光孝天皇）は即位と同時に、清和《せいわ》天皇の第四皇子で先帝・陽成天皇の二歳年少の弟皇子であられた貞保《さだやす》親王（十五歳）の立場を憚《はばか》って、元慶八年四月十三日、「皇子を臣籍に降下せしめ給ふの勅」を発せられ、ご自身の皇子は全て臣籍降下させ、ご自身の子孫には皇位を伝えないという意向を表明された。将来、貞保親王が即位される可能性があるからで、その妨げにならないよう留意された。陽成天皇には他にも皇子がたくさんおられ、それぞれ即位される可能性も残されていたからでもある。

天皇は「政《まつりごと》は万機、基経に諮稟《しりん》して後に奏上せよ」とされ、これが実質的な関白の始めとなった。先帝・陽成天皇やその皇子たち、あるいは兄弟皇子たちのおられる中での朝政ということで、このような態勢にされたのであった。

皇紀一五四七年＝仁和《にんな》三年（八八七年）八月二十五日、「源定省《みなもとのさだみ》を親王と為し給ふの詔」を渙発され、臣籍降下しておられた光孝天皇の王子の源定省が急遽還俗して親王に復され、翌日八月二十六日に立太子される。

陽成天皇の弟で清和天皇の第四皇子である貞保親王は基経の外孫であったが即位されなかった。貞保親王は十八歳になっておられたので、外祖父の基経がその気になって主張すれば、貞保親王の即位も充分可能だったと思われる。基経は外祖父であり、実質的な関白の地位にあったので敢えてそうしなかったのであろう。

源定省を急遽還俗させたということはやはり皇位継承に関し、先帝・陽成天皇を退位させた基経の意向が大きく働き、皇位継承に決定的な役割を果たしている。

八月二十六日、在位四年（三年六ヶ月）、五十八歳で崩御された。後嗣を決めないで崩御されたが、陽成上皇との関係で、天皇ご自身が後嗣を決められる状況にはなかったのである。しかし陽成天皇が廃された後の混乱した時期に即位され、いわば中継ぎとしての役割をよく果たされた。

## 第五十九代　宇多《うだ》天皇（世系三十七、即位二十一歳、在位十年、宝算六十五歳）

皇紀一五二七年＝貞観《じようがん》九年（八六七年）五月五日、時康《ときやす》親王（光孝《こうこう》天皇）の第七王子として誕生され、臣籍降下しておられた源定省《みなもとのさだみ》である。母は桓武天皇の皇子・仲野《なかの》親王の女王で光孝天皇の女御・班子《はんし》であり、皇族である。

皇紀一五四七年＝仁和《にんな》三年（八八七年）八月二十五日、臣籍降下しておられた源定省が、光孝天皇の崩御と共に、二十一歳で皇族に復帰され親王宣下を受けられる。

源定省は藤原高藤《たかふじ》の娘・胤子《いんし》を妃として、後に敦仁《あつひと》親王（醍醐天皇）を産まれた。

先帝・光孝天皇がご不例で重態に陥られるが、後継指名をされなかった。そこで摂政・基経《もとつね》は天皇の内意が源定省にあると確信し、それを朝儀で決定させた。先々帝・陽成《ようぜい》上皇はご健在で、兄弟皇子も多く、しかも陽成上皇ご自身の皇子も多数おられたので、光孝天皇としてはご自分の皇子を後嗣として指名することなどとてもできなかった。従ってここでも基経が気を利かして働いている。

八月二十六日、源定省が親王宣下を受けられた翌日、「定省親王を皇太子と為し給ふの策命（和文体の宣命）」が発せられ、定省親王が二十一歳で立太子され、即日践祚された。

そしておよそ三ヶ月後の十一月十七日、皇太子・源定省が宇多《うだ》天皇として即位される。

陽成天皇の退位といい、光孝天皇の後継問題といい、藤原基経の差配で決定している。源定省の即位は、廃位させられた陽成天皇がご健在である中での決定だっただけに、基経にとって苦渋は大きかったと思われる。

この年十一月二十一日、太政大臣・藤原基経に再び関白としての役割を果たすよう詔勅が発せられた。翌皇紀一五四八年＝仁和四年（八八八年）十一月二十二日、大嘗祭を催行される。

皇紀一五五一年＝寛平《かんぴょう》三年（八九一年）一月十三日、宇多天皇の誕生に多大な貢献をした関白の藤原基経が五十六歳で死去する。ここで天皇は親政を開始された。

天皇は基経の長男・藤原時平《ときひら》を参議にする一方で、源氏や藤原保則《やすのり》（藤原南家《なんけ》、藤原乙叡《たかとし》の孫）、菅原道真といった藤原北家嫡流でない者も抜擢された。

そして、宇多天皇は阿衡《あこう》事件（後述）の教訓から、藤原北家嫡流を外祖父とする皇子の皇位継承を望まれず、為子《ためこ》内親王（醍醐天皇妃、光孝天皇の皇女）を母とする皇子を立太子させる方針でおられたが、不運にして勧子《かんし》内親王をお産みになると同時に薨去された。ここで、藤原時平（基経の長男）が為子内親王の次の妃として、妹の穏子《おんし》を入内させようとして、これに反対する宇多天皇と対立する。

なお、阿衡事件とは基経を関白に任じられるに当たって、「万機は全て太政大臣（基経）に関白し、しかるのち奏下すべし」と詔され、藤原基経が初の人臣関白に就いたが、左大弁・橘広相《ひろみ》の起草した詔の中に、「宜しく阿衡の任をもって卿の任とせよ」との文言があり、基経がこれに立腹し、政務を拒んで自邸に引き籠《こ》もってしまった事件である。

文章の中の「阿衡の任をもって」が「阿衡は位貴くも、職掌なし」という内容であることを文章博士の藤原佐世《すけよ》が説明したからであった。この説明は間違っており、天皇のお気持ちとしては「職掌大なり」であった。寧ろ基経を頼りにされたのである。

宇多天皇の即位に当たって藤原北家の基経が果たした功労はともかくとして、上皇がこれら一連の断固たる措置をとられたことが、不幸にしてまた後の醍醐天皇の御世の「昌泰《しょうたい》の変」に繋がることとなった。

皇紀一五五三年＝寛平五年（八九三年）四月二日、第一皇子・敦仁親王（醍醐天皇）が九歳で立太子される。

皇紀一五五七年＝寛平九年（八九七年）七月三日、宇多天皇は突然、在位十年（皇統譜には十一年とあるが実際は十年弱）、三十一歳で十三歳の皇太子（醍醐天皇）を元服させて即日譲位され、七月十日、太上天皇となられた。

宇多天皇の一歳年少である陽成上皇との関係が微妙だった。天皇は皇位に就く前に陽成天皇に仕えておられ、神社行幸の際には舞を命じられたりしておられた。『大鏡』には、陽成上皇が宇多法皇のことを、「あれはかつて朕に仕えていた者ではないか」と言われたとある。陽成上皇が復位を意図しておられるという風説もあって、これが宇多天皇を常に悩ませたようであった。それで早々に譲位されたものと思われる。

宇多天皇は譲位に当たり、醍醐天皇に天皇としての心構えを記した「寛平御遺誡《かんぴょうのごゆいかい》」を授けられた。

皇紀一五五九年＝昌泰二年十月、宇多上皇（三十三歳）は東寺で受戒され出家された後、仁和寺に入り法皇となられる。宇多天皇はその御世の大半が法皇であられた。

皇紀一五九一年＝承平《じょうへい》元年（九三一年）七月十九日、朱雀天皇の御世、六十五歳で崩御される。

## 第六十代　醍醐《だいご》天皇

〔世系三十八、即位十三歳、在位三十四年、宝算四十六歳〕

皇紀一五四五年＝元慶《がんぎょう》九年（八八五年）一月十八日、源定省《さだみ》（宇多《うだ》天皇）の第一王子として誕生された敦仁《あつひと》親王で、母は贈太政大臣・藤原高藤《たかふじ》の娘の藤原胤子《いんし》である。

藤原高藤は藤原冬嗣《ふゆつぐ》の孫である。藤原高藤が天皇の外祖父になり、それ以後、第七十代の後冷泉《ごれいぜい》天皇の御世まで百七十年にわたって藤原北家の者が外祖父となって、皇位継承に大きく関わるようになる。

中宮・藤原穏子《おんし》の他に二十人の女御や更衣を迎え、寛明《ゆたあきら》親王（朱雀《すざく》天皇）、成明《なりあきら》親王（村上天皇）を含め三十六人の皇子女をもうけられた。

皇紀一五四七年＝仁和《にんな》三年（八八七年）、父・源定省の皇籍復帰・即位（宇多天皇）に伴い、三歳で皇族となられた。

皇紀一五四九年＝寛平《かんぴょう》元年（八八九年）十二月二十八日、五歳で親王宣下を受けられ、寛平二年十二月十七日に源維城《これざね》から敦仁と改名される。

皇紀一五五三年＝寛平五年（八九三年）四月二日、第一皇子・敦仁親王（醍醐天皇）が九歳で立太子される。

九歳での立太子であるから、皇位継承に関しては宇多天皇の意向がはっきり表れている。

皇紀一五五七年＝寛平九年（八九七年）七月三日、先帝・宇多天皇の譲位を受け、七月十三日、皇太子・敦仁親王が十三歳で即位された。先帝・宇多天皇は基経の死去（寛平三年）で藤原氏との軛《くびき》もなくなり、前の藤原一族から皇位継承の問題を持ち出される前に、三十一歳で実子に譲位された。

宇多天皇は新たに即位された醍醐天皇には自らの同母妹・為子《ためこ》内親王（醍醐天皇の叔母）を正妃に立てさせ、藤原北家嫡流が外戚となることを避けようとされた。

醍醐天皇は臣籍に生まれて後に即位された唯一の天皇である。父帝・宇多天皇の訓示「寛平御遺誡」を受けて、藤原時平《ときひら》（基経の長男）、菅原道真を左・右大臣とし、政務を執られる。この治世は三十四年の長きにわたり摂政・関白を置かず天皇親政が続き、後世「延喜《えんぎ》の治」として崇められた。

十一月二十日、大嘗祭を催行される。

## 【昌泰の変】

醍醐天皇が即位されて四年後の皇紀一五六一年＝昌泰《しょうたい》四年（九〇一年）一月、左大臣藤原時平の讒言により、天皇は右大臣・菅原道真を大宰権帥として大宰府へ左遷された。

「道真は醍醐天皇の異母弟で道真の娘婿である斉世《ときよ》親王を皇位に即けようとしている」と讒言され、大宰府へ左遷された。つまり、醍醐天皇を廃して斉世親王（醍醐天皇の一歳年少の異母弟）を皇位に即けようとしていると讒言したのである。

道真にそのような意図のないことが分かっておられた宇多法皇は、この知らせを受け急遽内裏に向かわれたが、宮門は固く閉ざされていて入れず、法皇は閉め出された状態となり、道真の処分はその中で、宇多法皇の意向を無視して決定されてしまった。醍醐天皇はまだ十七歳であった。

皇紀一五六三年＝延喜三年（九〇三年）二月二十五日、菅原道真が赴任後二年して大宰府にて死去する。

皇紀一五六四年＝延喜四年（九〇四年）、保明《やすあきら》親王（母は故・基経の娘の穏子）が二歳で立太子される。

道真が太宰府で死去して六年のち、延喜九年（九〇九年）四月四日、時平が死去する。

延喜二十三年（九二三年）三月二十一日、皇太子・保明親王が二十一歳で即位されることなく、二十一歳で父・醍醐天皇に先んじて薨去された。

そこで保明親王の第一王子で、時平の外孫である慶頼王《よしよりおう》を皇太子に立てられるが、これがまた二年後にわずか五歳で薨去された。そこでさらに故・保明親王の同母弟の寛明親王（朱雀天皇）が立太子された。

こうして続いた不幸が菅原道真の怨霊によると恐れられ、醍醐天皇は改めて道真左遷の詔を破棄された上に、右大臣に復し贈位を行われ、その御魂を鎮められた。そしてこの年四月二十日、「故菅原道真を旧職に復せしめ給ふの詔」を発せられた。


皇紀一五九〇年＝延長八年（九三〇年）六月二十六日、内裏の清涼殿《せいりょうでん》（天皇の日常生活の居所）に落雷があり、居合わせた公卿数人が焼死する。

「昌泰の変」から二十九年、道真が死去してから二十七年経っているが、彼らは道真左遷に関わった者たちで、次々と悲惨な死を遂げていることから、道真の怨霊のなせるわざと恐れられた。

以降百年ほど、大災害が起きるたびに道真の祟りとして恐れられ、「天神様」として信仰する天神信仰が全国に広まり、道真ゆかりの地に天満宮が建立されている。

なお、菅原氏は天穂日命《あめのほひのみこと》の子孫で、大相撲の祖として知られる野見宿禰《のみすくね》を始祖とする土師《はじ》氏の末裔である。この末裔の一流が大和国菅原邑に住んでいたことから、のちに菅原氏を名乗った。従って、天満宮では野見宿禰は主祭神として祀られている。


天皇ご自身も「昌泰の変」直後からご不例がちとなられ、この年延長八年（九三〇年）九月二十二日、在位三十四年（三十三年二ヶ月余り）にして皇太子・寛明親王（朱雀天皇）に譲位される。そして七日後の二十九日に出家され、同日四十六歳で崩御された。

# 第六十一代 朱雀《すざく》天皇

〔世系三十九、即位八歳、在位十六年、宝算三十歳〕

皇紀一五八三年＝延長《えんちょう》元年（九二三年）七月二十四日、醍醐《だいご》天皇の第十一皇子（皇統譜では第十四皇子）として誕生された寛明《ゆたあきら》親王で、母は藤原基経《もとつね》の娘で中宮の藤原穏子《おんし》である。

前述の通り、寛明親王誕生の直前の三月二十一日、第二皇子で醍醐天皇の皇太子・保明《やすあきら》親王が薨去（二十一歳）され、続いてすぐに立太子された保明親王の王子・慶頼王《よしよりおう》もまた延長三年六月に五歳で薨去される。

同母兄・保明親王とその王子の慶頼王の二代にわたる東宮とその子の夭折という悲運が続いたあとを受け、皇紀一五八五年＝延長三年（九二五年）十月二十一日、薨去された皇太子・保明親王の同母弟の寛明親王が三歳で立太子された。

醍醐天皇には、嵯峨源氏・源昇《みなもとののぼる》の娘を母とする第四皇子の重明《しげあきら》親王（二十歳）がおられ、さらに光孝天皇の皇女で女御・源和子を母とする第五皇子・常明《つねあきら》親王（二十歳）、第六皇子・式明《のりあきら》親王（十九歳）、第七皇子・有明《ありあきら》親王（十六歳）などもおられた。母の地位も年齢も立太子の資格は充分あった。またさらに嵯峨源氏・源唱《みなもとのとなう》の娘で更衣の源周子を母とする第十皇子・源高明《たかあきら》もおられた。なお、この源高明はのち冷泉天皇の御世、「安和の変」で追い落とされる（後述）。あくまでも、藤原氏以外には皇位は譲らないという固い姿勢が感じられる。

皇紀一五八七年＝延長五年（九二七年）九月二十四日、醍醐天皇の第一皇子・克明《かつあきら》親王が薨去（二十五歳）される。母は光孝天皇の皇子・源旧鑑《もとみ》の女《むすめ》で更衣の源封子《ふうし》である。

皇紀一五九〇年＝延長八年（九三〇年）九月二十二日、先帝の醍醐天皇は皇太子・寛明親王に譲位される。菅原道真の怨霊に悩まされながらも、皇太子がまだ八歳と幼少なので皇位を保ち朝政を執っておられたが、六月二十六日の清涼殿落雷事件で、ついに皇太子・寛明親王（朱雀《すざく》天皇）に譲位される。そして十一月二十一日、朱雀天皇として八歳で即位された。しかしその直前、醍醐天皇は皇位をお譲りになって間もない九月二十九日、父帝・宇多《うだ》法皇に先立って四十六歳で崩御された。

関白・藤原基経の亡きあと、基経の四男で時平の弟の藤原忠平《ただひら》が、道真とはそれほど関係が悪くなかったこともあり、朱雀天皇の摂政となる。基経以来五十三年ぶりに摂政が置かれた。

皇紀一五九一年＝延長九年（九三一年）四月二十六日、元号が承平《じょうへい》に改元され、翌承平二年十一月十三日、大嘗祭を催行される。

承平元年七月十九日、宇多法皇が皇子の醍醐天皇を追うようにして六十五歳で崩御される。

皇紀一五九七年＝承平七年（九三七年）、保明親王（醍醐天皇の皇太子）の第一王女・熙子《ひろこ》女王が叔父の朱雀天皇に入内し女御宣下を受けられる。母は故・時平の娘・仁善子《にぜこ》である。しかし、皇女・昌子《しょうし》内親王が誕生されて間もなく薨去された。

**【平将門の乱（承平天慶の乱）】**

皇紀一五九九年＝天慶《てんぎょう》二年（九三九年）十一月、桓武《かんむ》天皇五世孫・平将門《たいらのまさかど》が関東で反乱を起こす。

㊿桓武天皇→葛原親王→高見王→平高望《たかもち》→良将→将門

平将門は、臣籍降下して平《たいら》氏の姓を授けられた高望王《たかもちおう》の三男・平良将《よしまさ》の子で、桓武天皇の五世孫である。父・平良将の相続問題から下総国と常陸国に広がった平氏一族の抗争が、やがては関東諸国を巻き込む大争乱となった。

将門は関東各地の国衙《こくが》（朝廷の出先機関）を襲撃して印鑰《いんやく》を奪い、独自に除目（諸官の任命）を行い、岩井（茨城県坂東市）に政庁（都）を設置し、京の朱雀天皇に対して新皇（新天皇）を自称し、東国の独立を表明する。明らかな二朝対立となり、完全なる朝敵となった。朱雀天皇がまだ十七歳と若いし、先帝・醍醐天皇も先々帝・宇多天皇もすでにこの世におられず、将門は新天皇になれると本気で思ったようであった。

朝廷はこの東国での将門の乱に対し、翌年の天慶三年、藤原忠文（式家）を征東大将軍に任じて将門征伐軍を送るが、（下向の）途中、下野国（栃木県）の押領使《おうりょうし》（警察・軍事の官職）の藤原秀郷《ひでさと》（藤原房前《ふささき》の五男・魚名《うおな》を祖とする藤原北家魚名流）により平将門が討たれ、すでに将門の乱は鎮定されていた。

前年天慶二年、平将門が兵を挙げて関東八ヶ国を征圧する（天慶の乱）と、藤原秀郷は甥の平貞盛《さだもり》、藤原為憲《ためのり》と連合し、天慶三年二月、将門の本拠地（下総国猿島郡）を襲い、乱を平定していた。

この「平将門の乱」は、武力で天皇になろうとした日本の歴史上極めて珍しい事件であった。皇統にない者が天皇になろうとしたが成功しなかった。

皇紀一六〇六年＝天慶九年（九四六年）四月二十日、朱雀天皇は皇子女に恵まれず、病弱でもあられたので、在位十六年（十五年七ヶ月、皇統譜では十七年）にして二十四歳で三歳年少の同母弟・成《なり》明《あきら》親王（村上天皇《むらかみ》）に譲位され、四月二十六日太上天皇となられた。

兄から弟への兄弟継承が行われた。

皇紀一六一二年＝天暦《てんりゃく》六年（九五二年）出家して仁和寺に入られ、八月十五日、三十歳で崩御される。

## 第六十二代　村上《むらかみ》天皇

〔世系三十九年、即位二十一歳、在位二十二年、宝算四十二歳〕

皇紀一五八六年＝延長《えんちょう》四年（九二六年）六月二日、醍醐《だいご》天皇の第十六皇子（皇統譜）として誕生された成明《なりあきら》親王で、母は藤原基経《もとつね》の娘で中宮の穏子《おんし》である。先帝・朱雀《すざく》天皇の三歳年少の同母弟に当たる。先々帝・醍醐天皇には多数の皇子がおられたが、やはり基経の外孫である朱雀天皇と村上《むらかみ》天皇が年齢などに関係なく即位しておられる。

皇紀一六〇〇年＝天慶《てんぎょう》三年（九四〇年）、右大臣・藤原師輔《もろすけ》（藤原忠平《ただひら》の次男、基経の孫）の長女・藤原安子《あんし》が成明親王（十五歳）に入内する。

皇紀一六〇四年＝天慶七年（九四四年）四月二十二日、成明親王が十九歳で立太子（皇太弟）され、妃・藤原安子が皇太子妃となられる。

皇紀一六〇六年＝天慶九年（九四六年）四月二十日、先帝で同母兄の朱雀天皇の皇子女としては後に冷泉《れいぜい》天皇の中宮となられた昌子《しょうし》内親王だけで、皇子がおられなかったことで、朱雀天皇（同母兄）からの譲位を受けられ、四月二十八日に二十一歳で即位された。

十一月十六日、大嘗祭を催行される。

異母兄には光孝《こうこう》天皇の外孫（母が光孝天皇皇女の源和子）として式明《のりあきら》親王、有明《ありあきら》親王がおられたが皇位を争われた記録はない。そして第十皇子に源高明《たかあきら》がおられたが、後に「安和の変」で流罪になる（後述）。

皇紀一六〇七年＝天暦《てんりやく》元年（九四七年）四月二十六日、藤原忠平の子の実頼《さねより》、師輔《もろすけ》兄弟が揃って左大臣、右大臣に昇進し、父の関白太政大臣・藤原忠平と共に太政官の頂点を独占、忠平親子で政権を担う。

皇紀一六〇九年＝天暦三年（九四九年）八月十四日、先帝に続いて、村上天皇の外叔父であって関白を務めた藤原忠平が死去する。以後、天皇は摂政関白を置かず、忠平の息子の実頼、師輔兄弟を左右大臣に据え、崩御されるまで十八年間親政を行われた。

後世、この村上天皇の治世は、天皇親政により理想の政治が行われた御世として聖代と崇《あが》められ、前に天皇親政が行われた父帝・醍醐天皇の御世の「延喜の治」と併せて、後世「延喜・天暦の治」と崇められる。

この年九月二十九日、陽成《ようぜい》法皇が八十二歳で崩御される。上皇歴六十五年は最長である。

皇紀一六一〇年＝天暦四年（九五〇年）七月、村上天皇と藤原師輔の娘・藤原安子との間に誕生された第二皇子・憲平《のりひら》親王（冷泉天皇）が、第一皇子の広平《ひろひら》親王を飛び越して、生後二ヶ月で立太子される。実力者である藤原実頼・師輔兄弟の権勢による。

第一皇子・広平親王は母が大納言藤原元方《もとかた》（藤原南家）の娘で更衣（女御に次ぐ令外の后）の藤原祐《すけ》

姫《ひめ》であった。立太子、天皇即位が母方の父（外祖父）の出自で決まる時代であった。

皇紀一六一八年＝天徳《てんとく》二年十月二十七日、「立后の宣命」を発せられ、藤原師輔の娘・安子を中宮とされた。

皇紀一六二七年＝康保《こうほう》四年（九六七年）五月二十五日、ご在位のままで、在位二十二年（二十一年一ヶ月）にして四十二歳で崩御される。

## 第六十三代　冷泉《れいぜい》天皇

（世系四十、即位十八歳、在位三年、宝算六十二歳）

皇紀一六一〇年＝天暦《てんりやく》四年（九五〇年）五月二十四日、村上《むらかみ》天皇の第二皇子として誕生された憲《のり》平《ひら》親王で、母は藤原師輔《もろすけ》の娘で中宮の安子《あんし》である。藤原師輔は、摂政関白太政大臣としておよそ二十年間朝政を執った藤原忠平《ただひら》（藤原北家）の次男で、先帝の村上天皇の御世は右大臣として朝政を担った。

憲平親王は誕生後二ヶ月の天暦四年七月二十三日、立太子されるが、前述の通り異母兄で第一皇子の広平《ひろひら》親王を差し置いての立太子であった。

広平親王の外祖父・藤原元方《もとかた》（南家）は天暦七年村上天皇の御世、失意のうちに病死したといわれる。そして広平親王も皇紀一六三一年＝天禄《てんろく》二年（九七一年）、二十二歳で薨去される。後に、元方と広平親王父子の恨みが祟って、これが冷泉《れいぜい》天皇とその皇子である花山《かざん》天皇の奇行や、三条《さんじょう》天皇の病となって表れたと噂された。

皇紀一六二七年＝康保《こうほう》四年（九六七年）五月二十五日、父帝・村上天皇が崩御される（四十二歳）。そしてこの日、村上天皇は皇太子・憲平親王に譲位され、これを受けて憲平親王が十八歳で即位された。

第六十一代朱雀天皇の皇女・昌子内親王が皇太子妃となっておられたが、即位と同時に皇后に冊立された。しかし皇子女には恵まれなかった。

六月二十二日、即位された冷泉天皇には精神に若干ご不例があって、藤原忠平の長男・藤原実頼《さねより》が関白に就き、続いて八月十九日には内覧となって補佐した。

九月一日、憲平親王（冷泉天皇）が三ヶ月前に即位されたが、その同母弟である村上天皇の第五皇子の守平《もりひら》親王（円融《えんゆう》天皇）が九歳にして、七歳年長の同母兄で第四皇子の為平《ためひら》親王を飛び越えて立太子された。

為平親王は皇位継承候補で、しかも左大臣・源高明《たかあきら》の加冠により元服し、翌年にはその娘を娶られた。しかし為平親王がこの源高明の娘を妃にされたことが却って災いした。このままでは為平親王が皇位を継承される可能性が極めて高いため、同母弟・守平親王（九歳）が早々に即位されることになった。そして高明の追い落としが図られるのである（後述）。

十月十一日、この時初めて内裏の紫宸殿《ししんでん》で即位式が行われた。

十二月十三日、藤原実頼が太政大臣に就き、冷泉天皇を補佐する。

皇紀一六二八年＝康保五年（九六八年）八月十三日、元号が安和《あんな》に改元さる。

安和元年十一月二十四日、大嘗祭が催行された。

**【安和の変】**

皇紀一六二九年＝安和二年（九六九年）三月、為平親王の義父に当たる源高明が冷泉天皇を退位させようとしているとの噂が流れ、謀反の密告もあって左大臣・源高明（醍醐天皇の第十皇子）は失脚する。大宰員外帥に左遷され大宰府へ流された。謀反の内容は必ずしも明確ではない。

この時点での東宮候補が村上天皇と皇后・安子の間の皇子であるとすれば、ここでは今上・冷泉天皇の同母弟である為平親王と守平親王（円融天皇）であった。為平親王が七歳年長で、しかも源高明が為平親王の義父であるから、当然優先されるはずで、最優先で立太子される立場にあられた。

しかし為平親王が東宮となり将来即位されると、源高明が天皇の義父となり、皇子が生まれると高明は外祖父となる。しかも源高明は醍醐天皇の皇子で皇統の人であり、村上天皇からの信任も厚かった。そこで村上天皇もすでに崩御しておられることだし、藤原氏は「安和の変」を起こし、源高明を失脚させ、弟の守平親王（円融天皇）を、兄の為平親王を差し置いて東宮としたのであった。

これは結局、左大臣の源高明を排除する、藤原氏による典型的な他氏（源）排斥事件であった。源高明は九州に流されるが一年余りで帰京を許されている。謀反の噂は讒言であった。

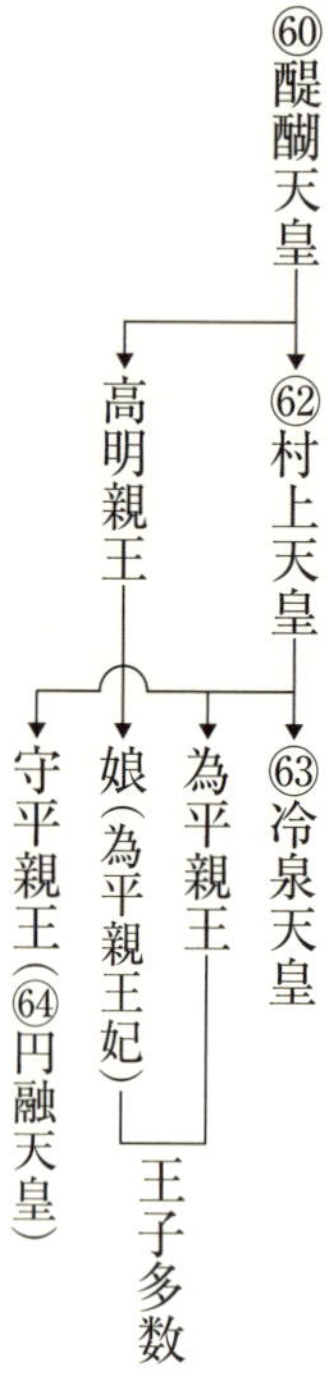

この事件により藤原氏の他氏排斥が完了し、藤原氏の圧倒的支配体制が整うこととなった。もしここで源高明か、あるいはその側近が騒ぎ立てていたとしたら一騒動があったものと思われる。大規模な戦乱に発展した可能性もなくはない。高明はさすがに皇子で、おとなしく大宰府に下られ、藤原氏にとっては事なきを得ている。

この年、安和二年（九六九年）八月十三日、健康上（ご不例）の都合で在位はわずか二年弱、二十歳で皇太弟の守平親王（円融天皇）に譲位され、八月二十五日、天皇は冷泉上皇となられる。在位については皇統譜では三年とある。先帝・村上天皇が崩御されて譲位を受けられてから二年三ヶ月であるから三年弱ということであろう。「安和の変」で源高明を失脚させた上で、守平親王（円融天皇）に譲位されたのであった。

結局は、冷泉天皇は源高明の娘婿に当たる為平親王を排除して守平親王を即位させるために、中継ぎとして立てられた天皇であったと思われる。

皇紀一六七一年＝寛弘《かんこう》八年（一〇一一年）十月二十四日、冷泉上皇は第六十七代三条天皇の御世、六十二歳で崩御された。上皇在位の期間は四十二年と、陽成《ようぜい》天皇に次ぐ長期となった。

## 第六十四代　円融《えんゆう》天皇

（世系四十、即位十一歳、在位十六年、宝算三十三歳）

皇紀一六一九年＝天徳《てんとく》三年（九五九年）三月二日、村上《むらかみ》天皇の第五皇子として誕生された守平《もりひら》親王で、母は右大臣・藤原師輔《もろすけ》の娘・中宮安子《あんし》である。先帝の冷泉《れいぜい》天皇の同母弟に当たり、同母兄弟のあいだで皇位が継承された。

皇紀一六二七年＝康保《こうほう》四年（九六七年）九月一日、同母兄の為平《ためひら》親王を飛び越えて九歳で立太子され皇太弟となられる。

これは前述の通り、為平親王（十六歳）が源高明《たかあきら》の娘を妃にしておられ、この親王が即位されると、醍醐《だいご》天皇の皇子である源高明が義父ということになり、藤原氏としてはこれを絶対に避けたかったためであった。

皇紀一六二九年＝安和《あんな》二年（九六九年）八月十三日、皇太子・守平親王が元服前に冷泉天皇の譲位を受け、九月二十三日、円融《えんゆう》天皇として即位される。

即位時はまだ十一歳で、母方の大伯父に当たる太政大臣・藤原実頼《さねより》が摂政に就く。

翌皇紀一六三〇年＝安和三年（九七〇年）三月二十五日、元号が天禄《てんろく》に改元される。

五月十八日、摂政・藤原実頼が死去する。そこで急遽二十七日、実頼の甥（弟・師輔の長男）の藤原伊尹《これただ》が実頼に代わって摂政となる。

藤原忠平
- →実頼（(64)円融天皇の摂政）→頼忠（関白）→遵子（中宮）
- →師輔
  - →安子（(62)村上天皇中宮）→守平親王（(64)円融天皇）
  - →伊尹（摂政）・兼通・兼家

天禄《てんろく》元年十一月十七日、大嘗祭を催行される。

皇紀一六三二年＝天禄三年（九七二年）一月三日、円融天皇が元服される。

摂政に就いた伊尹《これただ》が天禄三年十一月一日、在職二年半で死去（四十九歳）し、その弟の兼通《かねみち》と兼家《かねいえ》が摂関職を争った。そこで天皇は亡母・安子（兼通の同母妹）の遺言に従って兄の兼通が関白に任じられ内大臣に就く。

皇紀一六三三年＝天禄四年（九七三年）二月、藤原兼通（師輔の次男）の娘・媓子《こうし》（師輔の孫娘）が入内し、七月に中宮となる。のち皇后に冊立される。

十二月二十日、元号が天延《てんえん》に改元される。

皇紀一六三四年＝天延二年（九七四年）二月、藤原兼通（五十歳）が藤氏長者宣下、太政大臣宣下を受ける。


皇紀一六三七年＝貞元《じょうげん》二年（九七七年）十月十一日、関白・兼通が重病に陥り、兼通の要望で天皇と外戚関係のない藤原頼忠《よりただ》が次の関白に就く。頼忠は藤原北家嫡流の藤原実頼の次男で、関白宣下と同時に藤氏長者宣下を受ける。

翌貞元三年十月二日、関白の藤原頼忠が太政大臣宣下を受ける。

十一月二十九日、元号が天元《てんげん》に改元される。

皇紀一六三九年＝天元二年（九七九年）六月三日、中宮・媓子（三十三歳）が薨去され、代わって関白・藤原頼忠（実頼の次男）の娘・遵子《じゅんし》（実頼の孫娘、二十六歳）が天元五年三月十一日、中宮に立てられる。

皇后・媓子《こうし》、中宮・遵子に皇子女はなく、のち入内した詮子が懐仁《やすひと》親王（一条天皇）を産まれた。

皇紀一六四四年＝永観《えいかん》二年（九八四年）八月二十七日、第一皇子・懐仁親王（一条天皇）の立太子を条件に、円融天皇は在位十五年にして二十六歳で先帝・冷泉天皇の第一皇子・師貞《もろさだ》親王（花山《かざん》天皇）に譲位される。先帝・冷泉天皇の譲位を受けてから十五年十四日の在位であるが、皇統譜では在位十六年とある。先帝で同母兄に当たる冷泉天皇の皇子であり、甥である。

皇紀一六四五年＝寛和《かんな》元年（九八五年）八月、出家され、勅願寺である円融寺に住まわれ、崩御後に「円融院」と追号された。

皇紀一六五一年＝正暦《しょうりゃく》二年（九九一年）二月十二日、譲位後七年して、三十三歳で崩御される。

## 第六十五代　花山《かざん》天皇

（世系四十一、即位十七歳、在位二年、宝算四十一歳）

皇紀一六二八年＝安和《あんな》元年（九六八年）十月二十六日、冷泉《れいぜい》天皇の第一皇子として誕生された師貞《もろさだ》親王で、母は藤原伊尹《これただ》の娘で女御の懐子《かいし》である。なお、女御は、天皇の後宮の位の一つで、皇后・中宮に次ぐ。天皇の寝所に侍した。この時代、皇后は女御から昇進した。藤原伊尹《これただ》は藤原師輔《もろすけ》の長男で後に摂政太政大臣となる。

皇紀一六二九年＝安和二年（九六九年）八月十三日、生後約十ヶ月で立太子された。親王の外祖父である伊尹が早く皇嗣を決めておこうとしたのか、再び幼児の立太子となった。翌安和三年五月に先帝・円融《えんゆう》天皇の摂政に就いた伊尹が皇紀一六三二年＝天禄《てんろく》三年十一月一日、在職二年半で死去（四十九歳）したので、結果的には伊尹の願いは叶ったともいえる。

皇紀一六四四年＝永観二年（九八四年）八月二十七日、円融天皇の譲位を受け、十月十日、十七歳で即位される。

即位に当たっては先帝・円融天皇の第一皇子・懐仁《やすひと》親王（一条《いちじょう》天皇）が五歳で立太子される。

関白には先代に引き続いて藤原実頼《さねより》の次男の頼忠《よりただ》が就いたが、実権を持ったのは、天皇の外舅《がいきゅう》で藤原伊尹の五男・権中納言・藤原義懐《よしちか》と乳母子（乳母の子）で左中弁の藤原惟成《これしげ》（三十二歳）であった。

即位された時にはすでに外祖父の伊尹は死去しており、花山《かざん》天皇にとっては後ろ盾となる有力な外戚がなかった。

皇紀一六四五年＝永観三年（九八五年）四月二十七日、元号が寛和《かんな》に改元され、寛和元年十一月二十一日、大嘗祭が催行される。

寛和元年七月十八日、ご懐妊中の女御・藤原忯子《しし》（十七歳）が薨去される。忯子は藤原師輔の九男・藤原為光《ためみつ》の娘である。

皇太子である懐仁親王（一条天皇）の外祖父であった右大臣・藤原兼家は、外孫・皇太子の即位と自らの摂政就任を早めようと、花山天皇の退位・出家を画策する。蔵人（天皇の秘書的役割）として天皇に仕えていた三男の藤原道兼が父・兼家の意を受け、女御・藤原忯子の死で悲しむ天皇に、自分も一緒に出家するからと出家を勧める。

皇紀一六四六年＝寛和二年（九八六年）六月二十三日、在位わずか二年弱にして十九歳で退位され出家して仏門に入られて法皇となられ、すべて兼家の思惑通りとなった。皇統譜では在位三年とある。

六月二十四日、藤原師輔の三男・藤原兼家が摂政宣下を受けると同時に、藤氏長者宣下も受ける。策略によって花山天皇を退位させて、娘が産んだ外孫の一条天皇を即位させて摂政となる。従って、花山天皇の退位と次の一条天皇即位に関しては兼家が決定したともいえる。そしてその後、兼家の系統が摂政関白を独占することになる。

不比等→房前（北家）→真楯→内麻呂→冬嗣→長良→基経→忠平→師輔→兼家

皇紀一六六八年＝寛弘《かんこう》五年（一〇〇八年）二月八日、花山天皇は四十一歳で崩御される。

## 第六十六代　一《いち》条《じょう》天皇（世系四十一、即位七歳、在位二十五年、宝算三十二歳）

皇紀一六四〇年＝天元《てんげん》三年（九八〇年）六月一日、円融《えんゆう》天皇の第一皇子として誕生された懐仁《やすひと》親王で、母は藤原兼家《かねいえ》の娘・詮子《せんし》である。先帝・花山《かざん》天皇の十二歳年下の従兄弟に当たる。

62村上天皇→63冷泉天皇→65花山天皇
　　　　　　　　　　→67三条天皇（居貞《おきさだ》親王）
　　　　→64円融天皇→66一条天皇（懐仁親王）

皇紀一六四四年＝永観《えいかん》二年（九八四年）八月二十七日、花山天皇の御世、懐仁親王が五歳で立太子される。幼児の立太子が続く。

皇紀一六四六年＝寛和《かんな》二年（九八六年）六月二十三日、先帝・花山天皇が退位して出家される。六月二十四日、懐仁親王の外祖父の藤原兼家が摂政に就く（のちに関白）。

七月二十二日、皇太子・懐仁親王が元服前七歳で即位される。

先帝・花山天皇は出家されたので、譲位による即位ではない。先帝崩御による即位と同じである。この年十一月十五日大嘗祭を催行された。

天皇は七歳と幼少で、母・詮子の兄弟に当たる伯父の道隆《みちたか》・道兼《みちかね》・道長《みちなが》三兄弟（兼家の息子たち）が前後して補佐し政務を執る。皇太子には伯父・冷泉《れいぜい》天皇の皇子で従兄の居貞《おきさだ》親王（三条《さんじょう》天皇）を立てられた。天皇はまだ七歳であり、先帝・花山天皇は出家しておられるので、この立太子も摂政の兼家ら側近が決定している。

元号が、寛和三年四月五日に永延《えいえん》、永延三年八月八日に永祚《えいそ》と改元される。

皇紀一六四九年＝永祚元年（九八九年）十二月二十日、兼家が太政大臣宣下を受ける。

皇紀一六五〇年＝永祚二年（九九〇年）一月五日、天皇（懐仁親王）が十一歳で元服され、一月二十五日藤原道隆（兼家の長男）の娘で三歳年長の藤原定子《ていし》（十四歳）が女御として入内し、十月五日中宮となられる。

五月八日、道隆が関白宣下を受け、さらに五月二十六日には摂政宣下を受けた。

七月二日、摂政・関白を務めた藤原兼家が死去（六十一歳）し、長男の道隆が引き続き外戚として摂政・関白を務める。

皇紀一六五五年＝長徳《ちょうとく》元年（九九五年）四月十日、摂政関白・道隆が病没する。そこで弟である道兼が関白に就くが、彼も間もなく死去する。

五月、道隆や道兼の弟の道長に内覧（天皇に奉る文書、天皇が裁可する文書一切を先に見る立場）の宣旨が下される。道長は姉で天皇の生母・詮子の推挙を受け、内覧となって実権を掌握した。道長は後に後一条《ごいちじょう》天皇・後朱雀《ごすざく》天皇・後冷泉《ごれいぜい》天皇の外祖父となって、三十年以上の長きにわたって朝政を担うことになる。

天皇ご自身は長ずるにつれ、当然のことながら曾祖父の醍醐《だいご》天皇、祖父の村上《むらかみ》天皇のような天皇親政を目指される。

六月十九日、道長が内覧から右大臣に転じ、藤氏長者宣下される。

皇紀一六五六年＝長徳二年（九九六年）四月二十四日、藤原伊周《これちか》（藤原道隆の三男で道長の甥）が人違いであったか、誤って花山法皇に矢を射かけた花山法皇襲撃事件を起こし大宰権帥に左遷され、七月二十日、藤原道長が右大臣から左大臣に昇進する。

皇紀一六五九年＝長保《ちょうほう》元年（九九九年）十一月一日、藤原道長の長女・藤原彰子《しょうし》が一条天皇に入内する。

長保二年二月二十五日、関白内大臣・藤原道隆の長女・藤原定子と、先年入内した道隆の弟・道長の長女・藤原彰子をそれぞれ皇后と中宮に立て、初めて「一帝二后」という状況が生じた。

皇紀一六七一年＝寛弘《かんこう》八年（一〇一一年）、天皇はご不例を訴えられ、従前より譲位の意向を内覧（当時）の道長に伝えておられたが慰留されていて、この年五月末頃に、いよいよ重篤となられたので、六月十三日、ついに皇太子の居貞親王（三条天皇）に譲位される。

六月十九日、出家され、その直後二十二日、在位二十五年（皇統譜では二十六年とある）にして三十二歳で崩御された。

## 第六十七代　三条《さんじょう》天皇

（世系四十一、即位三十六歳、在位五年、宝算四十二歳）

皇紀一六三六年＝天延《てんえん》四年（九七六年）一月三日、冷泉《れいぜい》天皇の第二皇子として誕生された居貞《おきさだ》親王で、先々帝の花山《かざん》天皇の八歳年少の異母弟に当たる。母は摂政太政大臣・藤原兼家《かねいえ》の長女・贈皇太后・超子《ちょうし》である。

皇位が花山天皇からは従兄弟の一条《いちじょう》天皇に、そしてまたその従兄弟の花山天皇の異母弟・三条《さんじょう》天皇へと継承された。

七歳で母を亡くされ、父帝・冷泉上皇はご不例を患っておられ、後ろ盾がなかった。

皇紀一六四六年＝寛和《かんな》二年（九八六年）七月十六日、外祖父・兼家の庇護のもと、十一歳で立太子される。

皇紀一六五一年＝正暦《しょうりゃく》二年、左大臣・藤原師尹《もろただ》（忠平の五男）の次男・藤原済時《なりとき》の娘・娍子《せいし》を妃とされ、皇紀一六五四年＝正暦五年には第一皇子として敦明《あつあきら》親王が誕生された。

皇紀一六七一年＝寛弘《かんこう》八年（一〇一一年）六月十三日、一条天皇の譲位を受け、十月十六日、三十

六歳で即位される。三条天皇にはこの時十八歳になられる敦明親王がおられたにもかかわらず、まだ四歳の一条天皇の第二皇子・敦成《あつひら》親王（後一《ごいちじょう》条天皇）が皇太子に立てられた。

敦成親王は先帝・一条天皇を父とし、道長《みちなが》の長女で中宮の藤原彰子《しょうし》を母とする皇子である。一方、敦明親王の外祖父・藤原済時（師尹の子、忠平の孫）はすでに死去しておられ、敦成親王の外祖父・道長の権勢に押されたのであった。

皇紀一六七二年＝寛弘九年（一〇一二年）四月、道長の次女・妍子《けんし》が入内して中宮となられるが、天皇は東宮時代からの妃である娍子を皇后とされたので、二后並立状態となる。外孫・敦成親王への早期譲位を願う道長と親政を望まれる天皇との関係は必ずしも良くはなかったようであるが、道長の娘・妍子（中宮）を差し置いて、藤原済時の娘・娍子を立后されたことで、道長との関係はさらに悪化する。なお、妍子は娍子の二十二歳年下で、年の順とはなっている。

皇紀一六七四年＝長和《ちょうわ》三年（一〇一四年）、三条天皇は眼病を患っておられ、道長はこれを理由にしきりに自身の外孫である敦成親王への譲位を勧める。

皇紀一六七六年＝長和五年（一〇一六年）一月二十九日、天皇は眼病の悪化で、ついに、皇后・娍子との間の皇子・敦明親王（二十三歳）の立太子を条件に、道長の勧めに従い九歳の敦成親王（後一条天皇）に譲位され、二月十三日太上天皇となられる。譲位を受けてから四年七ヶ月の在位（皇統譜には六年とある）、四十一歳であった。道長の皇位継承に与える影響は大きかった。

譲位された翌皇紀一六七七年＝寛仁《かんにん》元年（一〇一七年）四月二十九日出家され、五月九日に四十二歳で崩御された。

# 第六十八代 後《ご》一《いち》条《じょう》天皇

〔世系四十二、即位九歳、在位二十一年、宝算二十九歳〕

皇紀一六六八年＝寛弘《かんこう》五年（一〇〇八年）九月十一日、一条《いちじょう》天皇の第二皇子として誕生された敦成《あつひら》親王で、母は藤原道長《みちなが》の娘・中宮の彰子《しょうし》である。

先々帝（父帝）の一条天皇には皇后・藤原定子《ていし》を母とする九歳年長の敦康《あつやす》親王がおられた。定子は藤原道隆《みちたか》（道長の兄）の長女である。敦康親王が二歳の時父・道隆が死去し、道長の長女・彰子が母代わりとなって養育していたが、寛弘五年九月十一日、その彰子に敦成親王が誕生して第一皇子・敦康親王は皇位継承候補から外される。

皇紀一六七一年＝寛弘八年（一〇一一年）六月十三日、敦成親王（四歳）が三条《さんじょう》天皇の皇太子となられる。

皇紀一六七六年＝長和《ちょうわ》五年（一〇一六年）一月二十九日、三条天皇の譲位を受け、二月七日、敦成親王（九歳）が後一条《ごいちじょう》天皇として即位される。

三条天皇が退位されるに当たっての強い要望で、ご自身の第一皇子・敦明《あつあきら》親王（二十三歳）が後一条天皇の皇太子となられた。天皇は九歳と幼少であるから全て外祖父・道長らの側近が仕切っている。九歳の天皇（後一条天皇）の皇太子（敦明親王）が二十三歳となっている。

十一月十五日、大嘗祭を催行される。

皇太子・敦明親王は、十四歳年下の敦成親王（後一条天皇）が即位されて、その皇太子ということになり、その上、翌皇紀一六七七年＝寛仁《かんにん》元年五月九日、父帝の三条天皇が崩御されたので、八月九日、敦明親王は東宮（皇太子）を辞退された。

敦明親王の皇太子辞退を受け、道長の娘・中宮の彰子を母とする一歳年少の同母弟・敦良《あつなが》親王（第三皇子・後の後朱雀《ごすざく》天皇）が九歳で立太子されることになった。

(66)一条天皇
→敦康親王（母は道隆の娘定子）
→敦成親王（(68)後一条天皇）
→敦良親王（(69)後朱雀天皇）→親仁《ちかひと》親王（(70)後冷泉《ごれいぜい》天皇）

後一条天皇が即位された長和五年一月二十九日、内覧の藤原道長が摂政宣下を受け摂政となる。道長は、後一条天皇・後朱雀天皇・後冷泉天皇の外祖父（つまり三代にわたる天皇を産んだ皇后、妃の父）となって、摂関政治の全盛期を築いた。

皇紀一六七七年＝長和六年（一〇一七年）三月十六日、道長の長男・藤原頼通《よりみち》が二十六歳と若くして摂政に任ぜられる。天皇はまだ十歳であるから、実際は道長が自分で任じていることになる。つまり、道長が長男の頼通を摂政に任じたのである。

四月二十三日、元号が寛仁《かんにん》に改元される。

寛仁元年八月九日、一条天皇の第三皇子・敦良親王（後朱雀天皇）が九歳で立太子された。後一条天皇の一歳年下の同母弟である。

十二月四日、藤原道長が太政大臣に任じられる。天皇が幼少（十歳）であるから、これも道長が自分で任じている。

皇紀一六七八年＝寛仁二年（一〇一八年）一月三日、天皇は十一歳となられ元服される。三月、藤原道長の娘・威子《いし》（一条天皇の皇后・彰子の同母妹）が入内し、四月女御宣旨を受け、十月十六日、中宮となられる。天皇はこの時代には珍しく他の妃を持たれず、皇子女は内親王二人のみで、世継ぎの皇子には恵まれなかった。

皇紀一六七九年＝寛仁三年（一〇一九年）十二月二十二日、藤原道長の長男・藤原頼通（二十八歳）が関白に就く。頼通はこれからほぼ五十年、半世紀にわたって関白として仕え、藤原北家の全盛期を築く。

皇紀一六八一年＝寛仁五年（一〇二一年）、道長の六女（彰子の同母妹）嬉子《きし》が東宮妃として皇太弟・敦良親王（後朱雀天皇）に入内する。

皇紀一六八五年＝万寿《まんじゅ》二年（一〇二五年）、皇太弟の敦良親王に待望の第一王子・親仁《ちかひと》親王（後冷泉天皇）が誕生されるが、母の嬉子は産後の肥立ちが悪く二日後に薨去される。前述の通り兄の後一条天皇には皇子がなかった。

皇紀一六八七年＝万寿四年（一〇二七年）十二月四日、藤原道長（六十二歳）が死去する。

道長は娘を一条天皇、三条天皇、後一条天皇、後朱雀天皇に入内させて、後一条天皇、後朱雀天皇、後冷泉天皇の外祖父となり、藤原北家の全盛期を築き、後に武家の台頭で摂関政治が崩壊した後も、彼の末裔（藤原北家御堂流）のみが摂関職を代々世襲することになる。道長ほど皇位継承に大きく関わった人物は他にいないであろう。

皇紀一六九六年＝長元《ちょうげん》九年（一〇三六年）四月十七日、後一条天皇は在位こそ二十一年（二十年三ヶ月弱）と長いが、二十九歳と若くして崩御される。

遺詔により、一条天皇の皇子である敦良親王（後朱雀天皇）へ譲位される。在位中の突然の崩御で、喪を秘して敦良親王への譲位の儀が行われた。

そしてこれを前例として、在位中に天皇が崩御された場合でも、喪を秘して遺詔があったことにして譲位の儀を行い、その後に上皇の崩御としての葬礼を行うようになる。譲位を利用した崩御による皇位継承の一形態として定着する。

## 第六十九代　後朱雀《ごすざく》天皇　〔世系四十二、即位二十八歳、在位九年、宝算三十七歳〕

皇紀一六六九年＝寛弘《かんこう》六年（一〇〇九年）十一月二十五日、一条《いちじょう》天皇の第三皇子として誕生された敦良《あつなが》親王で、先帝・後一条《ごいちじょう》天皇の一歳年少の同母弟である。母は藤原道長《みちなが》の娘・中宮彰子《しょうし》である。

皇紀一六七七年＝寛仁《かんにん》元年（一〇一七年）八月九日、九歳で立太子される。

皇紀一六七九年＝寛仁三年（一〇一九年）八月二十八日元服され、十二月二十二日、藤原頼通《よりみち》（二十八歳）が摂政を辞し関白に就く。

皇紀一六八一年＝寛仁五年（一〇二一年）、藤原道長の六女・藤原嬉子《きし》が十五歳年長の同母兄・頼通の養女となって皇太弟・敦良親王（後朱雀天皇）に入内する。

皇紀一六八五年＝万寿《まんじゅ》二年（一〇二五年）八月三日、嬉子が親仁《ちかひと》親王（後冷泉《ごれいぜい》天皇）を産まれ、その二日後に薨去される（十九歳）。

皇紀一六九四年＝長元《ちょうげん》七年七月十八日、先々帝・三条《さんじょう》天皇の第三皇女の禎子《ていし》内親王（二十二歳）が入内され、第二皇子の尊仁《たかひと》親王（後三条《ごさんじょう》天皇）を産まれる。

皇紀一六九六年＝長元九年（一〇三六年）四月十七日、先帝の後一条天皇が崩御される。そしてこの日、皇太弟・敦良親王が遺詔により譲位を受け、七月十日、後朱雀天皇として二十八歳で即位される。十一月十七日、大嘗祭を催行された。

皇紀一六九七年＝長元十年（一〇三七年）二月十三日、先々帝・三条天皇の第三皇女の禎子内親王が中宮になられる。

三月一日、敦康《あつやす》親王の長女・嫄子《げんし》女王が藤原頼通の養女として中宮となられ、中宮・禎子内親王は皇后に立てられた。嫄子女王は一条天皇の第一皇子・敦康親王の女王で、母は村上《むらかみ》天皇の第七皇子・具平《ともひら》親王の女王である。皇族の嫄子女王がわざわざ臣下の頼通の養女となって入内するという、藤原氏の権勢がよく分かる事態となっている。

天皇が里内裏《さとだいり》（内裏以外の天皇の在所）でご不例に倒れられ、譲位を決断された際に、権大納言で皇后宮大夫・藤原能信《よしのぶ》（摂政太政大臣・道長の四男）の助言があり、第二皇子・尊仁親王（後三条天皇）を次期皇太子にするよう遺詔された。従って、藤原能信は後三条天皇（尊仁親王）誕生に重要な役割を果たしたことになる。

皇紀一七〇五年＝寛徳《かんとく》二年（一〇四五年）一月十六日、在位九年（八年九ヶ月、皇統譜では在位十年とある）で第一皇子・親仁親王（後冷泉天皇）に譲位され、その二日後十八日出家され、同日三十七歳で崩御された。

## 第七十代　後冷泉《ごれいぜい》天皇

〔世系四十三、即位二十一歳、在位二十四年、宝算四十四歳〕

皇紀一六八五年＝万寿《まんじゅ》二年（一〇二五年）八月三日、後朱雀《ごすざく》天皇の第一皇子として誕生された親仁《ちかひと》親王で、母は摂政・藤原道長《みちなが》の六女で頼通《よりみち》の養女となった嬉子《きし》で、嬉子の実母は源倫子《りんし》である。道長の正室は皇族の左大臣・源雅信《まさざね》の娘・源倫子であった。

㊾宇多天皇→敦実親王→源雅信→倫子

皇紀一六九四年＝長元《ちょうげん》七年（一〇三四年）七月十八日、後朱雀天皇の第二皇子・尊仁《たかひと》親王（後三《ごさん》条《じょう》天皇）が誕生される。母は三条《さんじょう》天皇の第三皇女・禎子《ていし》内親王である。

皇紀一六九七年＝長暦《ちょうりゃく》元年（一〇三七年）八月十七日、親仁親王（後冷泉《ごれいぜい》天皇）が十三歳で立太子される。

この年、先々帝・後一条《ごいちじょう》天皇の第一皇女・章子《しょうし》内親王（十一歳）が皇太子・親仁親王の東宮妃として入内される。

皇紀一七〇五年＝寛徳《かんとく》二年（一〇四五年）一月十六日、皇太子・親仁親王が譲位を受け、四月八日、二十一歳で後冷泉天皇として即位され、章子内親王が女御となられる。

そして先帝・後朱雀天皇の遺詔により第二皇子で異母弟の尊仁親王が十二歳で後冷泉天皇の皇太弟となられた。禎子内親王所生の尊仁親王を後嗣とすべく、早々と立太子させられた。この年一月に崩御された父帝・後朱雀天皇の強い意思であった。

皇紀一七〇六年＝永承《えいしょう》元年（一〇四六年）、先々帝・後一条天皇の第一皇女・章子内親王（二十一歳）が中宮に冊立《さつりつ》される。

十一月十五日、大嘗祭を催行される。

皇紀一七一一年＝永承六年（一〇五一年）二月十三日、関白・藤原頼通の長女・藤原寛子《かんし》（十六歳）が皇后に冊立される。

初めに立后されたのは章子内親王で、次いで寛子が立后された。寛子立后に当たり、通常ならば先立の中宮である章子内親王を皇后、寛子を中宮とするところを、章子内親王の希望で中宮のまま留め置かれ、寛子が皇后とされた。章子内親王は皇族で、争いを好まれなかったものと思われる。

皇紀一七二八年＝治暦《じりやく》四年（一〇六八年）四月十七日、藤原道長の五男・藤原教通《のりみち》が関白に就く。

四月十七日、関白・藤原教通の三女の藤原歓子《かんし》が皇后に冊立される。

四月十九日、在位二十四年（二十三年三ヶ月）にして、ご在位のまま四十四歳で崩御される。

藤原頼通の娘・寛子を皇后とされたが、皇子の誕生のないまま後冷泉天皇は崩御された。

中宮・章子内親王、歓子皇后にも皇子がなく、藤原氏を外戚としない異母弟の尊仁親王（後三条天皇）が即位されることになった。

## 第七十一代　後《ご》三《さん》条《じょう》天皇　〔世系四十三、即位三十五歳、在位五年、宝算四十歳〕

皇紀一六九四年＝長元《ちょうげん》七年（一〇三四年）七月十八日、敦良《あつなが》親王（後朱雀《ごすざく》天皇）の第二王子として誕生された尊仁《たかひと》親王で、先帝の後冷泉《ごれいぜい》天皇の異母弟である。母は第六十七代三条《さんじょう》天皇の第三皇女で後朱雀天皇の皇后・禎子《ていし》内親王（陽明門院）である。

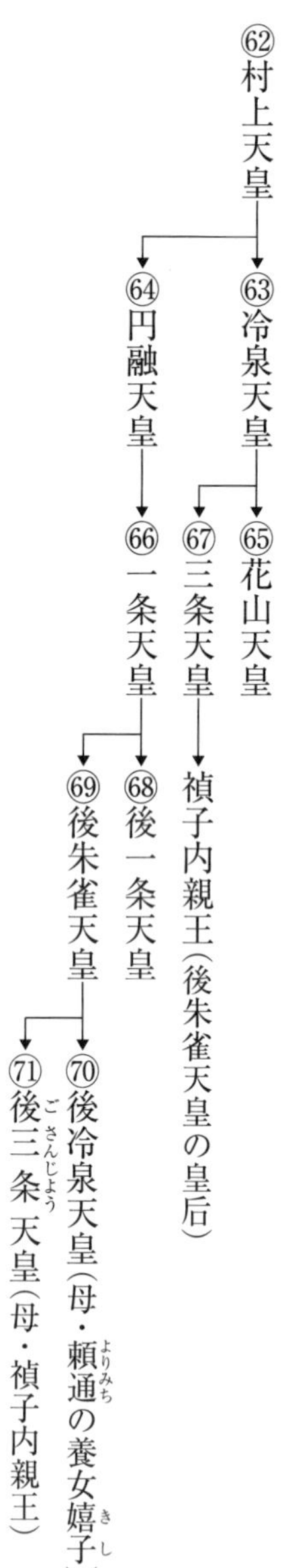


皇紀一七〇五年＝寛徳《かんとく》二年（一〇四五年）一月十六日、尊仁親王が立太子（十二歳）され、後冷泉天皇の皇太弟（異母弟）となられる。先帝の後冷泉天皇の皇后・藤原寛子《かんし》には皇子がなかった。皇后・寛子に皇子が誕生していれば頼通の外孫となり、皇位はそちらに移っていた。

皇紀一七〇六年＝永承《えいしょう》元年（一〇四六年）、藤原公成《きんなり》（師輔《もろすけ》の曾孫）の娘・茂子《もし》が藤原能信《よしのぶ》（道長《みちなが》の四男）の養女となって入内する。藤原能信は後朱雀天皇の第二皇子・尊仁親王（後三条天皇）を次期皇太子にするよう助言した皇后宮大夫《こうごうぐうだいぶ》である。

皇紀一七一一年＝永承六年（一〇五一年）、第六十八代後一条天皇の第二皇女・馨子《けいし》内親王が入内される。

皇紀一七二八年＝治暦《じりゃく》四年（一〇六八年）四月十九日、先帝・後冷泉天皇が崩御（四十四歳）され、遺詔により譲位を受け、七月二十一日、三十五歳で即位される。

父は後朱雀天皇、母は三条天皇の皇女・禎子内親王で、第五十九代宇多《うだ》天皇以来百七十年ぶりに母が藤原氏を外戚としない天皇の誕生となった。

生母が藤原氏でないので、関白・頼通から忌避され、後朱雀天皇の遺詔により寛徳二年に十二歳で立太子しておられたにもかかわらず、その後二十三年間も東宮でおられた。東宮の地位すら脅かされたともいわれる。

皇后・藤原寛子に皇子がなく、後冷泉天皇が崩御されたので仕方なく尊仁皇太子が即位されたといえる。そしてこの後三条天皇の治世は摂関政治から院政へ移行する過渡期となった。朝政が藤原氏に壟断《ろうだん》されないようにとの意向の表れだった。

十一月二十二日、大嘗祭を催行される。

皇紀一七二九年＝延久《えんきゅう》元年（一〇六九年）四月二十八日、第一皇子の貞仁《さだひと》親王（白河《しらかわ》天皇）が十七歳で立太子される。中宮・馨子内親王には皇子がおられなかった。

八月二十二日、藤原頼通の六男の藤原師実《もろざね》が左大臣に、第六十二代村上《むらかみ》天皇の第七皇子・具平《ともひら》親王の王子・源師房《もろふさ》が右大臣に、関白・藤原教通《のりみち》の三男の藤原信長《のぶなが》が内大臣となる。

源師房は資定王《すけさだおう》と称していたが、源姓を賜与され臣籍降下して源師房と改名され、村上源氏の祖となられた。

⑥②村上天皇→具平親王→源師房→源顕房

延久三年、女御・源基子《もとこ》（源基平《もとひら》の女王）が実仁《さねひと》親王を出産され従五位下、女御宣下を受ける。

皇紀一七三二年＝延久四年（一〇七二年）十二月八日、即位後五年（四年八ヶ月）で第一皇子の貞仁親王（白河天皇）に譲位され院政を敷こうとされたが、ご不例に倒れられた。

皇紀一七三三年＝延久五年（一〇七三年）一月十九日、女御・源基子が二人目の皇子・輔仁《すけひと》親王を産む。

五月七日、譲位を受けられてから五年という短い在位にして、四十歳で崩御される。

女御の源基子に実仁親王、輔仁親王と二人の皇子が授かり、これを後嗣とするお積もりでおられた（後述）。なお、源基子は第六十七代三条天皇の皇孫・源基平の女王である。

## 第七十二代　白河《しらかわ》天皇　〔世系四十四、即位二十歳、在位十四年、宝算七十七歳〕

皇紀一七一三年＝天喜《てんぎ》元年（一〇五三年）六月十九日、先帝・後三条《ごさんじょう》天皇の第一皇子として誕生された貞仁《さだひと》親王で、生母は中納言・藤原公成《きんなり》（藤原北家、師輔《もろすけ》の曾孫）の娘・藤原茂子《もし》で皇太子時代の妃である。

皇紀一七二九年＝延久《えんきゆう》元年（一〇六九年）四月二十八日、貞仁親王が十七歳で立太子される。

皇紀一七三二年＝延久四年（一〇七二年）十二月八日、皇太子・貞仁《さだひと》親王が父帝・後三条天皇から譲位を受け、皇紀一七三三年＝延久五年（一〇七三年）一月十八日、二十歳で白河《しらかわ》天皇として即位される。

先帝・後三条天皇と生母である後朱雀《ごすざく》天皇の皇后・禎子《ていし》内親王は、貞仁親王（白河天皇）の異母弟である実仁《さねひと》親王（二歳）に、さらに次はその同母弟の輔仁《すけひと》親王にと、皇位を継がせる意向を持たれ、譲位時に後三条天皇の第二皇子の実仁親王を皇太弟と定められた。いずれも源基平《もとひら》（敦明《あつあきら》親王の王子）の娘・基子《もとこ》を母とする。

しかしこの先帝のご意向は白河天皇によって無視されることになる。第二皇子の実仁親王は皇紀一七四五年＝応徳《おうとく》二年に不幸にして十五歳で薨去される。そして第三皇子の輔仁親王は後に起きた「永久の変」で失脚される（後述）。

先帝・後三条天皇としては、源基平が三条天皇の第一皇子・敦明親王の王子（後三条天皇の孫王）であり、当然ながら源基平の女王・源基子を母とする王子・輔仁親王を後嗣にする意向を持っておられたのである。

㊼三条天皇→敦明親王→源基平→源基子（㉑後三条天皇）→輔仁親王

藤原師実《もろざね》は養女の賢子《けんし》（実父・源顕房《あきふさ》）を白河天皇に入内させ、敦文《あつふみ》親王が誕生されたが早世され、後に善仁《たるひと》親王（堀河《ほりかわ》天皇）が誕生される。藤原賢子の実父・源顕房は右大臣・源師房《もろふさ》（村上源氏）の次男である。

㊷村上天皇→具平親王→源師房（臣籍降下）→源顕房→賢子（養父・藤原公成）

皇紀一七三三年＝延久五年（一〇七三年）五月七日、先帝の後三条天皇（四十歳）が崩御される。翌延久六年二月二日、藤原頼通《よりみち》（道長《みちなが》の長男）が死去し、続いて翌年承保《じようほう》二年九月二十五日、太政大臣関白・藤原教通《のりみち》（道長の五男）が死去して、藤原北家の人達も世代交代する。十月三日、藤原頼通の六男・師実（三十三歳）が藤氏長者となり、関白に就く。

皇紀一七四五年＝応徳二年（一〇八五年）十一月八日、皇大弟・実仁親王（後三条天皇の第二皇子）が十五歳で薨去される。

翌応徳三年（一〇八六年）十一月二十六日、薨去された実仁親王の同母弟の輔仁親王を皇太子にという父帝・後三条天皇の意向に反し、白河天皇はご自身の実子で八歳になられた善仁親王（堀河天皇）を皇太子に立てられた。この時、輔仁親王は十四歳であった。

ここで異論が出てこないよう即日譲位され、ご自身は白河上皇となられた。白河天皇には善仁親王（堀河天皇）の実母が中宮・賢子で、村上源氏の源顕房の娘であるから皇族だという意識があられたのかもしれない。

在位十四年であったが、その後も上皇として院政を敷かれ、鳥羽《とば》天皇が院政を開始されるまで、四十三年の長きにわたって上皇として実権を保持される。これが院政の始まりとなり、白河天皇は天皇の在位よりも上皇の在位の方がはるかに長く、その間、堀河天皇、鳥羽天皇、崇徳《すとく》天皇が即位された。

皇紀一七八九年＝大治《だいじ》四年（一一二九年）七月七日、崇徳天皇の御世、七十七歳で崩御される。

## 第七十三代 堀河《ほりかわ》天皇〔世系四十五、即位八歳、在位二十一年、宝算二十九歳〕

皇紀一七三九年＝承暦《じょうりゃく》三年（一〇七九年）七月九日、白河《しらかわ》天皇の第三皇子として誕生された善仁《たるひと》親王で、母は藤原師実《もろざね》の養女・中宮賢子《けんし》（実父は源顕房《あきふさ》）である。実父の源顕房が村上源氏で右大臣の源師房《もろふさ》の次男であるから皇族である。

皇紀一七四六年＝応徳《おうとく》三年（一〇八六年）十一月二十六日、善仁親王が立太子され、この日、八歳で父帝・白河天皇からの譲位を受け、十二月十九日に即位された。

このような短期間での慌ただしい立太子と即位は、異論が出ないうちに、異母弟の輔仁《すけひと》親王に皇統が移ることを避けるという白河天皇の強い意向によるものであった。

また村上源氏の源顕房が、中宮・賢子の実父（養父は太政大臣・藤原師実）という外戚の縁で朝廷に強力な地位を築いた。

大納言・藤原実季《さねすえ》（藤原北家閑院流）の娘で女御の藤原苡子《いし》との間に誕生された宗仁《むねひと》親王（鳥羽《とば》天皇）は、苡子が薨去されると白河上皇に引き取られ、皇太子として上皇の下で養育される。

十一月二十六日、外祖父・藤原師実が摂政に就く。しかし上皇となられた白河上皇が院政を敷かれ、全権を掌握された。

皇紀一七四七年＝寛治《かんじ》元年十一月十九日、大嘗祭を催行される。

第一皇子の敦文《あつふみ》親王は十年前、皇紀一七三七年＝承暦元年に四歳で夭折され、第二皇子・覚行法《かくぎょうほっ》親王《しんのう》は四年前の皇紀一七四三年＝永保三年、九歳で出家して仁和寺に入られた。

前述の通り、先々帝の後三条《ごさんじょう》天皇は、先帝・白河天皇の異母弟・実仁《さねひと》親王に、さらにその弟の輔《すけ》仁《ひと》親王に皇位を継がせるご意向で、譲位時に実仁親王を皇太弟と定められた。しかし、白河天皇はこれに反発される。前年応徳二年に十五歳で実仁親王が薨去されたが、その弟の輔仁親王はご健在であった。しかし次の鳥羽天皇の御世に発生した「永久の変」（後述）に巻き込まれて皇位継承の可能性がなくなった。

**【院政の開始】**

太上天皇となられた白河上皇は、八歳の幼帝（堀河《ほりかわ》天皇）を後見するために摂政となられるが、これは形式上で、自ら政務を執り、ここに「院政」が始まる。以後も引き続き摂政関白は置かれたが形式的で実権は殆どなく、次第に名目上の存在に近いものとなってゆく。これが武家政権が生まれる前の状況であった。

皇紀一七四八年＝寛治二年（一〇八八年）十二月十四日、関白・藤原師実（頼通《よりみち》の六男）が太政大臣に就く。

皇紀一七五四年＝寛治八年（一〇九四年）三月九日、「藤原師通《もろみち》を関白に任じ給ふの詔」を発せられ、太政大臣・師実の長男・師通（三十三歳）が関白に就く。堀河天皇はこの時十六歳であった。

皇紀一七五六年＝嘉保《かほう》三年八月七日、白河上皇の第一皇女・媞子《ていし》内親王が薨去され（二十一歳）、翌々日の九日、上皇（四十四歳）は出家して、法皇となられた。

皇紀一七五九年＝承徳《じょうとく》三年（一〇九九年）六月二十八日、関白で藤氏長者の師通が三十八歳で死去する。

藤氏《とうし》長者・師通が若くして急逝したため、摂関家内部は混乱して弱体化し、摂関政治は機能停止に陥る。この摂関家の混乱もあって白河法皇が直接政務を執られ、政治的権限を掌握される（院政）。

院近臣の武士を用いて親政政治を行われた。その後これらの院近臣の武士たちが、院（法皇）の警護役として取り立てられ、北面武士となってその地位を高めていく。

皇紀一七六七年＝嘉承《かしょう》二年（一一〇七年）七月十九日、在位中の堀河天皇が在位二十一年（二十年八ヶ月、皇統譜には二十二年とある）にして二十九歳で崩御される。在位二十一年といっても、即位されたのが八歳で、実権は全て父帝・白河上皇（法皇）が持たれ、決して堀河天皇の御世といえる時代ではなく、実質は白河上皇・法皇の御世といってもよい。

## 第七十四代　鳥羽《とば》天皇〔世系四十六、即位五歳、在位十六年、宝算五十四歳〕

皇紀一七六三年＝康和《こうわ》五年（一一〇三年）一月十六日、堀河《ほりかわ》天皇の第一皇子として誕生された宗仁《むねひと》親王で白河《しらかわ》天皇の孫に当たる。母は大納言・藤原実季《さねすえ》の娘で堀河天皇の女御の苡子《いし》である。藤原実季は藤原北家閑院流・藤原公成《きんなり》の長男である。閑院流は右大臣・藤原師輔《もろすけ》の十一男で朱雀《すざく》・村上《むらかみ》両天皇の同母姉・康子《やすこ》内親王を母とする藤原公季《きんすえ》に始まる。

この年、康和五年八月十七日、宗仁親王（鳥羽天皇）が生後七ヶ月で立太子される。ここでまた幼児の立太子である。

皇紀一七六七年＝嘉承《かしょう》二年（一一〇七年）七月十九日、父帝・堀河天皇が在任中二十九歳で崩御され、宗仁親王（五歳）が譲位を受け、十二月一日即位される。

先帝・堀河天皇が崩御されてから宗仁親王の即位まで四ヶ月半経過しているところから判断すると、五歳の幼児・宗仁親王の即位が流石《さすが》に問題になったものと推察される。

この日、藤原忠実《ただざね》（八年前に死去した師通《もろみち》の長男）が摂政宣下を受ける。摂政宣下を受けた忠実は三十歳で、摂政として政務を執るには若すぎて、実質的には出家された白河法皇が代わって天皇の補佐役、摂政役を担われ、ここで白河法皇の院政が維持、強化された。

藤原道長《みちなが》→頼通《よりみち》→師実《もろざね》→師通→忠実

皇紀一七六八年＝嘉承三年（一一〇八年）八月三日、元号が天仁《てんにん》に改元される。
天仁元年十一月二十一日、大嘗祭が催行される。
皇紀一七七三年＝天永《てんえい》四年（一一一三年）一月一日、宗仁親王（鳥羽《とば》天皇）が元服される。
この年七月十三日、元号が永久《えいきゅう》に改元される。

【永久の変】

皇紀一七七三年＝永久元年（一一一三年）十月三日、鳥羽天皇（十一歳）の暗殺未遂事件「永久の変」が発生する。

白河法皇の第三皇女・令子《れいし》内親王（鳥羽天皇の准母）の邸に文が投げ込まれ、そこに「主上を犯し奉らんと構ふる人あり」と書かれてあった。続いて醍醐寺座主《ざす》勝覚《しょうかく》に仕える千手丸《せんじゅまる》という稚児《ちご》（十二～十八歳の剃髪しない少年修行僧）が鳥羽天皇の暗殺の準備をしているとの密告があった。

白河法皇が父の後三条《ごさんじょう》上皇の遺詔に反して、弟の輔仁《すけひと》親王に皇位を譲らずに、実子の善仁《たるひと》親王（堀河天皇）、そして次にはその皇子である宗仁親王（鳥羽天皇）に皇位を継承させたことに反発した事件で、輔仁親王は自邸閉門・蟄居《ちっきょ》に処された。輔仁親王（四十一歳）がこの事件に関与しておられたかどうかは不明である。

なお、輔仁親王の母・禎子《ていし》内親王は醍醐天皇の玄孫であり、醍醐寺にはこの輔仁親王へ皇位を継承するという、後三条上皇の遺詔を無視した白河法皇に対する強い反発があったのであろう。

しかしこの事件で却って白河法皇の意向通りに、輔仁親王への皇位継承問題が決着してしまったといえる。もしこれが未遂に終わらなかったら大事件か大乱に発展していた可能性も充分あった。

⑥⓪醍醐天皇→⑥②村上天皇→⑥③冷泉天皇→⑥⑦三条天皇→禎子内親王→⑦①後三条天皇→宗仁親王・輔仁親王

白河法皇の先帝・後三条天皇崩御後四十年が経っているにもかかわらず起きた事件で、それだけに白河法皇が後三条天皇の遺詔を無視して、ご自身の実子・善仁親王（堀河天皇）に、次いで孫王の宗仁親王（鳥羽天皇）に皇位が継承されたことに対する反発が強かったといえる。藤原氏を外戚としない皇子を即位させようと意図された後三条天皇の願いはここで白河法皇によって打ち砕かれた。

白河法皇の皇太弟で後三条天皇の皇子であられた実仁《さねひと》親王の立太子を巡っての紛争を教訓に、白河法皇は堀河・鳥羽・崇徳《すとく》の三代の各異母兄弟に対しては、皇子たちに親王宣下も臣籍降下もさせずに、出家させて皇位継承権を剝奪された。ご自身の皇子を後嗣にするという強い法皇の意思が表れている。

白河法皇は北面武士を創設して次々に検非違使《けびいし》に抜擢し、法皇が検非違使別当（長官）を介さず直接検非違使に指示を下された。検非違使庁は形骸化し、平正盛《まさもり》・忠盛《ただもり》（清盛《きよもり》の父）父子が北面武士の筆頭となり、それを機に院庁での平氏（武士）の地位が高まる。

こうして武家が台頭し、長い目で見れば、摂関政治から武家政治に移っていくきっかけとなった。親政政治を行い、皇位継承に関するご自身の意図を力で実現しようとされた。そのために引き入れた武士団が勢力を持つ結果となった。

皇紀一七七七年＝永久五年（一一一七年）十二月十七日、藤原璋子《しようし》（十七歳）が鳥羽天皇（十五歳）の女御となり、翌永久六年一月二十六日に中宮として立后される。璋子は父・藤原公実《きんざね》を七歳にして失い、白河法皇とその妃・祇園女御《ぎおんのにようご》に養育された。藤原公実は実季の長男で、閑院流の祖・公季の玄孫に当たる。

この年四月三日、元号が元永《げんえい》に改元される。

皇紀一七七九年＝元永二年（一一一九年）五月二十八日、第一皇子の顕仁《あきひと》親王（崇徳天皇）が誕生される。

鎌倉初期の説話集『古事談』には、この顕仁親王（崇徳天皇）は白河法皇と璋子が密通して誕生された皇子で、鳥羽天皇は顕仁親王を「叔父子」と呼んで忌み嫌っていたと記されている。この説を採れば、これから後の崇徳天皇の不可解な悲劇が理解でき、辻褄が合う。もちろん事実かどうかは不明である。

皇紀一七八〇年＝保安《ほうあん》元年十一月十二日、藤原忠実は、娘・藤原泰子《やすこ》の入内をめぐって、法皇の怒りを蒙《こうむ》り内覧を停止される。法皇が泰子の入内を求めたのに対し、これを忠実が承諾しなかったからである。後に忠実は泰子を鳥羽天皇に入内させている（後述）。

保安二年三月五日、内覧を停止された忠実に代わって、忠実の長男の藤原忠通《ただみち》が、二十五歳で藤氏長者となる。そして鳥羽天皇の関白に就き、その後も崇徳・近衛《このえ》・後白河《ごしらかわ》の三代にわたって摂政・関白を務め、彼の直系子孫が明治の世までおよそ八百年にわたって、五摂家として摂政・関白職をほぼ独占することになる。

後に関白就任を望んだ羽柴秀吉《はしばひでよし》（豊臣秀吉）は、近衛前久《さきひさ》の猶子《ゆうし》となり、藤原朝臣秀吉（近衛秀吉）として関白に就任している。近衛家は藤原氏嫡流の五摂家の一つで、藤原忠通の末裔である。

皇紀一七八三年＝保安四年（一一二三年）一月二十八日、在位十六年（十五年二ヶ月、皇統譜では十七年）、二十一歳で第一皇子の顕仁親王（崇徳天皇）に譲位され、二月二日鳥羽天皇は上皇となられる。白河法皇に譲位を強要されたともいわれ、実権はあくまでも白河法皇が持ち続けておられた。『古事談』が記すように顕仁親王（崇徳天皇）の実父が白河法皇とすればこれも納得がいく。

在位十六年といっても、五歳で即位され、二十一歳で譲位しておられるし、その間、白河法皇が実権を持たれ、鳥羽天皇の御世とは決していえない。

皇紀一七八九年＝大治《だいじ》四年（一一二九年）七月七日、白河法皇が崩御されるが、崇徳天皇はまだ十一歳であり、鳥羽上皇（二十七歳）が朝政を執られる親政となる。ここでようやく鳥羽上皇の御世になったといえる。

皇紀一八〇一年＝保延《ほうえん》七年（一一四一年）、崇徳天皇の御世、鳥羽上皇は出家して法皇となられ、皇紀一八一六年＝保元《ほうげん》元年（一一五六年）七月二日、五十四歳で崩御された。上皇在位は三十三年であったが、上皇在位のうち、白河法皇が崩御されるまでは実権がなく、初めの六年間は白河上皇・法皇の御世であった。

## 第七十五代 崇《す》徳《とく》天皇 （世系四十七、即位五歳、在位十九年、宝算四十六歳）

皇紀一七七九年＝元永《げんえい》二年（一一一九年）五月二十八日、鳥羽《とば》天皇の第一皇子として誕生された顕《あき》仁《ひと》親王で、母は権大納言・藤原公実《きんざね》の娘で中宮・藤原璋子《しょうし》（待賢門院）である。

皇紀一七八三年＝保安《ほうあん》四年（一一二三年）一月二十八日、五歳で立太子され、同日、鳥羽天皇の譲位を受け二月十九日即位される。この時鳥羽天皇は二十一歳で、この立太子と即位はいずれも白河《しらかわ》法皇の指示によるものとしか思えない。五歳で即位しておられ、実権は最初白河法皇が、法皇崩御後は鳥羽上皇が持たれ、崇徳《すとく》天皇には実権はなかった。ここに崇徳天皇の悲劇があった。十一月十八日、大嘗祭を催行される。

皇紀一七八九年＝大治《だいじ》四年（一一二九年）七月七日、白河法皇が七十七歳で崩御され、鳥羽上皇（二十七歳）が白河法皇に代わって院政を開始される。この時、崇徳天皇はまだ十一歳であった。

白河法皇に疎んじられていた藤原忠実《ただざね》（師通《もろみち》の子）が呼び戻され、娘の勲子《くんし》（泰子《やすこ》）が鳥羽上皇に入内する。

また白河法皇の後ろ盾を失った中宮・璋子に代わり、藤原長実《ながざね》（北家）の娘・得子《なりこ》（美福門院）が長承《ちょうしょう》三年（一一三四年）には鳥羽上皇の寵愛を受けるようになり、後にその所生の皇子・体仁《なりひと》親王

（近衛《このえ》天皇）が即位されることになる。

白河法皇崩御の後、崇徳、近衛、後白河《ごしらかわ》の三代、二十七年にわたり、鳥羽上皇が院政を敷き実権を掌握された。

この年、大治四年、関白・藤原忠通《ただみち》（忠実の長男）の長女・聖子《きよこ》が入内して崇徳天皇の女御となり、翌五年二月二十一日に中宮とされる。

皇紀一七九二年＝天承《てんしょう》二年（一一三二年）三月十三日、平忠盛《ただもり》（平清盛《きよもり》の父）が武士の身で昇殿を許される。昇殿が許されると殿上人として特権的待遇を受けた。極めて異例なことで、大出世であり、平氏（武家）が権力を握っていくきっかけとなる。

皇紀一七九四年＝長承三年（一一三四年）三月十九日、鳥羽上皇のもとに出仕していた藤原忠実（摂政・関白）の娘で上皇の妃・勲子が泰子と改名して鳥羽上皇の皇后となられる。

藤原忠実の子・忠通は後継者に恵まれず、異母弟の藤原頼長《よりなが》を養子に迎えていたが、忠通に実子・基実《もとざね》（近衛基実）が生まれ、忠通が父の忠実、養子の頼長と互いに争うようになる。

藤原忠実 → 忠通 → 頼長（養子）
藤原忠実 → 頼長
忠通 → 基実（忠通の実子・近衛基実）

皇紀一七九九年＝保延《ほうえん》五年（一一三九年）五月十八日、父・鳥羽上皇と得子との間に崇徳天皇の異母弟・体仁《なりひと》親王（近衛天皇）が誕生される。

この年、院政を敷いておられた鳥羽上皇の指示により、崇徳天皇は異母弟・体仁親王（後の近衛天皇）を生後三ヶ月で皇太弟に立てられた。ところがその翌年皇紀一八〇〇年＝保延六年九月二日、女房（側に仕える女性）の兵衛佐局《ひようえのすけのつぼね》に崇徳天皇の第一皇子・重仁《しげひと》親王が誕生される。兵衛佐局は法印（僧位の最上位）・信縁《しんえん》の娘で、地位が低いためか、誕生された重仁親王はすぐに体仁親王の生母・藤原得子（美福門院）の養子に迎えられた。そして重仁親王は得子に我が子のように寵愛され、次の皇太子になられる最も近い地位におられた。

皇紀一八〇一年＝永治《えいじ》元年（一一四一年）十二月七日、院政開始後の鳥羽上皇は藤原得子所生の体仁親王（近衛天皇）を即位させるために、崇徳天皇は譲位させられる。崇徳天皇の在位は十九年十ヶ月、二十三歳で上皇になられた。もちろん、全く実権なき上皇で、実権は全て鳥羽上皇が持っておられた。

崇徳天皇は白河法皇と璋子が密通して生まれた子との『古事談』（前述）が事実であるとすれば、崇徳天皇が五歳で即位されたこと、そして白河法皇が崩御（皇紀一七八九年＝大治四年）されると、二年後の皇紀一八〇一年＝永治元年には鳥羽上皇の皇子・体仁親王（三歳）に譲位して（させられて）いること、さらにその鳥羽法皇に疎まれ、後の保元《ほうげん》の乱では謀反人とされて配流になったこと（後述）など全て辻褄が合ってくる。悲劇の天皇といわざるを得ない。「怨霊となった天皇」と言われる所以でもある。

譲位された崇徳上皇は鳥羽田中殿（伏見区）に移られ、新院と呼ばれる。その後、皇紀一八一六年＝保元元年の保元の乱（後述）に敗北して讃岐に流される。天皇や上皇の配流は、藤原仲麻呂《なかまろ》の乱（皇紀一四二四年＝天平宝字《てんぴょうほうじ》八〈七六四〉年）における淳仁天皇の淡路配流以来のことで、およそ四百年ぶりの悲劇であった。

皇紀一八二四年＝長寛《ちょうかん》二年（一一六四年）八月二十六日、二条《にじょう》天皇の御世、再び京の地を踏まれることなく、讃岐国の配流先で四十六歳で崩御された。

天皇としても上皇としても一度も実権を持たれたことがなく、配流後は最後まで罪人として扱われ、京には戻れず、葬礼も国司だけで行われ、朝廷から何らの措置もなかった。

## 第七十六代 近衛《このえ》天皇〔世系四十七、即位三歳、在位十四年、宝算十七歳〕

皇紀一七九九年＝保延《ほうえん》五年（一一三九年）五月十八日、鳥羽《とば》天皇の第九皇子として誕生された体仁《なりひと》親王で、先帝・崇徳《すとく》天皇の異母弟（二十歳年下）である。母は藤原長実《ながざね》（北家魚名流）の娘・得子《なりこ》（美福門院）である。崇徳天皇を白河天皇の皇子という『古事談』の説によれば、崇徳天皇は大叔父に当たる。

およそ十年前白河法皇が崩御され、鳥羽上皇の院政が開始されており、体仁親王が誕生の翌月六月二十六日崇徳天皇の養子となられる。そして誕生三ヶ月、保延五年八月十七日、体仁親王（崇徳天皇の養子）が立太子される。

皇紀一八〇一年＝保延七年（一一四一年）七月十日、元号が永治《えいじ》に改元される。

この年永治元年十二月七日、体仁親王（近衛《このえ》天皇）が立太子して皇太弟となられ、この日崇徳天皇から譲位を受けられた。そして十二月二十七日、三歳で即位される（皇統譜には保延五年八月十七日立太子され、永治元年十二月七日皇太弟となられたとある）。

鳥羽上皇が院政を敷かれ、崇徳天皇は上皇となられた。鳥羽・崇徳二人上皇の時代を迎えた。翌永治二年四月二十八日、元号が康治《こうじ》と改元される。

皇紀一八〇二年＝康治元年（一一四二年）二月二十六日、崇徳上皇の母で鳥羽天皇の中宮である璋子《しょうし》（待賢門院）は得子呪詛の嫌疑を受け出家される。鳥羽上皇による崇徳上皇と璋子（待賢門院）の粛清が行われている。

十一月十五日、大嘗祭が催行された。

皇紀一八〇三年＝康治二年十月十八日、鳥羽天皇の第三皇子の君仁《きみひと》親王（母は璋子）が薨去（十九歳）される。鳥羽天皇の第三皇子であるが、母が璋子であり、身体も病弱であったので、即位の候補にはならなかった。

皇紀一八〇四年＝康治三年（一一四四年）二月二十三日、元号が天養《てんよう》に改元され、天養二年七月二十二日、元号が久安《きゅうあん》に改元される。

【祇園闘乱事件】

皇紀一八〇七年＝久安三年（一一四七年）六月十五日、祇園社の神人と平清盛《きよもり》の郎党が小競り合いとなり、清盛側が射た矢が、宝殿に当たった。祇園社は延暦寺の傘下にあることから、延暦寺は、不遜極まりないと平忠盛《ただもり》、清盛父子の処罰・配流を求めて強訴を行う。

忠盛、清盛にとって延暦寺の強訴の対象とされたことは深刻な事件であったが、鳥羽法皇の庇護により配流を免れた。

この事件は僧の強訴という力に対して武士の力を容認し、力による解決を図ったことで、これをきっかけとして武士が台頭し、皇位継承にも少なからずの影響を及ぼすようになる。次の後白河《ごしらかわ》天皇が北面武士として平氏を頼って重用したことにも表れている。

皇紀一八〇八年＝久安四年（一一四八年）一月二十八日、宣旨で、衛門府・兵衛府・馬寮などの武官職が増員され、武士の中央への進出が加速する。先の祇園闘乱事件は早くも武士の地位の向上を示す画期的事件となった。

皇紀一八一〇年＝久安六年（一一五〇年）一月四日、天皇が元服される（十一歳）。一月十九日、左大臣・藤原頼長《よりなが》の養女・藤原多子《まさるこ》（十一歳）が近衛天皇の女御となり、のち三月十四日皇后となられる。実父は、藤原北家閑院流徳大寺家の徳大寺公能《きんよし》である。

また四月二十八日には摂政・藤原忠通《ただみち》の養女・藤原呈子《ていし》（二十歳）が女御となり、六月二十二日に女御から中宮となる。呈子の実父は藤原北家中御門流・藤原伊通《これみち》である。

九月二十六日、頼長の養女・多子と忠通の養女・呈子の立后問題で、藤原忠実《ただざね》は長男・忠通を勘当し、次男頼長（忠通の養子）を藤氏長者とする。

忠実が忠通を勘当した背景には、忠通は後継者に恵まれなかったため、天治《てんじ》二年（一一二五年）に弟で六歳の頼長を養子に迎えたが、十八年後の康治二年（一一四三年）に実子・基実《もとざね》が生まれると、忠通は摂関の地位を自らの実子・基実に承継させようと望み、父の忠実と、そして同時にまた弟で養子の頼長とも対立することになったという事情がある。

藤原忠実─┬→忠通（長男）─┬→頼長（養子）→多子（養女）……⑯近衛天皇の女御→皇后
　　　　　│　　　　　　　　├→呈子（養女）→⑯近衛天皇の女御……中宮
　　　　　│　　　　　　　　└→基実（実子）
　　　　　└→頼長（忠通の二十三歳年下の次男、忠実が忠通を勘当し頼長を藤氏長者とする）

十二月九日、「藤原忠通を関白と為し給ふの詔」が発せられ、忠通（五十四歳）が関白に就く。

皇紀一八一一年＝久安七年（一一五一年）一月、藤原頼長（三十二歳）が内覧宣下を受ける。

皇紀一八一五年＝久寿《きゅうじゅ》二年（一一五五年）七月二十三日、近衛天皇が在位十四年（十三年八ヶ月、皇統譜では十五年）、十七歳で崩御される。皇子女はおられなかった。
以前、鳥羽上皇が崇徳天皇（二十三歳）を退位させ、異母兄の雅仁《まさひと》親王も飛び越して、寵愛する藤原得子（美福門院）所生の体仁親王（近衛天皇）を三歳で即位させられたが、ここでその近衛天皇が在位十四年（皇統譜では十五年とある）、十七歳にして早世され、皇子女はなく、結局は異母兄の雅仁親王（後白河《ごしらかわ》天皇）が即位されることとなった。

近衛天皇が崩御されると、天皇に皇子女がおられないので、当然のことながら、崇徳上皇は順序として、ご自身の皇子・重仁《しげひと》親王の即位を期待し、望まれた。

ところが崇徳上皇が藤原頼長と組んで近衛天皇を呪い殺したという噂が流れ、美福門院（近衛天皇の母）と鳥羽法皇がこれに怒って、崇徳上皇の異母弟である雅仁親王（後白河天皇）を即位させられた。関白・藤原忠通もここで意見した形跡がなく、寧ろ鳥羽法皇の意向に従ったようである。

噂程度で、鳥羽法皇が皇位継承の順位を乱したことが、つまり第九皇子（体仁親王）から第四皇子（雅仁親王）へと承継されたことが、後の崇徳上皇の悲劇と保元の乱という大乱に繋がった。

## 第七十七代 後白河《ごしらかわ》天皇

〔世系四十七、即位二十九歳、在位三年、宝算六十六歳〕

皇紀一七八七年＝大治《だいじ》二年（一一二七年）九月十一日、鳥羽《とば》天皇の第四皇子として誕生された雅仁《まさひと》親王で、白河《しらかわ》天皇の曾孫であり、先の近衛《このえ》天皇は雅仁親王の異母弟である。母は権大納言・藤原公実《きんざね》の娘・藤原璋子《しょうし》である。

皇紀一八〇一年＝永治《えいじ》元年（一一四一年）、弟の体仁《なりひと》親王（近衛天皇）が三歳で即位されたので、皇位継承には無縁となった雅仁親王は、気楽に芸事に興じ、特に今様を愛され、父の鳥羽上皇からは「即位の器量ではない」と見放されていたといわれる。

皇紀一八一五年＝久寿《きゅうじゅ》二年（一一五五年）七月二十三日、近衛天皇が十七歳と若くして崩御され、しかも近衛天皇には皇子女がおられなかった。

ここで雅仁親王（後白河《ごしらかわ》天皇）ご自身の第一王子（鳥羽天皇の孫）で、美福門院（得子《なりこ》）の養子となっていた守仁《もりひと》親王（二条《にじょう》天皇・生母は源懿子《いし》）が即位されるとしたらまだ十三歳と年少であり、しかも守仁親王（二条天皇）が実父である雅仁親王（後白河天皇）を飛び越えての即位というのも問題であることから、中継ぎとして、この年久寿二年七月二十四日、急遽、雅仁親王が立太子されないまま譲位を受け、十月二十六日に二十九歳で即位された。

しかし、守仁親王が十三歳で若いからという理由で即位が見送られたのは、先々帝・崇徳《すとく》天皇の第一皇子・重仁《しげひと》親王の存在があったからでもある。崇徳天皇が在位中に鳥羽上皇から三歳の体仁親王に譲位させられ、その後、近衛天皇が崩御されたのであるから、崇徳上皇としてはご自身の皇子・重仁親王（十六歳）の即位を期待されたのである。そこでこれを避けるために重仁親王より年長（二十九歳）の雅仁親王（後白河天皇）を、即位の器量ではないと言っておられたにもかかわらず、即位させられたのである。ここには崇徳上皇の系統には皇位を継がせないという鳥羽上皇の固い意思が感じられる。

後白河天皇が即位されて間もない九月二十三日、後白河天皇の第一皇子・守仁親王（二条天皇）が十三歳で立太子される。崇徳上皇の第一皇子・重仁親王の存在を無視しての立太子であった。即位されて一ヶ月後の十一月二十三日、大嘗祭を催行された。

皇紀一八一六年＝久寿三年（一一五六年）三月五日、皇太子・守仁親王（二条天皇）が美福門院（得子）の娘の姝子《しゅし》内親王（十六歳）を妃とされる。妃の父は鳥羽天皇であるから、守仁親王にとっては叔母に当たる。

(72)白河天皇→(73)堀河《ほりかわ》天皇→(74)鳥羽天皇
- →(75)崇徳天皇（讃岐へ配流）→重仁親王
- →(76)近衛天皇
- →(77)後白河天皇→(78)二条天皇（守仁親王）
- →姝子内親王（二条天皇の妃）

この年四月二十七日、元号が久寿から保元《ほうげん》に改元される。

先帝・近衛天皇が崩御されて一年足らずして、保元元年六月一日、近衛天皇の父・鳥羽法皇が危篤に陥る。夜、崇徳上皇が父・鳥羽法皇のもとに御幸されるが、会わせてもらえずに還御された。明らかに後白河天皇の指示である。崇徳上皇の系統には皇位は渡さないという鳥羽法皇の意思が後白河天皇にしっかり伝えられていたのであろう。

翌月七月二日、鳥羽法皇が崩御された。


鳥羽法皇が崩御されると皇位を巡って、朝廷は、即位されたばかりの後白河天皇方と崇徳上皇方に分かれ、これが保元の乱に発展する。そのうち先帝の近衛天皇の崩御も左大臣・藤原頼長《よりなが》の呪詛によるとの噂も流れ、崇徳天皇に仕えていた頼長は謀反人として扱われる。

崩御された鳥羽法皇の葬祭は少数の近臣のみで行われ、崇徳上皇は臨終にも立ち会わせてもらえなかった。憤慨された崇徳上皇は鳥羽田中殿（伏見区竹田田中殿町）に引き返される。この葬儀を仕切って崇徳上皇を排除していたのが信西《しんぜい》（藤原南家の藤原通憲《みちのり》）であったが、もちろん、後白河天皇の指示である。

そして七月五日、「上皇（崇徳上皇）は、左大臣・藤原頼長と謀って軍を発し、国家を傾け奉らんと欲す（謀反）」という風聞が立つ。検非違使が召集され、京中の武士の動きを停止する措置が執られた。もちろん風聞の真偽のほどは不明である。

皇紀一八一六年＝保元元年（一一五六年）七月八日、「保元の乱」が勃発する。

鳥羽法皇崩御初七日に当たるその日、荘園から軍兵を集めることを停止する後白河天皇の綸旨《りんじ》が諸国に発せられた。そしてその夜、蔵人（天皇の秘書的役割をする令外官）の高階俊成と源義朝《よしとも》（源頼《より》朝《とも》・源義経《よしつね》らの父）の軍勢が頼長の東三条殿を襲撃し、邸宅を没官（謀反人に対する財産没収の刑）にする。藤氏長者である左大臣・頼長に謀反の罪がかけられ、後白河天皇方は頼長を罪人と断定して肥前に配流を決定する。

呪詛という一方的な風聞・噂により、藤氏長者の頼長は謀反人とされた。頼長としては配流に従うか、挙兵して対抗するかの選択を迫られた。後白河天皇方は周到に崇徳上皇方を打倒する準備をしておられたのである。

頼長の東三条殿が襲撃された翌日九日、崇徳上皇は夜、田中殿を出て白河の前斎院御所（白河北殿）に入られ、翌十日軍兵を召集される。源為義《ためよし》（義朝の父）が入り、夕方、頼長は宇治から白河北殿に入った。

頼長の東三条殿を襲撃した後白河天皇方には夜、高松殿内裏に源義朝や平清盛《きよもり》が兵を率いて入っていた。

七月十一日、未明、崇徳上皇のおられる白河北殿へ後白河天皇方の平清盛、源義朝が夜討ちをかける。常に後白河天皇方が先手を取って攻勢に出ている。

こうして平清盛・源義朝が崇徳上皇方を奇襲して、崇徳上皇方が敗れる。頼長はここで流れ矢で重傷を負い、奈良に逃げる途中で矢傷が悪化して、三日後に没した。

忠盛《ただもり》の弟で平清盛の叔父に当たる平忠正《ただまさ》、源義家の孫で源義朝の父・源為義が処刑される。為朝（処刑された為義の子・義朝の弟）は伊豆大島へ流刑に処され、崇徳上皇は讃岐に配流になる。薬子《くすこ》の変を最後に行われることのなかった死刑が三百四十六年ぶりに復活する。そして、配流も淳仁《じゅんにん》天皇の淡路配流以来四百年ぶりのことであった。

しかも、平清盛は叔父の忠正を、源義朝は父の為義を処刑している。清盛は叔父をであるが、義朝は父・為義を処刑しているので、父殺しとなり、それを命じた後白河天皇と朝廷の倫理観が崩壊したといえる。白河天皇以来、武士を取り立てて力の政治を行うようになったことの結果である。

また信西《しんぜい》（藤原通憲・藤原南家）は後白河天皇の下で摂関家（北家）の弱体化を進め、天皇親政を目指したが、後に二条天皇が即位されると、天皇の側近に自分の子を送り込み、反感を買うことになった。

頼長が逃亡した日、「藤原忠通《ただみち》を藤氏長者に任命する」旨の宣旨が下され、頼長の兄であると同時に義父でもある忠通が再び藤氏長者となる。忠通は皇紀一八一〇年＝久安六年（一一五〇年）、藤氏長者を辞していたが、ここで再びその任に就いた。

七月十八日、「本来没収すべき藤原忠実《ただざね》（頼長の父）の宇治の所領を、新しく藤氏長者となった息子・忠通に任せる」という綸旨が下る。後白河上皇が忠通を寵愛していることがよく分かる。

八月十日、保元の乱で活躍した平清盛が大宰大弐となる。ここで武士である清盛が高い官職を得ている。

皇紀一八一八年＝保元三年（一一五八年）八月十一日、後白河天皇はわずか三年の在位で、十六歳の守仁親王（二条天皇）に譲位される。三年の在位であったが、その後の院政期間を含め後白河上皇は三十七年にわたって朝政を執られた。なお在位は譲位を受けられてからは三年一ヶ月弱で、皇統譜では四年とある。

後白河天皇の即位はあくまでも守仁親王（二条天皇）即位までの中継ぎで、守仁親王に譲位したあと、ご自身は上皇となられ院政を敷かれた。

その後、二条天皇が二十三歳と若くして崩御されたこともあって、後白河上皇の院政は二条、六《ろく》条《じょう》、高倉《たかくら》、安徳《あんとく》、後鳥羽《ごとば》と五代の天皇の御世、三十四年続くことになる。その間、保元・平治《へいじ》の乱、治承《じしょう》・寿永《じゅえい》の乱と戦乱が相次ぎ、後白河天皇は皇子・二条天皇、平清盛、木曾義仲《きそのよしなか》と次々に対立し、幽閉されたり院政を停止されたりしたが、その都度復権を果たされた。

そしてこの間に、平氏が台頭して、これがまた没落し、最後に源頼朝が台頭するという激動の時期であった。

皇紀一八五二年＝建久《けんきゅう》三年（一一九二年）三月十三日、法皇は後鳥羽天皇（十三歳）の御世、源頼朝が上洛してから二年後に六十六歳で崩御された。

## 第七十八代 二《に》条《じょう》天皇 〔世系四十八、即位十六歳、在位七年、宝算二十三歳〕

皇紀一八〇三年＝康治《こうじ》二年（一一四三年）六月十七日、雅仁《まさひと》親王（後白河《ごしらかわ》天皇）の第一王子として誕生された守仁《もりひと》親王で、母は藤原北家大炊御門《おおいみかど》家藤原経実《つねざね》（頼通《よりみち》の六男・師実《もろざね》の子）の娘・源懿子《いし》（源有《あり》仁《ひと》の養女）である。経実は大炊御門北に邸宅を構えていたことから大炊御門を称し、大炊御門家の祖となった。

(74)鳥羽《とば》天皇
- (77)後白河天皇
  - (78)二条《にじょう》天皇
    - (79)六条天皇
  - (80)高倉《たかくら》天皇
    - (81)安徳天皇
    - (82)後鳥羽天皇
- (75)崇徳《すとく》天皇（『古事談』によると実父は(72)白河《しらかわ》法皇）
- (76)近衛《このえ》天皇

生母・源懿子が皇子誕生直後に急死して祖父・鳥羽法皇に引き取られ、美福門院（藤原得子《なりこ》）に養子として養育される。すでに近衛天皇が即位しておられ、同じく美福門院の養子として養育された重《しげ》仁《ひと》親王（崇徳上皇の第一皇子）もおられたので、皇位継承はないものとされ、僧となるべく九歳で仁和寺に入られた。

しかしその後、皇紀一八一五年＝久寿《きゅうじゅ》二年（一一五五年）七月二十三日、近衛天皇が若くして崩御され、父の後白河天皇が即位されたため、急遽、仁和寺から戻され還俗される。

九月二十三日、親王宣下を受けられ「守仁」と命名され、即日十三歳で立太子された。

皇紀一八一八年＝保元《ほうげん》三年（一一五八年）八月十一日、父・後白河天皇の譲位を受け、十二月二十日、十六歳で即位される。

後白河天皇の譲位と同じ日、藤原忠通《ただみち》が関白・藤氏長者を辞任し、長男の藤原基実《もとざね》（近衛基実）が関白・氏長者となる。この基実から始まる系統が、後に五摂家の一つとなった近衛家である。平安京の近衛大路に邸宅「近衛殿」を構えたことに由来する。

藤原忠実→忠通→基実（近衛家の祖）
　　　　　　　→兼実（九条兼実・九条家の祖）

二条天皇の即位により、後白河上皇院政派と二条天皇親政派の対立が始まり、後白河上皇派内部でも信西《しんぜい》と藤原信頼《のぶより》の間に反目が生じ、朝廷内は三つ巴の対立状態となる。

皇紀一八一九年＝保元四年（一一五九年）二月二十一日、美福門院の娘で鳥羽天皇の皇女・姝子《しゆし》内親王（叔母）が二条天皇（十七歳）の中宮となられる。

保元四年四月二十日、元号が平治《へいじ》に改元され、平治元年十一月二十三日大嘗祭が催行される。

**【平治の乱】**

皇紀一八一九年＝平治元年（一一五九年）十二月九日、二条天皇親政派と後白河院政派との対立が昂《こう》じて乱となり、二条親政派が勝利する。そしてこの戦いで活躍した平清盛《きよもり》の率いる平氏が台頭してくる。

皇紀一八二一年＝永暦《えいりやく》二年（一一六一年）四月、院御所・法住寺殿（京都市東山区）が完成し、平滋子《しげこ》（平時信《ときのぶ》の娘で後白河天皇の譲位後の妃）が後白河上皇や皇后・忻子《きんし》と共に入御《にゆうぎよ》される。

平時信は桓武平氏高棟王《たかむねおう》流で、後の高倉天皇の外祖父となる。娘の滋子が後白河上皇の寵愛を受け、身分の低さのため女御にはなれなかったが、九月三日に後白河上皇の第七皇子の憲仁《のりひと》親王（高倉天皇）の生母となる。一方、平時信の娘で滋子の異母姉の時子《ときこ》は平清盛の後妻となって三男・宗盛《むねもり》らをもうけて、後白河上皇と清盛の絆がここでさらに強化される。

平時信 → 平時子（平清盛の妃）
　　　→ 滋子（後白河院の妃、皇太后、⑧⑩高倉天皇の生母）

皇紀一八二四年＝長寛《ちょうかん》二年（一一六四年）四月十日、平清盛の三女・平盛子《もりこ》が関白・近衛基実（忠通の長男）の妻となり、藤原氏と平氏（公卿と武家）との結びつきも強まる。

閏十月二十三日、五摂家（藤原氏のうち近衛、九条、二条、一条、鷹司の五家）の一つ九条家の祖である九条兼実《かねざね》が内大臣に就く。藤原忠通の三男である九条兼実は、京の九条にあった九条殿に住したことから九条を名乗り、九条家の祖となった。

皇紀一八二五年＝長寛三年（一一六五年）二月、二条天皇がご不例に倒れられ、六月五日元号が永《えい》万《まん》に改元される。

永万元年六月二十五日、二条天皇のご不例がさらに悪化し、二条天皇は前年に誕生したばかりの皇子・順仁《のぶひと》親王（六条天皇）を立太子させ、その日のうちに譲位される。そして七月二十八日、二条天皇は在位七年（七年弱であるが皇統譜には八年とある）、二十三歳で崩御された。

後白河上皇と親子で対立し、平治の乱などもあり、平清盛らの武家が台頭して、藤原氏を中心とした摂関政治が武家政治に大きく変わっていく。当然のことながら、皇位継承にも武家が関与してくる。

平治の乱に勝利した二条天皇は後白河上皇を抑え込んでいたが、ここで二条天皇が崩御され、再び後白河法皇の御世に戻る。

## 第七十九代　六条天皇《ろくじょうてんのう》

〔世系四十九、即位二歳、在位三年、宝算十三歳〕

皇紀一八二四年＝長寛《ちょうかん》二年（一一六四年）十一月十四日、二条天皇《にじょう》の第二皇子として誕生された順仁親王《のぶひと》で、母は大蔵大輔・伊岐致遠《いきのむねとお》の娘であったが、身分が低いため、父帝・二条天皇の中宮である藤原育子《むねこ》を母后とされた。

皇紀一八二五年＝長寛三年（一一六五年）六月五日、元号が永万《えいまん》に改元される。永万元年六月二十五日、生後七ヶ月余りで譲位を受けられ、七月二十七日、即位された。藤原忠通《ただみち》の四男で関白の近衛（藤原）基実《もとざね》（二十三歳）が摂政となる。

四ヶ月前に誕生された第一皇子の尊恵法親王《そんえほっしんのう》がおられたが、母の身分が低いこともあって即位はされなかった。

皇紀一八二五年＝永万元年（一一六五年）に二条天皇が崩御され、後白河《ごしらかわ》上皇が再び朝政を執られる。後白河上皇の院政が続く。

皇紀一八二六年＝永万二年七月二十六日、六条天皇《ろくじょう》を後見していた摂政の近衛基実が二十四歳の若さで死去したため、後白河上皇は仁安《にんあん》元年十月十日、六歳の憲仁親王《のりひと》（高倉《たかくら》天皇）を立太子させる。憲仁親王の母は平滋子《しげこ》（平清盛《きよもり》の妻・平時子《ときこ》の異母妹）であり、摂政の基実の妻は平清盛の娘・平盛子《もりこ》であるから、既にこの時期平氏が勢力を持って皇位継承に関わっている。

仁安元年十一月十五日、大嘗祭を催行される。

皇紀一八二八年＝仁安三年（一一六八年）二月十九日、祖父・後白河上皇の意向を受け、在位三年弱（皇統譜では在位四年とある）、五歳で後白河上皇の第七皇子で六条天皇の叔父に当たる憲仁親王（高倉天皇）に譲位される。

六条天皇は五歳という歴代最年少で上皇となられた。五歳の甥から三歳年長の八歳の叔父・憲仁親王（高倉天皇）へという極めて不自然な皇位継承がなされる。先帝の二条天皇が二十三歳と若くして崩御されたために皇位継承が混乱し、結局、後白河上皇が事態の収拾に当たられた。

⑰後白河天皇
- → ⑱二条天皇 → ⑲六条天皇
- → ⑳高倉天皇
  - → ㉑安徳天皇
  - → 守貞親王
  - → ㉒後鳥羽天皇

皇紀一八三六年＝安元《あんげん》二年（一一七六年）七月、六条上皇は元服も行われることなく、十三歳（満年齢十一歳八ヶ月）で崩御される。后妃はなく、遺児もおられない。

永万二年七月までは摂政・近衛（藤原）基実らが政務を執った。二歳で即位された天皇が五歳で譲位して上皇になられ、しかも八歳の叔父への譲位であり、皇位に就かれたとはいえず、歴代天皇に数えることには大いに疑問がある。ただ「天壌無窮の神勅」の「吾《あ》が子孫《うみのこ》」は遵守されている。

後白河天皇が第一皇子の守仁《もりひと》親王（二条天皇）に早くに譲位され、その後すぐに後白河上皇と二条天皇の親子対立が発生し、これが平治の乱に発展して、その上、乱に勝利した二条天皇が若くして崩御されたために皇位継承が混乱した。二条天皇の御世の一時期を除き、後白河法皇の御世が続いているといえる。

## 第八十代　高倉《たかくら》天皇

〔世系四十八、即位八歳、在位十二年、宝算二十一歳〕

皇紀一八二一年＝永暦《えいりやく》二年（一一六一年）九月三日、後白河《ごしらかわ》天皇の第七皇子として誕生された憲仁《のりひと》親王で、母は平滋子《しげこ》（平清盛《きよもり》の妻・平時子《ときこ》の異母妹）である。

平時信《ときのぶ》
- →時子（清盛の正室）
- →滋子（後白河上皇の妃）→⑧⓪高倉《たかくら》天皇
  - →⑧①安徳天皇
  - →⑧②後鳥羽天皇

皇紀一八二六年＝仁安《にんあん》元年（一一六六年）十月十日、前年皇紀一八二五年に二条《にじょう》天皇が崩御され、憲仁親王（六歳）が三歳年下で甥の六条《ろくじょう》天皇（三歳）の皇太子として立太子される。全て後白河上皇が治天の君として差配しておられる。

皇紀一八二八年＝仁安三年（一一六八年）二月十一日、平清盛が出家する。

後白河上皇は、清盛の出家後、皇太子・憲仁親王（高倉天皇）の即位を提案され、清盛をはじめ近臣もこれに賛意を表し、仁安三年二月十九日、五歳の六条天皇は退位され、三月二十日、八歳の憲仁親王（高倉天皇）が即位された。

この時期、後白河上皇は二条天皇と対立され、二条天皇によって一時院政停止状態に置かれていた。しかし二条天皇が崩御されると、後白河上皇は六条天皇をわずか三年足らずで退位させ、治天の君としての役割を果たされたのであった。

仁安三年十一月二十二日、大嘗祭を催行される。

皇紀一八二九年＝仁安四年（一一六九年）四月八日、元号が嘉応《かおう》に改元され、嘉応元年六月十七日、後白河上皇が出家され、後白河法皇となられた（四十三歳）。

これまで後白河法皇は平氏の武力を使って政権を掌握してこられたが、これに伴って平氏も次第に権勢を強めていく。そして平氏の権勢が強まるにつれて、後白河法皇も次第に平氏と対立するようになられる。

皇紀一八三一年＝承安《しょうあん》元年（一一七一年）十二月十四日、清盛の娘・平徳子《とくこ》（母は平時子、十七歳）が後白河法皇の猶子となって高倉天皇に入内する。

皇紀一八三二年＝承安二年二月十日、徳子は入内して二ヶ月ほどで立后され、中宮となられる。

皇紀一八三六年＝安元《あんげん》二年六月、後白河天皇が譲位されてから後に妃となられた平滋子が突然病に倒れ、七月八日に薨去された。これによって後白河法皇と清盛の絆がなくなり、法皇と清盛の蜜月時代が終わる。

平時信（桓武平氏高棟王流）→時子（清盛室）→徳子（81安徳《あんとく》天皇の生母）→81安徳天皇
平時信（桓武平氏高棟王流）→滋子（後白河法皇妃）→80高倉天皇→81安徳天皇

皇紀一八三七年＝安元三年（一一七七年）、後白河法皇の側近たちは権勢を強める平氏の打倒を企てるが（「鹿ヶ谷の陰謀」）、密告で露見し失敗する。参加者は全て捕らえられ、殺害されたり配流になったりする。そしてこの事件で法皇と清盛の関係がさらに悪化していく。

皇紀一八三八年＝治承《じしょう》二年十二月十五日、徳子所生の言仁《ときひと》親王（安徳天皇）が生後一ヶ月で立太子される。

皇紀一八三九年＝治承三年（一一七九年）七月二十九日、平重盛《しげもり》（清盛の嫡男）が死去する。そして十月九日の除目で後白河法皇は、平氏ではない院近臣の藤原季能《すえよし》を後任の越前守に任じ、仁安元年（皇紀一八二六年）以来の重盛の知行国が重盛死去を機に没収される。この法皇の措置で法皇と平氏との関係は最悪となり、治承三年の政変（後述）に繋がっていく。

十一月十四日、平清盛は先の鹿ヶ谷の陰謀（平氏討伐計画）の件もあり、重盛の死去で重盛の知行国が没収されたのを機に、ついに後白河法皇を拘束して鳥羽《とば》殿に幽閉し、院政を停止させる（治承三年の政変）。清盛は大軍を率いて福原（兵庫県神戸市）から上洛する。

清盛は謀議に加わっていた天台座主・覚快《かくかい》法親王（鳥羽上皇の第七皇子）を罷免し、十六日、親・平氏派の明雲《みょううん》（村上源氏・久我顕通《こがあきみち》の長男）を復帰させる。翌十七日、太政大臣・藤原師長《もろなが》以下多数の院近臣が解官された。

平清盛の六女・完子《さだこ》を正室に持つ娘婿の藤原基通《もとみち》（近衛基通・基実《もとざね》の子）が内大臣・内覧・関白に任じられた。諸国の受領も大幅に交替し、平氏の知行国は、この政変を機に十七ヶ国から三十二ヶ国と一挙に増加した。

ところがこれには高倉天皇の宣命・詔書が発給されており、清盛はすでに高倉天皇（十九歳）の勅許は得ていて、あくまでも院政停止であった。高倉天皇としては平氏を取り立てることによって、後白河法皇の院政を廃して親政を目指すという意図もあったと推定される。

皇紀一八四〇年＝治承四年（一一八〇年）二月二十一日、高倉天皇は父・後白河法皇と岳父・清盛との対立を憂え、二十歳、在位十二年弱（皇統譜では十三年とある）で平清盛の娘・徳子が産んだ三歳になる皇子・言仁《ときひと》親王（安徳天皇）に譲位される。そして高倉上皇は院政を敷かれた。ところが翌皇紀一八四一年＝治承五年（一一八一年）一月十四日、高倉上皇が二十一歳と、若くして崩御される。

## 第八十一代 安徳《あんとく》天皇 （世系四十九、即位三歳、在位五年、宝算八歳）

皇紀一八三八年＝治承《じしょう》二年（一一七八年）十一月十二日、高倉《たかくら》天皇の第一皇子として誕生された言《とき》仁《ひと》親王で、母は平清盛《きよもり》の娘・平徳子《とくこ》である。清盛が外祖父となった。

この年十二月十五日、生後一ヶ月あまりで立太子される。父帝の高倉天皇は十八歳であるから、やはり清盛の意向が強く影響しており、清盛の皇位継承に対する介入であった。

皇紀一八四〇年＝治承四年（一一八〇年）二月二十一日、高倉天皇（二十歳）から譲位を受け、四月二十二日に三歳（満一年五ヶ月）で即位される。摂政には関白・近衛基通《もとみち》（藤原忠通《ただみち》の孫）が就いた。この時点では法皇と清盛との関係は最悪で、到底法皇の了解があったとは思えない。高倉天皇の了解はあるにしても、明らかに清盛の意向によるものであった。天皇は幼少で、高倉上皇もまだ二十歳と若いので、朝政は外祖父の清盛が取り仕切る。

四月九日、この一連の清盛の行動、朝政の壟断に怒った以仁王《もちひとおう》（後白河《ごしらかわ》天皇の第三皇子）は、源頼政《よりまさ》（摂津源氏源仲政《なかまさ》の長男）と謀って、諸国の源氏と大寺社に平氏追討の令旨《りょうじ》を発せられた。清盛の主導で福原（兵庫県神戸市）への遷都が計画され、後白河法皇の福原行幸が行われるが、法皇は半年ほどで京に還幸された。

皇紀一八四一年＝治承五年（一一八一年）一月十四日、高倉上皇が二十一歳で崩御される。続いて閏二月四日、平清盛が死去する。高倉上皇と清盛亡き後の平氏は、拠り所を失って滅亡への道を歩むことになる。

皇紀一八四二年＝寿永《じゅえい》元年（一一八二年）八月十四日、「亮子《りょうし》内親王を皇后と為し給ふの宣命」を発せられ、後白河法皇の第一皇女で伊勢斎宮を務めておられた亮子内親王（三十六歳）が、安徳《あんとく》天皇の准母（生母ではないが母に擬される）で皇后となられる。清盛亡き後の平氏の法皇に対する一つの対策であった。

十一月二十四日、大嘗祭を催行される。

皇紀一八四三年＝寿永二年（一一八三年）五月、源義仲《よしなか》（木曾義仲）が倶利伽羅峠《くりからとうげ》で平維盛《これもり》（平清盛の嫡孫）率いる平氏の大軍を破り入洛する。先の以仁王が発せられた諸国の源氏と大寺社に対する平氏追討の令旨を奉じての行動である。

七月二十四日、平氏の都落ちを目前にして、平氏の正統性確保に同行が必須であった後白河法皇は咄嗟の判断で比叡山に退避された。翌日二十五日、平氏一門は六波羅や西八条邸を焼き払い、安徳天皇、母の平徳子（建礼門院）を伴い三種の神器を擁して、都を西へ落ちていく。

七月二十八日、後白河法皇が木曾義仲に「前内大臣が幼主を具し奉り、神鏡、剣璽《けんじ》を持ち去った」として「平氏追討宣旨」を下された。ここに平氏は賊軍に転落し、木曾義仲・源行家の軍が官軍として都を守護することになった。

後白河法皇は、天皇の還御と神器の返還を求めたが、拒絶される。やむを得ず、都に残っている高倉院の皇子、惟明《これあき》親王、尊成《たかなり》親王のいずれかを新天皇に即位頂くことに決められるが、ここで木曾義仲が突如として以仁王の第一王・北陸宮《ほくろくのみや》（十九歳）の即位を主張する。

これは九条兼実《かねざね》が「王者の沙汰に至りては、人臣の最にあらず」（人臣の奏上すべきことではない）（『玉葉』八月十四日条）と言っている通り、明らかに治天の君の権限の干犯《かんぱん》であった。

八月六日、後白河法皇は高倉天皇の母・平滋子《しげこ》（建春門院）の異母兄に当たる平時忠《ときただ》を除いて、平氏一門の全ての官職を剝奪される。

八月二十日、後白河法皇の意向で高倉天皇の第四皇子・尊成親王（後鳥羽《ごとば》天皇）が践祚される。ここでも安徳天皇は不在で、後白河法皇が治天の君の役を果たされた。翌年元暦《げんりやく》元年（一一八四年）七月二十八日、安徳天皇ご在位のまま、尊成親王が四歳で神器なしで践祚され即位される。この時点で形式的には二人天皇の並立という事態が生じる。惟明親王（高倉天皇第三皇子）は尊成親王の一年年長であったが、母の身分が低かったので即位されなかったと思われる。

十月九日、後白河法皇は皇紀一八四〇年＝治承四年に追討の宣旨が出されていた源頼朝《よりとも》を本位に復して赦免され、十四日には「寿永二年十月宣旨」を下されて、東海・東山両道の事実上の支配権を授与された。

閏十月十五日、平氏追討で西下していた木曾義仲が急遽帰京し、二十二日、頼朝追討の宣旨ないし御教書の発給を要請するが、後白河法皇はこれを拒絶される。

十一月七日、木曾義仲を除く源行家以下の源氏諸将に院御所の警護を命じられる。従って、ここで木曾義仲は天皇の信頼を失い、失脚したと見なしてよい。

十一月十六日、後白河法皇は義仲に対して「ただちに平氏追討のため西下せよ。院宣に背いて頼朝軍と戦うのであれば、宣旨によらず義仲一身の資格で行え。もし洛中に逗留するなら、謀反と認める」と宣せられた。

十一月十九日、後白河上皇の御所・法住寺殿が木曾義仲軍の襲撃を受ける。院側は大敗し、後白河法皇は捕らえられ、摂政・近衛基通（基実の子）の五条東洞院邸に幽閉された。この戦いで院政の拠点だった法住寺殿も焼き討ちされ焼失した（法住寺合戦）。これで義仲は完全に朝敵となった。

清盛亡き後の平氏は安徳天皇を奉じて西下し、法皇は義仲に幽閉されるが、伊豆の頼朝が遣わした範頼《のりより》・義経《よしつね》軍に救出され、保護される。

安徳天皇は平家一門に連れ去られ、三種の神器を保持し都落ちされる。大宰府を経て屋島に戻られ、屋島に行宮《かりみや》を置かれた。

皇紀一八四五年＝寿永四年（一一八五年）二月十九日、屋島の平氏は源範頼・義経軍の追討を受け、敗れて再度西下し、三月二十四日、壇ノ浦の戦いで再び敗れる。

平氏の軍と共におられた安徳天皇は壇ノ浦で崩御される。皇子女はおられず、在位五年（実質五年弱であるが皇統譜には六年とある）、宝算八歳であった。ここで寿永二年八月以来のおよそ一年半の後鳥羽天皇との二朝並立状態が解消する。平氏一門は清盛の死去から四年にして滅亡した。

平氏が滅亡しても次の鎌倉武家政権が皇位継承に干渉してくる。白河天皇が武家の地位を向上させ、力の政治を進めたことで、江戸徳川政権末期まで武家の皇位継承に対する介入は続くことになった。

## 第八十二代 後《ご》鳥《と》羽《ば》天皇

〔世系四十九、即位四歳、在位十五年、宝算六十歳〕

皇紀一八四〇年＝治承《じしょう》四年（一一八〇年）七月十四日、高倉《たかくら》天皇の第四皇子として誕生された尊成《たかなり》親王で、母は藤原信隆《のぶたか》の娘・殖子《たねこ》（高倉天皇の典侍）である。後白河《ごしらかわ》天皇の嫡孫で、安徳《あんとく》天皇の異母弟に当たる。外祖父の藤原信隆は藤原北家で兼家の長男・道隆《みちたか》に始まる道隆流である。

皇紀一八四三年＝寿永《じゅえい》二年（一一八三年）八月二十日、先帝・安徳天皇は平氏に伴われ西下され、尊成親王は前述の通り譲位を受けられる状況になく、太上天皇（後白河法皇）の院宣（詔）を受けて、立太子され、この日譲位を受けられた（四歳）。

皇紀一八四四年＝寿永三年一月二十二日、前摂政・近衛基通《もとみち》（近衛基実《もとざね》の長男）が後鳥羽《ごとば》天皇の摂政に就く。四月十六日、元号が元暦《げんりゃく》に改元される。

元暦元年七月二十八日、皇太子・尊成親王が、神器のないまま、後鳥羽天皇として即位される。先帝からの譲位はなく、神器の引き渡しもなく、法皇の院宣のみによる即位であった（五歳）。この年十一月十八日、大嘗祭が催行された。

安徳天皇崩御（寿永四年三月二十四日）の八ヶ月前で、ここでおよそ八ヶ月の二皇並立状態が発生した。後白河法皇の院政が続く。

尊成親王には一歳年上で第三皇子の異母兄・惟明《これあき》親王がおられたが、母（平範子《のりこ》）の身分が低かったこと、さらに安徳天皇が平家の都落ちに伴って西国へ下られたことから、皇位は尊成親王（後鳥羽天皇）が継がれた。

皇紀一八四六年＝文治《ぶんち》二年（一一八六年）三月十二日、近衛基通に代わって、藤原忠通《ただみち》の六男・九条兼実《かねざね》が摂政に就く。

皇紀一八五〇年＝文治六年（一一九〇年）一月三日に元服され、摂政・九条兼実の娘・任子《たえこ》（十八歳）が後鳥羽天皇（十一歳）の女御となり、四月には中宮に立てられた。

この年四月十一日、元号が建久《けんきゅう》に改元される。

建久元年十一月七日、源頼朝《よりとも》が御家人を率いて上洛する。頼朝が日本国総追捕使《そういぶし》として国家の軍事、警察を担当する体制を確立する。

十一月九日、源頼朝（四十四歳）が後白河法皇（六十四歳）、後鳥羽天皇（十一歳）に拝謁し、頼朝が後白河法皇に「君ノ御事ヲ私ナク身ニカヘテ思候（法皇のことを自分の身に代えて大切に思っています）」と表明する。この日、後白河法皇は頼朝を権大納言に任じられた。
十二月十四日、頼朝が京から鎌倉に戻る。頼朝の在京は約四十日間、後白河法皇との対面は八回に及び、ここで新たな朝幕関係が築かれた。

皇紀一八五一年＝建久二年（一一九一年）三月二十二日、十七カ条の新制が発布され、ここで「海陸盗賊放火」について「自今已後（これから後）、たしかに前右近衛大将源朝臣並びに京畿諸国所部官司等に仰せ、件《くだん》の輩《やから》（義経ら）を搦《から》（捕縛）めまいらしめよ」と記され、頼朝にも諸国守護権が公式に認められた。ここに武家が朝廷を守護する鎌倉時代の政治体制が確立する。

皇紀一八五二年＝建久三年（一一九二年）三月十三日、後白河法皇が六十六歳で崩御される。
後白河法皇の崩御時、後鳥羽天皇はまだ十三歳で、摂政の九条兼実が法皇に代わって朝政を取り仕切る。兼実は摂政関白・藤原忠通（摂政関白太政大臣・藤原忠実《ただざね》の長男）の六男で五摂家の一つ、九条家の祖である。兼実が藤原基経《もとつね》の創建した九条殿に住んだことが家名の由来である。

皇紀一八五五年＝建久六年（一一九五年）十二月二日、源通親《みちちか》の養女（実父は法勝寺《ほつしようじ》執行の能円《のうえん》）で後鳥羽天皇の妃・在子《ざいし》に皇子・為仁親王《ためひと》（土御門天皇《つちみかど》）が誕生する。養親の源通親は村上源氏の祖・源師房《もろふさ》（天皇の嫡孫）の末裔である。実父は、平時子《ときこ》・平時忠《ときただ》らの異父兄姉・法勝寺執行の能円である。法勝寺は平安京の東郊に白河天皇が建立した寺であり、応仁の乱で消失した。
皇子・為仁親王の外祖父となった源通親の政敵・九条兼実が関白を罷免され、後任の関白には近衛基通（近衛基実の子）が任じられた。

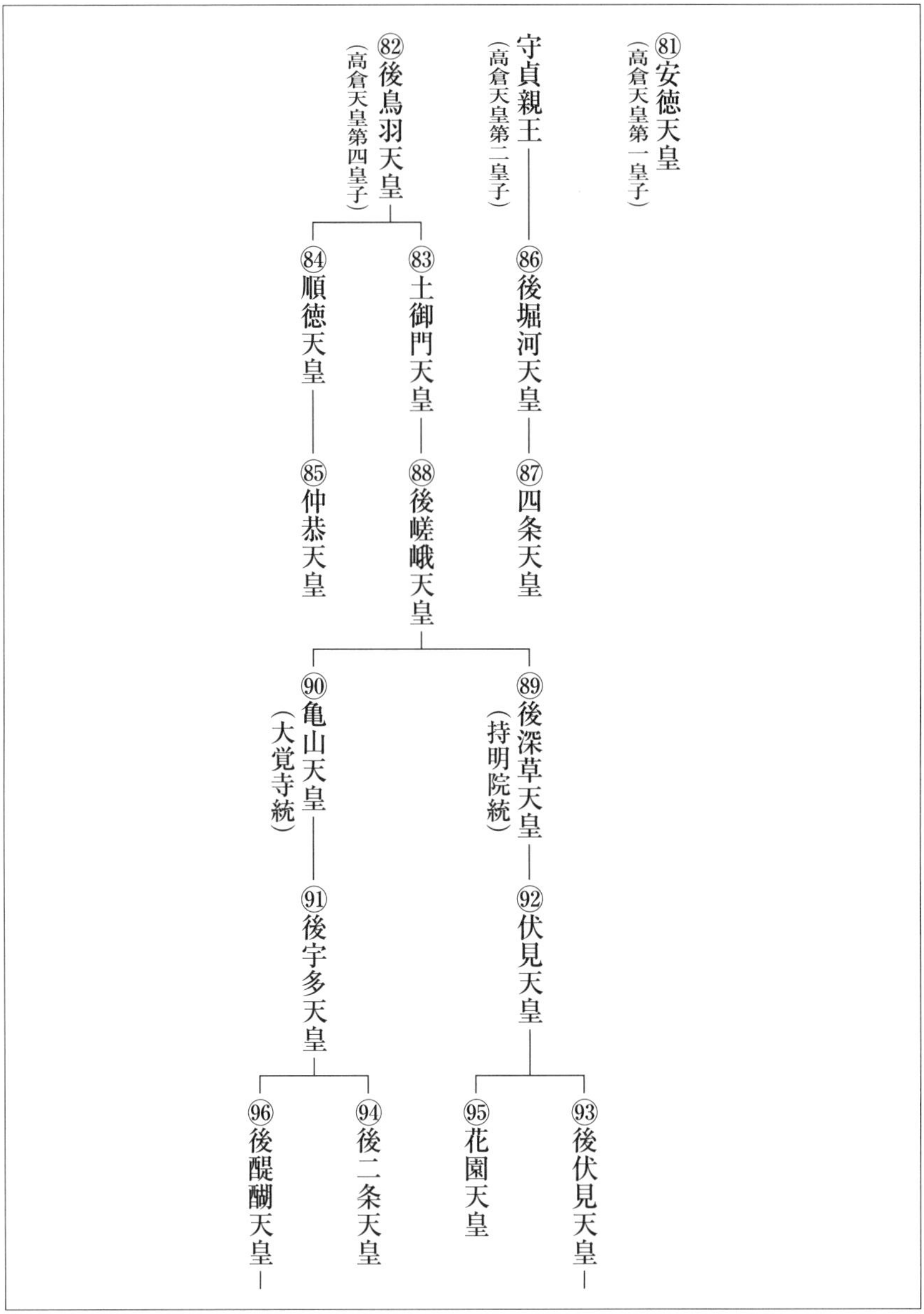

⑧①安徳天皇
（高倉天皇第一皇子）
守貞親王
（高倉天皇第二皇子）
⑧②後鳥羽天皇
（高倉天皇第四皇子）
⑧⑥後堀河天皇
⑧③土御門天皇
⑧④順徳天皇
⑧⑦四条天皇
⑧⑧後嵯峨天皇
⑧⑤仲恭天皇
⑧⑨後深草天皇
（持明院統）
⑨⓪亀山天皇
（大覚寺統）
⑨②伏見天皇
⑨①後宇多天皇
⑨③後伏見天皇
⑨⑤花園天皇
⑨④後二条天皇
⑨⑥後醍醐天皇

皇紀一八五八年＝建久九年（一一九八年）一月十一日、後鳥羽天皇は後白河法皇なきあとの鎌倉幕府との交渉を考え、在位十五年（譲位を受けられてから十四年五ヶ月）にして十九歳で為仁親王（土御門天皇）に譲位され一月二十日太上天皇となられる。

皇統譜では譲位を受けて即位までが三年、退位されるまで十四年、合計十七年とある。以後、後鳥羽上皇が土御門、順徳《じゅんとく》、仲恭《ちゅうきょう》と皇紀一八八一年＝承久《じょうきゅう》三年（一二二一年）まで、三代にわたって二十三年間院政を敷かれた。

皇紀一八六二年＝建仁二年（一二〇二年）十月二十一日、源通親（村上源氏久我流）が死去し、後鳥羽上皇（二十三歳）は実質的親政を開始される。

皇紀一八八一年＝承久三年の「承久の乱」で幕府方に敗れ隠岐に配流となる。

承久の乱で隠岐に配流となって、皇紀一八九九年＝延応《えんおう》元年（一二三九年）二月二十二日、四条《しじょう》天皇の御世、配所の隠岐にて六十歳で崩御された。

## 第八十三代　土御門《つちみかど》天皇

〔世系五十、即位四歳、在位十三年、宝算三十七歳〕

皇紀一八五五年＝建久《けんきゅう》六年（一一九五年）十二月二日、後鳥羽《ごとば》天皇の第一皇子として誕生された為《ため》仁《ひと》親王で、母は源通親《みちちか》（久我《こが》通親）の養女（実父は法勝寺執行法印の能円《のうえん》）の源在子《ざいし》である。母・在子の実父・能円は藤原盛実《もりざね》（藤原北家勧修寺《かじゅうじ》流）の孫で、源通親は村上源氏の末裔である。

皇紀一八五八年＝建久九年（一一九八年）一月十一日、立太子されず、この日、父・後鳥羽天皇（十九歳）の譲位により四歳で践祚され、同年三月三日に即位される。

後鳥羽天皇は母・在子の養父である源通親（村上源氏）が先例や幕府の反対を押し切って、土御門《つちみかど》天皇の践祚を強行されたといわれている（九条兼実《かねざね》の日記『玉葉』）。

摂政には近衛基実《もとざね》の子・基通《もとみち》が就き、後鳥羽上皇による院政が敷かれる。

十一月二十二日、大嘗祭を催行される。

皇紀一八五九年＝建久十年（一一九九年）一月十三日、鎌倉で征夷大将軍・源頼朝《よりとも》が五十三歳で急死する。

元号が建久十年四月二十七日に正治《しょうじ》、正治三年二月十三日に建仁《けんにん》と改元される。

皇紀一八六二年＝建仁二年（一二〇二年）七月二十三日、頼朝の嫡男・頼家《よりいえ》が第二代征夷大将軍に就く。

十二月二十五日、九条良経《よしつね》（摂政関白・九条兼実の次男）が摂政に就く。

翌皇紀一八六三年＝建仁三年九月七日、比企能員《ひきよしかず》の変で頼家は追放され、頼家の弟・源実朝《さねとも》が十二歳で第三代征夷大将軍に任じられる。

北条時政（桓武平氏）が初代執権に就く。北条氏は桓武《かんむ》天皇の八世孫平直方《なおかた》を始祖とする伊豆国の在地豪族であった。

皇紀一八六五年＝元久《げんきゅう》二年（一二〇五年）一月三日、為仁親王（土御門天皇）が元服される（十一歳）。

この年、大炊御門頼実の娘・藤原麗子《れいし》が中宮として入内する。

皇紀一八六六年＝元久三年三月十日、九条良経が死去し（三月七日）、近衛基通の子・家実《いえざね》が摂政に就く。建永《けんえい》元年十二月八日には関白となる。

皇紀一八七〇年＝承元《じょうげん》四年（一二一〇年）十一月二十五日、後鳥羽上皇（三十一歳）は土御門天皇（十六歳）の穏和な性格が幕府との厳しい交渉には心許ないと感じられて退位させる。土御門天皇は在位十二年八ヶ月余り（譲位を受けてからは十二年十ヶ月）にして、二歳年下で十四歳の異母弟・守成《もりなり》親王（順徳《じゅんとく》天皇）に譲位させられ、同年十二月、天皇は十六歳で上皇（土御門上皇）となられた。

承久《じょうきゅう》三年に起きた承久の乱（後述）で、土御門上皇は乱には関与しておられなかったので鎌倉幕府は処罰の対象にしなかったが、父・後鳥羽院が配流となったのに、自分が京にいるのは忍びないと、閏十月十日、自ら申し出て土佐国に移られた。

しかし二年後の皇紀一八八三年＝貞応《じょうおう》二年（一二二三年）五月、幕府は土佐に移っておられた土御門上皇を、都に近い隣国・阿波国にお移しした。

のちにこの土御門上皇の第三皇子・邦仁《くにひと》親王が後嵯峨《ごさが》天皇として即位される。

皇紀一八九一年＝寛喜《かんき》三年（一二三一年）十月六日、土御門上皇は出家され、同月十一日、配流先の阿波国板野郡池谷にて三十七歳で崩御された。第八十六代後堀河《ほりかわ》天皇の御世であった。

## 第八十四代 順徳《じゅんとく》天皇

〔世系五十、即位十四歳、在位十一年、宝算四十六歳〕

皇紀一八五七年＝建久《けんきゅう》八年（一一九七年）九月十日、後鳥羽《ごとば》天皇の第三皇子として誕生された守成《もりなり》親王で、先帝・土御門《つちみかど》天皇の異母弟に当たる。母は藤原範季《のりすえ》（藤原南家）の娘・重子《しげこ》である。

皇紀一八六〇年＝正治《しょうじ》二年四月十五日、四歳で異母兄・土御門天皇の皇太弟となられる。

皇紀一八七〇年＝承元《じょうげん》四年（一二一〇年）十一月二十五日、後鳥羽上皇の意向により、土御門天皇の譲位を受けて十四歳で即位される。十二月二十八日、即位の礼を催行された。

翌二十九日、摂政に就いた九条良経《よしつね》の長女・九条立子《たつこ》が女御宣下され、翌承元五年一月二十二日、中宮に冊立される。後鳥羽上皇の院政が続き、上皇の御世が続く。

なお守成親王（順徳《じゅんとく》天皇）には異母兄で一歳年長の第二皇子・長仁《ながひと》親王（道助入道《どうじょにゅうどう》親王）がおられたが、四年前の皇紀一八六六年＝建永《けんえい》元年に出家され、仁和寺に入られた。

承元五年三月九日、元号が建暦《けんりゃく》に改元される。

皇紀一八七二年＝建暦二年十一月十三日、一年遅れて大嘗祭を催行される。

皇紀一八七九年＝建保《けんぽう》七年（一二一九年）一月二十七日、第三代征夷大将軍・源実朝《さねとも》が源頼家の子・公暁《くぎょう》（甥）に暗殺される。享年二十八歳であった。

後鳥羽上皇は、ご自身の母である藤原（坊門）殖子《たねこ》の弟・坊門信清《ぼうもんのぶきよ》の娘である坊門姫・坊門信子《のぶこ》（従妹に当たる）を実朝の正室とされ、朝幕関係の融和を図っておられた。坊門信子はこの年元久《げんきゅう》元年に鎌倉に下向している。この時点では上皇は実朝を征夷大将軍に任じて、鎌倉幕府を承認しておられたのであった。

建保六年、実朝は武士としては初めて右大臣に叙せられ、後鳥羽上皇は翌年昇任を祝う鶴岡八幡宮拝賀の儀式で使用する装束や車などを贈られた。

ところが実朝が神拝を終え、退去するところを甥の公暁に暗殺される。間もなく公暁も討ち取られ、源氏頼朝将軍家は断絶した。天皇の任命した征夷大将軍を暗殺したということで、改善しかけていた朝廷と幕府との関係はまた悪化する。後鳥羽上皇は再び鎌倉幕府を信頼されなくなった。従ってこの実朝暗殺事件が後の承久の乱の原因の一つになっていることは確かである。

源実朝が暗殺された後、鎌倉幕府（北条氏）は皇族を将軍に迎えようとして、有力御家人一同が連署した上奏文（願文）を京へ送ったが、後鳥羽上皇はこれを拒絶される。

上皇の幕府に対する信任が毀損され、逆に後鳥羽上皇は北条義時《よしとき》追討（倒幕）の院宣を発布される。そして事態は「承久の乱」へと突き進む。

皇紀一八七九年＝建保七年（一二一九年）四月十二日、元号が承久《じょうきゅう》に改元される。

承久元年六月、幕府北条方は皇族を将軍に迎えることが叶わないとなって、執権の北条義時は左大臣・九条道家《みちいえ》に相談し、道家の四男・藤原頼経《よりつね》（二歳）を第四代征夷大将軍にと要請し、道家はこれを受け、息子の頼経を鎌倉に下向させた。九条道家は五摂家の一つである九条家の祖・九条兼実《かねざね》の孫、良経の子である。

北条氏は頼朝《よりとも》の家系が絶えても北条家からは将軍を出さず、朝廷から公卿を招聘し、かといって自分の意思では動かないような幼少の公卿を将軍に迎える。北条家はあくまでも執権の地位に留まることとしたのである。北条家が実朝暗殺にどのように関わっていたかは定かでない。

皇紀一八八〇年＝承久二年（一二二〇年）、天台座主《てんだいざす》の慈円《じえん》が初代神武天皇からこの第八十四代順徳天皇の御世までの歴史を綴った『愚管抄』を著す。

この時代を公卿の時代から武士の時代への転換と捉えていた慈円は、公武の協調を理想とし、後鳥羽上皇の倒幕、挙兵の動きには反対している。慈円は摂政関白・藤原忠通《ただみち》の子で、建久三年、三十八歳で天台座主に就いている。

翌皇紀一八八一年＝承久三年（一二二一年）四月二十日、順徳天皇（二十五歳）は父・後鳥羽上皇の意向を受け、倒幕準備（承久の乱）のため、皇子（四歳）の懐成《かねなり》親王（仲恭《ちゆうきよう》天皇）に譲位して上皇の立場に退かれ、四月二十三日太上天皇となられた。

在位十年五ヶ月であるが、皇統譜には十二年とある。順徳天皇は父帝・後鳥羽上皇以上に鎌倉幕府（北条氏）打倒に積極的であった。乱後の七月二十一日、順徳上皇は佐渡へ配流とされた。

皇紀一九〇二年＝仁治《にんじ》三年九月十二日、佐渡在島二十一年で、一度も京に戻られることなく、四十六歳で崩御される。

## 第八十五代 仲恭《ちゆうきよう》天皇

〔世系五十一、即位四歳、在位八十日、宝算十七歳〕

皇紀一八七八年＝建保《けんぽう》六年（一二一八年）十月十日、順徳《じゆんとく》天皇の第四皇子として誕生された懐成《かねなり》親王で、母は九条良経《よしつね》（藤原忠通《ただみち》の孫）の娘・藤原立子《たつこ》である。十一月二十六日、生後一ヶ月余りで立太子される。この度は倒幕準備という事情による幼児の立太子であった。

第一皇子・尊覚《そんかく》法親王、第二皇子・覚恵《かくえ》法親王、第三皇子・義尹《ぎいん》はいずれもすでに出家しておられた。従って第四皇子の懐成親王が立太子されたのである。

皇紀一八八一年＝承久《じようきゆう》三年（一二二一年）四月二十日、父帝・順徳天皇が北条討伐（倒幕）の準備に参加するため譲位され、四歳で即位される。叔父の九条道家《みちいえ》（二十九歳）が新たに摂政に就く。

道家は天皇の外祖父・九条良経の長男で、天皇にとっては母方の叔父である。

九条家は藤原忠通（藤原北家嫡流）の三男・九条兼実《かねざね》を祖とする五摂家の一つで、また後に九条家から枝分かれした一条家と二条家の祖でもある。藤原（九条）兼実が基経《もとつね》の創建した九条殿に住んでいたことから九条家と称した。


**【承久の乱】**


皇紀一八八一年＝承久三年（一二二一年）五月十四日（北条義時《よしとき》追討宣旨の発布は翌日）、承久の乱が勃発する。

後鳥羽《ごとば》上皇が北条義時追討の宣旨を全国に発布され、諸国の守護・地頭たちに、上皇の下《もと》に馳せ参じるよう勅令を発せられる。

北条義時（五十九歳）は嫡男・泰時《やすとき》（三十九歳）を総大将として東海道から京へ向けて軍勢を送り、次男の朝時《ともとき》、異母弟の時房《ときふさ》を大将軍として北陸道・東山道の二道から京へ上らせた。

幕府の総大将・泰時は途中で引き返し、天皇（順徳天皇・二十五歳）が自ら兵を率いて出陣された場合の対処を尋ねた。義時は「天皇に弓は引けぬ。直ちに鎧《よろい》を脱いで、弓の弦を切って降伏せよ、京から兵だけ送ってくるのであれば力の限り戦え」と命ずる。

上皇方は十九万の大軍を率いて上洛してきた泰時軍に敗れ、義時追討は失敗し、後鳥羽上皇は隠岐島に配流となる。後鳥羽上皇は流される直前、出家して法皇となられる。

父帝・後鳥羽上皇以上に鎌倉幕府打倒に積極的であったといわれる順徳上皇は、乱後の七月二十一日に佐渡へ配流となった。

上皇方についた勢力は一掃され、執権・義時の幕府内での最高権力者としての地位が却って安定し、執権・北条義時の主導する鎌倉幕府政権が朝廷に対して優位な立場に立つことになり、朝幕間の力関係が逆転する。

七月九日、仲恭《ちゆうきよう》天皇も僅か八十日の在位で退位（四歳）させられる。もちろん、北条氏に天皇を退位させる権限などはない。根拠なく武力で事実上退位させただけのことである。以後、武家による皇位継承問題への介入が始まる。ただ皇統の人を皇位に即けることだけは遵守され、その意味では「天壌《てんじよう》無窮《むきゆう》の神勅《しんちよく》」の「吾《あ》が子孫《うみのこ》」への継承は維持される。

ここで皇位は高倉《たかくら》天皇の第二皇子で後鳥羽上皇の同母兄・守貞《もりさだ》親王（後高倉院）の王子・茂仁王《ゆたひとおう》（後堀河《ごほりかわ》天皇）に継承された。仲恭天皇の退位と後堀河天皇即位に関し、鎌倉幕府執権の北条氏が事実上の決定権を持った。

幕府は、後鳥羽天皇に繋がる血統を悉く排除し、仲恭天皇も退位させた。天皇はまだ四歳であり、鎌倉の征夷大将軍である将軍・九条頼経《よりつね》の従兄弟でもあり、その廃位は予想外であった。天皇の母・藤原立子は頼経の父・道家の一歳年上の同母姉である。

仲恭天皇は承久の乱後約六十日で廃され、即位の礼も大嘗祭も催行されなかったので、諡号・追号がつけられず、九条廃帝、半帝、後廃帝などと呼ばれている。ちなみに、歴代の天皇の中で、在位期間が最短の天皇である。

明治三年七月に天皇として認められ、仲恭天皇と追号されたが、天皇として数えるべきではないのかも知れない。しかし、承久の乱という皇位継承に関わる重大事件のあった御世として語り継がれるべき天皇ではある。

皇紀一八九四年＝天福《てんぷく》二年（一二三四年）五月二十日、四条《しじょう》天皇の御世、十七歳で崩御される。皇子女としては天皇崩御の年に誕生された義子《ぎし》内親王がおられる。

## 第八十六代　後堀河《ごほりかわ》天皇

〔世系五十、即位十歳、在位十一年、宝算二十三歳〕

皇紀一八七二年＝建暦《けんりやく》二年（一二一二年）二月十八日、第八十代高倉《たかくら》天皇（後白河《ごしらかわ》天皇・第七皇子）の第二皇子として誕生された守貞《もりさだ》親王（後高倉院）の第三王子として誕生された茂仁《ゆたひと》王である。母は持明院基家《もといえ》の娘・陳子《ちんし》（藤原陳子）である。

持明院基家は藤原通基《みちもと》の三男であるが、通基の父・藤原基頼《もとより》が自邸に持仏堂を設置し、持明院と称したことから子孫は持明院家を名乗っている。

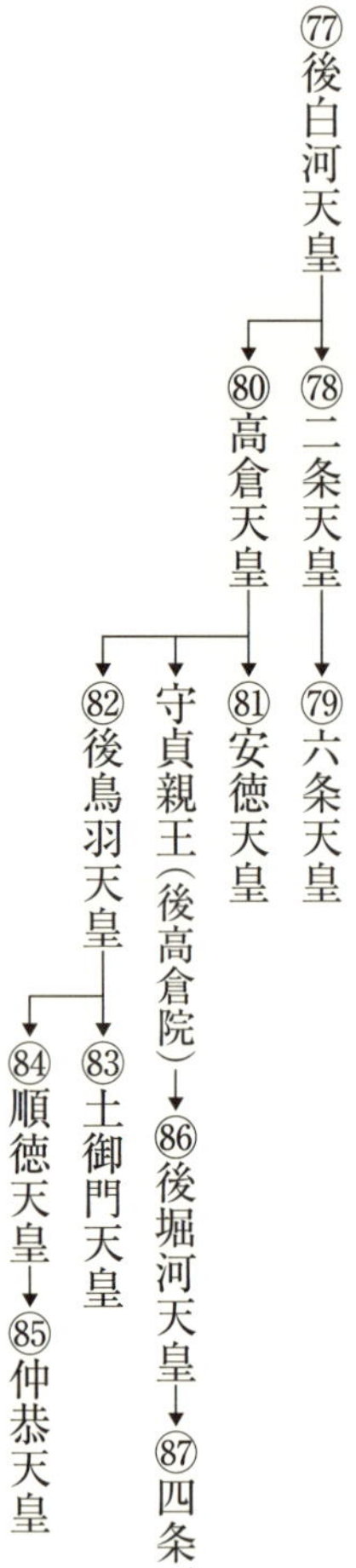


守貞親王（後高倉院）は高倉天皇の第二皇子（第一皇子は言仁《ときひと》親王）で安徳《あんとく》天皇の異母弟に当たる。

平氏の都落ちで西国に伴われて行かれたが、平氏滅亡時に奇跡的に救出され無事帰京される。しかし、都ではすでに同母弟の尊成親王《たかなり》（後鳥羽《ごとば》天皇）が即位しておられた。ところが、承久《じょうきゅう》三年、承久の乱で朝廷方が敗れ、後鳥羽上皇や順徳《じゅんとく》上皇が配流となり、土御門《つちみかど》上皇も都を離れられ、治天の君が不在となる。

鎌倉幕府は後鳥羽上皇の子孫の皇位継承は認めないという方針をとっていたので、その他からの擁立を考えなければならず、後鳥羽上皇の同母兄・守貞親王の三男・茂仁《ゆたひと》王に即位を願うこととなった。茂仁王以外の王子は皆すでに出家しておられた。

皇紀一八八一年＝承久三年（一二二一年）七月八日、行助入道親王が太上法皇となられる。そして行助入道親王が不在となった治天の君の役を果たされ、翌九日、茂仁王に譲位される。譲位といっても仲恭《ちゅうきょう》天皇は四歳であるからあくまでも形式的なものである。

七月九日に譲位を受けて四ヶ月あまり後の十二月一日、十歳で即位される。近衛家実《いえざね》（基通《もとみち》の長男）が摂政に就いた。

幕府は後鳥羽天皇の系統は排除するといっても、皇統の人を即位させ、ここでは高倉天皇の皇子・守貞親王＝後高倉院が鎌倉幕府の協力を得て、治天の君としての役割を果たされた。

後高倉院は幕府によって擁立されたのであるから、ここでは幕府も摂政・近衛家実の協力を得て、ともに治天の君の役を果たしているといえる。

皇紀一八八二年＝承久四年（一二二二年）一月三日、茂仁王が元服される（十一歳）。

皇紀一八八二年＝貞応《じょうおう》元年（一二二二年）、藤原北家閑院流の西園寺公経《きんつね》（藤原実宗《さねむね》の息子）が太政大臣に就き、翌貞応二年には従一位に昇進し、娘婿の九条道家《みちいえ》とともに天皇（十二歳）を補佐し朝政を行う。この道家の三男・藤原頼経《よりつね》が後に第四代征夷大将軍となって鎌倉に下ることになる（後述）。また西園寺公経は関東申次《もうしつぎ》となって幕府と朝廷との間の調整に当たる。

西園寺公経が北山に建立した西園寺（北山殿）に因んで西園寺と称し、西園寺家の実質的な祖となる。こうして公経は承久の乱で上皇、天皇が不在の中、皇統を維持しながら何とか朝政を執った。承久の乱の際には親幕派と見られ、後鳥羽上皇によって幽閉されていた。事前に乱の情報を幕府に知らせ幕府の勝利に貢献したのであるから、後鳥羽上皇にとっては裏切り者であった。

十一月二十三日、大嘗祭を催行される。

皇紀一八八三年＝貞応二年（一二二三年）五月十四日、後見役の守貞親王＝後高倉院が四十五歳で崩御される。この時、後堀河《ごほりかわ》天皇はまだ十二歳であった。

この年、前太政大臣・三条公房の娘・有子が中宮に冊立される。

皇紀一八八六年＝嘉禄《かろく》二年（一二二六年）一月二十七日、二歳で鎌倉入りしていた九条家の藤原頼経（源頼朝《よりとも》の同母妹・坊門姫の曾孫にも当たる）が、九歳で将軍宣下を受け、鎌倉幕府の第四代征夷大将軍に任じられる。

なお前に三代将軍・源実朝《さねとも》が暗殺されたあと、鎌倉幕府は皇族を将軍に迎えようとして、有力御家人一同が連署した上奏文を携えた使者を京へ送ったが、後鳥羽上皇に拒否された経緯がある。ここでも北条家は征夷大将軍に就くことなく、京から迎えた公卿がその職に就いて、統治の正統性を確立する。

皇紀一八八七年＝安貞《あんてい》元年（一二二七年）十二月二十四日、藤氏長者の九条道家（関白・藤原忠通《ただみち》の曾孫）が関白となる。

皇紀一八九二年＝貞永《じょうえい》元年（一二三二年）八月十日、武士政権のための法令（式目）である御成敗式目（貞永式目）が制定される。鎌倉幕府の基本法であり、日本最初の武家法である。

十月四日、後堀河天皇は在位十一年（譲位を受けてから十一年三ヶ月、即位されてから十年十ヶ月で皇統譜には十二年とある）、二十一歳にして院政を敷くべく、まだ二歳の秀仁《みつひと》親王（四条天皇）に譲位され、十月七日太上天皇となられた。

後堀河天皇は譲位後、持明院邸を仙洞御所（退位された天皇の御所）として使用される。その後、後嵯峨《ごさが》、後深草《ごふかくさ》両上皇もこれに倣って持明院邸に住まわれたので、後深草天皇から後小松《ごこまつ》天皇に至るまでの系統が持明院統《じみょういんとう》と称される。

皇紀一八九四年＝天福《てんぷく》二年（一二三四年）八月六日、後堀河上皇は二十三歳で崩御された。

## 第八十七代　四《し》条《じょう》天皇〔世系五十一、即位二歳、在位十年、宝算十二歳〕

皇紀一八九一年＝寛喜《かんき》三年（一二三一年）二月十二日、後堀河《ごほりかわ》天皇の第一皇子として誕生された秀仁《みつひと》親王で、母は九条道家《みちいえ》の娘・藤原（九条）竴子《しゅんし》である。

この年十月二十八日、秀仁親王が生後八ヶ月で立太子された。幼児の立太子である。

翌皇紀一八九二年＝貞永《じょうえい》元年（一二三二年）十月四日、後堀河天皇の譲位を受け、十二月五日、二歳で即位される。九条教実《のりざね》（道家の長男）が摂政に就く。しかし、教実は三年後の嘉禎元年、二十六歳で死去する。

天皇は幼少で、初めは父・後堀河上皇が院政を敷かれたが、二年後にその上皇が崩御されたため、外祖父で摂政関白左大臣の九条道家と、舅である西園寺公経《きんつね》が事実上の朝政を執る。西園寺公経は藤原実宗《さねむね》の子で西園寺家の実質的な祖である。


皇紀一八九四年＝天福《てんぷく》二年（一二三四年）五月、仲恭《ちゅうきょう》上皇（十七歳）が、続いてこの年八月、後堀河上皇（二十三歳）が相次いで崩御される。後堀河上皇が崩御されてから後は、皇紀一九〇二年＝仁《にん》治《じ》三年（一二四二年）に後嵯峨《ごさが》天皇が即位されるまでの八年間は、四条《しじょう》天皇も四歳から十二歳までであり、事実上天皇不在の時期である。

天福二年十一月四日、元号が文暦《ぶんりゃく》に改元される。

そして更に翌皇紀一八九五年＝文暦二年（一二三五年）三月二十八日には摂政の九条教実（二十五歳）が死去し、父・道家が摂政に就く。この年九月十九日、元号が嘉禎《かてい》に改元される。

皇紀一八九五年＝嘉禎元年（一二三五年）十一月二十日、大嘗祭を催行される。前年天福二年に後堀河上皇が崩御され、この年三月には摂政の九条教実が死去し、天皇はまだ五歳であるから、三年遅れの大嘗祭となった。

皇紀一八九七年＝嘉禎三年（一二三七年）三月十日、関白太政大臣の近衛家実《いえざね》の子である近衛兼経《かねつね》が摂政に就く。

皇紀一九〇一年＝仁治二年（一二四一年）十二月、故・教実の娘・彦子《ひろこ》（九歳）が四条天皇の女御となる。

皇紀一九〇二年＝仁治三年（一二四二年）一月九日、四条天皇が不慮の事故で、在位十年（九年一ヶ月余り、皇統譜では十一年とある）、十二歳で崩御される。後嗣も治天の君もなく、先帝・後堀河天皇に後嗣となる皇子がおられず、後嗣決定権は自ずと幕府に移行した。

三年前皇紀一八九九年＝延応《えんおう》元年（一二三九年）二月二十二日、後鳥羽《ごとば》上皇が配流地の隠岐で崩御されたが、その上皇の怨霊による事故と噂され、仁治三年、顕徳院の諡《おくりな》を後鳥羽院と改めた。

九条道家は順徳天皇の皇子・忠成王《ただなりおう》（二十二歳）の即位を発議し、公経もこれに同意したが、幕府は後鳥羽上皇の系統の者として、これを受け入れなかった。公卿たちは激しく反発したが、後嗣選定権は幕府の掌中に帰していたのであった。

## 第八十八代 後嵯峨《ごさが》天皇
（世系五十一、即位二十三歳、在位四年、宝算五十三歳）

皇紀一八八〇年＝承久《じょうきゅう》二年（一二二〇年）二月二十六日、土御門《つちみかど》天皇の第七皇子（皇統譜）として誕生された邦仁《くにひと》親王で、母は源通宗《みちむね》（村上《むらかみ》天皇の末裔・源通親《みちちか》の長男）の娘で典侍の源通子《つうし》である。典侍は律令制における官職で、内侍司（後宮）の実質的長官であり、天皇の秘書役ともいうべき重要な役職である。

母が村上源氏・源通宗（源通親の長男）の娘の源通子であり、藤原家の者でないことは極めて珍しい例である。邦仁親王には二人の同母兄、四人の異母兄がおられるが、全て出家しておられた。先帝・四条《しじょう》天皇が十二歳にして不慮の事故で崩御され、しかも邦仁親王の母・源通子は承久二年（一二二〇年）に邦仁親王を産まれた翌承久三年八月に薨去しておられた。

(82)後鳥羽天皇→(83)土御門天皇→(88)後嵯峨天皇→(89)後深草天皇
　　　　　　　　　　　　　　　　　　　└→(90)亀山天皇

土御門《つちみかど》上皇が土佐に流された後は、邦仁親王（二歳）は母方の大叔父、源通親の五男・中院通方《なかのいんみちかた》（土御門通方）に養育される。通方は承久の乱後は謹慎処分に処されるが、その後は邦仁親王（土御門天皇の皇子・後嵯峨天皇）をよく後見した。

皇紀一九〇二年＝仁治《にんじ》三年（一二四二年）一月二十日、邦仁親王が元服される。

三月十八日、土御門天皇の皇子・邦仁親王（後鳥羽天皇の孫）が二十三歳で即位される。

土御門天皇は承久の乱に関与されなかったため、その皇子の邦仁親王（後嵯峨天皇）が四条天皇の後嗣として践祚されることとなったのである。

承久の乱以後、幕府は天皇の即位に関しては執拗に介入し干渉するようになり、ついに皇位継承に関しては幕府の承認が必要ということになった。もちろん、執権の北条家が皇位を望むというようなことはなかった。「天壌無窮《てんじょうむきゅう》の神勅《しんちょく》」は守られ、皇統は維持されている。

六月、西園寺実氏《さねうじ》（従一位太政大臣・西園寺公経《きんつね》の子）の長女・西園寺姞子《きつし》（十八歳）が天皇の女御となり、その二ヶ月後に中宮に冊立される。

十一月十三日、大嘗祭を催行される。

皇紀一九〇六年＝寛元《かんげん》四年（一二四六年）一月二十九日、天皇は在位四年（三年十ヶ月、皇統譜には五年とある）、二十七歳で四歳の皇子・久仁《ひさひと》親王（後深草《ごふかくさ》天皇）に譲位され、二月十三日後嵯峨天皇が上皇となられ、院政を開始された。天皇は何かと幕府の干渉を受けるが、上皇はその埒外《らちがい》とされていたので、幼い皇子に皇位を譲り、幕府の干渉を受けない上皇の立場で天皇としての任に当たられた。

しかしこの頃、幕府の要求で院評定衆が置かれ、院政も幕府の制約を受けるようになる。後嵯峨上皇自身、崩御の後は治天の君の決定は幕府に一任するという宸筆《しんぴつ》の勅書を遺しておられる。摂関家の地位が低下し、摂関家の役割が幕府に移ったということであろうか。

後嵯峨天皇の在位は四年と短かったが、その後出家されるまでの二十二年間を上皇として朝政を執られた。上皇としての二十二年間を合わせ、二十六年間が後嵯峨天皇の御世といえるであろう。

皇紀一九二八年＝文永《ぶんえい》五年（一二六八年）十月五日、四十九歳で出家して法皇（法名は素覚）となられ、大覚寺に入られた。

四年後の皇紀一九三二年＝文永九年（一二七二年）二月十七日、亀山《かめやま》天皇の御世、五十三歳で崩御される。

## 第八十九代　後深草《ごふかくさ》天皇

〔世系五十二、即位四歳、在位十四年、宝算六十二歳〕

皇紀一九〇三年＝寛元《かんげん》元年（一二四三年）六月十日、後嵯峨《ごさが》天皇の第三皇子として誕生された久仁《ひさひと》親王で、母は先帝・後嵯峨天皇の中宮・西園寺姞子《きつし》（太政大臣・西園寺実氏《さねうじ》の長女）である。西園寺実氏は藤原北家閑院流西園寺家の第五代当主である。

なお、西園寺姞子は後深草《ごふかくさ》・亀山《かめやま》両天皇の生母である。

異母兄の第一皇子・円助法親王は出家され、第二皇子・宗尊《むねたか》親王は皇族で初めての第六代征夷大将軍として鎌倉に下られた。これは天皇が鎌倉幕府を承認されたことを意味する。

八月十日、久仁親王が生後二ヶ月で立太子される。父帝・後嵯峨天皇は早くから第二皇子の宗尊親王を鎌倉に遣わし征夷大将軍とすることを決めておられたようである。

皇紀一九〇六年＝寛元四年（一二四六年）一月二十九日、久仁親王が後嵯峨天皇の譲位を受け、三月十一日、後深草天皇として四歳で即位される。父帝・後嵯峨上皇が院政を敷かれた。

一条実経《さねつね》が摂政に就く。一条実経は九条道家《みちいえ》の四男で一条家の祖である。ここで九条家から分かれた五摂家の一つである一条家が生まれる。なお、長兄は九条教実、次兄は二条良実である。道家から一条室町の第を譲られ一条家の祖となる。

十月、前将軍・頼経《よりつね》が鎌倉から京に帰還された後に、頼経の父で将軍派の背後にいた九条道家も関東申次職（幕府との交渉責任を担う朝廷側の役職）を罷免される。後嵯峨上皇と政治的に対立していた実力者・九条道家は失脚し、後嵯峨上皇を中心に朝廷内の政務が行われるようになり、後嵯峨上皇親政の時代がこれから上皇崩御まで二十六年続くことになった。

十一月二十四日、大嘗祭が催行される。

皇紀一九〇七年＝寛元五年（一二四七年）一月十九日、近衛兼経《かねつね》が摂政に就く。兼経は藤原忠通《ただみち》の四男・近衛基実《もとざね》の末裔である。

寛元五年二月二十八日元号が宝治《ほうじ》に、宝治三年三月十八日に建長《けんちょう》に改元される。

皇紀一九一二年＝建長四年（一二五二年）二月、九条家が鎌倉幕府転覆の陰謀に関与しているとの嫌疑で、第五代征夷大将軍・九条頼嗣《よりつぐ》が将軍職を廃された。そして四月、後嵯峨天皇の第二皇子・宗尊親王（十一歳）が幕府第六代征夷大将軍となられる。

執権北条氏の願いを入れ、ここで将軍が公卿（摂関家）から皇族に変わる。ようやく天皇は北条氏の鎌倉幕府を正式に承認されたことになる。

最初の皇族将軍である宗尊親王は、五代将軍の九条頼嗣が京に送還された後の建長四年四月、十一歳で鎌倉に迎えられ、異母弟の後深草天皇（実質は後嵯峨上皇）より征夷大将軍宣下を受けられた。ここで鎌倉幕府の征夷大将軍が藤原家から皇族に変わる。

建長八年十月五日、元号が康元《こうげん》に改元される。

皇紀一九一六年＝康元元年（一二五六年）十一月、母・西園寺姞子の妹・西園寺公子《きみこ》（二十五歳）が入内する。そして翌正嘉《しょうか》元年一月、中宮に冊立された。西園寺公子は西園寺実氏の娘で、天皇の生母・姞子の妹であるが、後嵯峨上皇の猶子となって入内される。公卿としての入内ではなく皇族として入内されたのである。

康元二年三月十四日、元号が正嘉に改元される。

皇紀一九一八年＝正嘉二年、父帝・後嵯峨上皇の意向で、天皇は十六歳で十歳の同母弟の恒仁《つねひと》親王（亀山天皇）を皇太弟とされる。

翌皇紀一九一九年＝正元《しょうげん》元年（一二五九年）十一月二十六日、天皇は在位十三年十ヶ月（譲位から）、十七歳で同母弟の恒仁親王（亀山天皇）へ譲位された。在位中は後嵯峨上皇が院政を敷かれ、十七歳で弟の恒仁親王に譲位させられたので、後深草天皇が直接朝政を執られることはなかった。

皇紀一九五〇年＝正応《しょうおう》三年（一二九〇年）二月、伏見天皇の御世に後深草上皇（四十八歳）は出家される。出家されてからは、公式には院政を止められたが、その後も政治への関与は続き、持明院統の中心的存在であられた。

皇紀一九六四年＝嘉元《かげん》二年（一三〇四年）七月十六日、後二条天皇の御世、六十二歳で崩御される。

## 第九十代　亀山《かめやま》天皇（世系五十二、即位十一歳、在位十五年、宝算五十七歳）

皇紀一九〇九年＝建長《けんちょう》元年（一二四九年）五月二十七日、後嵯峨《ごさが》天皇の第七皇子として誕生された恒仁《つねひと》親王で、母は太政大臣・西園寺実氏《さねうじ》の長女・西園寺姞子《きつし》である。先帝の後深草《ごふかくさ》天皇は六歳年長の同母兄である。

皇紀一九一八年＝正嘉《しょうか》二年（一二五八年）八月七日、恒仁親王が十歳で後深草天皇の皇太弟となられる。

異母兄に園城寺長吏（朝廷との連絡役）の覚助法親王《かくじょほっしんのう》、仁和寺に入られた性助《しょうじょ》法親王（入道《にゅうどう》親王）、法住寺に入られた仁恵《にんえ》法親王、建長寺に入られた高峰顕日《こうほうけんにち》がおられる。全て出家しておられた。

皇紀一九一九年＝正元《しょうげん》元年（一二五九年）八月二十八日、恒仁親王が元服される。

十一月二十六日、恒仁親王が同母兄・後深草天皇から譲位を受けられ、十二月二十八日、十一歳で即位される。

㉒後鳥羽天皇→㉓土御門天皇→㉘後嵯峨天皇→㉙後深草天皇→㉜伏見天皇
　　　　　　　　　　　　　　　　　　└→㉚亀山天皇→㉛後宇多天皇

正元二年四月十三日、元号が文応《ぶんおう》に改まる。

皇紀一九二〇年＝文応元年（一二六〇年）十一月十六日、大嘗祭が催行される。

十二月、西園寺公経《きんつね》の子の洞院実雄《どういんさねお》の娘・洞院佶子《きつし》が入内し女御宣下を受ける。翌弘長《こうちょう》元年八月、皇后に立てられた。

皇紀一九二六年＝文永《ぶんえい》三年（一二六六年）七月四日、鎌倉の第六代征夷大将軍・宗尊《むねたか》親王（後嵯峨天皇の第二皇子）が二十五歳となられ、鎌倉将軍を廃されて京に帰還される。後任として宗尊親王の王子・惟康《これやす》王が三歳で第七代征夷大将軍に就かれる。親王宣下を受け、惟康親王として征夷大将軍に就かれた。のちに臣籍降下して源姓を賜与され、源惟康と名乗って後嵯峨源氏の祖となられる。

皇紀一九二七年＝文永四年（一二六七年）十二月一日、皇后・洞院佶子に世仁《よひと》親王（後宇多《ごうだ》天皇）が誕生される。

皇紀一九二八年＝文永五年（一二六八年）八月二十五日、後嵯峨上皇の意向により、後深草上皇の皇子で年長の熙仁《ひろひと》親王（伏見《ふしみ》天皇）を差し置いて、亀山《かめやま》天皇の皇子・世仁《よひと》親王（後宇多天皇）が二歳で立太子された。後嵯峨上皇は後深草天皇よりも亀山天皇を寵愛され、後深草上皇に皇子がおられるのに亀山天皇の皇子・世仁親王を皇太子にされたといわれる。

ここから、後深草天皇の血統（持明院統）と亀山天皇の血統（大覚寺統）の確執が始まる。そしてこれが後に尾を引き、南北朝時代、さらには後南朝まで続き、およそ二百年にわたる確執の原因の一つとなった。

十月、後嵯峨上皇（四十九歳）が出家して法皇となられた。

皇紀一九三二年＝文永九年（一二七二年）二月十七日、後嵯峨法皇が五十三歳で崩御される。ここで亀山天皇（二十四歳）の親政が開始される。

後嵯峨法皇崩御に当たって、財産分与に関して、法皇は大荘園群の長講堂領を後深草上皇が相続するなどと遺詔されたが、後嗣の指名については幕府の意向に従うようにとあるだけであった。

こうして法皇は治天の君の選定権を幕府に与えておられる。しかしながら、以前、皇紀一九二八年＝文永五年八月、世仁親王（後宇多天皇）が後嵯峨上皇の意向により生後九ヶ月で立太子しておられるので、後嵯峨上皇の意向ははっきりしていた。

幕府は後深草、亀山両天皇の生母である西園寺姞子《きつし》に故人・後嵯峨法皇の真意を伺い、亀山天皇の名を挙げられたので、亀山天皇を治天の君とする。ここでも後嵯峨上皇の意向は幕府により確認されている。そして幕府とともに、後嵯峨天皇の皇后・西園寺姞子が皇位継承に大きく関わっていたこともよく分かる。

皇紀一九三四年＝文永十一年（一二七四年）一月二十六日、亀山天皇は在位十五年（十四年余り、皇統譜では十六年とある）、二十六歳で、八歳の皇太子・世仁親王（後宇多天皇）に譲位され、二年前に崩御された後嵯峨法皇に代わって院政を開始される。

ここで西園寺実兼《さねかね》（実氏の孫）が後深草上皇のために奔走し、これが功を奏し、皇紀一九三五年＝

建治《けんじ》元年（一二七五年）十一月、幕府の介入で、後深草天皇の第二皇子・熈仁親王が立太子され、後宇多天皇の皇太子となられる。

この時から、後深草上皇と亀山上皇がいずれも治天の君になる資格があると確定した。これが両統迭立《てつりつ》の始まりであるが、これはひいては王家の分裂状態をも意味し、幕府は皇位継承問題に介入しやすくなったといえる。

皇紀一九四九年＝正応《しょうおう》二年（一二八九年）九月、亀山上皇（四十一歳）が離宮禅林寺殿で出家し法皇となられる。

禅林寺殿は父帝の後嵯峨天皇が皇紀一九二四年＝文永元年（一二六四年）に造営された離宮であったが、亀山法皇が出家されてから二年後の正応四年、禅林寺殿を寺に改め南禅寺となったのである。

皇紀一九六五年＝嘉元《かげん》三年（一三〇五年）九月十五日、後二条《ごにじょう》天皇の御世、五十七歳で崩御される。

## 第九十一代 後宇多《ごうだ》天皇

〔世系五十三、即位八歳、在位十四年、宝算五十八歳〕

皇紀一九二七年＝文永《ぶんえい》四年（一二六七年）十二月一日、亀山《かめやま》天皇の第二皇子として誕生された世仁《よひと》親王で、母は左大臣・洞院実雄《さねお》の娘で皇后の佶子《きつし》である。この年、亀山天皇の第一皇子で世仁親王の同母兄・知仁《ともひと》親王が三歳で薨去される。

洞院実雄は西園寺公経《きんつね》の子で洞院家の祖であり、娘三人が亀山天皇、後深草《ごふかくさ》天皇、伏見《ふしみ》天皇三人の妃となる。そしてそれぞれが皇子に恵まれ、それぞれが即位されたので、洞院実雄は三人の天皇（後《ご》宇多《うだ》天皇、伏見天皇、花園《はなぞの》天皇）の外祖父となった。

藤原実宗《さねむね》→西園寺公経（西園寺家の祖）→洞院実雄（洞院家の祖）→佶子

皇紀一九二八年＝文永五年（一二六八年）八月二十五日、世仁親王は後嵯峨《ごさが》上皇の意向により生後八ヶ月余で立太子された。皇紀一九三二年＝文永九年に後嵯峨法皇が崩御され、亀山天皇が親政を開始される。

皇紀一九三四年＝文永十一年（一二七四年）一月二十六日、世仁親王が亀山天皇の譲位を受け、三月二十六日、後宇多天皇として八歳で即位される。亀山上皇が院政を敷かれた。九条道家《みちいえ》の孫・忠家《ただいえ》が摂政に就く。

しかし六月二十日、忠家が死去し、同じ九条道家の孫・一条家経《いえつね》が摂政に就く。

皇紀一九三五年＝建治《けんじ》元年（一二七五年）十月二十一日、近衛基通《もとみち》の孫・鷹司兼平《たかつかさかねひら》が摂政に就く。十一月、両統迭立を守って後深草天皇の第二皇子・熙仁《ひろひと》親王（伏見天皇）が立太子される。関東申次・西園寺実兼《さねかね》（実氏《さねうじ》の孫）が後深草天皇のために奔走し、幕府の斡旋があってこの立太子が実現した。皇位継承に幕府が大きく関わっている。

皇紀一九四七年＝弘安《こうあん》十年（一二八七年）十月二十一日、後宇多天皇が亀山上皇の意を受け、皇太子の熙仁親王（伏見天皇）に譲位された。十三年九ヶ月の在位、二十一歳であった。

後深草天皇の亀山天皇への譲位は後嵯峨上皇の指示であったが、後宇多天皇の熙仁親王（伏見天皇）

への譲位は亀山上皇の指示であった。後深草上皇は弟の亀山上皇の皇子・後宇多天皇が即位されたのを不満に思っておられ、幕府に働きかけておられたので、亀山天皇が後深草上皇へ配慮されたのであった。

皇紀一九六七年＝徳治《とくじ》二年（一三〇七年）、後深草上皇の皇女で後宇多天皇の妃・姈子《れいし》内親王が薨去（三十八歳）されると、後宇多上皇（四十一歳）は仁和寺で落飾し出家される。そして、大覚寺を御所とされ、大覚寺門跡となられた。

先帝・亀山天皇の皇子の後宇多天皇が嵯峨の大覚寺を再興され、出家後はここに住まわれ院御所とされ、ここで院政を行われた。そこで亀山天皇から後亀山《ごかめやま》天皇までの七方の天皇を、後深草天皇の系統である持明院統に対して大覚寺統と呼ばれる。

皇紀一九八四年＝元亨《げんこう》四年（一三二四年）六月二十五日、後醍醐天皇の御世に、大覚寺御所にて五十八歳で崩御された。

# 第九十二代　伏見《ふしみ》天皇
〔世系五十三、即位二十三歳、在位十一年、宝算五十三歳〕

皇紀一九二五年＝文永《ぶんえい》二年（一二六五年）四月二十三日、後深草《ごふかくさ》天皇の第二皇子として誕生された煕仁《ひろひと》親王で、母は左大臣・洞院実雄《さねお》の娘・藤原愔子《いんし》である。前述の通り、洞院実雄は西園寺公経《きんつね》の子で洞院家の祖であり、三人の天皇（後宇多《ごうだ》天皇、伏見《ふしみ》天皇、花園《はなぞの》天皇）の外祖父となった。

皇紀一九三五年＝建治《けんじ》元年（一二七五年）十一月五日、父帝・後深草上皇及び亀山《かめやま》上皇の意向を受け、煕仁親王が十一歳で大覚寺統の後宇多天皇の皇太子になられた。

皇紀一九四七年＝弘安《こうあん》十年（一二八七年）十月二十一日、皇太子・煕仁親王が後宇多天皇からの譲位を受け、翌弘安十一年三月十五日、二十四歳で即位される。後深草上皇が二年余りで院政を停止され、伏見天皇の親政となる。

皇紀一九四八年＝弘安十一年（一二八八年）三月三日、胤仁《たねひと》親王（後伏見天皇）が誕生される。弘安十一年四月二十八日、元号が正応《しょうおう》に改元される。

正応元年十一月二十二日、大嘗祭を催行される。

皇紀一九四九年＝正応二年（一二八九年）四月、伏見天皇が前年誕生されたご自身の皇子である胤仁親王を皇太子にされ、また両統迭立に反するということで大覚寺統との間の確執が起きる。

この年九月、亀山上皇が南禅寺で出家（四十一歳）され法皇となられた。

九月十四日、後嵯峨天皇の皇孫・惟康《これやす》親王（二十六歳）が第七代征夷大将軍を辞し、後深草天皇の第六皇子・久明《ひさあきら》親王（十四歳）が第八代征夷大将軍として鎌倉に下られる。

皇紀一九五八年＝永仁《えいにん》六年（一二九八年）七月二十二日、天皇は在位十一年（受禅後十年十ヶ月、即位後十年四ヶ月、皇統譜には十二年とある）、三十四歳で胤仁親王（後伏見天皇）に譲位され院政を敷かれる。八月三日太上天皇となられた。

しかし、三年後の皇紀一九六一年＝正安《しょうあん》三年（一三〇一年）には両統迭立を守るため、後宇多天皇（大覚寺統）の第一皇子・邦治《くにはる》親王（後二条《ごにじょう》天皇）に譲位された。

皇紀一九七三年＝正和《しょうわ》二年（一三一三年）十月、伏見上皇（四十九歳）が出家される。

皇紀一九七七年＝文保《ぶんぽう》元年（一三一七年）九月三日、花園天皇の御世、五十三歳で崩御された。

## 第九十三代　後伏見《ごふしみ》天皇

〔世系五十四、即位十一歳、在位三年、宝算四十九歳〕

皇紀一九四八年＝弘安《こうあん》十一年（一二八八年）三月三日、伏見《ふしみ》天皇の第一皇子として誕生された胤仁《たねひと》親王で、母は参議左近衛中将・五辻経氏《いつつじつねうじ》の娘で伏見天皇の典侍の五辻経子《つねこ》である。五辻家は五辻家経《いえつね》を祖とする藤原北家花山院家の分家である。花山院家は関白・藤原師実《もろざね》の次男・藤原家忠《いえただ》を祖とする。太政大臣・西園寺実兼《さねかね》の娘で先帝・伏見天皇の中宮・西園寺鐘子《しょうし》が五辻経子の養母となる。

皇紀一九四九年＝正応《しょうおう》二年（一二八九年）四月二十五日、胤仁親王が二歳で立太子される。

皇紀一九五八年＝永仁《えいにん》六年（一二九八年）七月二十二日、伏見天皇（三十四歳）が譲位され十月十三日、十一歳で即位される。持明院統の父帝・伏見上皇が院政を敷かれた。関白太政大臣・鷹司兼平《たかつかさかねひら》の子の鷹司兼忠《かねただ》が摂政に就く。

ここで再び持明院統が二代続き、大覚寺統は後嵯峨上皇の遺詔である両統迭立に反するとして、吉田定房《さだふさ》を使者に立て、鎌倉幕府に異議申し立てを行う。

異議申し立てが奏功し、皇紀一九五八年＝永仁六年（一二九八年）八月十日、後宇多《ごうだ》天皇（大覚寺統）の第一皇子・邦治《くにはる》親王（後二条《ごにじょう》天皇）が十四歳で後伏見《ごふしみ》天皇（持明院統）の皇太子となられた。

皇紀一九五九年＝永仁六年（一二九八年）十二月二十日、二条兼基《かねもと》が摂政に就く。二条兼基の父・

良実《よしざね》は摂政関白左大臣・九条道家《みちいえ》の次男で、居所を二条京極第に置いたことから、二条家を号し、二条家の祖となる。ここで九条家から五摂家の一つとなる二条家が生まれた。

皇紀一九六一年＝正安《しょうあん》三年（一三〇一年）一月二十一日、在位三年（三年六ヶ月）にして、十四歳で大覚寺統・後宇多天皇の皇子・邦治親王（後二条天皇）に譲位される。

そしてここでも後伏見天皇のご意思とは無関係に、立太子も即位も父帝の伏見上皇が決定しておられる。

皇紀一九六六年＝嘉元《かげん》四年（一三〇六年）、左大臣・西園寺公衡の娘・寧子《ねいし》が女御となる。

後の皇紀一九六八年＝延慶《えんきょう》元年（一三〇八年）に弟の第九十五代花園《はなぞの》天皇（十二歳）が即位されると、しばらくして、父帝・伏見上皇が出家して院政を停止されたので、これを引き継いで皇紀一九七三年＝正和《しょうわ》二年（一三一三年）から皇紀一九七八年＝文保《ぶんぽう》二年（一三一八年）の五年間、後伏見上皇が院政を敷かれた。後伏見上皇は天皇ご在位の間は天皇としての執政は行われなかった。両統迭立を厳格に守るため、十一歳で即位されわずか三年の在位、十四歳で大覚寺統の後二条天皇に譲位しておられるからである。

皇紀一九九三年＝元弘《げんこう》三年（一三三三年）六月二十六日、後伏見上皇（四十六歳）が仙頭御所持明院で出家される。

皇紀一九九六年＝延元《えんげん》元年（一三三六年）四月六日、退位されて三十五年後、後醍醐天皇の御世に四十九歳で崩御される。

# 第九十四代　後《ご》二《に》条《じょう》天皇

〔世系五十四、即位十七歳、在位七年、宝算二十四歳〕

皇紀一九四五年＝弘安《こうあん》八年（一二八五年）二月二日、後宇多《ごうだ》天皇（大覚寺統）の第一皇子として誕生された邦治《くにはる》親王で、母は太政大臣・堀川基具《もととも》の養女・堀川基子《もとこ》（実父は内大臣・堀川具守《とももり》）で、後宇多天皇の宮人（女官）である。この邦治親王は第九十六代後醍醐《ごだいご》天皇の異母兄に当たる。

母の養父の堀川基具は村上源氏の全盛期を築いた源通親《みちちか》の曾孫である。実父の堀川具守は村上源氏久我流・堀川具実《ともざね》の長男で、久我家は村上《むらかみ》天皇の第七皇子・具平《ともひら》親王の王子・師房《もろふさ》王が皇紀一六八〇年＝寛仁《かんにん》四年（一二〇〇年）に源朝臣の姓を賜わり、その孫に当たる源雅実《まさざね》を祖とする。師房王が現在の京都市伏見区久我に別荘を構えたことから久我を称した。

皇紀一九五八年＝永仁《えいにん》六年（一二九八年）八月十日、十四歳で持明院統の後伏見《ごふしみ》天皇の皇太子となられた。

大覚寺統と持明院統との間で皇位継承を巡る対立が続くなか、こうして邦治親王の立太子が実現したのは、祖父・亀山《かめやま》法皇による幕府への働きかけが功を奏したのである。伏見《ふしみ》天皇、後伏見天皇と持明院統の天皇が二代続き、大覚寺統としては後嵯峨《ごさが》上皇の遺詔である両統迭立に反すると吉田定房《さだふさ》を遣わして、幕府に不服を申し立てたのであった。この時期、幕府が引き続き即位の決定権を持っている。幕府の裁定で両統迭立が守られて、却って皇位継承が平和裏に行われたともいえる。

皇紀一九六一年＝正安《しょうあん》三年（一三〇一年）一月二十一日、持明院統の後伏見天皇から譲位を受けて、三月二十四日、大覚寺統の邦治親王（後二条《ごにじょう》天皇）が十七歳で即位される。父帝・後宇多上皇による院政が敷かれた。

皇紀一九六四年＝嘉元《かげん》二年（一三〇四年）七月十六日、第八十九代後深草《ごふかくさ》法皇が六十二歳で崩御される。

皇紀一九六八年＝徳治《とくじ》三年（一三〇八年）八月二十五日、後二条天皇が在位七年（皇統譜には八年とある）にして二十四歳で崩御される。この時点で大覚寺統の嫡流を継ぐべき第一皇子の邦良《くによし》親王（後の後醍醐天皇の皇太子）はまだ九歳であった。九条師教《もろのり》（教実の曾孫）が摂政に就く。

後二条天皇が在世中に崩御されて、父帝・後宇多上皇は後二条天皇の父としての立場を失い、第二皇子の後醍醐天皇が即位される皇紀一九七八年＝文保二年までの十年間、政務から離れられる。

## 第九十五代　花園《はなぞの》天皇〔世系五十四、即位十二歳、在位十年、宝算五十二歳〕

皇紀一九五七年＝永仁《えいにん》五年（一二九七年）七月二十五日、伏見《ふしみ》天皇の第四皇子として誕生された富《とみ》仁《ひと》親王で、母は左大臣・洞院実雄《さねお》の娘で伏見天皇の宮人・顕親門院季子《きし》である。後伏見《ごふしみ》天皇は異母兄に当たる。

皇紀一九六一年＝正安《しょうあん》三年八月二十四日、富仁親王（花園《はなぞの》天皇）が異母兄・後伏見天皇の猶子となられ、両統迭立を守り、大覚寺統の後二条《ごにじょう》天皇（後宇多《ごうだ》天皇の第一皇子）の皇太子に立てられた。

皇紀一九六八年＝徳治《とくじ》三年八月二十六日、後二条天皇の崩御に伴い践祚される。

皇紀一九六八年＝徳治三年十月九日、元号が延慶《えんきょう》に改元され、延慶元年十一月十六日、富仁親王が十二歳で持明院統の花園天皇として即位される。同日、即位の儀を催行され、鷹司冬平《たかつかさふゆひら》が摂政に就く。

冬平は鷹司兼平《かねひら》の孫、基忠《もとただ》の子である。鷹司家は兼平を祖とし、兼平は近衛基実《もとざね》の孫、近衛家実《いえざね》の子である。つまり兼平の時、近衛家から分かれて鷹司家（五摂家の一つ）となり、鷹司の家名は兼平の邸宅が京の鷹司室町にあったことに由来する。

㉘後深草天皇→㉜伏見天皇→㉝後伏見天皇（胤仁《たねひと》親王）
　　　　　　　　　　　　　└→㉟花園天皇（後伏見天皇の猶子）

近衛基実→近衛家実→鷹司兼平（鷹司家の祖）→元忠→冬平

父帝・伏見天皇の第一皇子・胤仁親王は後伏見天皇として即位され、第四皇子・富仁親王が花園天皇として即位された。

在位期間の前半は父帝・伏見上皇が、後半は異母兄の後伏見上皇が院政を敷かれた。

皇紀一九七八年＝文保《ぶんぽう》二年二月二十六日、花園天皇は大覚寺統の尊治《たかはる》親王（後醍醐《ごだいご》天皇）に譲位され、在位十年（九年三ヶ月、皇統譜では十一年）、二十二歳で退位される。十二歳で即位され二十二歳で退位しておられ、その在位の間も父・伏見天皇と異母兄・後伏見天皇が院政を敷いておられたので、実質的に天皇として朝政を執られた期間はない。

退位後は十六歳年少の甥で後伏見天皇の皇子である量仁《かずひと》親王（北朝初代・光厳《こうごん》天皇）の養育並びに

教育を、異母兄で量仁親王の父である後伏見上皇から託される。そしてよくその任を果たされた。

花園天皇ご自身の第一皇子・覚誉《かくよ》法親王は聖護院門跡に、第二皇子の源性《げんしょう》法親王（業永親王）は仁和寺門跡になられ、第三皇子の直仁《なおひと》親王が後に北朝二代崇光天皇の皇太子となられる。この直仁親王の母は権大納言・正親町実明《おおぎまちさねあきら》の娘・実子《じつし》である。

皇紀一九九〇年＝元徳《げんとく》二年二月、花園上皇は皇太子時代の量仁親王（光厳天皇）を訓戒するために『誡太子書《かいたいしのしょ》』を遺された。

また、天皇は宸筆の『花園天皇宸記』という日記も遺しておられ、それによって天皇の日常の詳細が伝えられている。

皇紀二〇〇八年＝貞和《じょうわ》（北朝）四年・正平《しょうへい》（南朝）三年（一三四八年）十一月十一日、退位されて三十年後、後村上《ごむらかみ》天皇（南朝九十七代天皇）の御世に五十二歳で崩御された。

## 第九十六代　後醍醐《ごだいご》天皇（世系五十四、即位三十一歳、在位二十二年、宝算五十二歳）

皇紀一九四八年＝正応《しょうおう》元年（一二八八年）十一月二日、大覚寺統・後宇多《ごうだ》天皇の第二皇子として誕生された尊治《たかはる》親王で、生母は内大臣・花山院師継の養女・談天門院五辻忠子《ちゅうし》（実父は参議・五辻忠《ただ》継《つぐ》）である。先々帝・後二条天皇の三歳年下で異母弟に当たる。

花山院家は藤原師実《もろざね》（藤原北家御堂流）の次男・家忠《いえただ》を祖とする。師継はその家忠の五世孫で、従って五辻家は花山院家の分流であり、花山院家・藤原兼雅《かねまさ》の次男の五辻家経《いえつね》（母は平清盛《きよもり》の娘）を祖とする。

㉝土御門天皇→㉘後嵯峨天皇→㉙後深草天皇
→㉚亀山天皇→㉛後宇多天皇→㉞後二条天皇→邦良親王
→㊱後醍醐天皇

皇紀一九六三年＝嘉元《かげん》元年（一三〇三年）十二月二十日、尊治親王（十五歳）が元服される。

皇紀一九六八年＝徳治《とくじ》三年（十月延慶《えんきょう》に改元）（一三〇八年）九月十九日、花園天皇の即位に伴って尊治親王（大覚寺統）が二十一歳で立太子され、持明院統の花園《はなぞの》天皇の皇太子となられる。両統迭立を守っている。

皇紀一九七八年＝文保《ぶんぽう》二年（一三一八年）二月二十六日、花園天皇の譲位を受け、三月二十九日、三十一歳で即位される。

十一月二十二日、大嘗祭を催行された。

この時、兄の後二条《ごにじょう》天皇の第一皇子・邦良《くによし》親王（十九歳）が叔父である後醍醐《ごだいご》天皇の皇太子となっておられるが、即位されることなく皇紀一九八六年＝正中《しょうちゅう》三年に二十七歳で薨去された。皇太子・邦良親王が予定通り即位しておられれば、後醍醐天皇の倒幕の目論見はなく、従って南北朝はなかったかも知れない。

後醍醐天皇即位後の三年間は父の後宇多法皇（五十二歳）が院政を敷かれ、法皇崩御後は法皇の遺詔により、兄の後二条天皇の遺児で十二歳年少の皇太子・邦良親王が成人して皇位に就かれることになっていた。尊治親王（後醍醐天皇）はその中継ぎとして即位されたのであった。従って、後醍醐天皇がご自身の皇子に皇位を継がせることは予定されていなかった。

後醍醐天皇はこのことに不満を抱かれ、それが後宇多法皇の皇位継承計画を承認し保証している鎌倉幕府への反感に繋がった。もちろん、皇位継承のような天皇専権に幕府が介入すること自体に反感を持たれ、天皇親政を実現すべく、鎌倉幕府の打倒を密かに意図しておられた。

皇紀一九八一年＝元亨《げんこう》元年（一三二一年）十二月九日、後宇多法皇の院政を廃し、吉田定房《さだふさ》、万里小路宣房《までのこうじのぶふさ》、北畠親房《きたばたけちかふさ》らを登用し、天皇親政を実現された。

皇紀一九八四年＝元亨四年（一三二四年）六月二十五日、後宇多法皇が崩御される。

後二条天皇の第一皇子で皇太子の邦良親王（十九歳）は後醍醐天皇に譲位を行わせるべく鎌倉へ伺いを立てる。また持明院統も邦良親王の即位後に量仁《かずひと》親王を皇太子にすることを条件にこれを支持したため、鎌倉幕府もこの方向で皇位継承を行うことを決定する。しかし、二年後の正中《しょうちゅう》三年三月、邦良親王は薨去された。

後醍醐天皇はこの一連の事情をお知りになり、邦良親王、持明院統、幕府に反発される。六波羅探題南方・大仏維貞《おさらぎこれただ》が鎌倉へ赴いている隙に討幕を企て、側近の日野資朝《すけとも》や日野俊基《としもと》らが諸国を巡って各地の武士や有力者に討幕を呼びかけた。

**【正中の変】**

元亨四年（この年十二月正中に改元）九月十九日、吉田定房の密告で六波羅探題は後醍醐天皇の倒幕の動きを察知し、密かに上洛していた土岐頼兼《よりかね》と多治見国長《くになが》を急襲し、激しい戦闘の末に両氏は自害した。密告した吉田定房は後醍醐天皇が親政を開始された元亨元年、伝奏（天皇に奏請を取り次いで奏上する役職）に取り立てられた人物である。幕府との衝突を避けようとしたのであろうが、後醍醐天皇にとっては裏切りであった。

六波羅の追及は朝廷にも及び、参議の日野資朝、日野俊基らは鎌倉へ連行された。資朝は佐渡島へ流刑となり、俊基は赦免されて帰京したが以後は蟄居《ちっきょ》謹慎の日々を送る。

後醍醐天皇は側近の万里小路宣房に釈明書を持たせて鎌倉へ下向させ、天皇は今次の変とは無関係ということで収まった。

皇紀一九八四年＝元亨四年（一三二四年）十二月九日、元号が正中《しょうちゅう》に改元される。

皇紀一九八六年＝正中三年（一三二六年）三月二十日、皇太子の邦良親王（後二条天皇の第一皇子）が先述の通り、薨去される（二十七歳）。

**【再度の倒幕・元弘の乱】**

皇紀一九九一年＝元徳《げんとく》三年（一三三一年）四月、後醍醐天皇（四十四歳）は再度倒幕を試みられたが、また吉田定房の密告で露見する。

八月二十四日、幕府方の襲撃を受け今回は天皇は京を脱出され、三種の神器を所持し笠置山（京都府相楽郡笠置町）へ入られた。そして楠木正成《くすのきまさしげ》が河内国下赤坂城で挙兵すると（元弘の乱）、幕府は討伐軍を派遣する。天皇方はまた幕府軍に敗れ、笠置山は落城し、後醍醐天皇は捕らえられ、翌皇紀一九九二年＝元弘《げんこう》二年（一三三二年）三月七日、隠岐に配流とされた。

元弘元年九月二十日、後醍醐天皇が京から離れられたことで、幕府は持明院統の後伏見天皇の第三皇子・量仁《かずひと》親王（北朝初代の光厳《こうごん》天皇）を天皇に擁立する。

後醍醐天皇は幕府の裁定を無効として、譲位には応じられなかった。三種の神器の承継もされなかった。光厳天皇の即位の正統性が問題視される所以である。ここで後醍醐天皇と光厳天皇が並び立たれ、二人天皇の状況となる。

十月六日、幕府は逆に後醍醐天皇を廃位とする。もちろん、幕府に天皇を廃する権限なり権能があるわけではないので、廃位の有効性には大いに問題がある。従って後に明治政府は後醍醐天皇の南朝を正統と決定している。明治天皇の勅令で三種の神器を所有していた南朝が正統とされ、南北朝時代は南朝が吉野にあったことにちなんで「吉野朝時代」と呼ばれることとなった。


皇紀一九九三年＝元弘三年（一三三三年）閏二月、後醍醐天皇は隠岐を脱出され、名和長年《なわながとし》の協力を得て、船上山に行宮《かりみや》を置かれ、「朝敵追討の宣旨」を諸国に発せられた。

幕府の将として上洛していた足利高氏《たかうじ》が幕府を裏切って天皇方に加わり、赤松氏もこれに呼応し、京の六波羅軍を襲撃し壊滅させる。五月二十二日、関東でも新田義貞《よしさだ》が鎌倉を攻略して鎌倉幕府を倒壊させた。

六月五日、後醍醐天皇が京に還幸される。

元弘（南朝）四年・建武《けんむ》元年一月、後醍醐天皇が年号を建武と改元し建武政権を樹立される。しかしこの政権は最初から決して安定はしていなかった。

皇紀一九九五年＝建武二年（一三三五年）六月、西園寺公宗《きんむね》らが天皇暗殺を企てる。

七月、北条時行《ときゆき》軍が鎌倉の足利直義《ただよし》軍を撃破し、兄の高氏《たかうじ》が急遽鎌倉に下向する。そして、高氏はそのまま関東に留まり建武政権から離脱する。建武政権は崩壊し、再び後醍醐天皇と足利氏とが相争

- ⑮花園天皇
- ⑬後伏見天皇
  - 北朝①光厳天皇
    - 北朝③崇光天皇
      - 栄仁親王
        - 貞成親王
          - ⑱後花園天皇
            - ⑲後土御門天皇
              - ⑳後柏原天皇
                - ㉑後奈良天皇
    - 北朝④後光厳天皇
      - 北朝⑤後円融天皇
        - ⑽後小松天皇
          - ⑾称光天皇
  - 北朝②光明天皇
- ⑭後二条天皇
- ⑯後醍醐天皇
  - ⑰後村上天皇
    - ⑱長慶天皇
    - ⑲後亀山天皇

う戦乱の世となる。

十一月、足利高氏は新田義貞討伐で反建武の姿勢を明確にする。

皇紀一九九六年＝建武三年（一三三六年）一月から六月にかけての戦乱で後醍醐天皇方が敗れ、天皇は再び吉野に逃れて南朝を樹立され、南北朝時代となる。


**【南北朝時代】**


皇紀一九九九年＝延元《えんげん》（南朝）四年（一三三九年）三月、後醍醐天皇の第七皇子・義良《のりよし》親王（後村上《ごむらかみ》天皇）が立太子され、八月十五日、後醍醐天皇の譲位で南朝第二代後村上天皇（十二歳）として即位される。

後醍醐天皇の在位は二十一年六ヶ月であった。鎌倉幕府と全面衝突し大混乱の末、南北二朝対立時代を迎えた。

八月十六日、後醍醐天皇は、吉野金輪王寺で朝敵を討滅して京を奪回することを遺詔され、五十二歳で崩御された。

陵は如意輪寺《にょいりんじ》にある円墳の塔尾陵（奈良県吉野郡吉野町吉野山）で、通常の天皇陵は南面しているが、後醍醐天皇陵は北面している。これは北の京に帰るという後醍醐天皇の強い意思を表したものである。足利高氏の立てた北朝を承認することはできないという意思を崩御後も表明しておられるということである。このことが、明治になって南朝を正統と決められた理由でもある。

# 北朝初代 光厳《こうごん》天皇

〔世系五十五、即位十九歳、在位二年、宝算五十二歳〕

皇紀一九七三年＝正和《しょうわ》二年（一三一三年）七月九日、持明院統の後伏見《ごふしみ》天皇の第三皇子として誕生された量仁《かずひと》親王で、母は従一位左大臣・西園寺公衡《きんひら》の娘で後伏見天皇の女御・広義門院寧子《ねいし》である。西園寺家は藤原北家閑院流で藤原通季《みちすえ》を祖とする。広義門院寧子はのちに後光厳《ごこうごん》天皇の即位に当たって「治天の君」の役を果たされることになる（後述）。

西園寺公衡の娘・寧子が後伏見天皇の女御となって量仁親王をもうけられ、公衡の孫・公宗《きんむね》が後醍《ごだい》醐《ご》天皇暗殺を企て、後醍醐天皇に敵対し、足利方に味方する。南朝にとっては朝敵であった。いずれにしても西園寺家はこの南北朝時代の皇位継承に大きく関わっている。

皇紀一九八六年＝嘉暦《かりゃく》元年（一三二六年）七月二十四日、量仁親王が大覚寺統の後醍醐天皇の皇太子に立てられる（両統迭立）。

皇紀一九八九年＝元徳《げんとく》元年（一三二九年）十二月二十八日、量仁親王が元服される（十六歳）。

皇紀一九九一年＝元徳三年（一三三一年）八月九日、元号が元弘《げんこう》に改元される。ただし、光厳《こうごん》天皇は皇紀一九九二年＝元弘二年四月二十八日、正慶《しょうきょう》に改元するまで元徳を使用しておられた。

皇紀一九九一年＝元徳（北朝）三年・元弘（南朝）元年（一三三一年）八月、後醍醐天皇の倒幕の目論見が発覚し乱（元弘の乱）となり、後醍醐天皇は笠置山へ脱出される。

九月二十日、天皇不在となった京で、量仁親王が叔父の花園《はなぞの》上皇の践祚を受け、皇紀一九九二年＝元弘二年（一三三二年）三月二十二日、十九歳で光厳天皇として即位される。践祚されて半年後に即位しておられる。

（持明院統）⑧⑨後深草天皇→⑨②伏見天皇→⑨③後伏見天皇→北朝①光厳天皇
　　　　　　　　　　　　　　　　　　　　　　　　　→北朝②光明天皇
　　　　　　　　　　　　　　　→⑨⑤花園天皇

元徳（北朝）三年・元弘（南朝）元年十月六日、幕府が後醍醐天皇から剣璽を奪取し、光厳天皇が引き渡しを受けられる。

五歳年長で兄の第一皇子・尊胤《そんいん》法親王は天台座主になっておられ、三歳年長の第二皇子・法守《ほうしゅ》法親王も仁和寺に入っておられ、第三皇子の量仁親王が即位されたのである。

皇太子には、大覚寺統の後二条《ごにじょう》天皇の第一皇子で五年前に薨去された邦良《くによし》親王の嫡男の康仁《やすひと》親王が立てられ（のち廃される）、ここでは両統迭立の原則が維持された。

元弘の乱に敗れた後醍醐天皇は、十月六日、廃位（有効性は別）され、翌年隠岐に流される。後醍醐天皇の倒幕が再度吉田定房《さだふさ》（伝奏）の密告で失敗に終わり、幕府が皇位継承にさらに大きく干渉することになる。もちろん、この廃位の有効性には大いに問題がある。また、ここで吉田定房が後醍醐天皇の動きを幕府に知らせるということで、皇位継承に関わっていることがはっきりする。しかもこの定房の子・宗房《むねふさ》は後に南朝に仕えている。

皇紀一九九一年＝元徳三年（一三三一年）八月九日、元号が元徳から元弘に、翌元弘二年四月二十八日、正慶《しょうけい》（北朝）に改元される。

正慶元年十一月十三日、大嘗祭を催行される。

皇紀一九九三年＝正慶（北朝）二年・元弘（南朝）三年（一三三三年）閏二月、後醍醐天皇が隠岐を脱出され、船上山の行宮で「朝敵追討」の宣旨を発せられた。

五月七日、後醍醐天皇の宣旨を受けて挙兵に応じた足利高氏《たかうじ》の軍が京の六波羅探題を襲撃、六波羅軍を壊滅させた。探題北方（北殿）の北条仲時《なかとき》と南方（南殿）の北条時益《ときます》は光厳天皇・後伏見上皇・花園上皇を伴って東国に逃れる。

しかし途中、近江の佐々木道誉《どうよ》の軍勢に阻まれ、近江番場宿で捕らえられて、時益は討死、仲時は一族四百三十二人と共に自害する。光厳天皇と上皇は道誉に保護されて京へ戻された。誰も天皇と上皇に手出しすることはなかった。

足利高氏は倒幕に功績があったので後醍醐天皇から「尊氏《たかうじ》」の名を賜る。

五月二十五日、光厳天皇は後醍醐天皇の詔により、在位二年（一年八ヶ月、皇統譜では三年）で廃される。元号の正慶は廃され元弘に戻る。

後醍醐天皇の光厳天皇への処遇は「朕の皇太子の地位は退き、天皇として即位はしていないが、特例として上皇待遇とする」とされた。天皇には即位しておられないが（即位無効）、一旦即位されたものとして上皇とされたのであった。

十二月十日、太上天皇と称される。

皇紀一九九四年（一三三四年）一月二十九日、年号を元弘から建武《けんむ》に改元する。

皇紀一九九五年＝建武二年（一三三五年）、足利尊氏（高氏）が建武新政から離反する。「尊氏」が後醍醐天皇を裏切ったので再び元の「高氏」となる。

皇紀一九九六年＝建武三年（一三三六年）八月十五日、光厳上皇（当時）の同母弟で十六歳の豊仁《ゆたひと》親王（光明《こうみょう》天皇）が践祚される。

皇紀二〇二四年＝貞治《じょうじ》（北朝）三年・正平《しょうへい》（南朝）十九年（一三六四年）七月七日、北朝四代後光厳天皇（光厳天皇の第二皇子）の御世、五十二歳で崩御される。

## 北朝第二代　光明《こうみょう》天皇

（世系五十五、即位十七歳、在位十三年、宝算六十歳）

皇紀一九八一年＝元亨《げんこう》元年（一三二一年）十二月二十三日、後伏見《ごふしみ》天皇の第九皇子として誕生された豊仁《ゆたひと》親王で、北朝初代光厳《こうごん》天皇の同母弟に当たる。母は西園寺公衡《きんひら》の娘で後伏見天皇の女御・広義門院寧子《ねいし》である。

皇紀一九九六年＝建武《けんむ》三年（一三三六年）八月十五日、豊仁親王が元服され、光厳天皇から践祚を受けられる。光厳上皇が院政を敷かれ、この院政は次の崇光《すこう》天皇の御世まで続く。

この年建武三年十一月七日、足利高氏《たかうじ》が「建武式目」を制定し、幕府（北朝）を開く。

他方、後醍醐《ごだいご》天皇はこの年十二月二十一日、吉野に遷り南朝を開かれる。同年八月にはすでに北朝光明《こうみょう》天皇が践祚され二朝並立が起きていたが、ここで場所的にも京と吉野の南北に分かれる。

大覚寺統の後醍醐天皇（南朝）と、持明院統の光明天皇（北朝二代）とが並立し、以降五十六年続く南北朝時代となり、全国の守護、国人が北朝方と南朝方に分かれて相争う。建武四年三月の金ヶ崎の戦いでは足利高氏方は皇太子・恒良《つねなが》親王（後醍醐天皇の皇子）を殺害するという大逆事件を起こしている。

皇紀一九九七年＝建武（北朝）四年（一三三七年）十二月二十八日、光明天皇として十七歳で即位される。譲位を受けられて一年四ヶ月余り経過している。

豊仁親王が三種の神器のない状況下で光厳上皇の院宣だけで光明天皇として即位され、光厳上皇（二十四歳）が院政を敷き北朝が成立する。年号は建武を継続して使用する。三種の神器がない状況での即位は、第八十一代安徳《あんとく》天皇が平氏に伴われ西下された時に、第八十二代後鳥羽《ごとば》天皇が後白河《ごしらかわ》法皇の院宣のみで即位された先例に倣ったものである。この時も、安徳天皇の御世に後鳥羽天皇が並び立てられた。

皇紀一九九八年＝暦応《りゃくおう》元年十一月十九日、大嘗祭を催行される（建武五年八月二十八日、元号が暦応に改元された）。

父帝・後伏見天皇の第六皇子・承胤《しょういん》法親王は天台座主（比叡山延暦寺貫主）、第七皇子・長助《ちょうじょ》法親王は英彦山《ひこさん》座主（英彦山神宮）、第八皇子・亮性《りょうしょう》法親王も天台座主となられた。光明天皇には皇子が一人・周尊《しゅうそん》がおられたが出家された。

**【室町幕府成立】**

皇紀一九九八年＝建武（北朝）五年・延元《えんげん》（南朝）三年（一三三八年）八月十一日、足利高氏が北朝の光明天皇から征夷大将軍に任じられ正式に室町武家政権、室町幕府を成立させた。

しかしこの足利幕府は成立の正統性に問題があった。そしてまた、成立した幕府も決して安定した政権ではなかった。その上、天皇並びに朝廷を無視する幕府で、戦乱が絶えず日本全土を荒廃させてしまった。

そもそも足利高氏は鎌倉の北条氏を裏切って鎌倉幕府を倒し、そのあと後醍醐天皇を裏切り建武政権を崩壊させて幕府を開き、南北朝の二朝対立を作ったのである。その後さらに、高氏は北朝を裏切り南朝に降り、観応の擾乱を引き起こした（後述）。

この年建武五年八月十三日、光厳天皇の第一皇子で甥に当たる益仁《ますひと》親王（崇光天皇）を皇太子に立てられる。

皇紀二〇〇八年＝貞和《じょうわ》（北朝）四年・正平《しょうへい》（南朝）三年（一三四八年）十月二十七日、在位十三年（譲位を受けて十二年二ヶ月余、即位されて十一年弱）にして二十八歳で光厳天皇の第一皇子で甥の益仁親王（崇光天皇）に譲位される。引き続き先帝・光厳上皇による院政が行われた。

皇紀二〇一一年＝観応《かんのう》（北朝）二年・正平（南朝）六年（一三五一年）十一月、足利直義《ただよし》が南朝に降ったために、これに対抗すべく慌てて足利高氏も息子の義詮《よしあきら》とともに南朝に降伏した。このため北朝が廃される。高氏の北朝に対する裏切りである（後述）。

義詮の北朝軍が再び南朝軍を破って復帰し、南朝軍が吉野へ引き上げるとき、光厳・光明両上皇と、天皇を退位した直後の崇光上皇が吉野へ拉致される。

光明上皇は譲位後、南朝の軟禁下にあること五年、皇紀二〇一五年（一三五五年）に三十五歳で河内金剛寺より京へ戻られ出家された。この北朝第二代光明天皇は、日記『光明天皇宸記』を遺しておられる。

皇紀二〇四〇年＝康暦《こうりゃく》（北朝）二年・天授《てんじゅ》（南朝）六年（一三八〇年）六月二十四日、北朝五代・後円融《ごえんゆう》天皇の御世に六十歳で崩御された。

## 北朝第三代　崇光《すこう》天皇

〔世系五十六、即位十五歳、在位三年、宝算六十五歳〕

皇紀一九九四年＝建武《けんむ》元年（一三三四年）四月二十二日、北朝初代光厳《こうごん》天皇の第一皇子として誕生された益仁《ますひと》親王（後の興仁《おきひと》親王）である。母は内大臣・正親町三条公秀《おおぎまちさんじょうきんひで》の娘で父・光厳天皇の典侍・秀子《ひでこ》である。

正親町三条家は藤原北家閑院流三条家の庶流で、左大臣・三条実房《さねふさ》の三男・公氏《きんうじ》を祖とする。第六十代醍醐《だいご》天皇の皇女で、朱雀《すざく》・村上《むらかみ》両天皇の同母姉である康子《やすこ》内親王（藤原師輔《もろすけ》の正妻）を母とする従一位太政大臣・藤原公季《きんすえ》（師輔の十一男）の末裔である。

皇紀一九九八年＝建武（北朝）五年・延元《えんげん》（南朝）三年（一三三八年）八月十三日、益仁親王（興仁親王）が四歳で光明《こうみょう》天皇の皇太子となられる。

皇紀二〇〇八年＝貞和《じょうわ》（北朝）四年・正平《しょうへい》（南朝）三年（一三四八年）十月二十七日、十五歳で皇太子・興仁親王（益仁親王）が叔父・光明天皇から譲位を受けられる。

皇紀二〇〇九年＝貞和（北朝）五年・正平（南朝）四年（一三四九年）十二月二十六日、皇太子・興仁親王が即位される。状況が混乱し、譲位を受けられて一年二ヶ月経っている。

そして即位と同時に花園《はなぞの》上皇の皇子・直仁《なおひと》親王（十四歳）を皇太子（後に廃太子）に立てられた。

天皇はまだ十五歳であるから、当然光厳上皇の意向によっての立太子であった。光厳上皇が引き続き院政を敷かれる。

皇紀二〇一〇年＝観応《かんのう》（北朝）元年・正平（南朝）五年（一三五〇年）十月、足利高氏《たかうじ》と足利家執事の高師直《こうのもろなお》が高氏の庶子・足利直冬《ただふゆ》追討のため九州へ下るが、この隙に、足利直義《ただよし》が京を脱出し、南朝に講和を申し入れて南朝に降り、後村上《ごむらかみ》天皇から高師直討伐の綸旨《りんじ》（蔵人が天皇の意を受けて発する命令文書）を得る。これで高師直が朝敵（南朝）になる。

十一月、北朝では光厳上皇が南朝に降った直義追討の院宣を発せられる。これで直義は北朝の朝敵となった。

十二月、北朝から朝敵にされた直義が、講和条件を示して南朝に帰順する。直義の南朝への帰順という事態急変を知った兄の高氏は、足利直冬追討を急遽中止し、九州筑前から引き返す。

**【観応の擾乱】**

皇紀二〇一一年＝観応（北朝）二年・正平（南朝）六年（一三五一年）十月、足利高氏は弟の直義に対抗し、南朝からの直義・直冬追討の綸旨を得るために南朝に和議を申し入れ、義詮《よしあきら》と共に南朝に降伏する。これはまた北朝に対する裏切りであった。と同時にまた、直義も高氏も共に政敵を討つために南朝の綸旨を求めているので、南朝を正統天皇として認めたことにもなる。特に高氏は北朝から征夷大将軍の宣下を受けているのであるから、自己矛盾を犯している。

十月二十四日、足利高氏は南朝からの条件、「北朝が保持している三種の神器の引き渡し、政権の返上」など全てを受け入れて南朝に降伏し、南朝から「直義、直冬追討」の綸旨を得る。その上で高氏は、嫡子の足利義詮を京都に残し、直義討伐のため東海道を東に向かう。

こうして高氏が直義追討に出掛けて京を空けている隙に、南朝方の後村上天皇の軍勢が再び京に攻め入り、足利義詮を追放して京を奪還した。

十一月七日、北朝の崇光《すこう》天皇やその皇太子・直仁親王（花園天皇の皇子）は京を奪還した南朝の後村上天皇によって廃される。崇光天皇はわずか三年（譲位を受けて三年、即位されてからは二年）の在位であった。皇統譜では在位四年とある。譲位を受けられた年と皇位を廃された年を含めての年数であろう。

十二月二十八日、崇光天皇は太上天皇を称される。


皇紀二〇一二年＝観応（北朝）三年・正平（南朝）七年（一三五二年）二月、南朝に降った足利高氏と南朝が再度対立し、南朝軍は再び高氏に京を追われ男山へ撤退を余儀なくされる。その後、光厳上皇、光明上皇、崇光上皇はともに拉致され、後村上天皇のご在所があった男山八幡宮に幽閉される。

閏二月六日、南朝は足利高氏の征夷大将軍を解任し、代わって後醍醐天皇の皇子の宗良《むねなが》親王を征夷大将軍に任じる。

この月、観応の擾乱における合戦の一つ「八幡の戦い」が起き、閏二月から五月にかけて、山城国、男山八幡（石清水八幡宮）界隈で、後村上天皇の南朝軍と、足利義詮らの北朝軍とが戦う。そして三月十五日、勢力を盛り返した足利義詮の北朝方が京を奪還した。

五月、義詮は京を回復したが、北朝の皇位継承者が全て南朝方の吉野へ連れ去られた。

六月には崇光上皇と光厳・光明両上皇は南朝の本拠である吉野に連行され、さらに賀名生《あのう》（現在の奈良県五條市）に移され幽閉された。こうして後村上天皇が北朝の三上皇らを拉致したまま賀名生へ戻られたため、北朝では朝政が停止し、院宣を発する「治天の君」はおられず、三種の神器もない状態に陥った。

ここで義詮は妙法院への入室が予定されていたが光厳上皇の第二皇子・弥仁《いやひと》親王（後光厳《ごこうごん》天皇）に即位を願った。北朝の光厳上皇（父）、光明上皇（叔父）、崇光上皇（兄）がおられないので、光厳上皇（父）、光明上皇（叔父）の母である後伏見《ごふしみ》天皇の女御・広義門院寧子《ねいし》が光厳上皇の代理として令旨を発せられ、弥仁親王に譲位された。広義門院寧子が女性では初めて「治天の君」の役を果たされた。万事休していた北朝方を広義門院寧子が救ったといえる。

皇紀二〇一七年＝延文《えんぶん》（北朝）二年・正平（南朝）十二年（一三五七年）二月、崇光上皇は賀名生に連れ去られて五年後に還京を許されたが、子孫は皇位を諦めるように誓約させられ、崇光天皇の第一皇子の栄仁《よしひと》親王は世襲親王家である伏見宮家（新宮家）を立てて初代当主となられた。後にこの伏見宮家から第百二代後花園《ごはなぞの》天皇が出ているので、世襲宮家の役目を果たしておられる。なお、栄仁親王の母は権大納言・庭田重資《しげすけ》の娘・資子《しし》（典侍）である。庭田家は宇多源氏の流れを引く堂上家である。

皇紀二〇五八年＝応永五年（一三九八年）一月十三日、後小松《ごこまつ》天皇の御世、六十五歳で崩御された。

## 北朝第四代　後光厳《ごこうごん》天皇

〔世系五十六、即位十五歳、在位十九年、宝算三十七歳〕

皇紀一九九八年＝建武《けんむ》（北朝）五年・延元《えんげん》（南朝）三年（一三三八年）三月二日、光厳《こうごん》天皇の第二皇子として誕生された弥仁《いやひと》親王で、先帝・崇光《すこう》天皇の同母弟である。母は正親町三条公秀《きんひで》の娘の正親町三条秀子《ひでこ》である。

皇紀二〇一二年＝観応《かんのう》（北朝）三年（一三五二年）八月十七日、光厳上皇の代理としての広義門院寧子《ねいし》（光厳天皇の生母）の令旨により弥仁親王に践祚される。
九月二十七日、元号が譲位により文和《ぶんわ》（北朝）に改元される。

皇紀二〇一三年＝文和二年（一三五三年）十二月二十七日、譲位を受けて一年四ヶ月後、十六歳で後光厳《ごこうごん》天皇（持明院統）として即位される。仏門に入られる予定であったが、状況変化で急遽即位された。

㉘⑨後深草天皇（持明院統）→⑨②伏見天皇→⑨③後伏見天皇
→ 北朝①光厳天皇
→ 北朝②光明天皇
北朝①光厳天皇 → 北朝③崇光天皇
北朝①光厳天皇 → 北朝④後光厳天皇

光厳上皇（父）、光明《こうみょう》上皇（叔父）、崇光上皇（兄）の三上皇及び皇太子の直仁《なおひと》親王が吉野に拉致され、院宣を発する治天の君は不在で、三種の神器もない状態に陥ったところで、足利義詮《よしあきら》は関白で藤氏長者の二条良基《よしもと》と協議し、出家して妙法院へ入る予定でおられた光厳上皇の第二皇子・弥仁親王に即位を願うこととなった。

二条良基は鎌倉幕府が滅亡してから京に戻り、建武の新政を開始された後醍醐天皇に仕えていた。

皇紀二〇一四年＝文和（北朝）三年（一三五四年）十一月十六日、大嘗祭を催行される。

皇紀二〇一五年＝文和（北朝）四年、光明上皇が吉野から京に戻られ、後に出家された。

皇紀二〇一七年＝延文《えんぶん》（北朝）二年・正平（南朝）十二年（一三五七年）二月、光厳上皇が直仁親王（花園天皇の皇子）と共に還京される。賀名生《あのう》で二年、河内金剛寺で三年余りの幽閉生活を送られたが、南朝勢力が全国的に衰微して南朝・北朝で和解の雰囲気が醸成され帰京された。

皇紀二〇一八年＝延文（北朝）三年・正平（南朝）十三年（一三五八年）四月三十日、足利高氏《たかうじ》が五十四歳で死去し、十二月、高氏の子・義詮（二十九歳）が征夷大将軍に任んじられる。

皇紀二〇二三年＝貞治《じょうじ》（北朝）二年・正平（南朝）十八年（一三六三年）、周防・長門・石見の守護の大内弘世や伯耆・出雲・隠岐・因幡・若狭・丹波・丹後守護の山名時氏《ときうじ》が室町幕府に帰服し、北朝の優位が決定的となった。

皇紀二〇二七年＝貞治（北朝）六年・正平（南朝）二十二年（一三六七年）十一月二十五日、足利義詮（三十八歳）が病に倒れ、まだ十歳の義満（第三代将軍）に政務を委譲する。

皇紀二〇三〇年＝応安《おうあん》（北朝）三年・建徳（南朝）元年（一三七〇年）八月、後光厳天皇の第二皇子・緒仁《おひと》親王（後円融《ごえんゆう》天皇）への譲位を幕府に諮問するが、ここで帰京していた兄の崇光上皇がご自身の皇子である栄仁《よしひと》親王への皇統返還を主張される。

幕府は管領《かんれい》・細川頼之《よりゆき》の「後光厳天皇の意思を尊重するべき」とした意見を容れ、緒仁親王が即位されることになる。そこで、崇光上皇の皇子・栄仁親王は伏見宮家を創設された。

ここでは管領・細川頼之が足利幕府を通じ、後円融天皇の即位に関わっている。

皇紀二〇三一年＝応安（北朝）四年・建徳《けんとく》（南朝）二年（一三七一年）三月二十三日、後光厳《ごこうごん》天皇は譲位を受けられてから十八年七ヶ月で十四歳の緒仁親王（後円融天皇）に譲位され院政を敷かれた。皇統譜では在位二十年とある。

皇紀二〇三四年＝応安（北朝）七年・文中《ぶんちゅう》（南朝）三年（一三七四年）一月二十九日、後光厳上皇が三十七歳で崩御された。

後光厳上皇は譲位して三年で崩御されたが、以後、後円融、後小松《ごこまつ》、称光《しょうこう》と三代にわたって後光厳系が北朝の皇位に就かれる。光厳天皇の第一皇子・崇光天皇ではなく第二皇子・後光厳天皇の系統が三代続いて皇位に就かれた。崇光天皇の系統は伏見宮家を通じて皇統の継続を担保する役目を果たされる。崇光天皇の第一皇子・栄仁親王の孫の彦仁王《ひこひとおう》が後に百二代後花園《ごはなぞの》天皇として即位されることになる（後述）。

## 北朝第五代　後円融天皇《ごえんゆうてんのう》

〔世系五十七、即位十七歳、在位十一年、宝算三十六歳〕

皇紀二〇一八年＝延文《えんぶん》（北朝）三年・正平《しょうへい》（南朝）十三年（一三五八年）十二月十二日、後光厳《ごこうごん》天皇の第二皇子として誕生された緒仁《おひと》親王で、母は左大臣・広橋兼綱《かねつな》の養女で後光厳天皇の典侍・広橋仲子《ちゅうし》（実父は、石清水八幡宮祠官・紀通清《きのみちきよ》）である。母・広橋仲子の姉の紀良子《りょうし》を母としている足利義満《よしみつ》とは従兄弟同士となり、また同年齢でもあった。広橋家は藤原兼光《かねみつ》を祖とする藤原北家日野流の分流である。

北朝①光厳天皇 → 北朝③崇光天皇 → 栄仁親王 → 貞成親王 → (102)後花園天皇
北朝②光明天皇
（光厳天皇 →）北朝④後光厳天皇 → 北朝⑤後円融天皇 → (100)後小松天皇 → (101)称光天皇

皇紀二〇三〇年＝応安《おうあん》（北朝）三年・建徳《けんとく》（南朝）元年（一三七〇年）、緒仁親王より三歳年長で第一皇子の亮仁《りようにん》法親王（尊貞《たかさだ》親王）が薨去（十六歳）される。出家して妙法院門跡となっておられた。

緒仁親王の母が典侍であったのに対して、尊貞親王の母は宮人で地位が低かったこともあり、尊貞親王の早い時期での立太子はなかった。

皇紀二〇三一年＝応安（北朝）四年・建徳（南朝）二年（一三七一年）三月二十三日、後光厳天皇の譲位を受けて第二皇子の緒仁親王が践祚される。しかし伯父の崇光天皇がご自身の皇子・栄仁親王の即位を幕府に働きかけておられた。そして前述の通り、幕府が後光厳天皇の意向を尊重され、緒仁親王への践祚を支持した。

皇紀二〇三四年＝応安（北朝）七年（一三七四年）一月二十九日、院政を敷いておられた後光厳上皇が緒仁親王に譲位されて三年後に崩御される。後円融《ごえんゆう》天皇はまだ十七歳であった。

皇紀二〇三四年＝応安七年十二月二十八日、緒仁親王（後円融天皇）が十七歳で即位される。父帝・後光厳上皇が院政を敷かれた。

応安八年二月二十七日、元号が永和《えいわ》（北朝）に改元される。

永和元年十一月二十三日、大嘗祭を催行された。

皇紀二〇四二年＝永徳《えいとく》（北朝）二年・弘和《こうわ》（南朝）二年（一三八二年）一月二十六日、足利義満《よしみつ》が院別当（院庁の長官）となり、朝政に積極的に介入するようになる。後光厳上皇もおられず、細川頼之《よりゆき》も失脚していて、後円融天皇には実権がなかったともいわれる。

この年四月十一日、天皇は在位十一年（受禅から十一年一ヶ月で、皇統譜には在位十二年とある）、二十四歳で六歳の第一皇子・幹仁《もとひと》親王（後小松天皇）に譲位される。

皇紀二〇五三年＝明徳《めいとく》四年（一三九三年）四月二十六日、後円融天皇が三十六歳で崩御される。

## 第九十七代（南朝第二代）後村上天皇《ごむらかみ》

〔世系五十五、即位十二歳、在位二十九年、宝算四十一歳〕

皇紀二五七一年＝明治《めいじ》四十四年（一九一一年）に南朝が正統とされたため、長慶《ちょうけい》、後亀山《ごかめやま》両天皇と共に歴代天皇として認定される。南朝初代は後醍醐《ごだいご》天皇である。

皇紀一九八八年＝嘉暦《かりゃく》三年（一三二八年）、後醍醐天皇の皇子（皇統譜では第十二皇子とある）として誕生された義良《のりよし》（後に憲良に改める）親王で、母は後醍醐天皇の皇后である藤原（阿野）公廉《きみかど》の娘・新待賢門院廉子《れんし》である。

皇紀一九九三年＝正慶《しょうきょう》（北朝）二年・元弘《げんこう》（南朝）三年（一三三三年）、父・後醍醐天皇が建武の新政を開始されると、北畠親房《ちかふさ》・顕家《あきいえ》父子に奉じられて北条氏の残党を討伐し、さらに東国武士を帰順させるべく、奥州多賀城へと向かう。

翌皇紀一九九四年＝元弘四年（一三三四年）一月二十九日、元号が建武《けんむ》に改元される。

皇紀一九九五年＝建武二年（一三三五年）、足利尊氏《たかうじ》（高氏）が新政から離反すると、義良親王は北畠親子とともに、高氏討伐のために京へ引き返される。


皇紀一九九六年＝建武（北朝）三年（一三三六年）、北朝では足利高氏が光明《こうみょう》天皇の下で、「建武式目」を制定して室町幕府を開く。これに対し後醍醐天皇は各地に皇子を派遣して北朝に対抗しようとされる。義良親王の異母弟・懐良《かねなが》親王（八歳）を征西大将軍に任じて、九州に派遣させられた。

十月、新政から離反した足利高氏が、湊川の戦いに勝利して京へ迫ると、恒良《つねなが》親王（義良親王の同母兄・皇太子）は後醍醐天皇から皇位と三種の神器を譲られ、異母兄の尊良《たかよし》親王（二十八歳）とともに新田義貞《よしさだ》・義顕《よしあき》父子に奉じられ、越前国金ヶ崎城（福井県敦賀市）に下られる。

しかし金ヶ崎の戦いで足利方に敗れ、尊良親王は自害され、恒良親王（皇太子）は捕らえられて京に連れ戻され幽閉された。その後花山院第で毒殺されたともいわれ、そうであれば、ここで足利方は大逆事件を犯したことになる。

十一月、足利方が後醍醐天皇方を破り、北朝は後醍醐天皇から三種の神器を受け取る。

十二月、後醍醐天皇が京を脱出して、吉野で南朝を建て南北朝時代が始まる。


皇紀一九九八年＝暦応《りゃくおう》（北朝）元年・延元《えんげん》（南朝）三年（一三三八年）九月、父・後醍醐天皇が全国の南朝勢力を結集するため各地に自らの皇子を派遣される。義良親王も宗良《むねなが》親王と共に北畠親房《ちかふさ》・顕信《あきのぶ》（顕家の弟）に奉じられ、再び奥州へ向かわれた。

翌皇紀一九九九年＝暦応（北朝）二年・延元（南朝）四年（一三三九年）三月、義良親王（後村上天

皇）は吉野へ戻られて、越前国金ヶ崎城で敗れ薨去された恒良親王の後を受け十二歳で立太子される。
そしてこの年八月十五日、父・後醍醐天皇が義良親王に譲位される。
八月十六日、後醍醐天皇が崩御された。北朝は第二代光明天皇の御世である。
十月、義良親王が吉野の行宮《かりみや》にて後村上天皇として十二歳で即位された。

皇紀二〇一〇年＝観応《かんのう》（北朝）元年・正平《しょうへい》（南朝）五年（一三五〇年）、北朝で足利一族間の内紛が激化し、「観応の擾乱」が発生、先に足利高氏の弟・直義《ただよし》が南朝に降伏する。翌年十月には兄の高氏（尊氏）も直義、直冬《ただふゆ》追討の綸旨を得たいがために、慌てて同じく南朝に降伏する。自分の勢力維持のために天皇を欺き利用している。綸旨を得たいということは高氏も又ここで南朝の正当性を承認したことにもなる。

翌皇紀二〇一一年＝正平（南朝）六年十月二十四日、天皇は高氏の望み通りに直義・直冬追討の綸旨を与え、十一月には北朝の崇光《すこう》天皇を廃するとともに三種の神器を再び接収された。

皇紀二〇一二年＝観応（北朝）三年・正平（南朝）七年（一三五二年）二月、高氏（尊氏）が綸旨を得て直義を追討すべく関東に向かった隙を突いて、南朝軍は再び京を奪回すべく、賀名生《あのう》を発ち、閏二月十九日、山城男山（京都府八幡市）に入る。七条大宮の戦いで楠木正儀《まさのり》が足利義詮《よしあきら》を破って京の奪回に成功した。後村上《ごむらかみ》天皇は北朝の光厳・光明・崇光の三上皇と皇太子の直仁《なおひと》親王を男山に連行し拉致する。

しかし翌三月、高氏は再び南朝を裏切って南朝攻撃を開始し、南朝軍は京を再び放棄し、男山に立て籠もるが、五月、再び義詮の軍に敗れて賀名生に帰還される。

皇紀二〇一四年＝文和《ぶんわ》（北朝）三年・正平（南朝）九年（一三五四年）十月、後村上天皇は河内長野

に移られ、金剛寺（大阪府河内長野市）を行宮とされた。

皇紀二〇二八年＝応安《おうあん》（北朝）元年・正平（南朝）二十三年（一三六八年）三月十一日、在位二十九年（譲位を受けて二十八年五ヶ月、皇統譜では三十年）、四十一歳で崩御される。

## 第九十八代（南朝第三代）長慶《ちょうけい》天皇

（世系五十六、即位二十六歳、在位十五年、宝算五十二歳）

皇紀二五八六年＝大正《たいしょう》十五年（一九二六年）十月二十一日、皇統加列についての詔書発布があり、長慶天皇の在位の事実が公認される。「（摂政御名）長慶天皇御存在に関する詔書」である。この時は大正の御世ではあったが、皇子・裕仁《ひろひと》親王（昭和天皇）が摂政に就いておられた。

皇紀二〇〇三年＝康永《こうえい》（北朝）二年・興国《こうこく》（南朝）四年（一三四三年）、後村上《ごむらかみ》天皇の第一皇子として吉野の行宮で誕生された寛成《ゆたなり》親王で、母は二条師基《もろもと》の猶子・嘉喜門院（実母は関白近衛経忠の娘・勝子《かつこ》）である。

二条師基は正平一統の際には後村上天皇の下で関白を務めるなどした南朝の重鎮であり、鎌倉幕府四代将軍藤原頼経《よりつね》の父・摂政関白左大臣・九条道家《みちいえ》の次男・二条良実《よしざね》（五摂家の一つである二条家の祖）の孫である。

皇紀二〇二八年＝応安《おうあん》（北朝）元年・正平《しょうへい》（南朝）二十三年（一三六八年）三月十一日、後村上天皇崩御直後、二十六歳にして摂津の住吉行宮（大阪市住吉区）で即位され、弟の熙成《ひろなり》親王（十九歳、後《ご》亀山天皇《かめやま》）を皇太弟とされる。

皇統譜には皇紀二〇三三年＝文中《ぶんちゅう》（南朝）二年・応安（北朝）六年（一三七三年）八月二日「譲位され太上天皇を称された」とある。これによると在位五年（皇統譜には在位六年とある）で、その後院政を敷かれたことになる。

譲位の時期については明確でないが、皇紀二〇四五年＝元中《げんちゅう》（南朝）二年・至徳《しとく》（北朝）二年（一三八五年）九月十日、高野山に宸筆願文を収めておられる。従って院政を敷いておられたことは確かのようである。

皇紀二〇五四年＝応永《おうえい》元年（一三九四年）八月一日、五十二歳で崩御される。

皇紀二〇四三年＝弘和《こうわ》（南朝）三年・永徳（北朝）三年（一三八三年）冬、在位十五年で弟東宮の熙成親王（後亀山天皇）に譲位され、上皇として院政を敷かれた。

## 第九十九代（南朝第四代）後亀山天皇《ごかめやま》

（世系五十六、即位三十四歳、在位九年、宝算七十五歳）

皇紀二〇一〇年＝貞和《じょうわ》六年〈観応《かんのう》元年〉（北朝）・正平《しょうへい》（南朝）五年（一三五〇年）、後村上天皇《ごむらかみ》の第二皇子として賀名生《あのう》の行宮にて誕生された熙成《ひろなり》親王で、長慶《ちょうけい》天皇の同母弟である。皇統譜では生年は明確ではない。

皇紀二〇二八年＝貞治七年〈応安《おうあん》元年〉（北朝）・正平《しょうへい》（南朝）二十三年（一三六八年）、熙成親王が立太子される（皇統譜）。

皇統譜には皇紀二〇三三年＝文中《ぶんちゅう》（南朝）二年・応安（北朝）六年（一三七三年）八月二日、皇位を譲られたとある。

皇紀二〇四三年＝弘和《こうわ》（南朝）三年（一三八三年）冬、熙成親王が同母兄・長慶天皇の譲位を受けて践祚され、三十四歳で後亀山《ごかめやま》天皇として即位される。兄から弟へと皇位の兄弟継承が行われた。

皇紀二〇五二年＝明徳《めいとく》（北朝）三年・元中《げんちゅう》（南朝）九年（一三九二年）二月、南朝勢力が全国的に衰微したので、将軍・義満《よしみつ》は和泉・紀伊守護の大内義弘《よしひろ》（大内弘世の子）を仲介とし、南朝との講和交渉を行う。

大内義弘が南朝の吉田宗房《むねふさ》（内大臣・吉田定房《さだふさ》の長男）や阿野実為《あのさねため》と接触して下交渉を開始し、十月十三日には義満から神祇官・吉田神社社務の吉田兼熙《かねひろ》（室町兼熙）を通じて両朝講和のための条件提示がなされた。
・持明院統と大覚寺統が交互に即位すること（両統迭立）
・諸国の国衙領を全て大覚寺統の所有とすること
・後亀山天皇が保持している三種の神器を北朝の後小松《ごこまつ》天皇に引き渡し、後亀山天皇は退位されること
・長講堂領を持明院統の領地とすること
これらの条件を後亀山天皇が承認され、後小松天皇もこれを受諾される。

皇紀二〇五二年＝元中（南朝）九年・明徳（北朝）三年（一三九二年）閏十月二日、吉野から京に還

幸される（皇統譜）。

閏十月五日、神器を後小松天皇に引き渡した（皇統譜）。

南北両朝合一により、後亀山天皇が在位九年（皇統譜では二十年）で退位され、北朝が三種の神器を受領した。同日、南朝の元号である元中は廃され、東宮位（皇太子）であられた護聖院宮（後村上天皇の第三皇子・惟成《これなり》親王）が事実上廃太子された。

後亀山天皇の決断により、皇紀一九九六年＝建武《けんむ》三年（一三三六年）以来五十六年にわたった朝廷の分裂がここで終結した。

皇紀二〇五四年＝明徳（北朝）五年（一三九四年）二月二十三日、太上天皇と称される（皇統譜）。従って皇統譜には後亀山天皇の在位は二十年とある。

皇紀二〇八四年＝応永《おうえい》三十一年（一四二四年）四月十二日、第百一代称光《しょうこう》天皇の御世に、崩御される（皇統譜）。宝算は七十五歳とも七十八歳ともいわれる。ともかく、ご自身が退位されることによって、南朝と北朝の分裂状態が終わった。

## 第百代（北朝第六代）後小松《ごこまつ》天皇

（世系五十八、即位六歳、在位三十年、宝算五十七歳）

皇紀二〇三七年＝永和《えいわ》（北朝）三年・天授《てんじゅ》（南朝）三年（一三七七年）六月二十六日、北朝第五代・後円融《ごえんゆう》天皇の第一皇子として誕生された幹仁《もとひと》親王で、母は内大臣・三条公忠《きんただ》の娘・藤原（三条）厳子《たかこ》である。

三条家の祖・三条実行《さねゆき》（藤原実季《さねすえ》の孫）の邸宅が三条高倉にあったため三条を号した。

皇紀二〇四二年＝永徳《えいとく》二年（一三八二年）四月十一日、元服前の幹仁親王が父の後円融天皇から践祚を受け、この年十二月二十八日、幹仁親王が六歳で即位された。

北朝最後の天皇であり、南北統一後最初の天皇である。二条良基《よしもと》が摂政に就く。父帝・後円融上皇（二十五歳）による院政が敷かれた。南北の統一を成し遂げた将軍・義満《よしみつ》は朝廷内部にまで影響力を及ぼし、後円融上皇との関係は決して良好とはいえず、両者は対立することも多かった。

皇紀二〇四三年＝永徳（北朝）三年（一三八三年）十一月十六日、大嘗祭を催行される。

皇紀二〇四七年＝至徳《しとく》（北朝）四年（一三八七年）一月三日、幹仁親王（十一歳）が元服される。

皇紀二〇五二年＝明徳《めいとく》（北朝）三年（一三九二年）閏十月五日、明徳の和約が成立し、後亀山《ごかめやま》天皇が三種の神器を後小松《ごこまつ》天皇に引き渡され、ここに南北朝時代は終わり、皇統は北朝の一統に帰した。これに伴い、南朝元号である「元中《げんちゅう》」は廃され、皇太子・護聖院宮（後村上天皇の皇子・惟成《これなり》親王）は廃太子された。


**【明徳の和約】**

双方の盟約は次の四つである。
- 南朝の後亀山天皇より北朝の後小松天皇への神器の引き渡しの実施
- 皇位は両統迭立とする
- 国衙領を大覚寺統の領地とする

・長講堂領を持明院統の領地とする（長講堂領は後白河《ごしらかわ》法皇が長講堂に寄進した莫大な荘園で、応仁の乱後は幕府が管理していた）

皇紀二〇五三年＝明徳四年（一三九三年）四月二十六日、北朝第五代・後円融上皇が三十六歳で崩御される。

後円融上皇が崩御されると、将軍・義満（三十六歳）はさらに朝廷への干渉を強め、事実上の上皇として振る舞い、後世「義満の院政」などといわれるほどで、後小松天皇（十七歳）は若いこともあって、その下で全くの傀儡《かいらい》に甘んじられたともいわれる。そこで義満は頼る権威がなくなってか、大陸の皇帝に権威を頼ることになったようである（後述）。

皇紀二〇五四年＝明徳五年（一三九四年）二月二十三日、「後亀山天皇に尊号を上り給へる詔」を発せられる。南朝の後亀山天皇は太上天皇になられた。

皇紀二〇六二年＝応永《おうえい》九年（一四〇二年）八月二十日、足利義満は日明貿易を開始して遣明使を派遣し、明朝の永楽帝《えいらくてい》より「日本国王」として冊封を受け、王を名乗ることを正式に認められる。天皇から官位（征夷大将軍）を賜っている身で明朝の王を上に頂くとしたら「天壌無窮の神勅」に違反し、国体の破壊を意味する。

皇紀二〇六八年＝応永十五年（一四〇八年）五月六日、義満、五十一歳で急死する。「日本国王」となって六年後であった。

翌皇紀二〇六九年＝応永十六年（一四〇九年）、永楽帝は弔問使を遣わし「恭献」という諡を贈る。

日本人で他国の皇帝から諡号を贈られたのは義満が最初であり最後で、悪しき意味で歴史に残る将軍である。天皇から征夷大将軍宣下を受けながら、大陸・明の皇帝から「日本国王」の位を授かっている奇妙な恥辱の将軍であった。

皇紀二〇七一年＝応永十八年（一四一一年）九月、第四代将軍足利義持《よしもち》（義満の子）は日明貿易（勘合貿易）が朝貢形式になっていることに対して反発し、これを停止する。幕府は明使の入京を拒否し国交は断絶する。

父・義満の死を受け、四代将軍として実権を振るい始めた義持は、明使を受け入れず、入貢を拒否し、勘合貿易を中止した。父である義満とは真逆の政策をとる。義持は臣下として他国に朝貢することは日本の体面を損なうとした。狂っていた義満の政策を正常に戻した。

皇紀二〇七二年＝応永十九年（一四一二年）八月二十九日、後小松天皇は在位三十年（二十九年八ヶ月）で十二歳の第一皇子・躬仁《みひと》親王（称光《しょうこう》天皇）に譲位される。皇統譜では北朝時代の在位十一年、統一後が二十一年とある。

躬仁親王への譲位で両統迭立の約束はまた反故にされた。そもそも、皇位継承のような最重要事項に関して、臣民が約束なり規則なりを作るということ自体に無理があった。両統迭立なるものが皇位継承に関しての慣習を歪めてきたともいえる。

後小松天皇は称光天皇、後花園《ごはなぞの》天皇の二代にわたって院政を敷かれた。南北朝統一後の最初の天皇として、その存在感は大きかったのである。

皇紀二〇九三年＝永享《えいきょう》五年（一四三三年）十月二十日、譲位されて二十一年後、五十七歳で崩御された。

## 第百一代　称光《しょうこう》天皇

〔世系五十九、即位十二歳、在位十六年、宝算二十八歳〕

皇紀二〇六一年＝応永《おうえい》八年（一四〇一年）三月二十九日、後小松《ごこまつ》天皇の第一皇子として誕生された躬仁《みひと》親王で、母は後小松天皇典侍の光範門院・藤原資子《すけこ》（父は日野西資国《すけくに》）である。皇統譜では第二皇子とあるので夭折された兄がおられたのかも知れない。また大徳寺の僧・一休宗純《いっきゅうそうじゅん》が後小松天皇の落胤《らくいん》とする説があり、これが事実とすれば第二皇子という皇統譜の既述と符合する。

後に躬仁親王は実仁《さねひと》親王と改められた。日野家は藤原北家の藤原家宗（藤原真夏《まなつ》の孫）を祖とする。

皇紀二〇七一年＝応永十八年（一四一一年）十一月二十八日、実仁（躬仁）親王が元服される。

翌皇紀二〇七二年＝応永十九年（一四一二年）八月二十九日、後小松天皇から譲位を受けられる。後小松上皇が院政を敷かれた。

外祖父・資国の姉・業子《なりこ》は義満《よしみつ》の正室で、資国の姪・康子《やすこ》は義満の継室、康子の妹・栄子《えいし》は義持《よしもち》の正室と、称光《しょうこう》天皇は日野家の人間に囲まれていた。

皇紀二〇七四年＝応永二十一年（一四一四年）十二月十九日、十四歳で即位される。譲位を受けられて二年四ヶ月後に即位しておられる。

後亀山《ごかめやま》天皇の皇子に小倉宮・恒敦《つねあつ》親王がおられ、両統迭立の盟約に違反しているとの問題があり紛糾したことが関係している。

皇紀二〇七五年＝応永二十二年（一四一五年）十一月二十一日、大嘗祭を催行される。

皇紀二〇八五年＝応永三十二年（一四二五年）、後小松天皇の第一皇子で称光天皇の猶子となっておられた小川宮が二十二歳で薨去され、他に称光天皇には皇子がおられず、皇位継承問題が生じる。

後小松上皇は第四代将軍・足利義持と協議され、後継者として崇光流の伏見宮貞成《さだふさ》親王（崇光《すこう》天皇の孫）を候補とされる。しかしこれには称光天皇が難色を示され、貞成親王は皇位継承を断念され出家された。貞成親王がこの時五十四歳で、二十九歳年長ということが理由のようであった。そこで貞成親王の王子・彦仁王《ひこひとおう》（後花園《ごはなぞの》天皇）が候補に挙げられ、彦仁王は十八歳年下ということで称光天皇はこれを承諾される。

皇紀二〇八八年＝正長《しょうちょう》元年（一四二八年）、天皇のご不例が危篤となられ、両統迭立を要求する後南朝勢力が俄《にわか》に活動を始める。第六代征夷大将軍に就くことになっていた足利義宣《よしのぶ》（義教《よしのり》）は後小松上皇に彦仁王（伏見宮家）の後嗣指名を具申する。

上皇はこれを容れられ、彦仁王をご自身の猶子とされた上で、後花園天皇として即位させられる。ここで後小松上皇が治天の君の役を果たされ、称光天皇のご意思も尊重された。

この年七月二十日、称光天皇が在位十六年（皇統譜は譲位から十七年とある）、二十八歳で崩御された。称光天皇の追号は称徳《しょうとく》天皇と光仁《こうにん》天皇の御名に由来する。

ここで持明院統の嫡流は断絶したにもかかわらず、後小松上皇は持明院統の傍流である伏見宮家から伏見宮貞成親王の王子・彦仁王（後花園天皇）をご自身の猶子に迎え、彦仁王（後花園天皇）を立てて再び両統迭立の約束を反故にされた。

# 第百二代 後花園《ごはなぞの》天皇

〔世系五十九、即位十一歳、在位三十六年、宝算五十二歳〕

皇紀二〇七九年＝応永《おうえい》二十六年（一四一九年）六月十八日、伏見宮第三代貞成《さだふさ》親王（後崇光院）の第一王子（崇光《すこう》天皇の曾孫）として誕生された彦仁王《ひこひとおう》で、母は庭田経有《つねあり》（宇多源氏）の娘・敷政門院幸《ゆき》子《こ》である。

伏見宮家は崇光天皇の第一皇子・栄仁《よしひと》親王が創設された。二代当主・治仁《はるひと》王は宮家を継がれて間もなく薨去され、三代当主となられた同母弟・貞成親王の第一王子が彦仁王である。

北朝①光厳天皇 → 北朝③崇光天皇 → 栄仁親王 → 貞成親王（後崇光院）→ (102)後花園天皇（彦仁王）
　　　　　　　 → 北朝④後光厳天皇 → 北朝⑤後円融天皇 → (100)後小松天皇 → (101)称光天皇
北朝②光明天皇

伏見宮家は崇光天皇の第一皇子・栄仁親王を祖とし、持明院統の嫡流に当たる世襲宮家である。初代当主・栄仁親王の母は庭田経有の妹・資子《しし》で崇光天皇の典侍を務めていた。つまり庭田経有の妹・資子が栄仁親王の母で、娘の幸子が貞成親王の第一王子・彦仁王（後花園《ごはなぞの》天皇）の母である。

そしてこの母方の庭田家は宇多源氏の流れを引く堂上家で、左大臣源雅信《まさざね》（宇多天皇の皇子・敦実《あつみ》親王の第三王子）の子孫・経資《つねすけ》を祖とする。庭田家の女子は代々伏見宮家などに仕え、親王、王をもうけられる。ちなみにこの後花園天皇の他に、後の後柏原《ごかしわばら》天皇（第百四代）の生母・庭田朝子《あさこ》も庭田家から出ている。

足利義量が第四代征夷大将軍足利義持《よしもち》より将軍職を譲り受けるが、翌々年応永三十二年には死去する。義持が再び将軍となる。

皇紀二〇八八年＝正長《しょうちょう》元年（一四二八年）七月六日、南朝方・後亀山《ごかめやま》天皇の皇子・小倉宮・恒敦《つねあつ》親王が北畠満雅《みつまさ》（親房《ちかふさ》の曾孫）とともに挙兵を企てられる。称光《しょうこう》天皇に後嗣がなく、しかも将軍・義持が死去し、両統迭立を遵守させる好機到来と判断して、皇位を南朝に戻そうと図ったのである。

称光天皇即位に当たっても問題になったが、ここで再び問題が再燃した。この直後の七月二十日に称光天皇が崩御される。

ここで先の南朝の動きもあるので、後小松《ごこまつ》上皇は彦仁王を猶子とされ親王宣下のないまま、七月二十八日に早々に践祚され、南朝（後南朝）の動きを封じられたのであった。

翌皇紀二〇八九年＝正長二年（一四二九年）三月十五日、足利義教《よしのり》（三代義満の五男・義持の同母弟）が第六代征夷大将軍に就く。同年九月五日、元号が永享《えいきょう》に改元される。

皇紀二〇八九年＝永享元年（一四二九年）十二月二十七日、彦仁王が十一歳で後花園天皇として即位された。

後光厳《ごこうごん》天皇（北朝）の系統が称光天皇の代で途絶えるが、北朝としては後南朝の動きを封ずるため、後光厳天皇の同母兄・崇光天皇系統の伏見宮家から彦仁王を迎えて、後花園天皇（崇光天皇の曾孫）を即位させることとなった。後小松上皇による院政が続く。後花園天皇即位には、後南朝の系統には皇位を譲らないという後小松上皇の強い意思が表れている。

皇紀二〇九〇年＝永享二年十一月十八日、大嘗祭を催行される。

皇紀二〇九二年＝永享四年（一四三二年）八月十三日、称光天皇の関白左大臣・二条持基《もちもと》（四十三歳）が摂政宣下、太政大臣宣下を受ける（後花園天皇は十四歳）。

二条家は藤原北家九条流の支流で二条良実《よしざね》（摂政関白左大臣・九条道家《みちいえ》の次男）を祖とする五摂家の一つである。二条良実の邸宅が二条富小路にあり二条殿と称したのが家名の由来である。

皇紀二〇九三年＝永享五年（一四三三年）一月三日、天皇（彦仁王）が元服される（十五歳）。

十月二十日、後小松上皇が崩御され、その後の三十年余りは、後花園天皇（十五歳）が親政を行われ、関白で左大臣の二条持基が親政を補佐した。将軍は第六代足利義教である。

皇紀二一〇三年＝嘉吉《かきつ》三年（一四四三年）九月二十三日、第七代将軍義勝《よしかつ》（十歳）が七月に死去し、第八代将軍義政《よしまさ》が就任するまでの間に、後南朝一派による「禁闕《きんけつ》の変」が起きる。

後南朝一派が後花園天皇内裏を襲撃し、三種の神器のうち神器の剣と神璽（印）を持ち去った。幸い剣は清水寺で発見されたが、神璽は持ち去られたままだった（後述の長禄の変参照）。

皇紀二一〇五年＝文安《ぶんあん》二年（一四四五年）十一月三日、関白・二条持基（五十六歳）が死去する。持基は若くして即位された後花園天皇をよく補佐した。

皇紀二一〇六年＝文安三年（一四四六年）一月二十九日、五摂家の一つである一条家の一条兼良《かねよし》（四十五歳）が太政大臣宣下を受ける。一条家は九条道家の三男・一条実経《さねつね》を祖とする。道家が創建した一条殿を実経が受け継いで住したのが家名の由来である。

皇紀二一〇七年＝文安四年（一四四七年）六月十五日、さらに一条兼良が関白宣下を受け、同時に内覧宣下、藤氏長者宣下も受ける。

皇紀二一〇九年＝文安六年（一四四九年）四月二十九日、足利義成《よししげ》（後の義政）が十四歳で第八代征夷大将軍宣下を受け、六年ぶりに将軍空位状態が解消される。父は六代将軍足利義教、母は日野重《しげ》子《こ》である。早世した七代将軍足利義勝の同母弟に当たる。

【長禄《ちょうろく》の変】

皇紀二一一七年＝長禄《ちょうろく》元年（一四五七年）十二月二日、戦国武将・赤松氏の遺臣らが後南朝の行宮を襲い、南朝の後亀山天皇の曾孫に当たる尊秀王《たかひでおう》（自天王《じてんのう》）と忠義王《ただよしおう》（いずれも年齢不詳で十八歳？）の兄弟を討って、神璽を持ち去った。

十四年前に起きた「禁闕の変」で内裏から持ち去られていた三種の神器の一つである神璽を、赤松氏の遺臣たちが奪還した。約十四年間、持ち去られていた神璽を奪還した功績を認めた幕府は、赤松氏の再興を許し、赤松政則に家督を相続させた。赤松氏は皇紀二一〇一年＝嘉吉元年に赤松満祐《みつすけ》が第六代将軍足利義教を暗殺し（嘉吉の乱）、お家取り潰しになっていたのである。

しかしこの時、後南朝ではあるが皇統の人である尊秀王と忠義王を殺めた赤松氏や、これを認めて家を再興させた足利将軍は、大逆罪を犯しているのである。にもかかわらず何の罪にも服することなく地位を保っている。

以前南朝後村上《ごむらかみ》天皇の御世、金ヶ崎城の戦いで敗れた恒良《つねなが》親王（皇太子）を京に連れ戻し殺害した足利高氏《たかうじ》と同じ大逆罪を犯している。

皇紀二一二一年＝寛正《かんしょう》二年（一四六一年）、飢餓と疫病が発生し、最初の二ヶ月で京で八万二千人の死者が出たといわれている。にもかかわらず、将軍・足利義政はこの時期、花の御所を改築し、政治には全く関心を示さず、たまりかねた後花園天皇が救済の勧告をされるが、義政はこれを無視した。こうした政治の混乱が、六年後の皇紀二一二七年＝応仁《おうにん》元年（一四六七年）に発生する応仁の乱（後述）の遠因となった。

皇紀二一二四年＝寛正五年（一四六四年）七月十九日、在位三十六年（皇統譜では三十七年）にして成仁《ふさひと》親王（後土御門《ごつちみかど》天皇）へ譲位され上皇となって院政を敷かれ、左大臣・足利義政を院執事として政務を執られた。この譲位は将軍・義政の悪政に対する抗議であった。しかし義政はこれに応えた様子はない。

皇紀二一二七年＝応仁元年（一四六七年）九月二十日、後花園上皇（四十九歳）は義政の失政を自らの不徳と詫びられ出家された。

皇紀二一三〇年＝文明《ぶんめい》二年（一四七〇年）十二月二十七日、室町第にて五十二歳で崩御される。後花園上皇と皇子の後土御門天皇は応仁の乱の戦火を避けて、足利将軍家邸宅である室町第（花の御所）に避難しておられた。

## 第百三代　後土御門《ごつちみかど》天皇

〔世系六十、即位二十三歳、在位三十六年、宝算五十九歳〕

皇紀二一〇二年＝嘉吉《かきつ》二年（一四四二年）五月二十五日、後花園《ごはなぞの》天皇の第一皇子として誕生された成仁《ふさひと》親王で、母は大炊御門信宗《おおいみかどのぶむね》の養女・大炊御門信子《しんし》である。生母は藤原孝長《たかなが》の娘である。

大炊御門家は藤原北家師実《もろざね》流で、摂政関白・藤原師実の子・経実《つねざね》を祖とする。大炊御門北、万里小路東に邸宅があったため大炊御門を称した。

皇紀二一二四年＝寛正《かんしょう》五年（一四六四年）七月十九日、後花園天皇の譲位を受けて践祚（二十三歳）され、翌寛正六年十二月二十七日、即位礼を催行される。践祚されて一年五ヶ月後である。後花園上皇が院政を敷かれた。

皇紀二一二六年＝寛正七年（一四六六年）二月二十八日、元号が文正《ぶんしょう》に改元される。

皇紀二一二六年＝文正元年十二月十八日、大嘗祭を催行される。

皇紀二一二七年＝文正二年（一四六七年）三月五日、元号が応仁《おうにん》に改元される。

【応仁の乱】

皇紀二一二七年＝応仁元年（一四六七年）、即位されてから三年後、京で「応仁の乱」が勃発する。ただし、皇位継承に関係した乱ではない。私戦である。

東軍の細川勝元《かつもと》が西軍討伐の綸旨の発給を要請したが、後花園上皇はこれを拒否される。つまり、武力による討伐を許されなかったのである。

綸旨が出されなかったので、これから発生する一連の乱は全て私戦であった。

後花園上皇は騒乱を避けて後土御門《ごつちみかど》天皇とともに室町第へお移りになり、後花園上皇は自らの不徳をひたすら詫びられ、前述の通り九月二十日には遂に出家された。寺社や公卿らの館は焼かれ、朝廷の財源は枯渇していく。乱は十年後の文明九年まで続きようやく終息するが、京も地方も廃墟と化し、朝廷だけでなく幕府や守護大名の勢力も衰退していった。

皇紀二一三〇年＝文明《ぶんめい》二年（一四七〇年）十二月二十七日、先帝・後花園法皇が五十二歳で崩御される。この年まで後花園法皇による院政が行われた。

皇紀二一三九年＝文明十一年（一四七九年）二月、詔「藤原政家《まさいえ》に万機を関白せしめ給ふの詔」を発せられる。政家は藤原北家近衛流十三代当主で、太政大臣を務めた。

**【明応の政変】**

皇紀二一五三年＝明応《めいおう》二年（一四九三年）四月二十二日、第十代将軍・足利義材《よしき》（後の義稙《よしたね》）が近江に出陣して留守の間に、管領・細川政元《まさもと》が謀反を起こして将軍・足利義材を追放し、八代将軍・足利義政《よしまさ》の異母兄に当たる堀越公方・足利政知《まさとも》の子・足利義澄《よしずみ》（十三歳）を擁立する。

天皇の任命された征夷大将軍を勝手に追放するといった一連の反逆行為に後土御門天皇は反発され、勝仁《かつひと》親王（後柏原天皇《ごかしわばら》）への譲位の意向を示された。しかし甘露寺親長《かんろじちかなが》ら近臣の慰留で、なんとか退位は思い止まられた。

しかしその後もこの政変を承認はされなかった。このため「公卿補任」（朝廷の歴代の職員録）では、義稙から義澄への将軍交代は後土御門天皇の崩御後に行われている。

皇紀二一六〇年＝明応九年（一五〇〇年）九月二十八日、在位三十六年（譲位から三十六年二ヶ月、即位から三十四年九ヶ月、皇統譜では在位三十七年）にして五十九歳で崩御される。

即位されてから三年して応仁の乱が勃発し、京は廃墟と化し、国土全体が荒廃してしまった。朝廷の財政も逼迫し、崩御に際しては葬礼の費用もなく、およそ四十日もの間、ご遺体は御所に安置されたままだった。

## 第百四代　後柏原《ごかしわばら》天皇〔世系六十一、即位三十七歳、在位二十六年、宝算六十三歳〕

皇紀二一二四年＝寛正《かんしょう》五年（一四六四年）十月二十日、後土御門《ごつちみかど》天皇の第一皇子として誕生された勝仁《かつひと》親王で、母は庭田長賢《ながかた》の娘で後土御門天皇の典侍・庭田朝子《あさこ》である。庭田家は宇多源氏の流れを引く堂上家で、庭田家の女子は代々伏見宮家などで奉公した。後花園《ごはなぞの》天皇の母・庭田幸子《ゆきこ》は庭田朝子の大叔母に当たる。

皇紀二一四〇年＝文明《ぶんめい》十二年（一四八〇年）十二月二十日、勝仁親王が十七歳で元服される。

皇紀二一四四年＝文明《ぶんめい》十六年九月、勧修寺教秀《のりひで》の娘・藤子《とうし》が二十一歳で後宮に入る。

皇紀二一六〇年＝明応《めいおう》九年（一五〇〇年）十月二十五日、後土御門天皇の崩御を受け、三十七歳で即位される。ただし、即位の祭祀は費用がなく催行できなかった。先帝の後土御門天皇の葬礼すらできず、二十一年後の皇紀二一八一年＝永正《えいしょう》十八年三月二十二日にようやく即位の礼が催行された。

皇紀二一八一年＝永正十八年（一五二一年）三月七日、管領・細川高国《たかくに》との確執を深めた将軍・足利義稙《よしたね》は京から出奔し、二十二日に催行された後柏原《ごかしわばら》天皇の即位式に出仕せず、管領の細川高国が将軍に代わって警固の職を務めた。

京から出奔した義稙は天皇の信任を失い放逐される。そして将軍足利義澄《よしずみ》の遺児で播磨守護・赤松氏の庇護の下にいた足利亀王丸《かめおうまる》（足利義晴《よしはる》）が、皇紀二一八一年＝大永《だいえい》元年（一五二一年）十二月二十五日、足利義稙に代わって第十二代将軍に迎えられる。なお足利義稙は第十代将軍で、義材→義尹《ぎいん》→義稙と名を変えている。

三月二十二日、後柏原天皇の即位式典が即位後二十一年を経てようやく行われる。

皇紀二一八五年＝大永五年（一五二五年）十一月、疱瘡が大流行し、天皇は自ら筆をとられ、宸筆の『般若心経』を延暦寺と仁和寺に奉納される。後柏原天皇は世の乱れを自らの不徳のせいとしてお詫びされたのであった。

皇紀二一八六年＝大永六年（一五二六年）四月七日、在位二十六年（二十五年六ヶ月、皇統譜は二十七年とある）、六十三歳で崩御される。

## 第百五代　後奈良《ごなら》天皇（世系六十二、即位三十一歳、在位三十一年、宝算六十二歳）

皇紀二一五六年＝明応《めいおう》五年（一四九六年）十二月二十三日、後柏原《ごかしわばら》天皇の第二皇子として誕生された知仁《ともひと》親王で、母は藤原北家勧修寺流の第七代当主勧修寺教秀《のりひで》の娘で後柏原天皇の典侍・勧修寺藤子《とうし》である。

勧修寺教秀は後花園《ごはなぞの》天皇、後土御門《ごつちみかど》天皇、後柏原天皇の三代に仕えている。勧修寺家は勧修寺経顕《つねあき》を祖とし、光厳上皇に仕えて院伝奏（上皇・法皇への奏請を取り次ぐ役職）などを務めた。

皇紀二一七〇年＝永正《えいしょう》七年十二月二十七日、万里小路賢房《までのこうじかたふさ》の娘・栄子《えいし》が十七歳で後宮に入る。

皇紀二一八六年＝大永《だいえい》六年（一五二六年）四月七日、後柏原天皇が崩御され、四月二十九日、知仁親王に践祚され三十一歳で即位される。第一皇子は知仁親王誕生以前、皇紀二一五三年に夭折しておられる。

皇紀二一九二年＝天文《てんぶん》元年五月、「疫病の終息を祈り給ふの御願文」が発せられる。

朝廷の財政は引き続き窮乏し、即位から十年後の皇紀二一九六年＝天文五年（一五三六年）二月二十六日、ようやく即位式を催行された。

全国から寄付を募り、即位式を催行されたが、大内氏、後北条氏、今川氏、朝倉氏らの地方豪族が寄進している。

後北条氏は、関東の戦国大名で桓武平氏伊勢氏流である。室町幕府の御家人・伊勢氏の一族に当たる伊勢盛時《もりとき》（北条早雲《そううん》）をその祖とする。代々鎌倉幕府の執権を務めた北条氏の後裔ではないので区別し、この伊勢平氏の北条氏には「後」をつけて「後北条氏」と呼ぶ。また居城のあった小田原の地名から小田原北条氏とも呼ばれる。

大内氏は、周防国府介《すけ》を世襲した在庁官人（国衙行政の実務に従事）だったが、後に周防国、長門国、石見国、豊前国、筑前国の守護職に補任された有力守護大名である。

皇紀二二〇〇年＝天文九年（一五四〇年）六月十七日、天皇は書写した宸筆の『般若心経』を諸国一宮に奉納され、ご自身の不徳をお詫びされ、疾病流行の終焉を祈願される。河内、伊勢以下二十四ヶ国に奉納されており、阿波、伊豆など七ヶ国に現存する。

皇紀二二〇五年＝天文十四年（一五四五年）八月二十八日、天皇は伊勢神宮への宣命を奉り、大嘗祭の催行ができないことを詫びられ、国運の興隆と民戸の豊穣を祈願される。

皇紀二二〇六年＝天文十五年（一五四六年）十二月二十日、足利義晴《よしはる》の子・足利義輝《よしてる》が十一歳で第十三代征夷大将軍に任ぜられる。将軍就任式は亡命先である近江坂本の日吉神社で行われた。

皇紀二二一五年＝天文二十四年（一五五五年）十月二十三日、元号が天文から弘治に改元される。

皇紀二二一七年＝弘治《こうじ》三年（一五五七年）九月五日、在位三十一年（三十一年五ヶ月、皇統譜では三十二年）、六十二歳で崩御される。

足利幕府が弱体化し、全国で戦乱の打ち続いた御世であった。国力の衰微が最も酷い時代で、全ては足利幕府の失政のせいであるが、後奈良天皇はこれをご自身の不徳として詫びられた。

## 第百六代　正親町《おおぎまち》天皇

〔世系六十三、即位四十一歳、在位二十九年、宝算七十七歳〕

皇紀二一七七年＝永正《えいしょう》十四年（一五一七年）五月二十九日、後奈良《ごなら》天皇の第一皇子として誕生された方仁《みちひと》親王で、母は参議・万里小路賢房《までのこうじかたふさ》の娘・吉徳門院栄子《えいし》である。万里小路賢房は後奈良天皇の外祖父・勧修寺教秀《のりひで》の三男である。

皇紀二二一七年＝弘治《こうじ》三年（一五五七年）九月五日、後奈良天皇が崩御され、これに伴って十月二十七日、方仁親王が践祚された。

皇紀二二二〇年＝永禄《えいろく》三年（一五六〇年）一月二十七日、正親町《おおぎまち》天皇として四十一歳で即位される。譲位を受けて二年三ヶ月後に即位しておられる。戦乱続きで国土が荒れ果て朝廷も窮乏しており、即位が遅れてしまった。

前年皇紀二二一九年＝永禄二年（一五五九年）二月七日、安芸の国人領主・毛利元就《もとなり》がご即位用の費用を献ずる。そして翌永禄三年（一五六〇年）一月二十七日、毛利元就の献上金で、即位後三年で即位の礼を催行された。先々帝の後柏原《ごかしわばら》天皇は即位後二十一年して、また先帝の後奈良天皇は即位後十年してそれぞれ即位式を催行されたが、正親町天皇は即位後三年で催行された。

この年二月十二日、「毛利元就に対する陸奥守宣下の女房奉書」を発せられ、元就の忠節を嘉《よみ》され、この女房奉書を下し陸奥守を宣せられた。なお、女房奉書は天皇のお側に仕える女房が、天皇の勅命を奉じて出す仮名文の文書である。

朝廷は、元就に従五位下の位階を授け、右馬頭《うまのかみ》に任ずる。そして皇室の紋章である菊と桐の紋様を毛利家の家紋にすることを許可した。

皇紀二二二五年＝永禄八年（一五六五年）五月十九日、第十三代将軍・義輝《よしてる》が三好衆らに襲撃され自害する。そして三年後、元堺公方《くぼう》・足利義維《よしつな》の長男・足利義栄《よしひで》（義親《よしちか》）が三好三人衆の推挙で第十四代征夷大将軍宣下を受ける。しかし、この義栄は摂津国越水城《こしみず》（西宮市）、同普門寺《ふもんじ》城（高槻市）を転々として一度も京に入ることはなかった。

この年九月二十六日、織田信長《のぶなが》は、正親町天皇をお護りするため、自害した第十三代将軍義輝の弟義昭《よしあき》を奉じて上洛し、三好三人衆を駆逐して京を制圧する。

信長の入京でようやく京と畿内が平定され、以後、織田・豊臣の尽力で朝儀の復活も進み、荒廃した国が徐々に平穏を取り戻し始める。

皇紀二二二七年＝永禄十年（一五六七年）、正親町天皇は高野山の真言宗堂塔の破壊を止めるよう

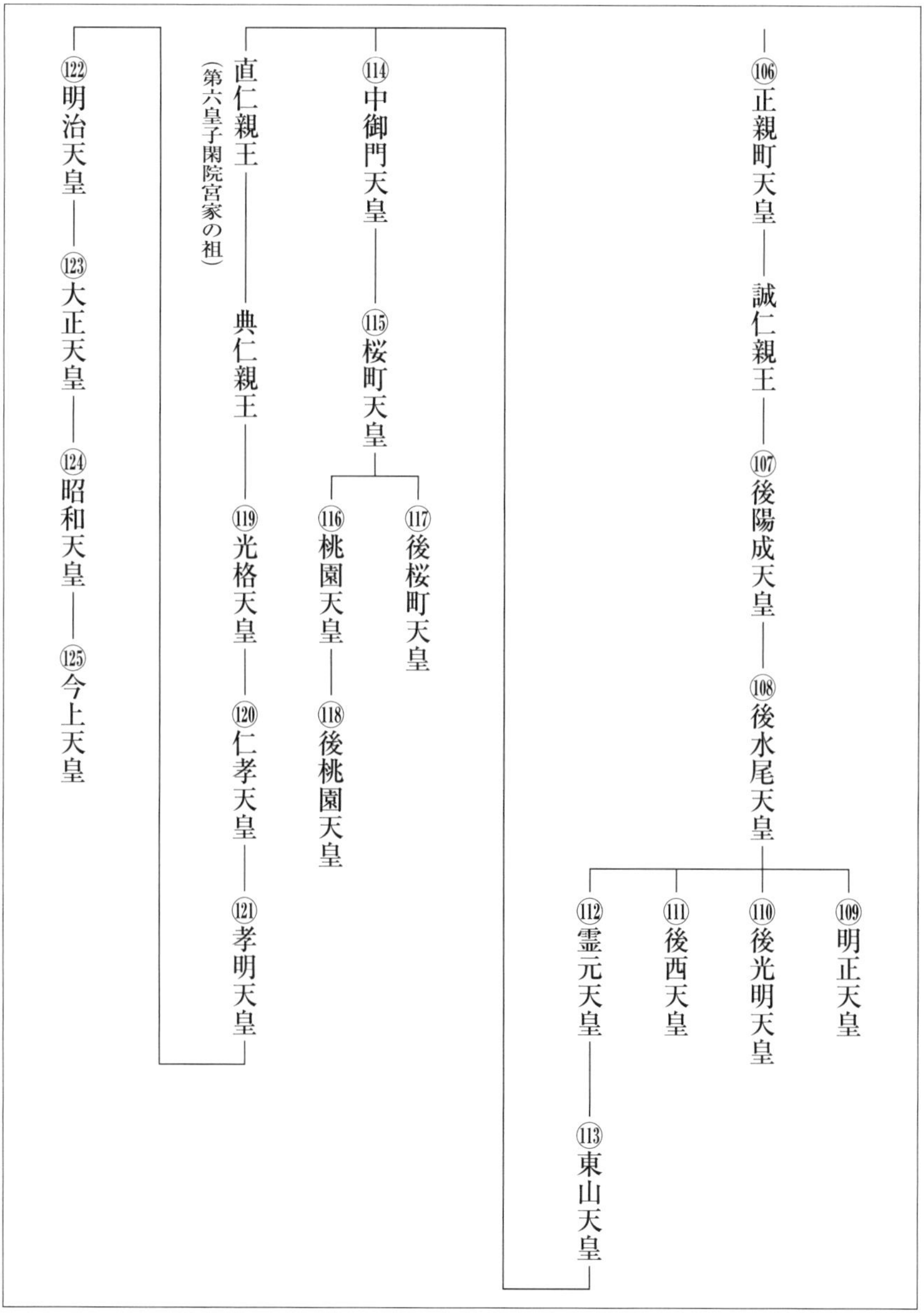
106 正親町天皇
誠仁親王
107 後陽成天皇
108 後水尾天皇
109 明正天皇
110 後光明天皇
111 後西天皇
112 霊元天皇
113 東山天皇
114 中御門天皇
115 桜町天皇
117 後桜町天皇
116 桃園天皇
118 後桃園天皇
直仁親王
（第六皇子閑院宮家の祖）
典仁親王
119 光格天皇
120 仁孝天皇
121 孝明天皇
122 明治天皇
123 大正天皇
124 昭和天皇
125 今上天皇

信長に命じ、寺院を救い、その上で信長と本願寺勢力に和平勧告をされる。

またこの年十一月九日、正親町天皇から信長に「尾張・美濃の不知行（支配が及んでいない）になっている皇室領の回復を命じる」綸旨が発せられた。この時期、正親町天皇はすでに信長に目をかけておられた。

皇紀二二二八年＝永禄十一年（一五六八年）十月、足利義昭が第十五代征夷大将軍宣下を受ける。浄土真宗の本願寺法主《ほっす》・顕如《けんにょ》も朝廷に多額の献金をして、天皇から門跡の称号を与えられた。これ以後、本願寺の権威も天皇の信任を得て安定していく。

皇紀二二三三年＝元亀《げんき》四年（一五七三年）四月七日、勅命により信長は対立していた第十五代将軍・足利義昭と和睦する。信長は勅命に従っている。

しかし将軍に就いた義昭は、勅命に背いてまた信長と対立し、京から追われ、備後国に下る。七月十八日、将軍義昭が織田軍に敗れ降伏した。しかし信長は義昭を殺《あや》めることなく放逐し、室町幕府はここに滅亡して、戦国の世に入る。

天正《てんしょう》元年の足利義昭との戦いや、天正八年の石山本願寺との戦いにおける信長の講和は、いずれも正親町天皇の勅命によるもので、信長がこれらの勅命に従ったので数々の無為な戦いが避けられた。

皇紀二二三七年＝天正五年（一五七七年）十一月二十日、正親町天皇が信長に最高位の右大臣を宣下される。天皇は信長に信頼と期待を寄せておられたことが分かる。足利氏では治められない戦乱の世を治め、平穏な御世を取り戻すことを織田信長に託されたのであった。

皇紀二二四二年＝天正十年（一五八二年）六月二日、信長が本能寺の変で倒れる。十月九日、「故織田信長に太政大臣従一位を贈り給ふの宣命」を発せられ、信長の功を嘉《よみ》された。

【豊臣政権の誕生】

皇紀二二四五年＝天正十三年（一五八五年）七月十一日、羽柴秀吉《はしばひでよし》が近衛家当主・近衛前久《さきひさ》の猶子となり、藤原朝臣秀吉（近衛秀吉）として、天皇より従一位関白宣下を受け、関白に就任する。

皇紀二二四六年＝天正十四年（一五八六年）七月二十四日、第一皇子の誠仁《さねひと》親王（三十五歳）が病により薨去される。誠仁親王は皇紀二二二八年＝永禄十一年十二月に親王宣下を受け、皇儲《こうちょ》と定められていた。薨去後は、太上天皇の尊号が追贈され陽光太上天皇と称される。

この年九月九日、正親町天皇は秀吉に豊臣の姓を授けて、十二月二十五日には太政大臣に任じ、豊臣政権が成立する。

十一月七日、正親町天皇が在位二十九年（皇統譜では三十年）、七十歳で孫の和仁《かずひと》親王（後陽成《ごようぜい》天皇）に譲位され、仙洞御所に隠退された。譲位を予定しておられた誠仁親王が七月に薨去されたので、その王子・和仁親王に譲位されたのである。

皇紀二二五三年＝文禄《ぶんろく》二年（一五九三年）一月五日、隠退されて七年後、七十七歳で崩御される。

## 第百七代　後陽成《ごようぜい》天皇

〔世系六十五、即位十六歳、在位二十五年、宝算四十七歳〕

皇紀二二三一年＝元亀《げんき》二年（一五七一年）十二月十五日、正親町《おおぎまち》天皇の第一皇子である誠仁《さねひと》親王の第一王子として誕生された和仁《かずひと》王（後の周仁《かたひと》王）で、母は勧修寺晴右《はれすけ》の娘・勧修寺晴子《はるこ》である。

皇紀二二四六年＝天正《てんしょう》十四年（一五八六年）七月二十四日、正親町天皇の東宮（皇太子）であった誠仁親王（三十五歳）が薨去される。誠仁親王は永禄《えいろく》十一年十二月親王宣下（十七歳）を受け、皇儲《こうちょ》と定められていたが、即位される前に薨去された。太上天皇の尊号が追贈され陽光太上天皇と称される。

九月十七日、正親町天皇の皇孫に当たる和仁王が正親町天皇の養子となり、親王宣下を受けられ、九月二十日に十五歳で元服される。

十一月七日、和仁王が祖父の正親町天皇から譲位を受け、十一月二十五日、十六歳で後陽成《ごようぜい》天皇として即位された。

この年、近衛（藤原）前久《さきひさ》の娘・近衛前子《さきこ》（十二歳）が関白・豊臣秀吉《ひでよし》の猶子として入内し、後陽成天皇の女御となり、のち政仁《ことひと》親王（後水尾《ごみずのお》天皇）を産まれる。

皇紀二二四七年＝天正十五年（一五八七年）九月、秀吉が造営した聚楽第が完成する。京の内野（平安京の大内裏跡）に秀吉が政庁兼邸宅として建てた御殿である。

皇紀二二四八年＝天正十六年（一五八八年）一月十三日、第十五代征夷大将軍・足利義昭《よしあき》が征夷大

将軍職を朝廷に返上し、室町幕府（足利幕府）は名実ともに完全に消滅する。後に江戸幕府第十五代征夷大将軍・徳川慶喜《よしのぶ》が征夷大将軍職を朝廷に返上した「大政奉還」の先例となっている。

四月十四日、天皇が聚楽第に行幸される。関白・秀吉が天皇の御前で、徳川家康《いえやす》をはじめとして織田信雄《のぶかつ》ら有力大名に秀吉への忠誠を誓わせた。天皇を無視した室町幕府が滅亡し、混乱した世の世直しが開始される。

十二月二十八日、秀吉の養子である豊臣秀次《ひでつぐ》が関白宣下を受け、秀吉は太閤となる。

皇紀二二五二年＝天正二十年（一五九二年）一月、後陽成天皇が四年ぶりに聚楽第に二度目の行幸をされる。短期間に同じ聚楽第に二度も行幸が行われたのは日本史上稀有《けう》なことで、政務を委ねた後陽成天皇の秀吉に対する期待と信頼を表している。

皇紀二二五三年＝文禄《ぶんろく》二年（一五九三年）一月五日、先帝・正親町上皇が七十七歳で崩御される。後陽成天皇は二十三歳であった。

皇紀二二五五年＝文禄四年（一五九五年）七月十五日、関白・秀次が太閤・秀吉から賜死の命令を受け切腹する。理由は秀次の謀反など諸説あるがよく分かっていない。

皇紀二二五八年＝慶長《けいちょう》三年（一五九八年）八月十八日、太閤・豊臣秀吉が死去する。

十二月、和仁王（後陽成天皇）は周仁《かたひと》王に改名される。

皇紀二二六三年＝慶長八年（一六〇三年）二月十二日、徳川家康が京の伏見城にて征夷大将軍宣下を受け、初代・徳川幕府将軍となり、徳川幕府が成立する。

皇紀二二六五年＝慶長十年（一六〇五年）四月十六日、家康は将軍宣下を受けて二年で駿府城（静岡）に隠居し、家康の嫡男・徳川秀忠《ひでただ》が二十七歳で第二代征夷大将軍に就く。

この年、秀吉時代の朝鮮出兵の後処理交渉で、朝鮮側が徳川政権に先に国書を送るように要求してきたのに対し、対馬藩が勅許を得ずに国書を偽造して朝鮮側へ提出した。これに対し朝鮮は「回答使」を派遣してきたが、対馬藩は幕府にこれを「通信使」と偽った。

皇紀二二六九年＝慶長十四年（一六〇九年）五月、慶長条約（己酉約条《きゆうやくじょう》）が締結される。対馬の宗氏と李氏朝鮮の間で結ばれた条約で、文禄・慶長の役以来断絶していた李氏朝鮮との交易が対馬藩を通じて再開され、これが明治初期まで効力を持った。

実質は日本国と李氏朝鮮との条約であるが、幕府は鎖国政策をとっていることで、対馬藩との条約とし、対馬藩を通じて、実質日朝貿易を行ったのである。

皇紀二二七一年＝慶長十六年（一六一一年）三月二十七日、「譲位の宣命」を発せられ、後陽成天皇は在位二十五年（二十四年四ヶ月、皇統譜では在位二十六年）で政仁親王（後水尾天皇）に譲位された。

皇紀二二七七年＝元和《げんな》三年（一六一七年）八月二十六日、譲位されてから六年後、後陽成上皇は四十七歳で崩御される。

## 第百八代　後水尾《ごみずのお》天皇

（世系六十六、即位十六歳、在位十九年、宝算八十五歳）

皇紀二二五六年＝文禄《ぶんろく》五年（一五九六年）六月四日、後陽成《ごようぜい》天皇の第三皇子として誕生された政仁《ことひと》親王で、母は関白太政大臣・近衛前久《さきひさ》の娘で後陽成天皇の女御・近衛前子《さきこ》（関白秀吉《ひでよし》の猶子）である。

後陽成天皇の第一皇子・覚深《かくしん》入道親王（良仁《ながひと》親王）は皇紀二二六一年＝慶長《けいちょう》六年（一六〇一年）三月五日、仁和寺真光院で出家され、後に仁和寺の第二十一世門跡となられた。

第二皇子の承快《しょうかい》法親王は皇紀二二五一年＝天正《てんしょう》十九年（一五九一年）二月十四日に誕生され、皇紀二二六一年＝慶長六年、十一歳で天台宗三千院にて出家され、三千院（梶井）門跡となられ、皇位継承候補者からは外された。

第一皇子・良仁親王（八歳）、第二皇子・承快法親王（五歳）ともに母は先帝・後陽成天皇の典侍の藤原（中山）親子《ちかこ》であるから、女御である藤原（近衛）前子を母とし、秀吉の猶子でもある政仁親王が誕生した時点で、皇位継承候補者からは外されたものと思われる。

ちなみに藤原（近衛）前子は五年前の天正十四年に関白近衛（豊臣）秀吉の猶子となっている。

皇紀二二六〇年＝慶長五年（一六〇〇年）十二月、第三皇子の政仁親王が五歳で親王宣下を受けられる。

皇紀二二六五年＝慶長十年（一六〇五年）六月二日、藤原北家摂関家の一条家当主・一条内基《うちもと》が子に恵まれなかったため、誕生したばかりの後陽成天皇の第九皇子（後水尾《ごみずのお》天皇の同母弟）を養子とされ（一条昭良《あきよし》）、一条家を継がせた。ここで一条家は皇族で皇別摂家となる。そして幕末期の当主・一条忠香《ただか》の三女・美子《はるこ》が明治天皇の皇后となられた（昭憲《しょうけん》皇太后）。

皇紀二二七〇年＝慶長十五年（一六一〇年）十二月二十三日、政仁親王が十五歳で元服される。

皇紀二二七一年＝慶長十六年（一六一一年）三月二十七日、立太子され、同日後陽成天皇の譲位を受け、十六歳で即位され、四月十二日、即位の礼を催行された。

皇紀二二七三年＝慶長十八年（一六一三年）六月、幕府は「公家衆法度《くげしゅうはっと》」を定め、公卿を支配下に置く。また、朝廷と寺院・僧侶との絆を弱めるために、「勅許紫衣《しえ》之法度」「大徳寺妙心寺等諸寺入院法度」を定め、さらに二年後には「禁中並公家諸法度《きんちゅうならびにくげしょはっと》」を定めて、朝廷が紫衣や上人号を授けることを禁じた。皇族の入寺も禁止し、門跡寺院をなくそうとした。幕府を超える権威を認めないこととする。なお、紫衣とは、紫の法衣《ほうえ》や袈裟《けさ》をいい、宗派を問わず高徳の僧・尼が天皇から賜った。推《すい》古《こ》天皇以来、朝廷が仏教界も管理していたが、これを幕府の管理下に置こうとしたのである。

皇紀二二七四年＝慶長十九年（一六一四年）四月、家康《いえやす》は将軍・徳川秀忠《ひでただ》の五女・和子《かずこ》の入内を朝廷に申し入れていたが、ここでその和子の入内宣旨が出される。しかし実際の入内は、この年起きた大坂の陣や、その二年後の家康の死去（元和《げんな》二年）、後陽成院（後陽成天皇）の崩御（元和三年）などが続いたため延期されていた。

皇紀二二七五年＝元和元年（一六一五年）七月十七日、徳川家康、第二代将軍徳川秀忠、前関白・二条昭実《あきざね》（従一位関白右大臣）の三名が連署した「禁中並公家諸法度」が公布される。江戸幕府の創業期に当たって、天皇および公家と幕府との関係を確立するために定めたもので、これにより摂政・関白は幕府の推薦なくして任命できないようになる。そしてまた天皇の正式な配偶者となる中宮・皇后は皇族、将軍家および摂家のみから出されることとなり、天皇、皇太子への入内について幕府が介入することになった。

天皇と朝廷の行動全般が、幕府出先の京都所司代《しょしだい》を通じて、幕府の管理下に置かれた。摂政・関白が朝儀を主宰し、そこでの決定が武家伝奏を通じて幕府に伝えられ、その承諾を得て初めて施行できることとなった。摂家以外の公卿や上皇は朝廷の政策決定過程から排除される。ある意味では、摂家にとっても都合が良かったのかも知れない。

皇紀二二七六年＝元和二年（一六一六年）四月十七日、徳川家康が死去する。

【お与津御寮人事件《およつごりようにんじけん》】

皇紀二二七八年＝元和四年（一六一八年）十月五日、典侍・四辻与津子《よつこ》に皇子・賀茂宮《かものみや》が誕生する。四年前、徳川秀忠の五女・和子の入内宣旨が出されたが、ここで典侍・四辻与津子に皇子（賀茂宮）が誕生し、秀忠はこれを知って激怒する。さらに与津子が第二子を懐妊されたと知り、与津子の振舞いを宮中における不行跡とし、和子の入内を推進していた武家伝奏《でんそう》の広橋兼勝《かねかつ》の責任を追及し、参議・万里小路充房《までのこうじあつふさ》は監督責任を問われて丹波篠山藩に配流となる。与津子の実兄である四辻季継《すえつぐ》・高倉嗣良《つぐよし》を豊後に配流にし、さらに天皇側近数人を出仕停止処分にした。

妃を置かれることはこれまでごく普通のことで、これまで先例は多くあり、しかもこれが「天壌《てんじょう》無窮《むきゅう》の神勅《しんちょく》」の万世一系をある意味で担保しているのである。与津子は典侍であり、四辻家は太政大臣・西園寺公経《きんつね》を祖とする室町家の末裔である。

これに憤慨された後水尾天皇は退位を決断される。幕府の使者・藤堂高虎《とうどうたかとら》が天皇を問責し半ば恐喝し、与津子を追放し出家させて和子の入内を強要した。後水尾天皇と幕府の確執が深刻化する。

皇紀二二八〇年＝元和六年（一六二〇年）六月十八日、徳川秀忠の五女で、徳川家康の内孫・徳川和子（後の東福門院）が十四歳で女御として入内する。和子の入内が実現したことで、父・家康を亡くしていた秀忠は処罰した者の赦免・復職を命じる大赦を天皇に請願する。なお、与津子が産んだ賀茂宮（第一皇子）は元和八年（一六二二年）に五歳で夭折される。賀茂宮（第一皇子）は皇位継承者となられる可能性の高い皇子であった。

皇紀二二八三年＝元和九年（一六二三年）七月二十七日、徳川家光《いえみつ》（二十歳）が第三代征夷大将軍に任じられる。

皇紀二二八四年＝寛永《かんえい》元年（一六二四年）十一月二十八日、徳川秀忠の五女・和子が中宮となられる。ここで家光が後水尾天皇の義兄となった。

皇紀二二八五年＝寛永二年（一六二五年）、後陽成天皇の第七皇子・好仁《よしひと》親王が世襲親王家として有栖川《ありすがわ》宮家（高松宮）を創設される。当初の宮号は高松宮で、名は親王の祖母・新上東門院（勧修寺《かじゆうじ》晴子《はるこ》）の御所が高松殿にあったことに由来する。後に、承応《しようおう》三年には第二代当主・良仁親王が皇統を継ぎ、第百十一代後西《ごさい》天皇となっておられる。有栖川宮家が皇統維持の役目を果たされた。

皇紀二二八六年＝寛永三年（一六二六年）十月、後水尾天皇が二条城に行幸される。将軍・徳川家光はこのために上洛し、二条城において後水尾天皇に拝謁する。

寛永三年十一月十三日、中宮・和子が第二皇子の高仁《すけひと》親王を産まれ、将軍・秀忠の外孫が天皇として即位されることが期待された。しかし、寛永五年、わずか三歳で夭折された。

**【紫衣《しえ》事件】**

皇紀二二八七年＝寛永四年（一六二七年）、後水尾天皇は「勅許紫衣之法度」を無視され、従来の慣例通り幕府に諮らずに、大徳寺住職の沢庵宗彭《たくあんそうほう》や、妙心寺の東源慧等《とうげんえいとう》ら十数人の僧に紫衣着用の勅許を与えられた。将軍・徳川家光は、事前に勅許の相談がなかったことを法度違反として、多くの勅許状の無効を宣し、京都所司代・板倉重宗に法度違反の紫衣を取り上げるよう命じた。

朝廷は、すでに授与した紫衣着用の勅許を無効にすることに強く反発し、また、大徳寺住職の沢庵宗彭や、妙心寺の東源慧等らは朝廷に同調して幕府に抗弁書を提出する。

皇紀二二八九年＝寛永六年（一六二九年）、幕府は大徳寺住職・沢庵ら幕府に反抗した高僧を出羽国や陸奥国への流罪に処する。この事件により、幕府は「幕府の法度は天皇の勅許に優先する」ということを明確にした。これは、元々は朝廷の官職の一つに過ぎなかった征夷大将軍が、天皇よりも上に立ったということを意味し、自己矛盾であり、「天壌《てんじょう》無《む》窮《きゅう》の神勅《しんちょく》」に背くことになる。「天壌《てんじょう》無《む》窮《きゅう》の神勅《しんちょく》」は「この国は天照大神の子孫《うみのこ》が王となる国」と明確に規定しているのであり、王の上に王は存在し得ないのである。

十一月八日、後水尾天皇は在位十九年（受禅から十八年八ヶ月）、三十四歳で、幕府に諮ることなく、徳川和子を母とするまだ七歳の第二皇女・興子《おきこ》内親王（明正天皇）に突然譲位される（皇統譜には十九年とある）。

この譲位は寛永四年の紫衣事件や、お与津御寮人事件があり、その上徳川家光の乳母である福（春日局）が朝廷に無官のまま参内するなど、朝廷の慣例を破る幕府の所業に抗議されてのものであった。天皇の幕府への抗議で最も厳しいものがこうした譲位である。

以後、後水尾天皇は霊元《れいげん》天皇までの四代の天皇の後見人として、院政を敷かれた。上皇（後に法皇）と幕府との確執は続く。

一方で、本来は禁中外の存在である「院政」を否定していた幕府が、後水尾上皇の院政を認めた。三代将軍・徳川家光が朝廷との協調姿勢をとり、東福門院（徳川和子）が夫・後水尾上皇（法皇）の政治方針に同調し、その院政を擁護したからでもあった。

皇紀二三一一年＝慶安《けいあん》四年（一六五一年）五月、上皇は出家され法皇となられた。

皇紀二三四〇年＝延宝《えんぽう》八年（一六八〇年）八月十九日、法皇は霊元天皇の御世、八十五歳で崩御される。幕府の圧力に対して毅然とした態度に終始された天皇であった。

## 第百九代 明正《めいしょう》天皇

〔世系六十七、即位七歳、在位十四年、宝算七十四歳〕

皇紀二二八三年＝元和《げんな》九年（一六二三年）十一月十九日、後水尾《ごみずのお》天皇の第二皇女として誕生された興子《おきこ》内親王で、母は太政大臣征夷大将軍・徳川秀忠《ひでただ》の娘・東福門院和子《かずこ》である。

皇紀二二八八年＝寛永《かんえい》五年（一六二八年）、第二皇子で弟の高仁《すけひと》親王（母・徳川和子）が三歳で薨去される。

皇紀二二八九年＝寛永六年（一六二九年）十一月八日、紫衣事件やお与津御寮人事件などで、幕府への憤りを覚えられた父帝・後水尾天皇から、突然内親王宣下と譲位を受けられ、七歳で即位される。翌寛永七年九月十二日、即位式が催行された。

幕府に対する強い抗議で、先帝・後水尾天皇が突如として譲位され即位されたので、天皇と幕府の確執が生んだ天皇といえる。譲位されてから即位されるまで一年経っているので、やはりすんなりとは事が運ばなかったのであろう。第四十八代称徳《しょうとく》天皇以来八百五十九年ぶりに女性天皇が誕生した。明正《めいしょう》天皇の御名は第四十三代元明《げんめい》天皇と第四十四代元正《げんしょう》天皇の御名に由来する。

後水尾上皇による院政が敷かれ、明正天皇が実権を持たれることはなかった。後水尾上皇の許可無しでは、外出も他人との面会もできない一生を過ごされる。幕府の犠牲者ともいえるであろう。しかし、明正天皇は生涯、後水尾上皇やその後即位された後光明《ごこうみょう》、後西《ごさい》、霊元《れいげん》、東山《ひがしやま》の各天皇・上皇によく仕えられた。その意味では、天皇並びに朝廷と幕府との融和に尽くすという極めて重要な役割を果たされた女性天皇であられた。

後水尾上皇の第一皇子に、上皇の寵愛しておられた典侍の四辻与津子《よつこ》を母とする賀茂宮《かものみや》がおられたが、既述の通り皇紀二二八二年に五歳で薨去しておられる。本来であれば賀茂宮は皇位継承者の筆頭たる立場であられたが、「お与津御寮人事件」騒動の中で薨去された。天皇と幕府の確執による犠牲者ともいえる。

皇紀二二九四年＝寛永十一年（一六三四年）六月、徳川家光《いえみつ》（三十一歳）が、諸大名を従えて上洛する。

諸大名を従えて上洛することによって、家光は父・秀忠に代わって天下を掌握したのだということを世に広く示した。家光は上洛して、義弟に当たる後水尾上皇による院政を受け入れ、紫衣事件以来悪化していた朝幕関係を修復し、国内政治の安定を図った。

皇紀二三〇三年＝寛永二十年（一六四三年）十月三日、明正天皇は十四年（譲位から十三年十一ヶ月、皇統譜では在位十五年）の在位、二十一歳で異母弟・紹仁《つぐひと》親王（後光明天皇）に譲位され、十月十二日太上天皇となられた。明正天皇は朝政に実質的に関与されることはなかった。のちに出家して、太上法皇となられる。全ては後水尾上皇のご意向によるものであった。

皇紀二三五六年＝元禄《げんろく》九年（一六九六年）十一月十日、東山天皇の御世に七十四歳で崩御される。五十三年（半世紀強）の長きにわたって太上天皇であられた。後水尾天皇（上皇）の御世が続いている。

## 第百十代 後《ご》光《こう》明《みよう》天皇（世系六十七、即位十一歳、在位十一年、宝算二十二歳）

皇紀二二九三年＝寛永《かんえい》十年（一六三三年）三月十二日、後水尾《ごみずのお》天皇の第四皇子（皇統譜では第三皇子）として誕生された紹仁《つぐひと》親王で、母は贈左大臣・園基任《そのもとただ》の娘・光子《みつこ》である。養母は父帝の中宮・東福門院和子《かずこ》で、紹仁親王にとって明正《めいしよう》天皇は十歳年長の異母姉である。

園家は園基氏《もとうじ》を祖とし、藤原北家持明院流の分流で、基氏の父は大蔵卿・藤原通基《みちもと》の三男・持明院基家《もといえ》である。承久の乱のあと、即位された第八十六代後堀河《ごほりかわ》天皇の母が基家の娘・陳子《ちんし》であるから、基家は後堀河天皇の外祖父に当たる。

皇紀二三〇三年＝寛永二十年（一六四三年）九月二十七日、十一歳で元服し、十月三日に明正天皇（二十一歳）の譲位を受けて、同月二十一日に十一歳で即位される。この譲位も後水尾上皇のご意思であり、上皇が引き続き院政を敷いておられる。

先帝の明正天皇は二十一歳、紹仁親王はまだ十一歳であるから、先帝・明正天皇の譲位は早すぎると、当然幕府は抵抗したようである。しかし明正天皇の実母・徳川和子は紹仁親王（後光明天皇）の養母であり、譲位に賛同せざるを得なかったのである。

皇紀二三一一年＝慶安《けいあん》四年（一六五一年）三月、「石清水八幡宮に将軍・家光の病気平癒を祈禱せしめ給ふの宣命」を発せられたが、四月二十日、家光は死去する。五月、後水尾上皇は出家されたが、ここに後水尾天皇の慈愛を感じる。

皇紀二三一四年＝承応《じょうおう》三年（一六五四年）九月二十日、在位十一年（皇統譜では在位十二年）、二十二歳で突然崩御される。

後光明天皇の皇子女は孝子《たかこ》内親王のみで皇嗣となる皇子には恵まれなかった。そこで崩御直前に識《さと》仁《ひと》親王（霊元《れいげん》天皇）を養子とされた。後水尾法皇の院政が続いている。

## 第百十一代　後西《ごさい》天皇

（世系六十七、即位十八歳、在位九年、宝算四十九歳）

皇紀二二九七年＝寛永《かんえい》十四年（一六三七年）十一月十六日、後水尾《ごみずのお》天皇の第八皇子（皇統譜では第六皇子）として誕生された良仁《ながひと》親王で、母は左中将・櫛笥《くしげ》隆致《たかちか》の娘で典侍の櫛笥隆子《りゅうし》である。先帝・後光明《ごこうみょう》天皇は異母兄に当たる。外祖父の櫛笥隆致は、後土御門天皇から正親町《おおぎまち》天皇までの四方の天皇に仕え、後奈良《ごなら》天皇の御世には内大臣を務めた廷臣・正親町三条公兄《きんえ》の孫である。

養母は父帝の中宮・東福門院和子《かずこ》で、明正《めいしょう》天皇は十四歳年長の異母姉である。

第六皇子に典侍・園光子《みつこ》（壬生院）を母として皇紀二二九四年＝寛永十年閏七月に誕生された兄の守澄《しゅちょう》法親王がおられたが、皇紀二三一四年七月、幕府からの要請で、関東の東叡山《とうえいざん》（寛永寺《かんえいじ》）、日光山（輪王寺《りんのうじ》）の貫主となり、初代輪王寺宮（日光東照宮）門跡となられた。そして皇紀二三一五年＝

明暦《めいれき》元年十月には天台座主を宣下された。幕府は第四代将軍・家綱《いえつな》の時代で、朝廷との関係改善に努力している。

皇紀二三一四年＝承応《じょうおう》三年（一六五四年）十一月二十八日、後光明天皇が九月に崩御されたので異母弟の良仁親王が譲位を受け（十八歳）、一年二ヶ月後の皇紀二三一六年＝明暦二年（一六五六年）一月二十三日、即位礼を催行され即位された。

良仁親王が有栖川《ありすがわ》宮家を継いでおられた（後述）ために、即位までの時間がかかったのである。先帝・後光明天皇の養嗣子になっておられた識仁《さとひと》親王（霊元《れいげん》天皇）はまだ生後約半年で、他の皇子は全て出家しておられたために、識仁親王が成長し即位されるまでの繋ぎとして、第八皇子の良仁親王（後西《ごさい》天皇）が十八歳で急遽即位された。良仁親王は出家されずに有栖川宮家を継いで、有栖川宮二代当主となっておられた。全て後水尾上皇の意向によってのことである。

有栖川宮家はおよそ三十年前の皇紀二二八五年＝寛永二年、後陽成《ごようぜい》天皇の第七皇子・好仁《よしひと》親王が創設され、当初の宮号は高松宮（高松殿）であった。好仁親王には嗣子がなかったため、甥に当たる後水尾天皇の皇子・良仁親王（後西天皇）が養嗣子として第二代当主となっておられた。

ところがここでさらに有栖川宮二代・良仁親王が、急遽、後西天皇として即位されたため、後西天皇の第二皇子の幸仁《ゆきひと》親王が有栖川宮家を継承された。

他方、桂宮家当主の八条宮・穏仁《やすひと》親王が継嗣となる王子のないまま皇紀二三二五年＝寛文《かんぶん》五年（一六六五年）十月に薨去されたために、翌寛文六年、後西天皇の第一皇子（母は女御・明子《あきこ》）である八条宮長仁《おさひと》親王が、桂宮家を継承された。なお、桂宮家は八条宮・智仁《としひと》王（誠仁《さねひと》親王の第六王子、正親町天皇の孫王）を祖とする。

後西天皇には長仁親王を始めたくさんの皇子がおられたが、前述の通り、識仁親王（霊元天皇）への繋ぎとして即位されたので、ご自身の皇子への皇位継承は考えられなかったのである。

皇紀二三一六年＝明暦《めいれき》二年（一六五六年）、高松宮・好仁親王の王女・明子《あきこ》が女御宣下を受けられる。

皇紀二三二三年＝寛文三年（一六六三年）一月二十六日、在位九年（譲位されて八年二ヶ月、皇統譜には在位十年とある）、二十七歳で十歳になられた識仁親王に譲位され、二月三日太上天皇になられた。本来であればまだ二十七歳と若く、次の識仁親王もまだ十歳と幼少なので、もう少し後に識仁親王の成長を待ってからの譲位となるべきであったが、六年前の明暦三年一月十八日に起きた明暦の大火で多くの犠牲者が出て、天皇はこれをご自身の不徳によると詫びられ、譲位されたのであった。

皇紀二三四五年＝貞享《じょうきょう》二年（一六八五年）二月二十二日、譲位されて二十二年後、次の霊元天皇（異母弟）の御世に四十九歳で崩御された。

## 第百十二代　霊元《れいげん》天皇
（世系六十七、即位十歳、在位二十四年、宝算七十九歳）


皇紀二三一四年＝承応《じょうおう》三年（一六五四年）五月二十五日、後水尾《ごみずのお》天皇の第十九皇子（皇統譜では第十八皇子）として誕生された識仁《さとひと》親王で、母は内大臣・園基音《そのもとなり》の娘で後水尾天皇の典侍・園国子《くにこ》である。先々帝・後光明《ごこうみょう》天皇の母・園光子《みつこ》は叔母に当たる。

園基音は後陽成《ごようぜい》天皇（百七代）から後光明《ごこうみょう》天皇（百十代）までの四代に廷臣としてお仕えしている。

官位は正二位、権大納言で堂上家である。

誕生と同時に後光明天皇の猶子となられた。

皇紀二三二二年＝寛文《かんぶん》二年（一六六二年）十二月十一日、識仁親王が元服される。

皇紀二三二三年＝寛文三年（一六六三年）一月二十六日、後光明天皇の養子となり立太子され、十歳で兄の後西《ごさい》天皇から譲位を受けられた。引き続き父帝・後水尾法皇の院政が続く。四月二十七日、即位され即位礼を催行された。

皇紀二三二九年＝寛文九年（一六六九年）十一月二十一日、左大臣従一位・鷹司《たかつかさ》（藤原）教平《のりひら》の娘・房子《ふさこ》が入内し女御となられる。そして後に中宮に冊立される。教平の父は鷹司信尚《のぶひさ》、母は後陽成天皇第三皇女・清子《せいし》内親王である。

識仁親王（霊元《れいげん》天皇）は誕生の年に長兄・後光明天皇の養嗣子となられ、儲君《ちょくん》となっておられるので、後水尾法皇は早くからこの識仁親王を後嗣と決めておられたといえる。

皇紀二三四〇年＝延宝《えんぽう》八年（一六八〇年）八月十九日、後水尾法皇が崩御され、霊元天皇（二十七歳）は親政を開始される。後水尾法皇は明正《めいしょう》天皇、後光明天皇、後西天皇、霊元天皇と四代にわたり五十二年間、半世紀余りにわたって院政を敷かれた。

皇紀二三四三年＝天和《てんな》三年（一六八三年）、第四皇子・朝仁《あさひと》親王（後の東山《ひがしやま》天皇）の立太子礼が行われ、長らく中断していた皇太子の称号を復活させる。久しく途絶えていた大嘗祭を復活され、その他の朝儀も復活されて、父帝・後水尾法皇の朝議に関するご意思を引き継がれる。

皇紀二三四七年＝貞享《じょうきょう》四年（一六八七年）三月二十一日、後水尾法皇が崩御されてから七年後、在位二十四年（譲位から二十四年二ヶ月、皇統譜では在位二十五年）、三十四歳で朝仁親王（東山天皇）へ譲位され院政を開始される。

三月二十五日、太上天皇を称された。

やはり朝幕関係を気にされ、譲位して院政を敷かれた。そして長年中断していた新天皇の大嘗祭が行われたが、これに対し幕府は「禁中《きんちゅう》並《ならびに》公家《くげ》諸法度《しょはっと》」に違反すると強く反発する。

院政はそもそも朝廷の法体系の枠外で、「禁中並公家諸法度」に基づく幕府の統制を受けなかった。先代の後水尾法皇の院政にも幕府は反対であったが、二代将軍徳川秀忠《ひでただ》の娘で後水尾天皇の中宮・東福門院（明正天皇の生母）もこれを擁護したために黙認せざるを得なかった。しかし幕府は霊元上皇にまでは院政を認めないと通告するが、上皇はこれを黙殺される。後水尾天皇に続いて長期間にわたって院政を敷かれた。

皇紀二三七三年＝正徳《しょうとく》三年（一七一三年）八月、六十歳で出家して霊元法皇となられた。

皇紀二三九二年＝享保《きょうほう》十七年（一七三二年）八月六日、中御門天皇の御世、七十九歳で崩御される。霊元天皇の追号は孝霊《こうれい》天皇と孝元《こうげん》天皇の諡号から一字を採っている。

孝霊天皇と孝元天皇は欠史八代の一人として、現在の歴史では存在を否定されているが、少なくともこの時代までは天皇として認識されていたことは明確である。

# 第百十三代　東山《ひがしやま》天皇

〔世系六十八、即位十三歳、在位二十二年、宝算三十五歳〕

皇紀二三三五年＝延宝《えんぽう》三年（一六七五年）九月三日、霊元《れいげん》天皇の第四皇子として誕生された朝仁《あさひと》親王で、養母は鷹司教平《のりひら》の娘・新上西門院鷹司房子《ふさこ》、実母は内大臣・松木宗条《むねなが》の娘で典侍の宗子《むねこ》である。

松木家は藤原北家中御門《なかみかど》流の堂上家で、室町時代、宗宣《むねのぶ》（宗重《むねしげ》の孫）の代に松木と改名した。後冷《ごれい》泉《ぜい》天皇、後三条《ごさんじょう》天皇、白河《しらかわ》天皇、堀河《ほりかわ》天皇に仕えた藤原宗俊《むねとし》を祖とする。

皇紀二三四二年＝天和《てんな》二年（一六八二年）三月、八歳で儲君となられ、十二月に親王宣下を受けられる。異母兄で第一皇子の済深《さいしん》法親王は勧修寺（醍醐天皇の勅願寺）に入られ、同じく異母兄の第二皇子も出家された。また異母兄・第三皇子は三歳で夭折される。

皇紀二三四三年＝天和三年二月九日、崇光《すこう》天皇の皇太子・直仁《なおひと》親王以来、三百三十五年ぶりに立太子礼を催行され、九歳で皇太子となられる。

皇紀二三四七年＝貞享《じょうきょう》四年（一六八七年）三月二十一日、霊元天皇の譲位を受け十三歳で践祚され、四月二十八日に即位礼を催行された。

十一月十六日、長らく中断していた大嘗祭が復活される。父帝・霊元天皇の意を受けて、引き続き朝儀復活に尽力された。霊元上皇の院政は続く。

この御世に朝幕間の融和が進み、幕府からの皇室御料は増額され、山陵の整備も進められた。

皇紀二三六九年＝宝永《ほうえい》六年（一七〇九年）六月二十一日、在位二十二年（二十二年三ヶ月、皇統譜では在位二十三年）、三十五歳で中御門天皇に譲位される。父・霊元法皇を抑えるように、自ら院政を敷かれる。しかしこの年十二月十七日、譲位されて半年後、父帝・霊元法皇に先立って、在位二十二年、三十五歳で崩御される。従ってまた霊元法皇の院政が続く。

## 第百十四代　中御門《なかみかど》天皇

〔世系六十九、即位九歳、在位二十六年、宝算三十七歳〕

皇紀二三六一年＝元禄《げんろく》十四年（一七〇一年）十二月十七日、東山《ひがしやま》天皇の第五皇子として誕生された慶仁《やすひと》親王で、養母は有栖川宮幸仁《ゆきひと》親王（後西天皇の第二皇子）の第一王女で先帝・東山天皇の中宮・幸子《ゆきこ》、実母は内大臣・櫛笥隆賀《くしげたかよし》の娘で典侍の賀子《よしこ》である。

先帝・東山天皇の第一皇子・一宮（同母兄）、第二皇子・二宮（同母兄）、第四皇子・寿宮（同母兄）はいずれも一歳か二歳で夭折しておられる。第三皇子の公寛《こうかん》法親王は宝永《ほうえい》五年十一月に出家され、皇紀二三七八年＝享保《きょうほう》三年（一七一八年）六月、二十二歳で天台座主となられた。

皇紀二三六八年＝宝永五年（一七〇八年）二月十六日、八歳で立太子される。

皇紀二三六九年＝宝永六年（一七〇九年）六月二十一日、東山天皇からの譲位を受け九歳で即位されたが、はじめ父帝・東山上皇が院政を敷かれる。しかし、その東山上皇は譲位して半年後の十二月十七日に崩御され、再び祖父の霊元《れいげん》上皇が院政を開始された。

譲位を受けて一年五ヶ月後の翌七年十一月十一日、即位式を催行された。近衛《このえ》家熙《いえひろ》が摂政に就く。中御門天皇ご即位の直前、皇紀二三六九年＝宝永六年一月十日、第五代将軍・徳川綱吉《つなよし》が死去し、徳川家宣《いえのぶ》（四十八歳）が第六代将軍に就く。

皇紀二三七〇年＝宝永七年（一七一〇年）八月十一日、東山天皇の第六皇子・直仁《なおひと》親王（七歳）を初代とする新宮家創設が決定され、八年後の皇紀二三七八年＝享保三年には霊元法皇が直仁親王に対して「閑院宮《かんいんのみや》」の宮号を与えられた。

後水尾天皇の御世、皇紀二二八五年＝寛永二年（一六二五年）、有栖川宮（高松宮）が創設されて以来、八十五年ぶりの新宮家誕生となった。初代閑院宮・直仁親王の第二王子である典仁《すけひと》王の第六王子・祐宮《さちのみや》（師仁《もろひと》王、のち兼仁《ともひと》王）が、後に後桃園《ごももぞの》天皇の崩御に伴い践祚され第百十九代光格《こうかく》天皇として即位されることとなったが（後述）、それ以来、閑院宮系の系統が現在の皇統に繋がっている。

この頃幕府でも新井白石《はくせき》が、徳川将軍家に御三家があるように、朝廷にもそれを補完する新たな宮家が必要との建言を、第六代将軍徳川家宣《いえのぶ》に出していたのである。白石は東山天皇が三十五歳と若くして崩御されたことを憂慮して建言した。この頃、幕府が新宮家創設を建議するくらいであるから、朝幕関係が極めて良好だったことが分かる。朝幕関係が良好なときは幕府も安定する。

皇紀二三七二年＝正徳《しょうとく》二年（一七一二年）八月二十八日、九条輔実《すけざね》が近衛家熙に代わって摂政に就く。

十月十四日、第六代将軍・徳川家宣が死去し、翌正徳三年四月二日、徳川家継《いえつぐ》（五歳）が第七代将軍に就く。

皇紀二三七六年＝正徳六年六月二十二日、将軍・徳川家継が死去し、元号が享保に改元される。
皇紀二三七六年＝享保元年（一七一六年）八月十三日、徳川吉宗《よしむね》（三十三歳）が第八代将軍に就く。
この年、摂政関白太政大臣近衛家熙の娘・近衛尚子《ひさこ》が中御門《なかみかど》天皇に入内する。

皇紀二三九二年＝享保十七年（一七三二年）八月六日、霊元法皇（七十九歳）が崩御される。中御門天皇は三十二歳であった。

皇紀二三九五年＝享保二十年（一七三五年）三月二十一日、中御門天皇が在位二十六年（譲位から二十五年九ヶ月、皇統譜では二十七年）、三十五歳で十六歳の昭仁《てるひと》親王（桜町天皇《さくらまち》）に譲位される。霊元法皇が崩御されて三年弱が経っているので、中御門天皇ご自身の意向で譲位がなされたといえる。

皇紀二三九七年＝元文《げんぶん》二年（一七三七年）四月十一日、桜町天皇に譲位されて二年余りの後、三十七歳で崩御された。在位二十六年であるが、最初は父帝・東山上皇が、続いて皇紀二三九二年まで祖父の霊元法皇が院政を敷かれ、実質は三年の天皇親政であった。

## 第百十五代　桜町《さくらまち》天皇（世系七十、即位十六歳、在位十二年、宝算三十一歳）

皇紀二三八〇年＝享保《きょうほう》五年（一七二〇年）一月一日、中御門《なかみかど》天皇の第一皇子として誕生された昭仁《てるひと》親王で、母は関白太政大臣・近衛家熙《いえひろ》の娘で徳川家宣《いえのぶ》の猶子となった女御の近衛尚子《ひさこ》である。近衛家熙は先帝・中御門天皇の摂政を務めた。

一月二十日、母（女御）の近衛尚子は産後の肥立ちが悪く、十九歳で薨去される。

皇紀二三八八年＝享保《きょうほう》十三年（一七二八年）六月十一日、昭仁親王が九歳で立太子される。外祖父となった近衛家熙は藤原北家近衛流で、宝永《ほうえい》四年先々帝・東山《ひがしやま》天皇の関白に任じられ、宝永六年には先帝・中御門天皇の摂政となり、翌年太政大臣に任じられる。この近衛家熙の父は近衛基《もと》熙《ひろ》、母は後水尾《ごみずのお》天皇第十五皇女の常子《つねこ》内親王である。

皇紀二三九五年＝享保二十年（一七三五年）三月二十一日、父帝・中御門天皇の譲位により十六歳で践祚され、十一月三日即位の礼を催行された。

皇紀二三九八年＝元文《げんぶん》三年（一七三八年）十一月十九日、大嘗祭を催行される。

皇紀二四〇七年＝延享《えんきょう》四年（一七四七年）五月二日、在位十二年（皇統譜では十三年）、二十八歳にして七歳の皇太子・遐仁《とおひと》親王（桃園《ももぞの》天皇）に譲位され、院政を開始される。一条兼香《かねか》の子・一条道香《みちか》が摂政に就く。

皇紀二四一〇年＝寛延《かんえん》三年（一七五〇年）四月二十三日、桜町《さくらまち》天皇が退位され上皇になられて三年後、三十一歳で崩御された。即位されたばかりの桃園天皇はまだ十歳であった。

## 第百十六代　桃園《ももぞの》天皇　（世系七十一、即位七歳、在位十五年、宝算二十二歳）

皇紀二四〇一年＝寛保《かんぽう》元年（一七四一年）二月二十九日、桜町《さくらまち》天皇の第一皇子として誕生された遐《とお》仁《ひと》親王で、生母は権大納言・姉小路《あねがこうじ》実武《さねたけ》の娘で桜町天皇の典侍・姉小路定子《さだこ》であるが、延享《えんきょう》二年十月五歳で桜町天皇の女御・二条舎子《いえこ》の養子となり「実子」として御所で養育された。三十一歳と若くして崩御された先帝・桜町天皇には他に皇子はおられなかった。

皇紀二四〇七年＝延享《えんきょう》四年（一七四七年）三月十六日、遐仁親王が元服前に七歳で立太子される。そしてこの年五月二日、父・桜町天皇の譲位を受けて七歳で即位され、九月二十一日、即位礼を催行された。

一条兼香《かねか》の子・一条道香《みちか》（藤氏長者）が摂政に就く。

皇紀二四〇八年＝寛延《かんえん》元年（一七四八年）十一月十七日、大嘗祭を催行された。

父帝・桜町天皇は、退位され上皇になられたが、それからわずか三年後の皇紀二四一〇年＝寛延三年（一七五〇年）四月二十三日、崩御される。天皇はまだ十歳であった。

皇紀二四一六年＝宝暦《ほうれき》六年（一七五六年）、徳大寺家の家臣・山崎闇斎《あんさい》の神道学説（垂加《すいか》神道）を奉じる竹内敬持《たけのうちたかもち》（竹内式部《しきぶ》）が、若い桃園《ももぞの》天皇（十六歳）に直接ご進講をする。これは幕府と摂関家が癒着し、朝廷を支配していることに憤慨していた若い公卿達の改革運動の一環であった。

朝幕関係が良好であるということは、反面幕府と公卿が癒着しているということでもあった。つまり幕府と公卿が一緒になって朝政に干渉することが多くなっていたのである。

皇紀二四一八年＝宝暦八年（一七五八年）、幕府が天皇側近としてお仕えする若手公卿たちを排除するという「宝暦事件」が発生する。

山崎闇斎の神道学説「垂下神道」を信奉した若い公卿ら尊王論者らが、若い天皇に『日本書紀』など直接進講していることを問題視した幕府（第九代将軍徳川家重《いえしげ》）が、宝暦七年、この公卿らを多数処罰した。そしてここで朝幕関係の悪化を憂慮した関白・一条道香が近衛内前《うちさき》・鷹司輔平《すけひら》・九条尚実《ひさざね》ら公卿と協議し、徳大寺公城《きんむら》、正親町三条公積《きんつむ》ら天皇近習七名を追放処分にする。

次いで関白・一条道香は、公卿の中心人物である神道家で尊王論者の竹内敬持《たかもち》が武芸稽古していると、京都所司代に告発した。

竹内敬持らは朝廷を取り仕切っていた摂関家と幕府との癒着を糾弾し、山崎闇斎の説く垂加神道による大義名分論を若い公卿たちに教授していた。そこで公卿らがこれら天皇側近の若手公卿たちを排除したのである。

ところが天皇（十七歳）ご自身は竹内らの説く垂加神道論に賛同され、関白らは進講中止を諫奏《かんそう》するが、聞き入れられなかった。

こうして若き天皇と、幕府に阿《おもね》った摂関家との対立が起きるが、その天皇がまた若くして（二十二歳）崩御されたので問題は次の御世に持ち越された。この時の若き公卿たちの尊皇運動が、ひいては後の幕末の尊皇運動に繋がっていくことになった。明治になってから彼らの名誉回復がなされている。

この年六月、天皇は詔「垂加流神道に関して近衛内前に質《ただ》し給へる御沙汰書」を渙発される。その中で「此間《このあいだ》摂家一列より、神書聞くこと垂加流にては、為《ため》に成《なる》まじき。さるによって、何とぞやむる様にと、たって関白申され候故《そうろうゆえ》、得心《とくしん》せざれども、相《あい》やめる由《よし》云《いう》。その後とくとしあん候所《そうろうところ》、得心せずしてやむること、先《まず》如何《いか》に。その上愚存《ぐそん》、道にかなはゞ勿論、また一列被申通《もうされしとお》り道にかなうにしても、得心せざるを、やむること甚如何《はなはだいかに》。道の事故《ことゆえ》、このまますてをきがたき也。

彼流《かのりう》何が悪しき故《ゆえ》、為にならぬよし申さるるぞ。心底いぶかしう思ふ。さだめて格別のわけ有《ある》べし。くわしく聞度《ききた》くおもふ。各々所存被書付《しょぞんかきつけられ》、一封可被上《いっぷうたてまつらるべき》なり。……」と厳しく問責しておられる。

また桃園天皇の日記の宝暦八年七月二十四日条にも宝暦事件の処置に関する記載があり、天皇の憤《ふん》懣《まん》を知ることができる。

皇紀二四一九年＝宝暦九年（一七五九年）六月二日、伏見宮十六代・伏見宮邦忠《くにただ》親王（二十八歳）が薨去される。そこで翌宝暦十年六月、桃園天皇の第二皇子・貞行《さだもち》親王が生後四ヶ月で伏見宮家第十七代当主を継承された。しかしこの貞行親王も十三歳で薨去される。そこで伏見宮貞建《さだたけ》親王の第二王子・伏見宮邦頼《くにより》親王が第十八代伏見宮として親王宣下を受けられた。

皇紀二四二二年＝宝暦十二年（一七六二年）七月十二日、桃園天皇が在位十五年（皇統譜では十六年）にして二十二歳で崩御される。皇子女は英仁《ひでひと》親王（後桃園《ごももぞの》天皇）と貞行親王（第十七代伏見宮）のお二人だけであった。

## 第百十七代　後《ご》桜町《さくらまち》天皇

〔世系七十一、即位二十三歳、在位八年、宝算七十四歳〕

皇紀二四〇〇年＝元文《げんぶん》五年（一七四〇年）八月三日、第百十五代桜町《さくらまち》天皇の第二皇女として誕生された智子《としこ》内親王で、母は関白左大臣・二条吉忠《よしただ》の娘で桜町天皇の女御・二条舎子《いえこ》である。先帝・桃園《ももぞの》天皇は一歳下の異母弟に当たり、弟から異母姉への譲位と極めて珍しい例となった。

外祖父の二条吉忠は関白左大臣・二条綱平《つなひら》の子であり、母は霊元《れいげん》天皇の皇女・栄子《まさこ》内親王である。また二条吉忠の祖父は九条兼晴《かねはる》で、五摂家の一つ九条家の第二十代当主である。

皇紀二四二二年＝宝暦《ほうれき》十二年（一七六二年）七月二十七日、異母弟・桃園天皇の遺詔により践祚を受け二十三歳で譲位され、翌宝暦十三年十一月二十七日、即位式を催行された。この日、近衛内前《うちさき》が摂政に就く。

先帝・桃園天皇が二十二歳と若くして崩御され、桃園天皇の第一皇子の英仁《ひでひと》親王（のちの後桃園《ごももぞの》天皇）がまだ五歳と幼く、第二皇子の貞行《さだもち》親王もまだ二歳で、しかもこの貞行親王はすでに伏見宮家を継いで伏見宮家第十七代当主になっておられた。

(115)桜町天皇
→(116)桃園天皇→英仁親王（(118)後桃園天皇）
→貞行親王（伏見宮第十七代）
→智子内親王（(117)後桜町天皇）

幼くして即位された例はこれまで幾つもあるが、この時は、先帝・桃園天皇の御世の末期に発生した宝暦事件で、摂関家が幕府と癒着し、天皇の幼い時からの側近たちを追放しており、幼い天皇を補佐する側近がいない状況にあった。ここで幼少の英仁親王が即位されると、後にまた同じ事態が繰り返されることが懸念された。

そこで、五摂家（近衛家、九条家、二条家、一条家、鷹司家）の当主らが協議し、あくまでも英仁親王（後桃園天皇）の将来における皇位継承を前提として、中継ぎとしての新天皇を擁立することが決定され、先々帝・桜町天皇の第二皇女で、先帝・桃園天皇の異母姉の智子内親王が即位された。なお、第一皇女の盛子内親王は皇紀二四〇六年＝延享三年に薨去しておられる。

智子内親王（後桜町《ごさくらまち》天皇）は英仁親王にとっては伯母に当たる。現在の悠仁《ひさひと》親王殿下の即位を前提に愛子《あいこ》内親王が中継ぎとして即位されると仮定したら、こちらは従姉であるが同じような例となる。ただし、同じ例とするならば愛子内親王は生涯独身を通されることになる。しかも、現在の皇室典範の改正が必要である。

皇位継承のような重大事は事前に幕府に諮るとした「禁中《きんちゅう》並《ならびに》公家《くげ》諸法度《しょはっと》」の規定はあったが、「非常事態」を理由に幕府に対し事後報告の形で事が進められた。

皇位の安定のためには、時の法体系は緊急事態として無視すべきという、これからの時代にとっても極めて重要な先例として記憶されるべきことである。幕府もこの決定には従っている。この時の将軍は第十代将軍・徳川家治《いえはる》（二十六歳）で、就任して三年目であった。かくして明正《めいしょう》天皇以来百十九年ぶりの女性天皇（男系）誕生となった。

皇紀二四二四年＝明和《めいわ》元年（一七六四年）十一月八日、大嘗祭が催行される。譲位を受けてからは二年経過しているが、即位式は翌年で、規則通りの大嘗祭である。

皇紀二四二八年＝明和五年（一七六八年）二月十九日、先帝・桃園天皇の御世から後嗣に予定されていた英仁親王（後桃園天皇）が予定通り十一歳で立太子される。

皇紀二四三〇年＝明和七年（一七七〇年）十一月二十四日、天皇は「譲位の宣命」を発せられ、異母弟・桃園天皇の皇子で甥に当たる皇太子・英仁親王（後桃園天皇、十三歳）に譲位され、在位八年（譲位を受けて八年四ヶ月、皇統譜では在位九年）、三十一歳で上皇となられた。五摂家が協議して決めた予定通りの皇位継承で、後桜町天皇は中継ぎとしての役割を果たされて、以後は独身を通された。

次の後桃園天皇は即位の時十三歳で、さらに次の光格《こうかく》天皇は九歳でと、それぞれ若くして即位されたので、後桜町上皇は退位後もよく次期天皇の後見の任に当たられた。そして、上皇はご自身が即位される前の皇紀二四一六年＝宝暦六年から（ご即位は宝暦十三年）、次の後桃園天皇が崩御された翌年の皇紀二四四〇年＝安永《あんえい》九年まで、二十四年にわたっての宸筆の日記四十一冊を残しておられる。中継ぎとしての天皇をお務めになり、そのあとも上皇として若い後桃園天皇、並びに光格天皇のお二人の天皇を支え、よく補佐された。

皇紀二四七三年＝文化十年（一八一三年）、閏十一月二日、光格天皇の御世、七十四歳で崩御される。

## 第百十八代　後桃園《ごももぞの》天皇

〔世系七十二、即位十三歳、在位九年、宝算二十二歳〕

皇紀二四一八年＝宝暦《ほうれき》八年（一七五八年）七月二日、桃園《ももぞの》天皇の第一皇子として誕生された英仁《ひでひと》親王で、母は関白太政大臣・一条兼香《かねか》の娘で桃園天皇の女御・一条富子《とみこ》である。先帝の後桜町《ごさくらまち》天皇は先々帝・桃園天皇の異母姉で、後桃園《ごももぞの》天皇にとっては伯母に当たる。

先々帝・桃園天皇の第二皇子で後桃園天皇の同母弟宮に当たる貞行《さだもち》親王は、伏見宮家（第十七代）を継承された。ここで伏見宮家はまた親王が継承された。

外祖父・一条兼香の父は鷹司房輔《ふさすけ》である。兼香は母方の叔母が嫁いでいた一条兼輝《かねてる》に子がなかったため、一条家の養子となった。有職故実《ゆうそくこじつ》や垂加神道にも精通していて、衰退した朝儀の再興に尽力し、昭仁《てるひと》親王（祖父の桜町《さくらまち》天皇）からの信任は厚かった。

父・桃園天皇が崩御された皇紀二四二二年＝宝暦十二年（一七六二年）七月、前述の通り、英仁親王（後桃園天皇）はまだ五歳と幼く、伯母の後桜町天皇が中継ぎとして即位された。

皇紀二四二八年＝明和《めいわ》五年（一七六八年）二月十九日、英仁親王が十一歳で立太子される。

皇紀二四三〇年＝明和七年（一七七〇年）十一月二十四日、伯母の後桜町天皇から十三歳で譲位を受けられる。先帝・後桜町天皇は英仁親王がまだ幼かったので中継ぎとして即位されたため、その役割を終えて英仁親王に譲位された。女性天皇が即位される場合の典型例である。

皇紀二四三一年＝明和八年（一七七一年）四月二十八日、即位礼を催行され、摂政には近衛内前が就く。十一月十九日、大嘗祭を催行された。

皇紀二四三九年＝安永《あんえい》八年（一七七九年）一月二十四日、女御・近衛維子《これこ》との間に欣子《よしこ》内親王が誕生する。後に光格《こうかく》天皇の中宮になられる。

この年安永八年十月二十九日、ご在位のまま、皇子を残されないで在位九年（皇統譜では在位十年とある）、二十二歳で崩御された。

若くして崩御され、皇子女は欣子内親王（一歳）だけだったので皇位継承問題が発生する。急遽、閑院宮家より閑院宮師仁《もろひと》王（即位後は兼仁《ともひと》と改名）を養子として迎えることとなった。閑院宮家は東《ひがし》山《やま》天皇の第六皇子・直仁《なおひと》親王が創設された宮家である。

## 第百十九代　光格《こうかく》天皇　（世系七十一、即位九歳、在位三十八年、宝算七十歳）

皇紀二四三一年＝明和《めいわ》八年（一七七一年）八月十五日、東山《ひがしやま》天皇の皇孫・閑院宮典仁《すけひと》王（慶光《きょうこう》天皇）の第六王として誕生された師仁《もろひと》王（後に兼仁《ともひと》王）で、東山天皇の曾孫に当たる。典仁王は東山天皇の第六皇子・閑院宮直仁《なおひと》親王の第三王子である。母は伯耆《ほうき》国倉吉出身の医師・岩室宗賢《いわむろそうけん》の娘・大江磐代《おおえいわしろ》である。

⑬東山天皇→⑭中御門天皇→⑮桜町天皇→⑯桃園天皇→⑱後桃園天皇
⑮桜町天皇→⑰後桜町天皇
⑬東山天皇→閑院宮直仁親王→典仁王（第三王）→⑲光格天皇（師仁王、後に兼仁王）

父・典仁王も出家して聖護院門跡を継ぐ予定であられた。ところが、後桃園天皇が皇子なくして崩御されたため、安永《あんえい》八年十一月八日、典仁王子の第六王子・師仁王（兼仁王）が先帝・後桃園《ごももぞの》天皇の養子となられ後嗣に立てられた。

岩室宗賢の娘で師仁王の母・つる女は、二十三歳の時、中御門《なかみかど》天皇の第五皇女で閑院宮妃の籌宮《かずのみや》成子《ふさこ》内親王に仕え、その後、皇紀二四三〇年＝明和七年、閑院宮典仁王の妃（側室）となって、名もた。

「つる女」を「磐代」と改める。そして磐代は祐宮《さちのみや》師仁王子（兼仁王）、後の光格《こうかく》天皇を産まれた。

こうしてたまたま天皇の外祖父となった宗賢は、のちに門跡寺院の聖護院《しょうごいん》（京都市左京区聖護院中町）に出仕して、天明《てんめい》七年十二月に法橋《ほうきょう》（僧位の第三位）に叙せられ、寛政四年に八十歳で死去した。なお法橋は、本来僧侶に対し与えられた位階であったが、後に絵師、儒者、医師などにも与えられた。

皇紀二四三九年＝安永八年（一七七九年）十一月二十五日、師仁王（兼仁王）が、先帝・後桃園天皇の崩御を受け、急遽践祚された。

翌皇紀二四四〇年＝安永九年（一七八〇年）十二月四日、十歳で即位式を催行され即位された。九条尚実《なおざね》が摂政に就く。尚実は関白・九条輔実《すけざね》の三男で母は後西《ごさい》天皇の第十皇女・益子《ますこ》内親王である。

践祚直前に儲君に定められたため、立太子はされなかった。皇族ではなく、摂関家や将軍家でもない女子の磐代が、閑院宮家でもうけた王子が即位するという極めて珍しい例となった。この場合も「天壌無窮《てんじょうむきゅう》の神勅《しんちょく》」の「吾が子孫」は遵守されている。師仁親王の即位で父の典仁王は改めて慶光《きょうこう》天皇と尊称される（後述）。

先帝の後桃園天皇がご在位のまま崩御され、これを受け師仁王（兼仁王）が後桃園天皇の養子となって儲君となられたが、実際には後桃園天皇は前月十月二十九日にすでに崩御しておられ、空位を避けるために発表されていなかったのである。

皇紀二四四一年＝安永十年（一七八一年）一月一日、兼仁王が元服される。

皇紀二四四七年＝天明七年（一七八七年）四月十五日、徳川家斉《いえなり》が第十一代将軍に就く。家斉の在位は五十年で、この時期幕府は安定していた。

即位されて七年後の天明七年十一月二十七日、大嘗祭を催行された。足利の時代と違って世の中は比較的平穏であるのに、なぜ大嘗祭がこれほど遅れたのかの事情は不明である。


皇紀二四五一年＝寛政《かんせい》三年（一七九一年）、「尊号一件」が起きる。

朝廷が参議四十人の群議を経て、光格天皇の実父・典仁王への「慶光天皇」なる尊号宣下を決定した。これに対し老中筆頭・松平定信《さだのぶ》が異を唱え、再び朝廷と幕府の対立が起きる。

天皇は父・典仁王の宮中での地位が大臣より低いことから、父・典仁王に太上天皇の尊号を贈ろうとされたのであるが、幕府老中・松平定信などに「皇位に就いていない典仁王に皇号を贈るのは先例がない」と反対され、断念せざるを得なかった。

典仁王は第百十三代東山天皇の皇孫で、父の直仁親王は皇紀二三七八年＝享保《きょうほう》三年（一七一八年）、世襲親王家の一つ、閑院宮家を創設しておられた。

ところがこのままでは天皇ご自身、父よりも位が上になってしまい、しかも「禁中《きんちゅう》並《ならびに》公家《くげ》諸法《しょはっ》度《と》」では親王の序列が摂関家よりも下であることから、天皇の父が臣下である摂関家を目上としなければならないことになり、天皇（二十一歳）はこれを納得されなかった。

結局、親王没後九十年、明治十七年三月十九日になってようやく太上天皇の尊号と「慶光天皇」の諡号が追贈された。

皇紀二四五四年＝寛政六年（一七九四年）三月七日、二十四歳になられた天皇は先帝・後桃園天皇の皇女・欣子《よしこ》内親王を中宮とされる。

内親王の中宮冊立は、後醍醐天皇の中宮・珣子《じゅんし》内親王（後伏見天皇の第一皇女）以来、実に四百六十一年ぶりのことである。

皇紀二四六七年＝文化《ぶんか》四年（一八〇七年）、天皇は第四皇子・恵仁《あやひと》親王（仁孝《にんこう》天皇）を儲君（後嗣）とされる。

仁孝天皇の第一皇子、第二皇子、第三皇子はいずれも生後一年で夭折される（後述）。

皇紀二四七七年＝文化十四年（一八一七年）三月二十二日、在位三十八年（三十七年四ヶ月、皇統譜では在位三十九年とある）、四十七歳で恵仁親王（仁孝天皇）に譲位され、太上天皇となられた。明治以降の皇室典範は譲位を認めていないため、最後の太上天皇となられた。

なお、今回今上陛下が皇太子に譲位されることになり、この時以来初めて太上天皇が誕生するかも知れない。現在は特例法第三条で「退位した天皇は、上皇とする」と規定されており、「太上天皇」ではなく「上皇」が退位後の正式名称となる予定である。

皇紀二五〇〇年＝天保《てんぽう》十一年（一八四〇年）十一月十九日、七十歳で崩御される。

## 第百二十代　仁孝《にんこう》天皇（世系七十二、即位十八歳、在位二十九年、宝算四十七歳）

皇紀二四六〇年＝寛政《かんせい》十二年（一八〇〇年）二月二十一日、光格《こうかく》天皇の第四皇子（皇統譜）として誕生された恵仁《あやひと》親王である。養母は後桃園天皇の第一皇女で光格天皇中宮の欣子《よしこ》内親王で、実母は勧修寺大納言経逸《つねはや》の娘・勧修寺婧子《ただこ》である。

実母の父・勧修寺経逸《つねはや》は堂上家である勧修寺家二十三代当主で、その勧修寺家は勧修寺経顕《つねあき》を祖とする藤原北家高藤流甘露寺家の支流である。藤原高藤《たかふじ》（冬嗣の孫）の娘・胤子《いんし》は第六十代醍醐《だいご》天皇の生母であり、高藤は醍醐天皇の外祖父に当たる。

皇紀二四六七年＝文化《ぶんか》四年（一八〇七年）七月、恵仁親王が後桃園《ごももぞの》天皇の第一皇女・欣子内親王（先帝・光格天皇の中宮）の実子として儲君に治定される。

皇紀二四六九年＝文化六年（一八〇九年）三月二十四日、恵仁親王が元服前、十歳で立太子される。先帝・光格天皇は三十九歳であった。

文化八年三月十六日、恵仁親王が十二歳で元服される。

仁孝《にんこう》天皇の正妃は藤氏長者で関白・鷹司政熙《まさひろ》の娘・鷹司繫子《つなこ》で、繫子薨去（二十六歳）後はその妹・祺子《やすこ》（十三歳）が正妃となられた。

鷹司政熙の父・鷹司輔平《すけひら》は閑院宮直仁《なおひと》親王（東山《ひがしやま》天皇の第六皇子）の第四王子・淳宮《あつのみや》で、鷹司基輝《もとてる》の養子となって鷹司家を承継した。鷹司政熙の母は長州藩第七代藩主・毛利重就《しげたか》の娘・文子である。鷹司輔平の養父・鷹司基輝は関白・一条兼香《かねか》の子であるが鷹司房熙《ふさひろ》の養子となり鷹司家を継承した。しかし、十七歳で急死したため閑院宮直仁親王の第四王子の鷹司輔平を養子に迎え、断絶を免れたのである。

ここで鷹司家には直仁親王の第四王子（光格天皇の叔父）が養子として入られたので、鷹司家は直系の宮家となった。

鷹司家は藤原北家嫡流の近衛家実《いえざね》の四男・兼平《かねひら》を祖とする五摂家の一つで、家名は兼平の邸宅が平安京の鷹司小路にあったことに由来する。近衛家の分流である。

一条兼香→鷹司房熙→鷹司基輝《もとてる》（養子）→鷹司輔平《すけひら》（養子）
閑院宮直仁《なおひと》親王→鷹司輔平（淳宮《あつのみや》）→鷹司政熙→繋子《つなこ》（⑫⓪仁孝天皇妃）

皇紀二四七七年＝文化十四年（一八一七年）三月二十二日、恵仁親王が十八歳で先帝・光格天皇から譲位を受け、九月二十一日に即位礼を催行され即位された。

仁孝天皇の第一皇子の安仁親王、第二皇子の鎔宮《のりのみや》、第三皇子の三宮はいずれも生後一年で夭折される。従って、第四皇子（実質第一皇子）の統仁《おさひと》親王が実質第一皇子で皇位を継承されることになった。

文化十五年四月二十二日、元号が文政《ぶんせい》に改元される。

皇紀二四七八年＝文政元年（一八一八年）十一月二十一日、大嘗祭を催行される。

皇紀二五〇〇年＝天保《てんぽう》十一年（一八四〇年）三月十四日、詔「統仁親王を皇太子に定め給ふの宣命」を発せられ、統仁親王（十歳）が立太子された。

皇紀二五〇六年＝弘化《こうか》三年（一八四六年）一月二十六日、譲位されて六年後に在位二十九年（譲位から二十八年八ヶ月、皇統譜では在位三十年）、四十七歳で崩御される。

## 第百二十一代　孝明《こうめい》天皇（世系七十三、即位十七歳、在位二十年、宝算三十六歳）

皇紀二四九一年＝天保《てんぽう》二年（一八三一年）六月十四日、仁孝《にんこう》天皇の第四皇子として誕生された統仁《おさひと》親王である。実母は正親町実光《おおぎまちさねみつ》の娘で先帝・仁孝天皇の典侍・正親町雅子《なおこ》（新待賢門院）であり、養母は左大臣鷹司政煕《まさひろ》の娘・仁孝天皇の女御・鷹司祺子《やすこ》（新朔平門院）である。

実母・正親町雅子の父・正親町実光《さねみつ》は後桜町《ごさくらまち》天皇の御世に蔵人頭、参議に任じられた正親町公明《きんあき》の子である。養母の父・鷹司政煕は藤氏長者で光格《こうかく》天皇の御世、関白を務めた。

皇紀二五〇〇年＝天保十一年（一八四〇年）三月十四日、統仁親王が十歳で立太子される。

皇紀二五〇五年＝弘化《こうか》二年（一八四五年）九月十四日、九条尚忠《ひさただ》の娘・九条夙子《あさこ》（十二歳）を正妃とされた。第一皇女・順子《よりこ》内親王、第二皇女・富貴宮《ふきのみや》をもうけられたがいずれも幼児期に夭折され、皇子女には恵まれなかった。

皇紀二五〇六年＝弘化三年（一八四六年）二月十三日、統仁親王が父・仁孝天皇の遺詔により譲位を受けて践祚される。翌弘化四年九月二十三日、即位の礼を催行され十七歳で即位された。

皇紀二五〇八年＝嘉永《かえい》元年（一八四八年）十一月二十一日、大嘗祭を催行される。

皇紀二五一一年＝嘉永四年三月十五日、詔「和気清麻呂《わけのきよまろ》に護王大明神の神号を贈り、且つ正一位を追贈し給ふの宣命」を発せられる。

天皇は和気清麻呂の功績を讃えて、神階正一位と「護王大明神」の神号を贈られた。

称徳《しょうとく》天皇の御世、「道鏡を皇位に就けると天下泰平になる」という宇佐八幡宮の神託（宇佐八幡宮神託事件）の真偽を明らかにし、万世一系護持に貢献した和気清麻呂の勇気をここで改めて讃えられた。宇佐八幡宮神託事件では、「天壌《てんじょう》無窮《むきゅう》の神勅《しんちょく》」の「吾《あ》が子孫《うみのこ》」が遵守されない事態となるところだった。これを清麻呂の勇気で食い止めたのであった。皇位継承の歴史上最大の危機だったのである。

皇紀二五一三年＝嘉永六年（一八五三年）六月三日、アメリカ合衆国第十三代大統領ミラード・フィルモアの命を受けたマシュー・ペリー代将率いるアメリカ合衆国海軍東インド艦隊の艦船が来航する。幕府は朝廷をはじめ外様大名や市井を含む諸侯有司に対し、ペリーの開国通商要求に対する対応策を下問した。

六月六日、来港したアメリカ合衆国海軍東インド艦隊が江戸湾深部に侵入したため、幕府はついに米国大統領の国書の受領を決定する。砲艦外交に屈した。

六月九日、ペリーらは久里浜に上陸し、米国大統領の親書・信任状を手交する。

六月二十二日、第十二代将軍・徳川家慶《いえよし》（六十一歳）が死去する。

「故・徳川家慶に太政大臣正一位を追贈し給ふの宣命」を発せられる。孝明《こうめい》天皇は徳川幕府を完全に承認された。

八月十五日、詔「石清水八幡放生会に外患調伏を祈り給ふの宣命」を発せられる。そしてまた九月十一日、詔「神嘗祭に外患調伏を祈り給ふの宣命」を発せられる。孝明天皇は真剣に攘夷を神に祈られた。

徳川家慶が死去したため、十一月二十三日、徳川家慶の四男・家定《いえさだ》が第十三代将軍に就く（三十歳）。

皇紀二五一四年＝嘉永七年（一八五四年）十一月二十日、天皇は詔「賀茂臨時祭に外患調伏を祈り給ふの宣命」を再度発せられる。

皇紀二五一五年＝安政《あんせい》二年（一八五五年）二月二十三日、詔「大神宮（伊勢神宮）に奉幣して災変外患の攘除《じょうじょ》を祈り給ふの宣命」を再度発せられる。

安政三年八月、「藤原尚忠《ひさただ》に万機を関白せしめ給ふの詔」を発せられ、九条（藤原）尚忠（九条家二十九代当主）が関白に就く。

皇紀二五一八年＝安政五年（一八五八年）一月、幕府が日米修好通商条約調印の勅許を奏請《そうせい》する。天皇はその可否は諸大名の衆議をもってすべきと詔される。

三月十二日、廷臣八十八卿列参事件が起きる。

関白・九条尚忠が朝廷に日米修好通商条約締結の議案を提出したところ、岩倉具視《ともみ》や中山忠能《ただやす》ら合計八十八名の堂上公卿らが条約案の撤回を求めた。天皇も条約締結反対の立場を明確にされ、二十日には参内した老中・堀田正睦《まさよし》に対して「勅許の不可」なる回答をされる。これは極めて異例なことであった。

四月十六日、詔「賀茂例祭に外患を祈禳《きじょう》（神に祈って禍を除く）し給へるの宣命」を発せられる。

六月十七日、詔「大神宮に外患の調伏を祈禳し給ふの宸筆宣命」が発せられる。

この日、伊勢大神宮にも再び「外患の調伏を祈禳し給ふの宣命」が発せられた。

六月十九日、幕府は遂に勅許を待たず、日米修好通商条約に調印し、さらに蘭・露・英とも同じ条約を締結する。

六月二十三日、詔「石清水八幡宮に奉幣して外患を祈禳し給ふの宣命」が発せられる。この日また詔「賀茂社に外患の調伏を祈禳し給ふの宣命」が発せられる。

七月六日、第十三代将軍徳川家定が死去する（三十五歳）。

十月二十五日、徳川家茂《いえもち》（第十一代将軍・徳川家斉《いえなり》の孫）が第十四代将軍に就く（十三歳）。

十一月二十八日、詔「賀茂臨時祭に外患調伏を祈禳し給ふの宣命」が発せられる。

皇紀二五二〇年＝安政七年（一八六〇年）三月十八日、元号が万延《まんえん》に改元される。

皇紀二五二〇年＝万延元年七月十日、典侍・中山慶子《よしこ》との間に誕生された第二皇子・祐宮・睦仁親王（当時九歳、後の明治《めいじ》天皇）を、勅令により、准后（太皇太后・皇太后・皇后の三后に準じた処遇）・九条夙子《あさこ》の実子とされた。典侍・中山慶子は権大納言・中山忠能《ただやす》の次女である。

皇紀二五二二年＝文久《ぶんきゅう》二年（一八六二年）二月十一日、仁孝天皇の皇女で孝明天皇の異母妹・和宮親子《かずのみやちかこ》内親王と第十四代将軍・徳川家茂（十七歳）が結婚する。幕府が攘夷貫徹を約して婚儀が成立したのであった。しかし四年後の皇紀二五二六年＝慶応二年七月二十日、家茂は死去する。親子内親王は出家され、明治十年九月二日、三十二歳で薨去された。

六月二十三日、「藤原忠熙《ただひろ》に万機を関白せしめ給ふの詔」を発せられ、近衛（藤原）忠熙を関白に任ぜられる。

皇紀二五二三年＝文久三年（一八六三年）一月二十三日、「藤原輔熙《すけひろ》を関白に任じ給ふの詔」を発せられ、鷹司（藤原）輔熙が近衛忠熙に代わって関白に就く。天皇は三十三歳であった。

三月一日、詔「大神宮に奉幣して外患を祈禳し給ふの宣命」が発せられる。

三月八日、詔「石清水八幡に外患調伏を祈り給ふの宣命」が発せられる。

三月二十四日、詔「石清水臨時祭に外患調伏を祈り給ふの宣命」が発せられる。

三月二十八日、詔「神武天皇の御陵に外患調伏を祈り給ふの宣命」が発せられる。

三月二十九日、詔「神功皇后の御陵に外患調伏を祈り給ふの宣命」が発せられる。

四月二十一日、詔「賀茂祭に外患調伏を祈禳し給ふの宣命」が発せられる。

七月二十七日、「薩英戦争に関して島津忠義《しまづただよし》に下されし沙汰書」を発せられ、「……（譲位の）布告の御趣意を奉じて、二念なく攘斥《じょうせき》候段、叡感《えいかん》（天皇がお褒めになる）斜《ななめ》ならず候。……」との詔を島津忠義を嘉《よみ》して発せられた。

九月十一日、詔「神嘗祭《かんなめさい》に当たり皇大神宮に外患調伏を祈り給ふの宣命」が発せられる。

十一月、詔「神武天皇山陵に陵域修成を奉告し外患調伏を祈り給ふの宣命」が発せられる。

十二月、詔「賀茂《かも》御祖《みおや》神社御遷宮神奉告し外患調伏を祈り給ふの宣命」が発せられる。

十二月二十三日、「左大臣藤原斉敬《なりゆき》を関白に任じ給ふの詔」を発せられ、二条（藤原）斉敬が関白に就く。斉敬は日米修好通商条約締結の勅許不可を唱えた。

文久四年一月二十一日、「徳川家茂を訓諭激励し給ふの勅書」を発せられ、二十七日には「再び徳川家茂に下して内外の国難に対処すべき方途を訓諭し給ふの勅書」を発せられた。

二月二十日、年号が文久から元治《げんじ》に改元される。

皇紀二五二四年＝元治元年（一八六四年）五月八日、詔「神武天皇山陵に国難平定を祈り給ふの宣命」が発せられる。

五月二十一日、詔「宇佐八幡宮に外患調伏を祈り給ふの宣命」が発せられる。

九月十七日、詔「皇大神宮（伊勢神宮）に奉幣して内憂外患の調伏を祈り給ふの宣命」および詔「石清水八幡宮に奉幣して内憂外患を祈禳し給ふの宣命」が発せられる。

元治二年二月十四日、詔「北野臨時祭を復し内憂外患を祈禳し給ふの宣命」を発せられる。

二月十八日、「春日祭を旧儀に復し内憂外患を祈禳し給ふの宣命」を発せられる。

四月七日、元号が元治から慶応《けいおう》に改元される。

皇紀二五二五年＝慶応元年（一八六五年）六月二十二日、「祇園臨時祭を復興し、内憂外患を祈禳し給ふの宣命」を発せられる。

皇紀二五二六年＝慶応二年（一八六六年）四月七日、「松尾寺を復し外患攘除を祈り給ふの宣命」を発せられる。

六月、「祇園臨時祭に奉幣し給うの宣命」を発せられる。

七月二十日、将軍・家茂が死去する（二十一歳）。

十二月五日、徳川慶喜《よしのぶ》が第十五代将軍に就く。

またこの日、「石清水八幡宮に奉幣して内憂外患を祈禳し給ふの宣命」が発せられる。

皇紀二五二六年＝慶応二年（一八六六年）十二月二十五日、孝明天皇が在位二十年（譲位から二十年十ヶ月、皇統譜には二十一年とある）にして三十六歳で崩御される。

天皇はペリーが来航した嘉永六年の八月から慶応二年十二月崩御される直前まで十三年間、あらゆる神社や山陵に毎月のように攘夷を祈願しつづけられた。また公武合体（朝廷と幕府の協力）で国難を乗り切ろうとの考えを終始示された。

そして孝明天皇崩御の直後から日本は孝明天皇の祈りを無視するかのごとく、討幕に突き進み、開国へと舵を切った。その延長線上に現在の日本がある。そして先の大戦で領土は元の木阿弥となり、一時期国土は占領され、その間に日本の国体は半ば毀損され、東京裁判史観を徹底的に叩き込まれ、洗脳され現在に至っている。

## 第百二十二代　明治《めいじ》天皇〔世系七十四、即位十六歳、在位四十五年、宝算六十一歳〕

皇紀二五一二年＝嘉永《かえい》五年（一八五二年）九月二十二日、孝明《こうめい》天皇の第二皇子として誕生される。諱《いみな》は睦仁《むつひと》で、母は九条尚忠《ひさただ》の娘・九条夙子《あさこ》（英照《えいしょう》皇太后）である。

九条尚忠の祖父・二条宗基《むねもと》は九条幸教《ゆきのり》の子（九条家）であったが、二条宗熙《むねひろ》の妹・多米姫を娶って二条家（五摂家の一つ）の養子に入った。従って九条尚忠の父は二条宗基の子で左大臣の二条治孝《はるたか》である。

中山慶子《よしこ》を生母として誕生された第二皇子・祐宮睦仁《さちのみやむつひと》親王（当時九歳、後の明治《めいじ》天皇）であるが、皇紀二五二〇年＝万延《まんえん》元年（一八六〇年）七月十日、九歳にして勅令により九条夙子の「実子」とされた。中山慶子は中山忠能《ただやす》の娘で孝明天皇の典侍である。中山忠能は藤原北家花山院流権大納言・中山忠頼《ただより》（天保十一年参議）の子である。

九月二十八日、親王宣下を受け、睦仁の名を賜った。

皇紀二五二七年＝慶応《けいおう》三年（一八六七年）一月九日、前年十二月二十五日に孝明天皇が崩御されたのを受け、十六歳で践祚される。そしてこの日、二条家当主・二条斉敬《なりゆき》が摂政に就く。

孝明天皇の典侍・坊城伸子《ぼうじょうただこ》を母とする第一皇子（嘉永三年生）がおられたが夭折されたので、睦仁親王が実質的な第一皇子である。

先帝・孝明天皇が崩御されておよそ十ヶ月後の慶応三年十月十四日、薩長両藩に討幕の密勅が下された。そしてこの日、将軍徳川慶喜《よしのぶ》から大政奉還が上表され、翌日これが勅許される。ここで幕府の担っていた政務が天皇の下に還された。

皇紀二五二七年＝慶応三年（一八六七年）十二月九日、「王政復古」の大号令が発せられる。摂政、関白、将軍などは廃止され、天皇の下に新政府が成立する。王政復古の大号令において新たに設置された三職（総裁・議定《ぎじょう》・参与）が開いた最初の会議・小御所会議が京都・小御所にて開催された。ここには徳川慶喜は招かれなかった。

皇紀二五二八年＝慶応四年＝明治《めいじ》元年（一八六八年）一月三日、旧幕軍と新政府軍との間で鳥羽伏見の戦いが起きる。

一月十五日、「開国の御沙汰書」が発せられる。列国公使に王政復古と開国和親の方針が通達された。先帝・孝明天皇にとっては悪夢の展開であっただろう。

二月二十八日、天皇は「御親政内治外交の詔」を発せられ、「……天下一新の運にあたり文武一途公儀を親裁する。……」と宣せられた。

三月十四日、「五箇条の御誓文」が発せられる。この日「国威宣布の宸翰《しんかん》」も発せられた。

八月二十一日、「大神宮に即位を奉告し給うの宣命」を発せられる。

八月二十七日、「即位の宣命」が発せられる。睦仁親王が十七歳で即位される。

九月八日、「明治改元の詔」が発せられる。元号が明治と改元され、同時に一世一元の制が決定される。そして慶応四年は一月一日に遡って明治元年とされた。

十月十三日、天皇ご一行が江戸城に入られ、ここを皇居（遷都）とされる。

十二月二十六日、一条美子《はるこ》が従三位に叙位され、二十八日入内されて女御の宣下を受けられ、即日皇后に立てられた。皇后の一条美子（昭憲皇太后《しょうけん》）は従一位左大臣・一条忠香《ただか》の娘である。一条忠香は第百十六代桃園《ももぞの》天皇の摂政を務めた一条道香《みちか》の曾孫に当たる。

皇后との間に皇子女はなかった。実子には恵まれなかったが、典侍・柳原愛子《なるこ》との間の皇子・嘉仁《よしひと》親王（大正《たいしょう》天皇）を養子とされた。


皇紀二五二九年＝明治二年（一八六九年）六月、版籍奉還が行われる。

明治八年四月、「漸次立憲政体樹立」の詔を発せられる。

皇紀二五三七年＝明治十年（一八七七年）二月十日、「藤原不比等追賞の勅宣」が発せられる。「不比等、父（鎌足）に継いで皇室に功労有り、……」と改めて一千年余にわたっての功労を賞された。長年にわたって后妃を出し皇位継承に深く関わってきた藤原氏を賞賛しておられる。

明治十四年十月十二日、「国会開設の勅諭」が発せられ、明治二十三年を期して国会を開設するとされる。


皇紀二五四九年＝明治二十二年（一八八九年）二月十一日、大日本帝国憲法が欽定《きんてい》憲法として発布される。天皇は統治権の総覧者となられた。これは「天壌無窮《てんじょうむきゅう》の神勅《しんちょく》」を成文憲法化したに過ぎない。しかし天皇は統治権を「この憲法に従い」行使すると宣言される。日本の国体が「君民一体」「君民共治」だからこう宣言されるのである。国体の根本が変化したわけではない。

実際の天皇の大権行使は国家諸機関や元老の「輔弼《ほひつ》と協賛」によって行われる。

また同時にこの日、皇室典範（旧皇室典範）が施行される。「大日本国皇位ハ祖宗ノ皇統ニシテ男系ノ男子之ヲ継承ス」と定められ、皇位継承に関する規定が設けられた。「天壌無窮の神勅」がここで成文化された。

大日本帝国憲法と皇室典範は同位である。大日本帝国憲法第七十四条には「皇室典範ノ改正ハ帝国議会ノ議ヲ経ルヲ要セス」とあり、皇室典範第六十二条には「将来此ノ典範ノ条項ヲ改正シ又ハ増補スヘキノ必要アルニ当テハ皇族会議及枢密顧問ニ諮詢《しじゅん》シテ之ヲ勅定《ちょくてい》スヘシ」と定められ、皇室典範は憲法と同位とされた。

なおこの皇室典範の定める皇族会議の構成員は、「成年以上の皇族男子をもって組織し、内大臣、枢密院議長、宮内大臣、司法大臣、大審院長が参列する」となっていた（第五十五条）。

これに対し、現皇室典範の皇室会議の構成員は皇族二人、衆議院議長及び副議長、参議院議長及び副議長、内閣総理大臣、宮内庁の長（宮内庁長官）、最高裁判所の長たる裁判官（最高裁判所長官）及びその他の裁判官一人の十人である。構成員十人の内、皇族は二人で、決して皇族会議とはいえないのであって、皇室会議といっている。言葉としては「皇族」と「皇室」の一字違いで同じように思われがちだが、内容は全く違うものである。

十一月三日、「皇太子冊立の詔」を渙発され、嘉仁親王（大正天皇）を立てて皇太子とされる。

皇紀二五七二年＝明治四十五年（一九一二年）七月三十日、在位四十五年、六十一歳で崩御される。

# 第百二十三代　大《たい》正《しょう》天皇

〔世系七十五、即位三十四歳、在位十五年、宝算四十八歳〕

皇紀二五三九年＝明治《めいじ》十二年（一八七九年）八月三十一日、明治天皇の第三皇子として誕生された嘉仁《よしひと》親王で、母は明治天皇の権典侍・柳原愛子《なるこ》である。愛子は幕末の議奏《ぎそう》・柳原光愛《みつなる》の次女で、伯爵・柳原前光《さきみつ》の妹である。議奏は天皇に近侍し、勅命を公卿以下に伝え、議事を奏上した。柳原家は後伏見《ごふしみ》上皇の院近臣であった正二位権大納言・日野俊光《としみつ》の四男・柳原資明《すけあきら》を祖とする、清和《せいわ》天皇、陽成《ようぜい》天皇に仕えた藤原北家の藤原家宗《いえむね》を祖とする日野家の分流である。俊光の四男・資明の邸宅を「柳原殿」と称していたので家名が「柳原」となった。

皇紀二五四七年＝明治二十年（一八八七年）八月三十一日、嘉仁親王が九歳の誕生日に儲君となられ、同時に皇后・一条美子《はるこ》（昭憲《しょうけん》皇太后）の養子となられ、昭憲皇太后の実子とされる。

皇紀二五四九年＝明治二十二年（一八八九年）十一月三日、「皇太子冊立の詔」により、嘉仁親王が皇室典範の規定に基づいて十一歳で立太子される。権典侍・葉室光子《はむろみつこ》（父・葉室長順《ながとし》）を母とする第一皇子・稚瑞照彦尊《わかみつてるひこのみこと》、柳原愛子（その時権典侍）を母とする第二皇子・建宮敬仁親王《たけのみやゆきひとしんのう》はいずれも夭折しておられる。

皇紀二五六〇年＝明治三十三年（一九〇〇年）、公爵・九条道孝《みちたか》の四女・九条節子《さだこ》が十五歳で、五歳年上の皇太子・嘉仁親王の皇太子妃（後の貞明《ていめい》皇后）となられる。九条道孝（九条尚忠の長男）は従一位公爵で最後の藤氏長者である。

皇紀二五六一年＝明治三十四年（一九〇一年）四月二十九日、大正《たいしょう》天皇の第一皇子として裕仁《ひろひと》親王が誕生される。

皇紀二五七二年＝明治四十五年（一九一二年）七月三十日、明治天皇の崩御を受けて三十四歳で践祚し即位される。元号は大正と改元される。

皇紀二五七五年＝大正四年（一九一五年）十一月十日、京都御所にて即位の礼を催行された。

皇紀二五七六年＝大正五年（一九一六年）十一月三日、第一皇子の迪宮《みちのみや》裕仁親王（昭和《しょうわ》天皇）が十六歳で立太子される。

皇紀二五八〇年＝大正九年三月、宮内省が天皇ご不例を発表する。

皇紀二五八一年＝大正十年（一九二一年）十一月二十五日、迪宮裕仁親王（昭和天皇）が摂政に任じられ、摂政宮となられる。

十月四日、宮内省から「ご不例が快方に向かう見込みがない」旨の病状発表がなされる。皇太子の摂政就任について、各宮家からの了解を得て、十月十一日には貞明皇后の了解を頂き、十月二十七日、松方正義《まつかたまさよし》内大臣が大正天皇と皇太子・裕仁親王（昭和天皇）の承諾を賜る。

十一月二十五日、皇族会議が開催され皇太子（二十一歳）が議長となられ、摂政設置案が満場一致で可決される。皇太子の迪宮裕仁親王が大正天皇の摂政宮となられた。

皇紀二五八二年＝大正十一年（一九二二年）六月二十日、皇太子の迪宮裕仁親王と良子《ながこ》女王（香淳《こうじゅん》皇后）の結婚の勅許を下される。良子女王は久邇宮邦彦王《くにのみやくによしおう》の第一女王で、母は十二代薩摩藩主の公爵島津忠義《ただよし》の七女（八女という説もある）・俔子《ちかこ》である。久邇宮邦彦王は伏見宮邦家《ふしみのみやくにいえ》親王（光格《こうかく》天皇の猶子となり親王宣下を受けられる）の王子・久邇宮朝彦王《あさひこおう》の第三王子である。

伏見宮邦家親王（⑪⑨光格天皇の猶子）→久邇宮朝彦王→久邇宮邦彦王→良子女王

皇紀二五八六年＝大正十五年（一九二六年）十二月二十五日、在位十五年（十四年五ヶ月）、四十八歳で崩御された。

## 第百二十四代　昭和《しょうわ》天皇

〔世系七十六、即位二十六歳、在位六十四年、宝算八十九歳〕

皇紀二五六一年＝明治《めいじ》三十四年（一九〇一年）四月二十九日、大正《たいしょう》天皇の第一皇子として誕生される。諱は裕仁《ひろひと》、幼少時の称号は迪宮《みちのみや》である。母は旧摂家・公爵である九条道孝《みちたか》の四女で皇后の節子《さだこ》（貞明皇后《ていめい》）である。

九条道孝は五摂家の一つ九条家の当主で、九条尚忠《ひさただ》の子であるが、昭和《しょうわ》二十二年、GHQの命令で貴族制度が廃止されたため、九条道孝が最後の藤氏長者となった。

他に皇子として、第二皇子に淳宮雍仁《あつのみややすひと》親王（秩父宮《ちちぶのみや》、明治三十五年生）、第三皇子に光宮宣仁《てるのみやのぶひと》親王（高松宮《たかまつのみや》、明治三十八年生）、第四皇子に澄宮崇仁《すみのみやたかひと》親王（三笠宮《みかさのみや》、大正四年生）がおられる。

明治四十一年、学習院初等科に入学され、乃木希典《のぎまれすけ》院長の薫陶を受けられる。

皇紀二五七二年＝明治四十五年（一九一二年）七月三十日、祖父・明治天皇が崩御され、父・嘉仁《よしひと》親王（大正天皇）が即位される。

皇紀二五七六年＝大正五年（一九一六年）十一月三日、裕仁親王（昭和天皇）が十六歳で立太子される。

大正六年一月、久邇宮良子《くにのみやながこ》女王が皇太子妃に内定する。良子女王は久邇宮邦彦《くによし》王の第一女王で、母は十二代薩摩藩主公爵・島津忠義《ただよし》の七女・俔子《ちかこ》である。

皇紀二五八一年＝大正十年（一九二一年）三月、皇太子裕仁親王、軍艦香取で訪欧の旅に出られる。皇太子最初の外遊であった。

十月四日、大正天皇のご不例の発表があり、十一月二十五日、大正天皇の摂政に就任される。この時から摂政宮（後の昭和天皇）として朝政を執られた。

## 【虎ノ門事件】

皇紀二五八三年＝大正十二年（一九二三年）十二月二十七日、難波大助による皇太子狙撃事件が発生する（虎ノ門事件）。皇位継承を争った事件ではなく、革命のための皇太子殺害を狙った大逆事件であった。難波大助（無政府主義者）は山口県選出の衆議院議員・難波作之進の息子であった。

皇紀二五八四年＝大正十三年（一九二四年）一月二十六日、久邇宮邦彦王の第一女王・良子（香淳《こうじゅん》皇后）が皇太子妃となられる。

皇紀二五八六年＝大正十五年（一九二六年）十二月二十五日、父・大正天皇崩御を受け、践祚され、二十六歳で昭和天皇として即位される。践祚の儀式が催行され、元号が昭和と改元される。

皇紀二五八八年＝昭和三年（一九二八年）十一月十日、皇太子「即位礼当日紫宸殿の御儀に於いて下されし勅語」を発せられた。

昭和八年十二月二十三日、第一皇子の継宮明仁《あきひと》親王（今上天皇）が誕生される。

皇紀二五九五年＝昭和十年（一九三五年）十一月二十八日、第二皇子の常陸宮正仁《ひたちのみやまさひと》親王が誕生される。

皇紀二六〇〇年＝昭和十五年二月十一日、「紀元二千六百年紀元節に下されし詔書」を発せられる。また同日「紀元二千六百年紀元節に下されし恩赦の詔書」も発せられた。

十一月十日、「紀元二千六百年記念式典挙行に際して下されし勅語」を発せられる。

皇紀二六〇一年＝昭和十六年十二月八日、「米国及び英国に対する宣戦の布告」を発せられ、大東亜戦争が勃発する。

皇紀二六〇五年＝昭和二十年（一九四五年）八月十四日、「大東亜戦争終結の詔書」を発せられ、ポツダム宣言を受諾し、大東亜戦争を終結させられた。

皇紀二六〇六年＝昭和二十一年（一九四六年）一月一日、「年頭、国運振興の詔書」を発せられ、「五箇条の御誓文」を冒頭に掲げられた。この詔書は「人間宣言」といわれるが、これは全くの間違いである。これまでも天皇は神ではなく人間であられた。ただ「天壌《てんじょう》無《む》窮《きゅう》の神勅《しんちょく》」によって「吾《あ》が子孫《うみのこ》」として、つまり天照大神《あまてらすおおみかみ》の子孫として、我が国の君（王）となっている方である。

十一月三日、「日本国憲法公布の上諭」を発せられ、ＧＨＱ（連合軍）から命じられた憲法を公布された。

十二月二十日、ＧＨＱのホイットニー民政局長が、木村篤太郎司法大臣に、不敬罪、大逆罪に関する規定を定めた刑法第七十三条から第七十六条までの条項を削除するよう命じられ、大逆罪・不敬罪が廃止される。天皇・皇族に対する不敬行為は一切処罰されないこととなり、天皇、皇族の式微《しきび》が進行することになった。

皇紀二六〇七年＝昭和二十二年（一九四七年）五月三日、GHQの命令で、新憲法「日本国憲法」が施行される。

日本国憲法で、天皇は日本国の象徴（第一条）と規定された。そして「皇位は世襲」（第二条）と規定され、「万世一系」は明記され、「天壌無窮の神勅」はなんとか遵守されている。

しかしこの日、GHQの命令で貴族制度が禁じられ、さらに日本国憲法で栄典への特権付与否定（第十四条）を定め、華族制度も廃止された。後の宮家廃止と併せて、皇位継承に大きく影響し、国体は大きく毀損される。そしてこの状態は未だ全く解消されていない。

五月二十三日、GHQが皇族の財産上における特権の剝奪を命ずる。

十月十一日、財産税法が議会で可決され、十一月十二日に公布、二十日に施行された。これによって、皇室財産は、約九割が物納などにより国庫に納められたのである（皇室財産没収）。

十月十四日、GHQの命令で三直宮（大正天皇の皇子で昭和天皇の弟である秩父宮、高松宮、三笠宮）を除く十一宮家五十一名が皇籍を離脱された。これまでは皇統の危機が発生した場合は、常に宮家から皇統の人が入り即位された。これからもそのような危機が発生することもあるので、早急にこの宮家には復帰して頂かなければならない。

GHQの命令はすでに失効しているので、復帰には何の障害もない。予算措置だけの問題で済む。このままだと、将来必ず皇統の危機を迎えることになる。このGHQの命令は天皇がおられなくなることを狙ったものであり、日本の国体破壊が目的であることに気付くべきであろう。

旧皇族復帰ができないのであれば、かつて新井白石が進言したように、万世一系を担保するために、新宮家（女性宮家ではない）を創設し、旧皇族から養子を迎えることができるようにすべきである。「天壌無窮の神勅」遵守には、以前の伏見宮家のような世襲宮家が必要なのである。

皇紀二六一三年＝昭和二十八年（一九五三年）一月四日、弟宮で第二皇子の秩父宮雍仁親王が五十二歳で薨去される。

皇紀二六三五年＝昭和五十年（一九七五年）七月十七日、沖縄で皇太子ご夫妻に火炎瓶を投げつけるという大逆事件「ひめゆりの塔事件」が発生する。

裁判の結果、「ひめゆりの塔」テロの二人には懲役二年六ヶ月の実刑が言い渡された。

不敬罪がなくなったので、これで裁くことはできないにしても、大逆事件には変わりはないのに、極めて軽微な処罰で済ませている。

大正十二年十二月二十七日に起きた大逆事件「虎ノ門事件」との比較が重要である。東京市麴町区（当時）虎ノ門外において皇太子・摂政宮裕仁親王（後の昭和天皇）が無政府主義者の難波大助（二十六歳）による狙撃を受けた事件である。難波は虎ノ門で裕仁親王に接近し、ステッキ仕込み式の散弾銃で狙撃するが失敗に終わり、「革命万歳」と叫び逃走した。しかし激昂した周囲の群衆の暴行を受け、警備の警官に取り押さえられ現行犯で逮捕された。

山口県選出の衆議院議員であった父親の難波作之進（五十八歳）は直ちに議員を辞職し、自宅で閉門、蟄居した。

難波大助は大逆罪で起訴され大正十三年十一月十三日に死刑判決を受け、十一月十五日、死刑執行された。

第二次山本内閣はこの事件で引責総辞職し、警視庁の警務部長だった正力松太郎ほか関係諸官は処罰された。

大逆罪に対して、犯人の刑罰の違いもさることながら、警備責任者などに対する責任追及に関しても大きな違いが出ている。一般大衆もこの時は犯人に対する暴行が酷く、警察が止めに入る状況だった。ところが現在は、天皇・皇族に対する不敬行為は限りなく許される社会になってしまっている。天皇・皇族に関する教育と報道機関の報道には目に余るものがあるが、根は同じで、国体が毀損されているのである。

皇紀二六四七年＝昭和六十二年（一九八七年）二月三日、弟宮で第二皇子の高松宮宣仁親王が八十三歳で薨去される。

皇紀二六四九年＝昭和六十四年（一九八九年）一月七日、在位六十四年、八十九歳で崩御される。

皇紀二六七六年＝平成二十八年（二〇一六年）十月二十七日、三笠宮崇仁親王が百一歳で薨去される。

## 今上《きんじょう》陛下 〔世系七十七、即位五十七歳〕

皇紀二五九三年＝昭和《しょうわ》八年（一九三三年）十二月二十三日、昭和天皇の第一皇子として誕生された明仁《あきひと》親王である。母は久邇宮邦彦王《くにのみやくによしおう》の第一女王で昭和天皇の皇后・良子《ながこ》（香淳《こうじゅん》皇后）である。久邇宮邦彦王は久邇宮朝彦《あさひこ》親王（仁孝《にんこう》天皇の猶子）の第三王子である。

皇紀二六一九年＝昭和三十四年（一九五九年）四月十日、日清製粉株式会社社長・正田《しょうだ》英三郎《ひでさぶろう》の長女・正田美智子《みちこ》を皇太子妃に立てられる。

現皇室典範の下での結婚で問題になったが、前年、昭和三十三年十一月二十七日、結婚が皇室会議において満場一致で可決承認された。史上初めて一般臣民から皇后を立てられた。妃が一般臣民という例は、光格《こうかく》天皇の父帝・後桃園《ごももぞの》天皇に見られたが、この場合は皇后ではなかった。

皇紀二六二〇年＝昭和三十五年（一九六〇年）二月二十三日、今上陛下の第一皇子（現皇太子殿下）の浩宮徳仁《ひろのみやなるひと》親王が誕生される。

皇紀二六二五年＝昭和四十年（一九六五年）十一月三十日、今上天皇第二皇子の秋篠宮文仁《あきしののみやふみひと》親王殿下が誕生される。

皇紀二六四九年＝平成《へいせい》元年（一九八九年）一月七日、昭和天皇の崩御を受け践祚され、五十七歳で今上天皇として即位される。

同年、皇太子・明仁親王の皇位継承・即位に伴い浩宮徳仁親王殿下が皇太子となられた。

皇紀二六五〇年＝平成二年（一九九〇年）六月二十九日、秋篠宮文仁親王殿下が川嶋辰彦《かわしまたつひこ》の長女・川嶋紀子《きこ》と結婚される。

皇紀二六五一年＝平成三年（一九九一年）二月二十三日、立太子礼が催行される。

皇紀二六五三年＝平成五年（一九九三年）六月九日、現皇太子の浩宮徳仁親王殿下が小和田《おわだ》恆《ひさし》の長女・小和田雅子《まさこ》と結婚される。

皇紀二六六六年＝平成十八年（二〇〇六年）九月六日、秋篠宮殿下に第一王子・悠仁《ひさひと》親王殿下が誕

生される。秋篠宮文仁親王殿下と同妃・紀子の第一王子として誕生された。皇室典範の定めでは皇位継承順位は皇太子、秋篠宮殿下に次いで第三位である。

皇紀二六七九年＝平成三十一年の御世代わりで現皇太子殿下が今上陛下となられる予定である。

# あとがき

現在、皇位継承に関しさらに大きな変化が起きようとしている。皇位そのものが民間に移る可能性が出てきている。現皇室典範ではできないが、皇室典範そのものの改正が行われる可能性が出てきているのである。

皇室典範を改正し、女性天皇が誕生し、さらにその女性天皇が民間から婿を取ってその皇子である女系天皇が誕生した場合は、「天壌《てんじょう》無窮《むきゅう》の神勅《しんちょく》」が無視され、初代神武天皇以来初めて、皇位継承に大変化が起きる。

皇室典範に関しては、旧皇室典範第六十二条は、

「将来此ノ典範ノ条項ヲ改正シ又ハ増補スヘキノ必要アルニ当テハ皇族会議及枢密顧問ニ諮詢シテ之ヲ勅定スヘシ」とあり、憲法と同列で憲法とは別系統の法であった。

しかも旧皇室典範は憲法と同位であり改正手続きが厳しく、容易に改正できるものではなかった。

しかも、第五十五条で、

「皇族会議ハ成年以上ノ皇族男子ヲ以テ組織シ内大臣枢密院議長宮内大臣司法大臣大審院長ヲ以テ参列セシム」とし、皇族会議は「皇族男子ヲ以テ組織」するとして、真の皇族会議であった。

だからこそ、GHQは改正を諦めて、昭和二十二年五月二日に皇室典範関係の法令を纏めていきなり破棄してしまった。

従って、現皇室典範は旧皇室典範を改正したものではない。旧皇室典範と現皇室典範の間には連続

性は全くない。

現皇室典範は憲法の下位法で、通常の法改正手続きで改正できる。しかも、現皇室典範の規定する皇室会議の構成員十人のうち、皇族は二人だけで他は全て民間人である。皇族の内部規定的な性格の法律が、皇族の関与なしに改正できることになっている。従って、現皇室典範の改正は旧皇室典範に比して、極めて容易である。

現皇室典範の改正で、「天壌無窮《てんじょうむきゅう》の神勅《しんちょく》」が無視されるということになれば、日本に「天壌無窮の神勅」による天皇がおられなくなる。これは王朝交代が起きることを意味し、そうなれば最早この国は、これまでの日本ではなくなるのである。

大正の御世、当時ソ連のモスクワに本部が置かれていた第三インターナショナルが、その日本支部である日本共産党に「天皇を廃して共和国を作れ」と指令してきたが、その指示通りになる可能性がでて来ている。

天皇、皇族は、本来国民（臣民）の法律には拘束されないのであるが、天皇ご自身は国民（臣民）の作った法律を「誠実に遵守する」と言われるので問題が複雑になる。「君民一体」「君民共治」の国体を破壊しないようにと、天皇は国民（臣民）の作った法律を誠実に遵守されるのである。

これは誠に有難いことではあるが、国体の核心部分に触れることになれば話は違ってくる。皇位継承は明らかにこの核心部分である。そして、侵してはならない核心部分「皇位」は「天壌無窮の神勅」にある「吾《あ》が子孫《うみのこ》」が継承するのである。

明治の御世までは、天皇には皇后以外に女御とか妃とか複数おられた。歴代天皇の中には、これら皇后以外の妃がお産みになった天皇がたくさんおいでになる。これがある意味では「万世一系」を担保してきたといえる。

大正天皇以後はこうした妃を持たれなくなったが、これも皇位継承問題に大きく影響している。天皇、皇族は我々国民とは違うのであって、皇后以外に妃を持たれることも重要なことであり、皇統を維持し、万世一系を担保するためには必要なことであった。

例えば第二十五代武烈天皇崩御の後、皇統の危機が発生した。その時、大伴金村ら群臣が越前から男大迹王《おおどのおおきみ》をお連れして、継体天皇として即位頂いた。継体天皇は即位されてから手白香皇女《たしらかのひめみこ》を皇后に立てられたが、その他に複数の妃を持たれた。万世一系を保つべく多くの皇子女をもうけられた。周囲の群臣たちもそれを願った。このように複数の妃が万世一系を担保していたことは、これまでの皇統の歴史で明らかである。

皇統の危機はいつ発生するか分からないのであるから、我々国民は常にこれを意識していなければならない。また、ＧＨＱの命令で皇籍を離脱しておられる宮家の方々には、一刻も早く皇族復帰をして頂かなければならないのである。これは国民が願わなければ実現しない。

初代神武天皇以来百二十四回皇位継承が行われた。

しかし、今回からはこれまでとは全く違った状況下でなされる。これまでは皇位継承に関わる人達は皇族と一部の公卿（時に武家の棟梁）だけであったが、これからは報道機関に誘導されて、皇位継承問題はどこに漂流していくのか予測し難い。

日本の報道機関は日本の「象徴」である天皇・皇族を敬わない。敬っている振りはするが決して敬わない。しかも、それを通り越して法律違反を犯している。憲法が天皇を「日本国の象徴であり日本国民統合の象徴」と規定しているのに、これを遵守していないのである。

現皇室典範には、

第五条　皇后、太皇太后、皇太后、親王、親王妃、内親王、王、王妃及び女王を皇族とする。

第六条　嫡出の皇子及び嫡男系嫡出の皇孫は、男を親王、女を内親王とし、三世以下の嫡男系嫡出の子孫は、男を王、女を女王とする。

とあり、第二三条で敬称も決まっているのである。

第二三条　天皇、皇后、太皇太后及び皇太后の敬称は、陛下とする。

2　前項の皇族以外の皇族の敬称は、殿下とする。

とある。

報道機関は、この中で天皇だけは「陛下」と言ったり書いたりしているが、他は全て「さま」である。法律で決められた「殿下」という敬称を決して使用しない。指摘されると決まって「協定している」と答える。全員で法律違反を協定しているのである。天皇・皇族について報道する時の新聞や雑誌の文面は読むに堪えない。一般人に対する時の敬語以下である。

国民の名誉は名誉毀損罪や侮辱罪で保護されるが、天皇・皇族方は実質的にこれがなくて、保護されない。内閣総理大臣が代わってするなどの手続きはあるが、実効性は全くない。結果として、天皇・皇族の名誉は保護されず、報道機関は天皇・皇族に関しては何でも書け、何でも言える。悪口も言い放題で、虐め放題であるが、天皇・皇族はじっとこれに耐えておられるのが実情である。「開かれた皇室」などと言葉を拵《こしら》えて、人々の覗き見趣味を擽《くすぐ》り商売に利用しているような始末である。

こうした報道機関がこれから、天皇・皇族はなくていいもの、決して尊いものなんかではないと、国民を洗脳していくのであるから、皇位継承の行方が心配である。

しかし、今回の「生前退位」が大々的に報道されたことを機会に、天皇の御存在、皇位継承問題に国民の関心がもっと集まるようになれば、それは良いことだと思う（なお、最近になってようやく「生前退位」という言葉はあまり使われなくなった）。

つまり天皇のご存在、皇位継承という問題の本質に対する、国民の理解が進めばむしろ良いのではないかと思い、これを期待している。今回のお言葉で陛下は国民の理解を求めておられる。これからの皇位継承について国民の理解を求め、臣民の法としての憲法なり、皇室典範の在り方を検討するように願っておられるのである。決して退位を求めておられるわけではない。

日本は現在、二六七八年前からの歴史の分岐点に立たされているとの自覚が必要なのであろう。「天壌無窮《てんじようむきゆう》の神勅《しんちよく》」の「吾が子孫《あうみのこ》」（万世一系）という根本規範が侵されなければと願うばかりである。これが侵され皇統が別なところへ行ってしまったら、日本は別の日本となる。皇統の弥栄《いやさか》をただ祈るばかりである。

この本を書くに当たっては、ＰＨＰエディターズ・グループの大久保龍也さまに多大なご指導を頂きましたことをここに深謝いたします。
最後まで読んで頂き、ありがとうございました。

皇紀二六七八年＝平成三十年十二月

吉重丈夫

## 参考文献

「皇統譜」
『みことのり』錦正社
『現代語　古事記』竹田恒泰著　学研パブリッシング
『怨霊になった天皇』竹田恒泰著　小学館
『古事記』武田 祐吉（翻訳）　角川文庫ソフィア
『日本書紀　上下』宇治谷孟著　講談社学術文庫
『続日本紀　上中下』宇治谷孟著　講談社学術文庫
『日本後紀　上中下』森田 悌著　講談社学術文庫
『続日本後紀　上中下』森田 悌著　講談社学術文庫
『日本三代実録　上下』武田 祐吉（翻訳）佐藤 謙三（翻訳）　戎光祥出版
『愚管抄　大隅和雄訳』講談社学術文庫
『歴代天皇・年号事典』米田 雄介（編集）　吉川弘文館
『歴代皇后人物系譜総覧』新人物往来社
『皇位継承と万世一系に謎はない』八幡和郎著　扶桑社新書
『山川 日本史小辞典』日本史広辞典編集委員会（編集）　山川出版社
『日本史年表 第四版』歴史学研究会　岩波書店
『日本史年表』東京学芸大学日本史研究室（編集）　東京堂出版
「諸神社社伝」
『戊辰戦争』原口清著　塙書房
『応仁の乱』呉座勇一著　中公新書
『[祈りを祀る] この国の形』春木伸哉・矢作直樹共著　ヒカルランド
『天皇』矢作直樹著　扶桑社
『皇統は万世一系である』谷田川惣著　日新報道
『歴代天皇で読む　日本の正史』吉重丈夫著　錦正社

〈著者略歴〉
**吉重丈夫**（よししげ　たけお）
皇紀2600年（昭和15年）満州国奉天市生まれ
皇紀2606年（昭和21年）引き揚げ
皇紀2625年（昭和40年）東京大学法学部卒業
会社役員・代表、学校法人財務部長
北浜法律事務所顧問
一般社団法人大阪倶楽部会員
素行会維持会員
大阪竹田研究会幹事長
防長史談会代表
日本の正史研究、古代における日本と朝鮮半島の関係史研究
皇位継承の歴史の研究
著書に、『歴代天皇で読む　日本の正史』（錦正社）、企画・調査・編集に『「満州国建国」は正当である』（PHP研究所）などがある。

装丁————神長文夫＋松岡昌代
装丁画像——でじたる・らぶ／PIXTA

**皇位継承事典**
**神武天皇から昭和天皇まで**

2019年1月31日　第1版第1刷発行
2019年3月19日　第1版第2刷発行

著　者　吉　重　丈　夫
発行者　清　水　卓　智
発行所　株式会社PHPエディターズ・グループ
〒135-0061　江東区豊洲5-6-52
☎03-6204-2931
http://www.peg.co.jp/

組　版　有限会社メディアネット
印刷所
製本所　シナノ印刷株式会社

© Takeo Yoshishige 2019 Printed in Japan
ISBN978-4-909417-16-9
※本書の無断複製（コピー・スキャン・デジタル化等）は著作権法で認められた場合を除き、禁じられています。また、本書を代行業者等に依頼してスキャンやデジタル化することは、いかなる場合でも認められておりません。
※落丁・乱丁本の場合は、お取り替えいたします。

# 【索　引】

## —あ—

愛子内親王……383
愛子内親王殿下……23
県犬養三千代……154, 155
県犬養広刀自……155, 157, 160, 169
赤松氏……314, 346, 350
赤松政則……346
赤松満祐……346
明子女王……371
秋篠宮殿下……14, 23, 410, 411
顕仁親王……249, 250, 251
明仁親王……406, 409, 410
阿衡事件……208
安積親王……155, 157, 158, 159, 160, 173
朝仁親王……372, 373, 374
薊瓊入媛……58
足利亀王丸……350
足利高氏……314, 316, 319, 320, 321, 322, 324, 325, 328, 332, 333, 346
足利直義……314, 322, 324
足利政知……349
足利義昭……354, 356, 358
足利義詮……322, 324, 325, 326, 327, 328, 333
足利義量……344
足利義勝……345, 346
足利義材……349, 351
足利義成……346
足利義澄……349, 350
足利義稙……350, 351
足利義輝……353, 354
足利義教……344, 345, 346
足利義栄……354
足利義政……346, 347, 349
飛鳥板蓋宮……122, 128
飛鳥浄御原宮……136
飛鳥寺……113
飛鳥皇女……132
安宿王……162
吾田媛……54
敦明親王……229, 230, 231, 232, 241
敦仁親王……207, 208, 209, 210
敦成親王……230, 231, 232
敦文親王……242, 244
敦康親王……231, 232, 235
安殿親王……178, 180, 181, 182
穴穂皇子……84, 85
穴穂部間人皇女……110, 111, 117, 120, 121, 125, 127
穴穂部皇子……109, 111, 113, 124
姉小路定子……378
姉小路実武……378
賀名生……325, 326, 328, 333, 335
阿野実為……336
吾平津媛……36
阿倍内親王……157, 158, 159, 160, 161, 164
阿倍小足媛……127
阿閉臣……52
阿倍臣……52
阿倍橘娘……131, 132
阿閇皇女……132, 143, 144, 146, 147
阿保親王……181, 187, 193
天照大神……8, 9, 12, 16, 17, 36, 365, 406
天豊津媛命……42, 43, 44
天忍人命……46
天国排開広庭命……102, 104
天足彦国押人命……46, 47, 48, 54, 70
天忍穂耳尊……17
天穂日命……212
天之御中主神……16

恵仁親王……389, 390, 391
新井白石……376, 408
糠君娘……101
荒籠……99
有明親王……213, 217
有栖川宮幸仁親王……375
有栖川宮家……364, 370
有間皇子……127, 128, 129
淡路廃帝……167
粟田諸姉……162
安永……384, 385, 386, 387
安閑天皇……99, 100, 101, 102, 103
安元……268, 270, 271
安康天皇……75, 79, 84, 85, 86, 87, 88
安徳天皇…264, 268, 269, 271, 272, 273, 274, 275, 276, 277, 288, 321
安和……219, 220, 221, 222, 224
安和の変……213, 217, 220, 221
安寧天皇……41, 42, 43, 44

—い—

飯豊天皇……92, 93
伊香色謎命……51, 52, 53
伊賀采女宅子娘……132, 133
伊賀臣……52
斑鳩宮……123
伊岐致遠……267
活目入彦五十狭茅命……55, 56, 57
池田王……161, 166
率川宮……52
伊弉諾尊……16
伊弉冉尊……16
石川刀子娘……145, 148, 153
石姫皇女……104, 105, 106, 107
石山本願寺……356
五十鈴依媛……41
泉皇女……132
伊勢大鹿首小熊……119
伊勢盛時……352
石上神宮……77
石上穴穂宮……85
石上皇子……109
石上広高宮……95
一条昭良……361
一条家経……302
一条兼香……378, 379, 384, 385, 390, 391
一条兼良……345
一条家……286, 296, 345, 361, 382, 385
一条実経……296, 345
一条忠香……361, 400
一条天皇…224, 225, 226, 228, 229, 230, 231, 232, 233, 234, 235, 238
一条富子……384
一条美子……361, 400, 402
一条道香……378, 379, 380, 400
猪使連……42
一休宗純……341
乙巳の変……115, 123, 124, 126, 127
五辻家経……305, 310
五辻忠子……310
五辻経子……305
一帝二后……228
懿徳天皇……42, 43, 44
稲飯命……37
五十瓊敷入彦命……58
井上内親王……160, 169, 173, 174, 175, 177
廬戸宮……48
弥仁親王……326, 327
伊予来目部小楯……91, 94
磐城王……94
磐城皇子……88, 90
岩倉具視……394

磐坂市辺押磐皇子…… 78, 80, 87, 92, 93, 95
石清水八幡放生会……………………393
岩室宗賢……………………………386
磐余池辺双槻宮……………………111
磐余玉穂宮……………………99, 101
磐余稚桜宮……………………68, 78
磐余甕栗宮………………………… 91
允恭天皇………75, 79, 80, 81, 82, 84, 86, 92, 94, 142
院宣…… 275, 276, 277, 284, 321, 324, 326, 327
院執事………………………………347
院庁…………………………248, 331
院伝奏………………………………351
院評定衆……………………………295
印鑰…………………………………215


## ―う―


鵜茅不合葺命…………………………36
鸕鷀草葺不合尊………………………36
宇佐八幡宮………………169, 392, 396
宇佐八幡宮神託事件……11, 169, 170, 392
宇治上神社……………………………74
菟道稚郎子……… 69, 70, 72, 73, 74, 75, 76
牛諸井………………………………75, 88
宇多天皇… 200, 206, 207, 208, 209, 210, 215, 239, 343
一条内基………………………………361
鬱色謎命……………………………50, 51
内舎人…………………………………191
鸕野讃良皇女… 131, 136, 138, 139, 140, 141
厩戸皇子… 110, 111, 112, 113, 116, 117, 118, 122, 123


## ―え―


永久…………………………247, 249
永久の変……………241, 244, 247
永治……………………253, 254, 255, 258
永承…………………………237, 239
永正…………………………350, 351, 353
英照皇太后……………………………398
永祚……………………………………227
永徳…………………………331, 338
永延……………………………………227
永仁……………………304, 305, 307, 308
永万…………………………266, 267, 268
永楽帝…………………………………339
永暦…………………………265, 269
永和…………………………330, 337
殖栗皇子………………………………111
蝦夷平定……………………………… 61
延喜・天暦の治 ………………………217
延喜の治……………………210, 217
延久……………………239, 240, 241, 242
延享…………………………378, 379
延慶…………………………306, 309, 311
円助法親王……………………………296
延長……………………212, 213, 214, 216
延文…………………………326, 328, 329
延宝…………………………366, 372, 374
円融寺…………………………………224
円融天皇… 219, 220, 221, 222, 223, 224, 225, 226, 238
延暦……157, 177, 178, 179, 180, 181, 184, 188, 189


## ―お―


雄朝津間稚子宿禰命……75, 80, 81, 82, 83
小石媛…………………………………104
応安…………… 328, 329, 330, 334, 335, 336
応神天皇…… 60, 66, 67, 68, 69, 70, 72, 73, 74, 75, 76, 78, 79, 82, 84, 98, 106
小碓尊……………………60, 61, 62, 63, 64

王政復古 ……………………………… 399
応天門の変 ……………………………… 199
応徳 ……………………… 241, 242, 243, 244
応仁 ……………………………… 347, 348
応仁の乱 …………… 278, 339, 347, 348, 349
押領使 ……………………………… 215
大炊王 ……………………… 162, 163, 164
大炊御門信子 ……………………… 347
大碓尊 ……………………… 60, 61, 63
大内義弘 ……………………………… 336
大兄去来穂別命 ……………… 75, 76, 77, 78
大江皇女 ……………………… 132, 138, 142
正親町実明 ……………………………… 310
正親町実光 ……………………………… 392
正親町三条公積 ……………………… 380
正親町三条公秀 ……………………… 323, 327
正親町天皇 …… 353, 354, 356, 357, 358, 369, 370
正親町雅子 ……………………………… 392
大草香皇子 …… 75, 76, 79, 83, 85, 86, 87, 88
大来皇女 ……………………………… 140
大鷦鷯命 ………… 69, 70, 72, 73, 74, 75, 76
大河内稚子媛 ……………………… 104
大田皇女 ……………………… 131, 138, 140
大足彦忍代別命 ……………… 58, 59, 60
大津京 ……………………………… 144
大津皇子 ……………… 137, 138, 139, 140
男大迹王 …… 98, 99, 100, 101, 102, 103, 106, 414
大伴親王 ……………… 187, 188, 189, 191
大伴糠手 ……………………………… 114
大伴金村 …… 96, 97, 98, 99, 102, 104, 105, 414
大伴小手子 ……………………… 114, 115, 116
大伴古麻呂 ……………………………… 162
大伴宿禰古麻呂 ……………………… 161
大友皇子 … 132, 133, 134, 135, 136, 141, 142, 167
大伴室屋大連 ……………………… 89, 91
大伴家持 ……………………………… 178
大中姫命 ……………………… 66, 67, 69
大内弘世 ……………………………… 328, 336
大泊瀬稚武命 ……… 84, 85, 86, 87, 88, 89
大彦命 ……………… 50, 52, 54, 55, 56, 57
大綜麻杵命 ……………………… 51, 52, 53
大水口宿禰 ……………………………… 50, 51
大神大物主神 ……………………………… 37
大宅臣 ……………………………… 81
大日本根子彦国牽命 ……………… 49, 50
大日本根子彦太瓊命 ……………… 47, 48
大日本彦耜友命 ……………………… 42, 43
大山守命 ……………………… 70, 73, 74
丘稚子王 ……………………………… 94
岡本宮 ……………………………… 120, 128
小川宮 ……………………………… 342
興子内親王 ……………………… 365, 366
居貞親王 ……………………… 226, 227, 229
息石耳命 ……………………… 42, 43, 44
瀛津世襲 ……………………………… 46
気長足姫 ……………………………… 65, 69
息長真手王 ……………………… 107, 108
息長広姫 ……………… 107, 108, 109, 110, 119
興仁親王 ……………………………… 323
小倉宮恒敦親王 ……………………… 341
億計王 ………… 91, 92, 93, 94, 95, 100, 102
忍壁皇子 ……………… 137, 139, 142, 146
訳語田幸玉宮 ……………………………… 108
他戸親王 ……………… 173, 174, 175, 176, 177
大仏維貞 ……………………………… 312
押木珠縵 ……………………………… 85
忍熊皇子 ……………………… 66, 67, 68, 69
忍坂大中姫命 ……………………………… 82
押坂彦人大兄皇子 ……… 107, 108, 109, 110,

111, 119, 120, 121, 125, 129
忍海飯豊青皇女……92
忍海色夫古娘……132
押媛……47, 48
小田原北条氏……352
弟国……99
弟国宮……101
弟媛……81, 82
小野妹子……118
男之水門……36
小墾田宮……118
緒仁親王……328, 329, 330
首皇子……19, 145, 146, 147, 148, 149, 150, 151, 152, 153, 154
お与津御寮人事件……363, 365, 366, 367
小和田恆……410
小和田雅子……410
尾張連草香……99, 101
尾張目子媛……99, 100, 101, 103

―― か ――

開化天皇……50, 51, 52, 53, 54, 55, 57, 58, 59, 65
外患調伏……393, 394, 395, 396
外患の調伏……394, 396
外患を祈禳……394, 395, 396, 397
開国の御沙汰書……399
『誡太子書』……310
香火姫皇女……81
嘉永……170, 392, 393, 397, 398
嘉応……270
嘉吉……345, 347
鉤取王……156
覚恵法親王……285
覚快法親王……271
覚行法親王……244
覚深入道親王……361
嘉元……298, 301, 306, 308, 311
麛坂皇子……66, 67, 68, 69
笠臣……49
花山院師継……310
花山天皇……218, 224, 225, 226, 227, 229, 238
香椎宮……66
檝媛娘……142
勧修寺……374
勧修寺婧子……389
勧修寺経顕……351, 389
勧修寺経逸……389
勧修寺藤子……351
勧修寺教秀……350, 351, 353
勧修寺晴子……358, 364
勧修寺晴右……358
嘉承……245, 246, 247
嘉祥……194, 195, 197
膳夫王……156
膳臣……52
春日娘子……97
春日大娘皇女……95, 96, 100
春日局……365
春日山田皇女……101, 102
和宮親子……395
和仁王……358, 359
量仁親王……309, 310, 312, 314, 317, 318
和仁親王……357
葛城襲津彦……75, 76, 93
葛原親王……190, 214
華族制度……407
片塩浮孔宮……42
交野天神社……100
周仁王……358, 359
克明親王……213
勝仁親王……349, 350

葛木王……156
葛城蟻臣……92, 93, 95
葛城韓姫……88
葛城円大臣……87, 88, 89
葛城荑媛……92, 93, 95
嘉禎……291, 292
葛野王……133, 141, 142, 144, 145
金ヶ崎城……332, 333, 346
懐良親王……332
懐成親王……285
嘉保……245
竈山神社……37
上殖葉皇子……104
神野親王……181, 182, 184, 185
亀山天皇…294, 295, 297, 298, 299, 300, 301, 302, 303, 311
賀茂祭……396
賀茂社……394
鴨王……42
賀茂比売……155
賀茂宮……363, 364, 367
賀茂御祖神社御遷宮神……396
賀茂臨時祭……393, 394
嘉暦……317, 331
軽島豊明宮……70
軽大娘皇女……83, 84
軽王……107
軽皇子……124, 125, 126, 127, 141, 142, 143, 144, 147
川島皇子……132, 137, 139
河内金剛寺……322, 328
河内馬飼首……99
川原寺……182, 184
冠位十二階……118
閑院宮……376, 386, 387, 388
寛永……364, 365, 366, 367, 368, 369, 370, 376
寛永寺……369
寛延……378, 379
寛喜……282, 291
元慶……194, 201, 202, 203, 205, 209
寛元……294, 295, 296
勘合貿易……340
勧子内親王……208
寛正……346, 347, 348, 350
寛政……387, 388, 389
関東申次……290, 296, 302
寛和……224, 225, 227, 229
神嘗祭……393, 396
寛仁……230, 232, 233, 234, 307
神渟名川耳命……37, 38, 39, 40
観応……324, 325, 327, 333, 335
観応の擾乱……324, 325, 333
寛平……207, 208, 210
寛平御遺誡……209, 210
寛保……378
桓武天皇…157, 174, 175, 176, 177, 178, 179, 180, 181, 182, 184, 185, 188, 189, 190, 191, 203, 204, 206, 214, 215, 281
神八井耳命……37, 38, 39, 40
神日本磐余彦尊……36, 37, 39
甘露寺親長……349

―― き ――

義尹……285, 351
祇園女御……249
祇園臨時祭……397
菊と桐……354
義子内親王……288
岐須美美命……36
議奏……402
貴族制度……404, 407
北野臨時祭……396

北畠顕家 ………… 331, 332
北畠親房 ………… 312, 331, 332
木梨軽皇子 ………… 83, 84, 85
紀竈門娘 ………… 145
紀静子 ………… 196, 197
紀田上 ………… 186
紀橡姫 ………… 172
紀名虎 ………… 196
紀全子 ………… 202
紀通清 ………… 329
紀諸人 ………… 172
紀良子 ………… 329
吉備臣 ………… 49, 60
吉備上道臣 ………… 49, 88
吉備上道臣田狭 ………… 88
吉備下道臣 ………… 49
吉備真備 ………… 166, 171
吉備稚姫 ………… 88, 90, 94
吉備姫王 ………… 107, 117, 121, 125
貴船神社 ………… 100
黄文王 ………… 162, 163, 187
君仁親王 ………… 255
久安 ………… 255, 256, 257, 262
旧皇室典範 ………… 401, 412, 413
救済の勧告 ………… 347
久寿 ………… 257, 258, 259, 260, 264
己酉約条 ………… 360
恭献 ………… 339
慶光天皇 ………… 386, 387, 388
行助入道親王 ………… 289
兄弟継承 ………… 80, 81, 82, 87, 95, 189, 190, 216, 336
享保 ………… 373, 375, 376, 377, 378, 388
公氏 ………… 323
禁闕の変 ………… 345, 346
今上陛下 ………… 3, 8, 9, 11, 125, 203, 389, 409, 410, 411
禁中並公家諸法度 ………… 8, 362, 373, 383, 388
欽定憲法 ………… 400
欽明天皇 ………… 102, 103, 104, 105, 106, 107, 108, 109, 110, 111, 112, 115, 117, 118, 121, 125, 129
金輪王寺 ………… 316

## —く—

盟神探湯 ………… 83
『愚管抄』 ………… 284
公暁 ………… 283
公卿会議 ………… 203, 205
公卿補任 ………… 349
泳宮 ………… 60
公家衆法度 ………… 362
草香幡梭姫皇女 ………… 75, 76, 78, 79, 85, 86, 88
草壁皇子 ………… 136, 137, 138, 139, 140, 141, 142, 143, 144, 146, 147, 150, 151, 153, 156
櫛笥隆致 ………… 369
櫛笥隆賀 ………… 375
櫛笥賀子 ………… 375
櫛笥隆子 ………… 369
九条夙子 ………… 392, 395, 398
九条兼実 ………… 265, 266, 274, 277, 278, 281, 284, 286
九条兼晴 ………… 382
九条節子 ………… 402, 404
九条竴子 ………… 291
九条輔実 ………… 376, 387
九条任子 ………… 277
九条忠家 ………… 302
九条立子 ………… 283
九条教実 ………… 291, 292
九条廃帝 ………… 287
九条尚実 ………… 380, 387

九条道家 … 284, 285, 289, 290, 291, 292, 293, 296, 302, 306, 334, 345
九条道孝 …… 402, 404
九条師教 …… 308
九条幸教 …… 398
九条良経 …… 281, 283, 285, 286
九条頼嗣 …… 297
薬子の変 …… 182, 186, 187, 189, 261
楠木正成 …… 313
葛葉宮 …… 100
百済大井 …… 108
久邇宮朝彦王 …… 404
久邇宮邦彦王 …… 403, 404, 405, 409
邦治親王 …… 304, 305, 306, 307, 308
邦仁親王 …… 282, 293, 294
邦良親王 …… 308, 311, 312, 313, 318
熊襲平定 …… 61
来目皇子 …… 111, 166
倉稚綾媛皇女 …… 104
倉梯柴垣宮 …… 114
栗隈首徳万 …… 132
栗隈黒媛娘 …… 132
蔵人 …… 225, 261, 324, 392
黒姫 …… 77, 78, 80
細媛命 …… 49, 50
桑田王 …… 156

—— け ——

慶安 …… 366, 369
慶雲 …… 146, 147, 148, 152
慶応 …… 397, 398, 399
景行天皇 …… 56, 58, 59, 60, 61, 62, 63, 64, 65, 67, 70, 72
馨子内親王 …… 239
継体天皇 …… 98, 99, 101, 102, 103, 104, 105, 414
慶長条約 …… 360
検非違使 …… 248, 260
検非違使別当 …… 248
元永 …… 249, 251
元亀 …… 356, 358
元亨 …… 303, 312, 313, 320
元弘 …… 306, 313, 314, 317, 318, 319, 331, 332
元弘の乱 …… 313, 317, 318
嫄子女王 …… 235
元正天皇 …… 19, 143, 147, 149, 150, 151, 152, 154, 366
顕親門院季子 …… 308
遣隋使 …… 118
顕宗天皇 …… 87, 91, 92, 93, 94, 95, 96
元中 …… 335, 336, 337, 338
建長 …… 296, 297, 298
遣唐使 …… 128
建徳 …… 329, 330
元徳 …… 310, 313, 317, 318
顕如 …… 356
建仁 …… 280, 281
元文 …… 377, 378, 381
遣明使 …… 339
建武 …… 314, 316, 319, 320, 321, 322, 323, 327, 332, 337
建武式目 …… 320, 332
建武政権 …… 314, 322
元明天皇 …… 19, 132, 143, 144, 146, 147, 148, 149, 150, 151, 152, 153, 156, 366
建暦 …… 283, 288
元暦 …… 274, 277

—— こ ——

後一条天皇 …… 228, 230, 231, 232, 233, 234, 235, 236, 237, 238, 239
弘安 …… 302, 304, 305, 307

孝安天皇……46, 47, 48
康永……334
光格天皇…376, 384, 385, 386, 387, 388, 389, 390, 391, 392, 403, 404, 410
皇紀……12
広義門院寧子……317, 320, 326, 327
皇極天皇…107, 120, 121, 122, 123, 124, 125, 126, 127, 128, 129, 130, 136, 148, 149, 168
孝謙天皇…158, 159, 161, 162, 163, 164, 167, 168, 187
孝元天皇……49, 50, 51, 52, 54, 373
光孝天皇…200, 203, 204, 205, 206, 207, 208, 213, 217
興国……334
光厳天皇…309, 310, 314, 317, 318, 319, 320, 322, 323, 327, 329, 330, 343
康治……255, 256, 263
弘治……353
皇室会議……401, 410, 413
皇室財産没収……407
恒寂……194
香淳皇后……403, 405, 409
孝昭天皇……44, 46, 47, 54, 70
皇族会議……401, 403, 412
皇太兄……94, 95
後宇多天皇……299, 300, 301, 302, 303, 304, 305, 306, 307, 308, 310, 311
皇儲……357, 358
皇統譜……38, 46, 62, 63, 64, 76, 92, 93, 101, 103, 131, 136, 143, 146, 149, 150, 152, 158, 163, 175, 179, 182, 188, 190, 191, 203, 208, 213, 215, 216, 221, 224, 225, 229, 230, 236, 245, 250, 255, 257, 262, 266, 268, 272, 276, 280, 285, 291, 293, 294, 300, 304, 308, 309, 319, 325, 329, 331, 334, 335, 336, 337, 340, 341, 342, 347, 349, 351, 353, 357, 360, 365, 367, 368, 369, 371, 373, 375, 377, 378, 381, 384, 385, 389, 391, 397
孝徳天皇…107, 117, 120, 121, 124, 125, 126, 127, 128, 129, 130
弘仁……182, 184, 187, 189, 191, 199
光仁天皇…143, 149, 160, 169, 172, 173, 174, 175, 176, 177, 181, 342
高師直……324
皇夫人……81, 145
弘文天皇…132, 133, 134, 135, 136, 141, 142, 144, 145, 147, 167
皇別摂家……361
光明天皇…318, 320, 321, 322, 323, 327, 330, 332, 333, 343
『光明天皇宸記』……322
孝明天皇……391, 393, 395, 397, 398, 399
康暦……323
孝霊天皇……47, 48, 49, 50, 60, 373
後円融天皇……323, 328, 329, 330, 331, 337, 338, 343
護王大明神……392
五箇条の御誓文……399, 406
後柏原天皇……343, 349, 350, 351, 352, 354
久我通親……280
後亀山天皇……303, 334, 335, 336, 337, 338, 339, 341, 344, 346
国威宣布の宸翰……399
国衙……166, 215, 352
国衙領……336, 338
御家人……277, 284, 290, 352
後光厳天皇……317, 320, 326, 327, 328, 329, 330, 343, 344
後光明天皇……367, 368, 369, 370, 371, 372
小御所会議……399
後小松天皇……291, 326, 330, 331, 336, 337,

338, 339, 340, 341, 342, 343
後西天皇……364, 369, 370, 371, 372, 375, 387
後嵯峨源氏……299
後嵯峨天皇……282, 292, 293, 294, 295, 296, 297, 298, 299, 300, 301, 304, 311
後桜町天皇……381, 382, 383, 384, 385, 386, 392
後三条天皇……235, 236, 238, 239, 240, 241, 242, 244, 248, 374
『古事談』……249, 250, 253, 254
越国造……52
護聖院宮……337, 338
後白河天皇……256, 257, 258, 259, 260, 261, 262, 263, 264, 265, 268, 269, 270, 273, 276, 288
後朱雀天皇……228, 232, 233, 234, 235, 236, 237, 238, 239, 241
御成敗式目……291
巨勢親王……181
巨勢男人……98, 102
巨勢香香有媛……102
巨勢紗手媛……102
巨勢徳太……123
後醍醐天皇……303, 306, 307, 308, 309, 310, 311, 312, 313, 314, 316, 317, 318, 319, 320, 321, 322, 325, 327, 331, 332, 333, 388
後高倉院……287, 288, 289, 290
国会開設の勅諭……400
後土御門天皇……347, 348, 349, 350, 351, 369
事代主神……37, 38
事代主命……38, 41, 42, 43
後鳥羽天皇……263, 264, 268, 269, 274, 276, 277, 278, 280, 281, 282, 287, 288, 289, 294, 299, 321
政仁親王……358, 360, 361
後奈良天皇……351, 353, 354, 369
後南朝……300, 342, 344, 345, 346
後二条天皇……298, 301, 304, 305, 306, 307, 308, 310, 311, 312, 313, 318
近衛家実……281, 289, 292, 309, 390
近衛家熙……376, 377, 378
近衛内前……380, 382, 385
近衛勝子……334
近衛兼経……292, 296
近衛維子……385
近衛前子……358, 360, 361
近衛前久……250, 357, 360
近衛天皇……252, 253, 254, 256, 257, 258, 259, 260, 264
近衛尚子……377
近衛秀吉……250, 357
近衛基実……252, 264, 266, 267, 277, 278, 281, 296, 309
近衛基熙……378
後花園天皇……326, 329, 330, 340, 342, 343, 344, 345, 347, 348, 350, 351
後深草天皇……291, 294, 295, 296, 297, 298, 299, 301, 302, 303, 304, 309, 311, 318, 327
後伏見天皇……304, 305, 306, 307, 308, 309, 313, 317, 318, 320, 321, 326, 327, 388
後北条氏……352
後堀河天皇……282, 287, 288, 290, 291, 293, 368
後水尾天皇……171, 358, 360, 361, 363, 364, 365, 366, 368, 369, 370, 371, 373, 376, 378
後村上天皇……310, 316, 324, 325, 326, 331, 333, 334, 335, 337, 338, 346
後桃園天皇……376, 381, 382, 383, 384, 385, 386, 387, 388, 389, 390, 410
後陽成天皇……357, 358, 359, 360, 361, 362, 364, 370, 371, 372
惟明親王……274, 275, 277

後冷泉天皇……209, 228, 232, 233, 235, 236, 237, 238, 239, 374
惟条親王……196, 197, 198
惟喬親王……196, 197, 198
惟成親王……337, 338
惟彦親王……196, 197
惟仁親王……191, 195, 196, 197, 198
惟康王……299
惟康親王……299, 304

— さ —

斎王……160, 173
西園寺……290
西園寺姞子……294, 295, 296, 297, 298, 300
西園寺公子……297
西園寺公経……289, 290, 292, 294, 299, 301, 302, 303, 363
西園寺公衡……306, 317, 320
西園寺公宗……314
西園寺実氏……294, 295, 297, 298
西園寺実兼……300, 302, 305
西園寺鏱子……305
西園寺寧子……306, 317
斉衡……196, 198, 199
済深法親王……374
在庁官人……352
斎藤福……365
災変外患の攘除……393
斉明天皇……15, 107, 117, 120, 125, 128, 129, 130, 131, 148, 168
佐伯助……167
境黒彦皇子……84, 85, 87
境原宮……50
嵯峨大覚寺……194
嵯峨天皇……181, 182, 184, 185, 186, 187, 188, 189, 190, 191, 192, 193, 197, 198, 199, 203, 204
坂上田村麻呂……186
坂上又子……179
桜井皇子……107, 117, 121, 125
桜町天皇……377, 378, 379, 381, 382, 383, 385, 386
佐々木道誉……319
狭狭城山君……52
貞明親王……199, 200, 201, 202
貞仁親王……239, 240, 241
貞成親王……330, 342, 343
貞行親王……381, 382, 385
貞保親王……205, 206
祐宮……376, 387, 395, 398
里内裏……235
識仁親王……369, 370, 371, 372
実仁親王……240, 241, 242, 244, 248, 341
誠仁親王……357, 358, 370
鋤持の神……37
狭穂彦……57, 58, 59
狭穂媛……57, 58, 59
早良親王……175, 176, 178, 179, 180, 181, 182, 190
三韓征伐……66
三直宮……407
三条実房……323
三条実行……338
三条厳子……337
三条天皇……218, 221, 226, 227, 229, 230, 231, 232, 233, 235, 236, 238, 239, 240, 241, 248
三千院門跡……361

— し —

紫衣……362, 364, 365
私営田……190
紫衣事件……364, 365, 366, 367

慈円……284, 285
塩焼王……162, 166, 169, 177
滋賀大津宮……131
志賀高穴穂宮……63
磯城嶋金刺宮……105
磯城津彦玉手看命……41, 42
磯城津彦命……42
磯城県主大目……49, 50
志貴親王……143, 149
施基皇子……132, 137
磯城瑞籬宮……54, 56
重明親王……213
滋野奥子……196, 197
重仁親王……253, 257, 259, 264
久仁親王……295, 296
鹿ヶ谷の陰謀……271
縮見屯倉首……91, 94
四条天皇……280, 288, 291, 292, 293, 294
執権……22, 281, 284, 286, 287, 294, 297, 352
四天王寺……113
四道将軍……49, 52, 54, 55
持統天皇……132, 136, 138, 139, 141, 142, 143, 144, 145, 146, 147, 148
至徳……335, 338
紫微中台……161, 162
持仏堂……288
島津忠義……396, 403, 405
島津俔子……403, 405
島津斉彬……170
持明院統……291, 298, 299, 303, 305, 307, 309, 311, 312, 313, 317, 318, 320, 327, 336, 339, 342, 343
持明院基家……288, 368
除目……215, 271
十七条憲法……118
寿永……263, 273, 274, 276, 277
寿永二年十月宣旨……275
姝子内親王……259, 265
呪詛……169, 171, 173, 174, 175, 255, 260, 261
朱鳥……137, 138, 139
守澄法親王……369
聚楽第……358, 359
順徳天皇……282, 283, 284, 285, 286, 288, 293
淳和天皇……184, 187, 188, 189, 190, 191, 192, 194, 202, 203, 204
淳仁天皇……143, 153, 162, 163, 164, 165, 166, 167, 168, 171, 253, 261
攘夷……393, 397
攘夷貫徹を約して婚儀……395
承胤法親王……321
正応……298, 301, 304, 305, 310
承応……364, 369, 370, 371
貞応……282, 289, 290
正嘉……297, 298
傷害致死（？）事件……202
承快法親王……361
勝覚……247
貞観……198, 199, 200, 201, 202, 206
承久……280, 282, 284, 285, 286, 289, 293
承久の乱……280, 282, 284, 285, 286, 287, 289, 290, 294, 368
貞享……371, 373, 374
正元……297, 298, 299
昭憲皇太后……361, 400, 402
聖護院……310, 386, 387
称光天皇……330, 337, 340, 341, 342, 343, 344, 345
貞治……320, 328, 335
昌子内親王……214, 216, 219
章子内親王……236, 237, 238
称制……70, 130, 131, 133, 134, 138, 139, 140, 142, 143, 144

昌泰の変……208, 211, 212
正中……312, 313
昇殿……252
正徳……373, 376, 377
承徳……245
聖徳太子…110, 111, 112, 113, 116, 117, 118, 119, 123
称徳天皇…157, 159, 160, 167, 168, 169, 170, 171, 172, 173, 342, 366, 392
上人号……362
正平……310, 320, 322, 323, 324, 325, 326, 328, 329, 333, 334, 335
承平……209, 214
承平天慶の乱……214
承保……242
聖武天皇…19, 143, 145, 147, 148, 152, 154, 155, 156, 157, 158, 159, 160, 161, 163, 164, 169, 171, 173, 185
正和……304, 306, 317
承和……188, 190, 192, 195
貞和……310, 322, 323, 335
昭和天皇…334, 403, 404, 405, 407, 408, 409, 410
承和の変……192, 195, 202
女性天皇……92, 93, 111, 116, 122, 140, 142, 146, 148, 151, 160, 162, 164, 171, 366, 367, 383, 385, 412
舒明天皇…15, 108, 110, 111, 119, 120, 121, 122, 126, 127, 130, 136
白髪武広国押稚日本根子皇子……88, 89
白髪皇子……88, 89, 90, 91
白壁王……143, 149, 169, 171, 172, 173, 176
白河天皇…239, 240, 241, 242, 243, 244, 246, 254, 258, 259, 262, 276, 278, 374
治暦……237, 239
信縁……253
神亀……149, 152, 154, 155, 160, 173
神功皇后……65, 66, 67, 68, 69, 70, 72, 111, 116
神功皇后の御陵……395
神護景雲……168, 171, 172
真言宗堂塔の破壊……354
神璽……345, 346
新待賢門院廉子……331
新皇（新天皇）……215
宸筆宣命……394
神武天皇……9, 23, 36, 37, 38, 39, 40, 41, 63, 80, 284, 396, 412, 414
神武天皇の御陵……395

## —す—

垂加神道……379, 380, 385
推古天皇…92, 105, 108, 111, 112, 113, 115, 116, 117, 118, 119, 140, 142, 148, 362
綏靖天皇……38, 41, 42
垂仁天皇……55, 56, 57, 58, 59, 60, 62, 64, 98
崇仏排仏論争……105
枢密顧問……401, 412
周防国府介……352
菅原道真……207, 210, 211, 212, 214
典仁王……376, 386, 387, 388
高仁親王……364, 366
輔仁親王……240, 241, 242, 243, 244, 247
崇光天皇…310, 320, 322, 323, 325, 326, 327, 329, 330, 333, 342, 343, 344, 374
朱雀天皇…209, 210, 211, 212, 213, 214, 215, 216, 219
素戔嗚尊……37
崇峻天皇…105, 109, 111, 112, 113, 114, 115, 116, 117, 124
崇神天皇…49, 52, 53, 54, 55, 56, 57, 58, 60, 62

崇道神社……179
崇道天皇……179, 181, 190
崇徳天皇… 243, 249, 250, 251, 252, 253, 254, 255, 257, 259, 260, 264
住吉仲皇子……75, 77, 78, 79, 80
住吉行宮……334
駿府城……359

―せ―

清子内親王……372
清寧天皇……88, 89, 92, 93, 94, 95
成務天皇……56, 60, 61, 62, 63, 64, 65, 81
聖明王……105
清和天皇… 191, 195, 196, 197, 198, 200, 201, 202, 203, 204, 205, 206, 402
摂政宮……403, 405, 408
宣化天皇…… 99, 100, 103, 104, 105, 106, 109, 113, 185
千手丸……247
船上山……314, 319
漸次立憲政体樹立の詔……400
仙洞御所……291, 357

―そ―

総追捕使……277
蘇我赤兄……129, 131, 132, 142
蘇我石寸名……110
蘇我稲目… 104, 105, 107, 108, 109, 110, 111, 113, 115, 117, 126
蘇我蝦夷……119, 120, 122, 123, 124, 126
蘇我小姉君……105, 109, 110, 111, 113, 117
蘇我大蕤娘……142
蘇我遠智娘……131, 138
蘇我堅塩媛……105, 106, 107, 108, 109, 110, 111, 113, 115, 117
蘇我倉山田石川麻呂……126, 127, 131, 138, 146
蘇我境部摩理勢……120, 123, 124
蘇我常陸娘……131, 132
蘇我法提郎女……120, 122, 130
蘇我連子……155
蘇我姪娘……131, 132, 146
蘇我物部戦争……114
園国子……371
園光子……368, 369, 371
園基氏……368
園基任……368
園基音……371
尊恵法親王……267
尊覚法親王……285
尊号一件……388

―た―

大永……350, 351, 352
大覚寺……295, 303
大覚寺統… 299, 303, 304, 305, 306, 307, 308, 309, 310, 311, 317, 318, 320, 336, 338
大化の改新……127
大義名分論……380
大逆罪……346, 406, 408, 409
醍醐天皇… 207, 208, 209, 210, 211, 212, 213, 214, 215, 216, 217, 220, 222, 228, 247, 248, 323, 374, 390
大治……243, 250, 251, 252, 253, 258
大正天皇… 400, 401, 402, 403, 404, 405, 407, 414
大神宮……393, 394, 395, 396, 399
大政奉還……21, 359, 399
大同……181, 182, 184, 185, 187, 189
大徳寺妙心寺等諸寺入院法度……362
大日本帝国憲法……400, 401
大宝……143, 145, 146, 152, 153

当麻真人山背……163
平姓……190
平清盛……252, 255, 261, 262, 263, 265, 266, 267, 269, 271, 272, 273, 274, 310
平維盛……274
平滋子……265, 266, 267, 269, 270, 271, 274
平重盛……271
平忠正……261
平忠盛……252, 255
平時忠……274, 278
平徳子……270, 271, 272, 274
平範子……277
平将門……214, 215
平盛子……266, 267
尊氏……319, 320, 333
高岳親王……181, 185, 187, 189, 190, 194
高倉嗣良……363
高倉天皇…264, 265, 266, 267, 268, 269, 270, 271, 272, 273, 274, 275, 276, 287, 288, 289
孝子内親王……369
尊貞親王……330
高階俊成……261
多賀城……331
鷹司兼平……302, 305, 309, 390
鷹司小路……390
鷹司輔平……380, 390, 391
鷹司繋子……390, 391
鷹司信尚……372
鷹司教平……372, 374
鷹司房子……372, 374
鷹司房輔……385
鷹司冬平……309
鷹司政熙……390, 392
鷹司室町……309
鷹司基輝……390, 391
鷹司祺子……390, 392
尊成親王……274, 275, 276, 277
高野新笠……174, 176, 179, 180
竹野媛……53, 58
他家排斥事件……196
尊治親王……309, 310, 311, 312
尊秀王……346
崇仁親王……404, 409
尊仁親王……235, 236, 237, 238, 239
高部皇子……81, 82
高円広世……148, 153
高見王……190
高望王……190, 215
尊良親王……332
財皇女……81
宝女王……107, 120, 121, 122
手研耳命……36, 37, 38, 39, 40
沢庵宗彭……364, 365
武石彦奇友背命……44
武内宿禰……51, 67, 75, 76, 93
竹田皇子……109
高市皇子…137, 139, 141, 142, 144, 148, 149, 151, 153
竹内式部……379
竹内敬持……379, 380
建宮敬仁親王……402
武埴安彦命……51, 53, 54, 55
建皇子……131
他氏排斥事件……193, 196
多治比古王……185
丹比柴籬宮……81
多治比高子……185
多遅比瑞歯別命……75, 79
多治見国長……313
手白香皇女……100, 104, 105, 414
忠成王……293
忠義王……346

橘嘉智子……185, 187, 191, 192, 193
橘清友……187, 191
橘豊日皇子……109, 110, 111
橘仲皇女……104, 105
橘奈良麻呂……162, 164, 185, 187
橘広相……208
橘諸兄……157, 158, 159, 161, 162, 185
胤仁親王……304, 305, 309
玉依姫尊……36
田村皇子……119
為子内親王……208, 210
田目皇子……110
為仁親王……278, 280, 281
多米姫……398
為平親王……219, 220, 221, 222
足仲彦命……63, 64, 65
善仁親王……242, 243, 247, 248
丹波道主命……55, 57, 58, 59
檀林皇后……185, 187, 191, 193

―ち―

親仁親王……232, 233, 235, 236, 237
知太政官事……146
治天の君…269, 270, 274, 289, 293, 295, 300, 301, 317, 326, 327, 342
茅渟王……107, 108, 117, 120, 121, 125, 129
仲哀天皇……63, 64, 65, 66, 67, 68, 69
仲恭天皇……167, 285, 287, 288, 289
長寛……254, 266, 267
長慶天皇……334, 335, 336
長元……234, 235, 236, 238
長講堂領……300, 336, 339
長助法親王……321
長徳……228
朝幕関係……278, 283, 367, 373, 376, 379, 380
長暦……236
長和……230, 231, 232
勅定……401, 412
勅許紫衣之法度……362, 364
勅許の不可……394

―つ―

筑紫国造……52
紹仁親王……367, 368
土御門天皇……278, 280, 281, 282, 283, 288, 293, 294, 299, 311
筒城……99
筒城宮……76, 100
角刺……93
常明親王……213
常子内親王……378
恒貞親王…188, 189, 191, 192, 193, 194, 195, 202, 203
恒良親王……321, 332, 333, 346
恒仁親王……297, 298
津野姫……81
円皇女……81
鶴岡八幡宮拝賀……283

―て―

禎子内親王……235, 236, 237, 238, 239, 241, 247, 248
廷臣八十八卿列参事件……394
丁未の乱……112, 113, 114
昭仁親王……377, 378, 385
出羽三山神社……117
天延……223, 229
天応……175, 176, 177
天慶の乱……214, 215
天元……223, 226
天治……256
天授……323, 337

天正……356, 357, 358, 359, 361
天壌無窮の神勅……1, 7, 8, 10, 16, 17, 170, 268, 287, 294, 339, 363, 365, 387, 392, 400, 401, 406, 407, 408, 412, 413, 416
伝奏……313, 318
天台座主……271, 284, 285, 318, 321, 370, 375
天智天皇……15, 121, 123, 127, 130, 133, 134, 135, 136, 137, 138, 139, 140, 141, 142, 143, 144, 146, 147, 148, 149, 150, 151, 153, 154, 172, 173
天長……184, 189, 190, 191, 192, 195, 204
奠都の詔……37
天和……372, 374
天仁……247
天皇弑逆事件……114, 115, 116, 124
天平感宝……158
天平勝宝……158, 159, 160, 161, 164
天平神護……167, 168
天平宝字……153, 163, 164, 165, 166, 168, 173, 176, 253
天保……389, 391, 392, 398
天武天皇……121, 127, 131, 133, 136, 137, 138, 139, 140, 141, 142, 143, 144, 146, 147, 148, 149, 150, 151, 153, 154, 155, 156, 161, 162, 163, 164, 166, 169, 173, 177
天明……387, 388
天養……255
天暦……204, 216, 217, 218
天禄……218, 222, 223, 224

## —と—

洞院実雄……299, 301, 302, 303, 308
東叡山……369
道鏡……165, 166, 168, 169, 170, 171, 172, 392
東源慧等……364, 365
東寺……209
堂上家……343, 350, 372, 374, 389
藤堂高虎……363
東福門院……363, 365, 366, 368, 369, 373
十市皇女……133
遠飛鳥宮……82
遐仁親王……378, 379
礪杵道作……140
言仁親王……271, 272, 288
時康親王……202, 203, 204, 205, 206
斉世親王……211
土岐頼兼……313
徳川家定……393, 394
徳川家継……376, 377
徳川家斉……387, 394
徳川家宣……376, 377
徳川家治……383
徳川家光……364, 365, 367
徳川家茂……21, 394, 395, 396
徳川家康……21, 359, 362, 363
徳川家慶……393
徳川和子……362, 363, 364, 365, 366, 368, 369
徳川綱吉……376
徳川秀忠……360, 362, 363, 364, 366, 373
徳川慶喜……21, 359, 397, 399
徳川吉宗……377
得宗家……22
徳大寺公城……380
徳大寺公能……256
智子内親王……381, 382, 383
敬宮愛子内親王殿下……14
智仁王……370
舎人親王……142, 147, 156, 161, 162, 163, 164, 166
鳥羽天皇……242, 243, 244, 246, 247, 248, 249, 250, 251, 254, 255, 258, 259, 264, 265
鳥羽・伏見の戦い……399

富仁親王…………………………308, 309
伴善男……………………………………199
兼仁王…………………………376, 386, 387
知仁親王………………………301, 351, 352
豊城入彦命……………………55, 56, 57
豊国別皇子………………………………61
豊玉姫……………………………………36
豊臣姓……………………………………357
豊臣秀次…………………………………359
豊御食炊屋姫命………… 108, 109, 115, 116
虎ノ門事件…………………………405, 408

—な—

内覧…… 198, 219, 228, 232, 249, 257, 272, 345
直仁親王… 310, 323, 325, 327, 328, 333, 374, 376, 386, 388, 390, 391
長岡京…………………………177, 178, 179
中磯皇女…………………………………79
長髄彦……………………………………36
仲姫命……………………………60, 70, 72
中臣意美麿呂……………………………145
中臣勝海…………………………………112
中臣金連…………………………………132
中臣鎌子…………………………126, 127
中臣鎌足……… 123, 124, 126, 127, 132, 145
中臣習宜阿曾麻呂………………………169
中臣宮処東人……………………155, 158
仲野親王…………………………205, 206
長皇子……………………………142, 147
長仁親王………………………283, 370, 371
良仁親王…………………361, 364, 369, 370
中御門天皇…… 373, 375, 376, 377, 378, 386
長屋王…… 147, 148, 149, 150, 151, 152, 153, 154, 155, 156, 157, 158, 162, 163
長屋王の変…………149, 154, 155, 157, 158
中山忠能………………………394, 395, 398
中山忠頼…………………………………398
中山慶子…………………………395, 398
典侍……276, 293, 305, 323, 326, 329, 330, 341, 343, 350, 351, 361, 363, 367, 369, 371, 374, 375, 378, 392, 395, 398, 400
難波小野女王……………………94, 96
難波吉師日香蚊…………………………86
難波長柄豊碕宮…………………………126
娜大津……………………………………138
成明親王………………………210, 215, 216
体仁親王……251, 252, 253, 254, 257, 258, 259
徳仁天皇…………………………………23
名和長年…………………………………314
南禅寺……………………………301, 304
難波大助…………………………405, 408
難波高津宮………………………………75
南北朝時代……300, 314, 316, 317, 321, 332, 338

—に—

新田部親王……142, 154, 156, 161, 162, 164, 166, 169
新田部皇女……………………132, 138, 142
饒速日命…………………………………50
二皇並立状態……………………………277
錦代皇女…………………………………115
二条昭実…………………………………362
二条舎子…………………………379, 381
二条兼基…………………………………305
二条家………… 286, 306, 334, 345, 382, 398
二条城……………………………………364
二条綱平…………………………………382
二条天皇… 254, 258, 259, 262, 263, 264, 265, 266, 267, 268, 269, 270, 288
二条斉敬…………………………………398
二条治孝…………………………………398

二条宗熙……398
二条宗基……398
二条師基……334
二条良実……306, 334, 345
二条吉忠……381, 382
二条良基……327, 338
日米修好通商条約……394, 396
日明貿易……339, 340
日光山……369
日光東照宮……369
新田義顕……332
新田義貞……314, 316, 332
瓊瓊杵尊……8, 9, 16, 17, 36
二人天皇……275, 314
日本国王……339, 340
日本国憲法……3, 406, 407
如意輪寺……316
女房奉書……354
庭田朝子……343, 350
庭田家……343, 350
庭田重資……326
庭田資子……326, 343
庭田幸子……343, 350
仁賢天皇…87, 91, 92, 93, 94, 95, 96, 97, 100, 101, 102, 104, 105
仁孝天皇……389, 390, 391, 392, 395, 409
仁治……285, 292, 293, 294
仁徳天皇…69, 70, 72, 74, 76, 77, 79, 80, 81, 85, 86, 88
仁和……205, 207, 210
仁和寺……209, 216, 244, 264, 283, 298, 303, 310, 318, 351, 361
仁和寺真光院……361
仁明天皇…188, 189, 190, 191, 192, 193, 194, 195, 202, 203, 204, 205

## —ぬ—

額田部皇女……108, 109, 115
糠手姫皇女……119
渟中倉太珠敷命……106, 107, 108, 115
渟名底仲媛……42, 43
渟葉田瓊入媛……58
漆部君足……155, 156

## —ね—

根使主……85,

## —の—

能円……278, 280
乃木希典……404
順仁親王……266, 267
宣仁親王……404, 409
能褒野……61
野見宿禰……212
式明親王……213, 217
憲平親王……217, 218, 219
義良親王……316, 331, 332, 333

## —は—

絙某弟……49
白村江の戦い……131
土師娑婆……123
羽柴秀吉……250, 357
羽田矢代宿禰……77
蜂子皇子……115, 116, 117
泊瀬朝倉宮……88
泊瀬列城宮……97
泊瀬部稚鷦鷯皇子……111, 112
花園天皇…302, 303, 305, 306, 308, 309, 310, 311, 318, 325, 328
『花園天皇宸記』……310

花の御所……346, 347
埴安媛……51
姥津媛……52
播磨稲日大郎姫……60, 62
治仁王……343
班子……205, 206
反正天皇……75, 77, 79, 81, 82, 142
版籍奉還……400
坂東平氏……190

—ひ—

東三条殿……261
東山天皇… 368, 372, 373, 374, 375, 376, 378, 386, 388, 390
氷上川継……177, 178
氷上志計志麻呂……169
比企能員……281
彦五十狭芹彦命……49, 50, 54
彦五瀬命……36
彦坐王……52, 55, 57, 58, 65
彦国葺命……54
彦狭島命……49
英彦山座主……321
彦波瀲武鸕鷀草葺不合尊……36
彦仁王……329, 342, 343, 344, 345
彦太忍信命……51
彦八井耳命……37, 38, 40
彦湯産隅命……53
久明親王……304
悠仁親王……383, 410
氷高内親王……147, 149, 150
敏達天皇… 106, 107, 109, 110, 111, 113, 115, 116, 117, 118, 119, 120, 121, 125, 126, 129, 157, 158, 159, 185
英仁親王……381, 382, 383, 384, 385
一橋慶喜……21
日野栄子……341
檜隈廬入野宮……103
檜隈高田皇子……99, 100, 102, 103
日野資朝……312, 313
日野俊光……402
日野俊基……312, 313
日野業子……341
日野康子……341
日葉酢媛……58, 59
日触使主……70
日向髪長媛……75, 86, 88
日向高屋宮……61
媛蹈鞴五十鈴媛命……37, 38, 39, 40, 41
日吉神社……353
熙子女王……214
熙成親王……334, 335, 336
広橋兼勝……363
広橋兼綱……329
広橋仲子……329
裕仁親王……334, 403, 405, 408
熈仁親王……299, 301, 302, 303, 304
広平親王……217, 218

—ふ—

福原行幸……273
不敬罪……406, 408
武家政治……21, 248, 266
武家伝奏……362, 363
成仁親王……347
藤白坂……129
藤白神社……129
伏見天皇… 298, 299, 301, 302, 303, 304, 305, 307, 308, 309, 318, 327
伏見宮邦家親王……403, 404
伏見宮邦忠親王……381
伏見宮邦頼親王……381

伏見宮家 … 326, 328, 329, 342, 343, 344, 350, 381, 382, 385, 408
藤原京家 …… 156
藤原式家 … 156, 174, 177, 178, 180, 182, 184, 188, 193
「藤原」なる姓 …… 132
藤原南家 … 156, 182, 184, 207, 217, 260, 262, 282
藤原明子 …… 195, 197, 201
藤原安宿媛 …… 153, 155
藤原安子 …… 216, 217, 218, 220, 222, 223
藤原家忠 …… 305, 310
藤原家宗 …… 341, 402
藤原五百重娘 …… 142, 155
藤原威子 …… 233
藤原苡子 …… 243, 246
藤原胤子 …… 207, 209, 390
藤原愔子 …… 303
藤原魚名 …… 204
藤原内麻呂 …… 193, 195
藤原宇合 …… 156, 174, 180
藤原栄子 …… 353
藤原乙牟漏 …… 177, 179, 180, 184, 189
藤原穏子 …… 208, 210, 211, 213, 216
藤原懐子 …… 224
藤原葛野麻呂 …… 186
藤原兼家 …… 222, 223, 225, 226, 227, 229, 276
藤原兼通 …… 222, 223
藤原兼光 …… 329
藤原寛子 …… 237, 238, 239
藤原歓子 …… 237
藤原嬉子 …… 233, 234, 235, 236, 238
藤原公廉 …… 331
藤原聖子 …… 252
藤原公実 …… 249, 251, 258
藤原忻子 …… 265
藤原公季 …… 246, 249, 323
藤原公成 …… 239, 241, 242, 246
藤原薬子 …… 182, 185, 186
藤原蔵下麻呂 …… 166
藤原勲子 …… 251, 252
藤原妍子 …… 230
藤原媓子 …… 223, 224
藤原光明子 …… 153, 154, 155, 156, 159, 164
藤原是公 …… 182, 185
藤原惟成 …… 225
藤原伊尹 …… 222, 224, 225
藤原伊周 …… 228
藤原伊通 …… 256
藤原実季 …… 243, 246, 249, 338
藤原実頼 …… 217, 219, 222, 223, 225
藤原重子 …… 282
藤原忯子 …… 225
藤原竴子 …… 291
藤原遵子 …… 222, 223, 224
藤原彰子 …… 228, 230, 231, 232, 233, 234
藤原璋子 …… 249, 251, 253, 255, 258
藤原末茂 …… 204
藤原季能 …… 271
藤原資子 …… 341
藤原輔熙 …… 395
藤原佐世 …… 208
藤原娍子 …… 229, 230
藤原詮子 …… 224, 226, 227, 228
藤原高子 …… 199, 201, 202
藤原厳子 …… 337
藤原乙叡 …… 207
藤原孝長 …… 347
藤原高藤 …… 207, 209, 390
藤原澤子 …… 204
藤原忠実 …… 246, 249, 251, 252, 256, 262, 278
藤原縄主 …… 182

藤原忠平……… 214, 216, 217, 218, 219, 222
藤原忠熙……………………………395
藤原忠文……………………………215
藤原忠通… 249, 250, 252, 256, 257, 262, 264, 266, 267, 273, 277, 278, 285, 286, 290, 296
藤原立子…………………………285, 287
藤原殖子…………………………276, 283
藤原旅子………………178, 179, 180, 188
藤原為光……………………………225
藤原帯子……………………………181
藤原親子……………………………361
藤原愛発……………………………193
藤原超子……………………………229
藤原陳子…………………………288, 368
藤原経実…………………………263, 347
藤原呈子…………………………256, 257
藤原定子………………227, 228, 231, 232
藤原時平………………207, 208, 210, 211
藤原長実…………………………251, 254
藤原永手……………………171, 173, 174
藤原仲成……………………182, 185, 186
藤原仲麻呂……158, 159, 160, 161, 162, 163, 164, 177, 187
藤原仲麻呂の乱……163, 166, 168, 169, 253
藤原得子… 251, 252, 253, 254, 255, 257, 258, 259, 264
藤原済時…………………………229, 230
藤原斉敬……………………………396
藤原仁善子…………………………214
藤原順子…………………………192, 195
藤原信長……………………………240
藤原範季……………………………282
藤原教通……………………237, 240, 242
藤原尚忠……………………………394
藤原秀郷……………………………215
藤原房前…………149, 156, 171, 174, 215
藤原不比等……145, 149, 151, 152, 153, 154, 155, 156, 163, 174, 180, 400
藤原冬嗣… 186, 187, 188, 192, 195, 201, 209
藤原多子…………………………256, 257
藤原真従……………………………162
藤原麻呂……………………………156
藤原道兼……………………225, 227, 228
藤原通季……………………………317
藤原道隆…………227, 228, 231, 232, 276
藤原道長… 227, 228, 230, 231, 232, 233, 234, 235, 236, 237, 239, 242, 246
藤原通基…………………………288, 368
藤原宮子… 145, 151, 152, 153, 154, 155, 160
藤原武智麻呂………………………156
藤原育子……………………………267
藤原宗俊……………………………374
藤原茂子…………………………239, 241
藤原元方…………………………217, 218
藤原基実…………………………264, 267
藤原基通……………………………272
藤原百川………………170, 174, 181, 188
藤原師実… 240, 242, 243, 244, 245, 246, 263, 305, 310, 347
藤原師輔… 216, 217, 218, 222, 223, 224, 225, 226, 239, 241, 246, 323
藤原師尹…………………………229, 230
藤原師長……………………………271
藤原師通……………………………245
藤原泰子……………………249, 251, 252
藤原保則……………………………207
藤原吉子……………………182, 184, 187
藤原義懐……………………………225
藤原良継…………174, 177, 180, 181, 184
藤原吉野……………………………193
藤原良房… 192, 195, 196, 197, 198, 199, 200
藤原良相……………………………193

藤原頼忠 …… 222, 223, 225
藤原頼経 …… 284, 290, 334
藤原頼長 …… 252, 256, 257, 260
藤原能信 …… 235, 239
藤原頼通 … 232, 233, 234, 235, 236, 237, 238, 239, 240, 242, 244, 246, 263
藤原北家 … 149, 156, 171, 174, 184, 188, 192, 193, 195, 198, 200, 207, 208, 209, 210, 215, 218, 223, 233, 241, 242, 243, 246, 256, 263, 276, 280, 286, 289, 295, 305, 310, 317, 323, 329, 341, 345, 347, 349, 351, 361, 368, 374, 378, 390, 398, 402
不知行 …… 356
道祖王 …… 161, 162, 163, 164, 171, 187
武寧王 …… 174, 176
古人大兄皇子 …… 120, 122, 126, 127, 130
振媛 …… 98
武烈天皇 …… 96, 97, 98, 99, 106, 414
不破内親王 …… 169, 171, 177
文安 …… 345, 346
文永 …… 295, 299, 300, 301, 302, 303
文応 …… 299
文化 …… 384, 389, 390, 391
文正 …… 348
文中 …… 329, 335, 336
文保 …… 305, 306, 309, 311
文明 …… 347, 348, 349, 350
文室秋津 …… 193
文暦 …… 292
文禄 …… 357, 359, 360
文和 …… 327, 328, 333

―へ―

平安京 …… 179, 185, 264, 278, 358, 390
平氏追討宣旨 …… 274
平城天皇 … 178, 180, 181, 182, 184, 185, 187, 189, 190, 191, 193, 194, 204
平群木菟宿禰 …… 77, 78
平群真鳥 …… 96, 97

―ほ―

保安 …… 249, 250, 251
法印 …… 253
宝永 …… 375, 376, 378
保延 …… 250, 252, 253, 254, 255
宝亀 …… 172, 173, 174, 176, 180
保元 …… 186, 250, 253, 260, 262, 263, 264, 265
保元の乱 …… 186, 253, 258, 260, 262
法興寺 …… 113
沙門行心 …… 140
法住寺殿 …… 265, 275
北条早雲 …… 352
坊城伸子 …… 398
北条時政 …… 281
北条時宗 …… 22
北条時頼 …… 22
北条仲時 …… 319
北条長時 …… 22
北条政村 …… 22
北条義時追討 …… 284, 286
坊門殖子 …… 283
坊門信清 …… 283
坊門信子 …… 283
坊門姫 …… 283, 290
宝暦 …… 379, 380, 381, 382, 384, 385
宝暦事件 …… 379, 381, 382
北面武士 …… 245, 248, 256
北陸宮 …… 274
星川稚宮皇子 …… 88, 89, 90
細川高国 …… 350
細川政元 …… 349
細川頼之 …… 328, 331

法勝寺……278, 280
堀田正睦……394
穂積臣……50
穂積皇子……142, 147
火焔皇子……104
輔弼……138, 400
北条時益……319
品陀真若王……60, 70, 72
誉田別命……66, 67, 68, 69
保良宮……165
堀河天皇…242, 243, 244, 245, 246, 247, 248, 259, 374
堀川具守……307
堀川基子……307
堀川基具……307
堀越公方……349
本願寺法主……356

―ま―

曲峡宮……43
勾大兄皇子……99, 100, 101, 102, 103
勾金橋宮……102
纒向珠城宮……57
纒向日代宮……60
栄子内親王……382
正子内親王……188, 189, 191, 192, 193
雅仁親王……257, 258, 259, 263
正仁親王……406
正良親王……187, 188, 189, 190, 191, 192
益仁親王……322, 323
松尾寺……397
松木宗子……374
松木宗条……374
松木宗宣……374
万里小路充房……363
万里小路賢房……351, 353
万里小路宣房……312, 313
真砥野媛……58
眉輪王……79, 86, 87
眉輪王の変……79, 84, 86, 87, 88, 89
万延……395, 398
万寿……233, 235, 236
茨田皇子……111

―み―

三尾稚子媛……103
三毛入野命……37
道君伊羅都売……132
方仁親王……353
秀仁親王……291
御名部皇女……132, 148, 151, 153
源有仁……263
源懿子……258, 263, 264
源清蔭親王……204
源潔姫……197
源維城……210
源惟康……299
源在子……280
源定省……205, 206, 207, 209, 210
源実朝……281, 283, 284, 290
源益……202
源高明……213, 217, 219, 220, 221, 222
源為義……186, 261
源周子……213
源通子……293
源唱……213
源昇……213
源信……199
源雅実……307
源雅信……236, 343
源通親……278, 280, 281, 293, 294, 307
源通宗……293

源旧鑑……213
源師房……240, 242, 243, 278
源義朝……261, 262
源義仲……274
源頼家……281, 283
源頼朝……261, 263, 275, 277, 281, 290
源頼政……273
源倫子……236
源封子……213
美努王……157, 158, 185
御刀媛……61
躬仁親王……340, 341
御間城入彦命……52, 53, 54, 55, 57, 58
御間城姫……54, 55, 56
観松彦香殖稲命……44
任那……88
御馬皇子……78, 80, 87
御諸山……55
宮家廃止……407
宮主宅媛……70
明雲……271
三好三人衆……354
三輪文屋君……123

—む—

睦仁親王……395, 398, 399
胸形徳善……137, 141, 144
胸形尼子娘……137, 141, 144
宗尊親王……296, 297, 299
宗良親王……325, 332
宗仁親王……243, 246, 247, 248
村上源氏…240, 242, 243, 278, 280, 281, 293, 307
村上天皇…204, 210, 216, 217, 218, 219, 220, 221, 222, 226, 228, 235, 238, 240, 242, 248, 293, 307
室秋津島宮……47
牟婁湯……128, 129
室町第……347, 348

—め—

明応……349, 350, 351
明応の政変……349
明治天皇…135, 167, 314, 361, 395, 398, 402, 403, 404
明正天皇…171, 365, 366, 367, 368, 369, 372, 373, 383
明暦……369, 370, 371
明暦の大火……371
明和……383, 385, 386

—も—

水主皇女……132
毛利重就……390
毛利文子……390
毛利元就……354
以仁王……273, 274
基王……155, 160
幹仁親王……331, 337, 338
元平親王……204
元良親王……204
物部麁鹿火……98, 104
物部大前宿禰……85
物部尾輿……105
物部宅媛……102
桃園天皇…378, 379, 381, 382, 383, 384, 385, 386, 400
守貞親王……268, 287, 288, 289, 290
守成親王……282, 283
守仁親王……258, 259, 262, 263, 268
守平親王……219, 220, 221, 222
師貞親王……224

師仁王……376, 386, 387
師房王……307
文徳天皇… 191, 192, 194, 195, 197, 198, 199, 201, 203, 204, 205
文武……144, 145
文武天皇…… 19, 133, 142, 143, 144, 145, 146, 147, 148, 150, 151, 152, 153, 155, 173

―― や ――

宅部皇子……113, 124
薬師寺別当……172
八坂入彦命……56, 60, 62
八坂入媛命……56, 60, 61, 62
保明親王……211, 213, 214
康子内親王……246, 323
穏仁親王……370
懐仁親王……224, 225, 226, 227
慶仁親王……375
康仁親王……318
八田皇女……74, 75, 76
八綱田……57
八釣白彦皇子……84, 87
柳原前光……402
柳原資明……402
柳原愛子……400, 402
柳原光愛……402
山崎闇斎……379, 380
山背大兄王……119, 120, 122, 123, 124
倭国香媛……49
日本武尊……60, 61, 62, 63, 64, 65
日本足彦国押人命……46, 47, 48
倭迹迹日百襲姫命……49, 50
倭迹迹稚屋姫命……49
東漢掬直……89, 90
大和乙人……177
倭彦命……57
倭姫王……131
山名時氏……328
山辺皇女……132, 140
山部親王……174, 175, 176, 177, 178
山村王……166

―― ゆ ――

有職故実……385
雄略天皇…… 75, 79, 84, 85, 86, 87, 89, 90, 91, 93, 94, 95, 96, 97, 100, 104
幸子女王……375
幸仁親王……370
弓削浄人……169, 172
弓削道鏡……11, 165, 168, 169, 170, 172
弓削皇子……142
寛明親王……210, 211, 212, 213, 214
寛成親王……334
茂仁王……287, 288, 289
豊仁親王……320, 321

―― よ ――

陽光太上天皇……357, 358
陽成天皇… 194, 199, 200, 201, 202, 203, 204, 205, 206, 207, 209, 221, 402
用明天皇… 105, 109, 110, 111, 112, 113, 115, 116, 117, 166
養老……149, 152, 154, 159, 173
欣子内親王……385, 388, 389, 390
吉田兼熙……336
吉田定房……305, 307, 312, 313, 318, 336
吉田宗房……336
吉野朝時代……314
吉野の盟約……136, 137, 139, 141
栄仁親王……326, 328, 329, 330, 343
嘉仁親王……400, 401, 402, 404
好仁親王……364, 370, 371

慶頼王 …… 211, 213
世襲足媛 …… 46
四辻季継 …… 363
四辻与津子 …… 363, 367
世仁親王 …… 299, 300, 301, 302

—— り ——

離宮禅林寺殿 …… 301
履中天皇 …… 75, 76, 78, 79, 80, 81, 86, 87, 91, 93, 95, 142
令旨 …… 72, 73, 172, 273, 274, 326, 327
亮子内親王 …… 273
亮性法親王 …… 321
両統迭立 …… 301, 302, 304, 305, 306, 307, 308, 311, 317, 318, 336, 338, 340, 341, 342, 344
亮仁法親王 …… 330
輪王寺 …… 316, 369
輪王寺宮門跡 …… 369

—— れ ——

鈴印 …… 166
霊亀 …… 149, 150, 152, 153
霊元天皇 …… 365, 366, 369, 370, 371, 372, 373, 374, 382
姈子内親王 …… 303
冷泉上皇 …… 204, 221, 229
冷泉天皇 …… 213, 216, 217, 218, 219, 220, 221, 222, 224, 226, 227, 229, 238, 248

—— ろ ——

六条天皇 …… 264, 266, 267, 268, 269, 270, 288

—— わ ——

稚綾姫皇女 …… 109
稚武彦命 …… 49, 50, 60
稚足彦命 …… 60, 61, 62, 63
稚足姫 …… 88
稚瑞照彦尊 …… 402
稚日本根子彦大日日命 …… 50, 51, 52
掖上池心宮 …… 46
和気神社 …… 170
和気清麻呂 …… 11, 169, 171, 172, 179, 392
別部穢麻呂 …… 170
和銅 …… 148, 149, 150, 153, 172
和珥童女君 …… 88
和珥臣深目 …… 88

—— を ——

弘計王 …… 91, 92, 93, 94, 95